KB263338

THE
대한민국 TEPS 대표강사 Joseph Kim의

THE
TOP in TEPS
950
실전편
청 LISTENING 해
By Joseph Kim

for your dream
english LanguagePLUS
www.langpl.com

THE TOP in TEPS 950 청해 실전편

초판 발행 First Published	2010년 6월 10일
3쇄 발행 Third Published	2012년 2월 20일
지은이 Author	죠셉 킴
회장 President	엄호열
발행인 Publisher	엄태상
영어 편집장 Editor in Chief	이성
기획 및 진행 Project Manager	이정화
편집 및 교정 Editor	유미조
표지 디자인 Cover Design	신영미
본문 디자인 Text Design	이건화
표지 삽화 Cover Illustrate	이성헌
녹음 Voice Actors	Grace Johnson, Matt Smallwood
등록일자 Registration Day	2000년 8월 17일
등록번호 Registration Number	제 1-2718호
주소 Address	서울시 강남구 역삼동 826-28 범추빌딩 14층
TEL Call to Editorial Dept.	편집부 02-744-0509
Call to Marketing Dept.	도서주문 문의 02-3671-0582, FAX 02-3671-0500
E-mail	info@langpl.com
Homepage	www.langpl.com

ISBN 978-89-5518-888-2 18740
ISBN 978-89-5518-886-8 SET

THE
대한민국 TEPS 대표강사 Joseph Kim의
TOP in
TEPS
950
실전편
청 LISTENING 해
정답 및 해설

대한민국 대표 공인 영어시험 TEPS를 준비하는 수험자들을 위해 국내 어학교육의 핵심 역할을 하고있는 랭귀지 플러스와 대한민국 대표 TEPS 강사 죠셉킴이 오랜시간의 노력과 연구를 통해 단기간 안에 최대 점수를 올려놓을수 있는 텝스 학습교재 시리즈 – The TOP in TEPS 시리즈 12권을 출간하게 되었습니다.

The TOP in TEPS 시리즈 12권은 단순한 참고서들이 아니라 처음으로 텝스를 시작하는 학생들을 위한 입문 시리즈 4권, 800점 이상을 목표로 하는 중급레벨 학생들을 위한 기본 시리즈 4권, 그리고 실제 시험장과 같은 환경에서 본인의 실력을 최종 점검할 수 있는 실전 시리즈 4권으로 구성된 시리즈입니다.

본 교재의 출간 목표는 역대 기출문제를 99% 활용하여 실전 테스트를 통해 실질적인 전략을 키워서 가장 빠른 시간 안에 점수를 획득할 수 있게 하는 것이고, 서울대 언어교육원의 출제 경향의 토대 위에서 실전 레벨의 수준으로 가장 양질의 문제들만을 엄선했다고 자부하는 바입니다. 본 시리즈를 통해 '이것이 바로 TEPS다!'라는 것을 느끼실 수 있으실 것이며, 본 시리즈의 구성에 따라 지속적인 학습을 하면서 990점 만점의 꿈을 키워가시기 바랍니다.

최근 TEPS가 많이 어려워졌고, 이런 상황에서 고득점을 위해서는 모의고사를 스스로 많이 풀어서 문제 푸는 능력과 시간 활용 능력을 키우는 것이 상당히 중요합니다. 특히 TEPS는 다른 시험들과 다른 점들이 많기 때문에 모의고사를 보지 않고 곧바로 시험장으로 향할 경우 예상치 못한 상황들 때문에 많이 당황할 수 있으므로 각별히 유의해야 합니다.

본 시리즈는 실제로 TEPS를 수험생들과 함께 보며 문제 유형을 100% 정확히 파악하고 있는 현직 TEPS 전문강사가 집필했다는 점에서 양질의 TEPS 문제집에 갈급한 수험자들에게 좋은 학습 길잡이가 될 수 있으리라고 믿습니다. 아무쪼록 이 문제집들을 통해서 좋은 결과 얻으시길 바랍니다.

이 책이 나오기까지 정말 많은 기도와 격려로 가장 큰 힘이 되어준 아내, 그리고 나의 모든 것 되신 좋으신 하나님께 이 책을 바칩니다.

2010년 6월
서초동에서
Joseph Kim

CONTENTS

01 실제 시험과 동일한 구성

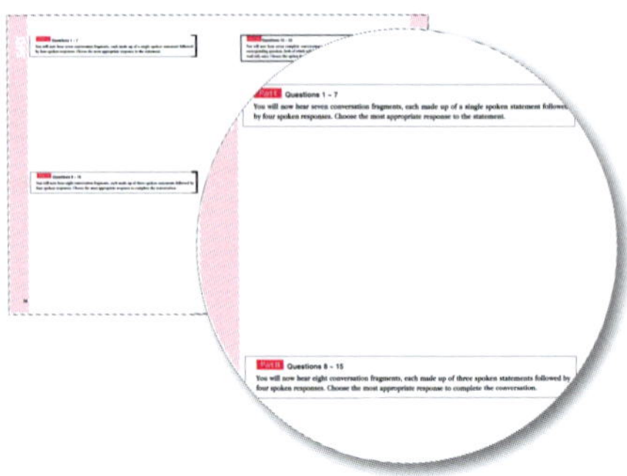

TEPS시험과 동일한 구성으로 실전 감각을 높여드립니다.
시간의 부족함을 호소하는 학습자들을 위하여 영역별 모의고사로 구성하였습니다.
8회분의 Half test를 통해서 시간을 안배하는 연습을 한 후에,
4회분의 Actual test를 통해서 최종 점검을 할 수 있도록 하였습니다.

02 출제 원리에 근거한 모의고사

다년간 TEPS 강의만을 고집해온 Joseph Kim의 TEPS의 노하우를 모의고사 문제에 최대한 반영하였습니다. 출제 경향에 따라서 난이도가 변화하고 있는 TEPS에서, 최신 경향의 문제들로 고득점에 도전할 수 있게 해드립니다.

03 Joseph Kim의 고득점을 위한 듣기 전략 공개

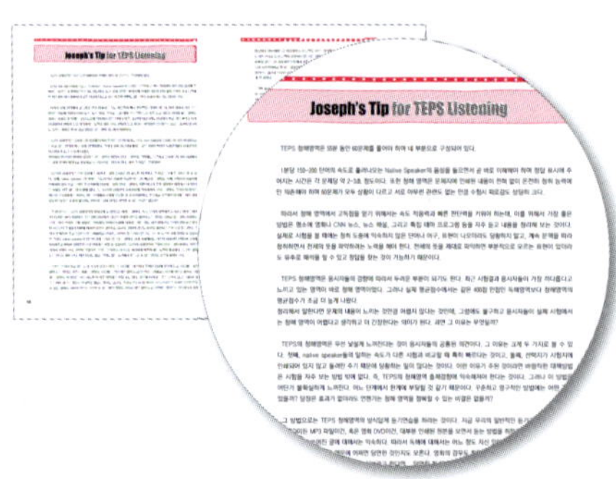

단순하게 듣는 연습만으로는 고득점에 도달할 수 없습니다. Joseph Kim강사가 공개하는 지문과 질문을 듣는 요령들을 미리 숙지하여 보다 효율적으로 시험에 대비할 수 있도록 도와드립니다.

04 변화하는 시험에 대비할 수 있도록 상세한 해설수록

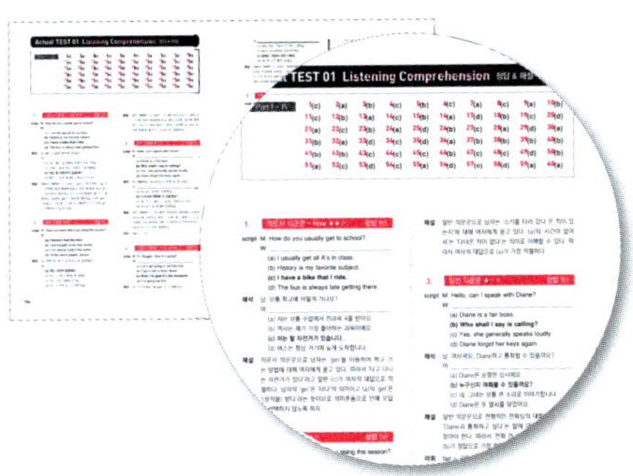

2010년부터 TEPS 청해 부분이 어려워지고 있습니다. 변화하는 시험에 대비하여 정답이 되는 근거를 지문에서 찾을 수 있도록 상세한 해설을 수록하였습니다. 또한 각 문제마다 표시된 문제 유형과 난이도를 통하여 최신 시험 경향을 반영하였습니다.

05 역대 시험에서 출제된 주요 표현 제공

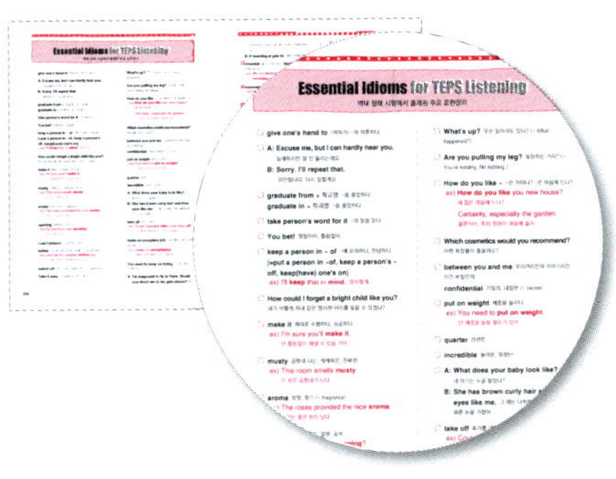

다년간의 강의와 시험 분석을 통한 역대 시험에서 출제된 주요 표현들만을 엄선하여 수록하였습니다. 다양한 표현을 숙지하여야만 고득점이 가능한 TEPS 청해 파트에서 Joseph Kim 강사가 제공하는 주요 표현과 어휘들을 시험장으로 가기 직전에 반드시 확인하세요!

TEPS 청해영역은 55분 동안 60문제를 풀어야 하며 네 부분으로 구성되어 있다.

1분당 150-200 단어의 속도로 흘러나오는 Native Speaker의 음성을 들으면서 곧 바로 이해해야 하며 정답 표시에 주어지는 시간은 각 문제당 약 2-3초 정도이다. 또한 청해 영역은 문제지에 인쇄된 내용이 전혀 없이 온전히 청취 능력에만 의존해야 하며 60문제가 모두 상황이 다르고 서로 아무런 관련도 없는 만큼 수험시 피로감도 상당히 크다.

따라서 청해 영역에서 고득점을 얻기 위해서는 속도 적응력과 빠른 판단력을 키워야 하는데, 이를 위해서 가장 좋은 방법은 평소에 영화나 CNN 뉴스, 뉴스 해설, 그리고 특집 테마 프로그램 등을 자주 듣고 내용을 정리해 보는 것이다. 실제로 시험을 볼 때에는 청취 도중에 익숙하지 않은 단어나 어구, 표현이 나오더라도 당황하지 말고, 계속 문맥을 따라 청취하면서 전체의 뜻을 파악하려는 노력을 해야 한다. 전체의 뜻을 제대로 파악하면 부분적으로 모르는 표현이 있더라도 유추로 해석을 할 수 있고 정답을 찾는 것이 가능하기 때문이다.

TEPS 청해영역은 응시자들의 경향에 따라서 두려운 부분이 되기도 한다. 최근 시험결과 응시자들이 가장 까다롭다고 느끼고 있는 영역이 바로 청해 영역이었다. 그러나 실제 평균점수에서는 같은 400점 만점인 독해영역보다 청해영역의 평균점수가 조금 더 높게 나왔다.
정리해서 말한다면 문제의 내용이 느끼는 것만큼 어렵지 않다는 것인데, 그럼에도 불구하고 응시자들이 실제 시험에서는 청해 영역이 어렵다고 생각하고 더 긴장한다는 의미가 된다. 과연 그 이유는 무엇일까?

TEPS의 청해영역은 우선 낯설게 느껴진다는 것이 응시자들의 공통된 의견이다. 그 이유는 크게 두 가지로 볼 수 있다. 첫째, native speaker들의 말하는 속도가 다른 시험과 비교할 때 특히 빠르다는 것이고, 둘째, 선택지가 시험지에 인쇄되어 있지 않고 들려만 주기 때문에 당황하는 일이 많다는 것이다. 이런 이유가 주된 것이라면 바람직한 대책방법은 시험을 자주 보는 방법 밖에 없다. 즉, TEPS의 청해영역 출제경향에 익숙해져야 한다는 것이다. 그러나 이 방법은 어딘가 불확실하게 느껴진다. 어느 단계에서 한계에 부딪힐 것 같기 때문이다. 꾸준하고 영구적인 방법에는 어떤 것이 있을까? 당장은 효과가 없더라도 언젠가는 청해 영역을 정복할 수 있는 비결은 없을까?

그 방법으로는 TEPS 청해영역의 방식답게 듣기연습을 하라는 것이다. 지금 우리의 일반적인 듣기공부 방법은 어떤가? CD이든 MP3 파일이건, 혹은 영화 DVD이건, 대부분 인쇄된 원본을 보면서 듣는 방법을 취하고 있는 것이 현실이다. 우리는 이미 쓰여진 글에 대해서는 익숙하다. 따라서 독해에 대해서는 어느 정도 자신 있어한다. 우리의 영어 공부 방법이 처음부터 그래왔기 때문에 어쩌면 당연한 것인지도 모른다. 영화의 경우도 화면을 보면서 들으면 한결 잘 들린다. 그러나 흰 백지를 주고 음성으로만 들어보라고 한다면... 당연히 잘 들리지 않는다. 글로 써 놓으면 쉽게 알아볼 수 있겠지만 그것을 native speaker가 읽으면 쉽게 들리지 않는다는 것이다. 청해 시험에서도 기존의 시험처럼 선택지를 종이에 제시해주고 문제를 읽어주면 한결 편하게 느껴질 수 있겠지만, TEPS의 청해영역이 그렇지 않다는 것이 문제다. 원인은 거기서 찾아야 한다. 원인이 그렇다면, 우리는 우리의 듣기학습을 과감하게 바꾸어 보는 노력이 필요하다. 즉, 원본 없이 듣는 연습을 해야 한다. 어떤 상황도 없고, 그림도 없는 조건에서 잘 들을 수 있는 방법을 강구해 보아야 한다.

우선은 우리가 알고 있는 듣기 학습의 유용한 방법, 즉 처음에는 대본이나 주어진 상황에 맞추어 듣고, 다음에는 대본 없이 듣는 방법을 거꾸로 해보는 것이다. 처음에는 그냥 대본 없이 듣고(몇 번을 들어보고), 다음에 대본을 보면서 들어보는 것이다. 이 방법은 처음 시도할 때 아주 어렵게 느껴질 수도 있다. 경우에 따라서는 무슨 뜻인지 모르는 대화를 계속 들어야 하므로 굉장한 인내력을 필요로 할지도 모른다. 그러나 꾸준히 이 방법을 지속한다면 그 효과를 충분히 얻을 수 있을 것이다. 대화의 원본을 확인할 수 있는 MP3 파일을 가지고 대본 없이 듣고 확인하는 방법으로 연습하다가 점점

방송이나 기타 매체들을 이용하여 듣기 능력을 키우는 방법이다. 여기서 주의할 점은 듣기 학습에서 단순히 맹목적으로 듣기만 한다고 듣기 능력이 향상되지 않는다는 점이다. 대화문일 경우 주요 구어적 표현들을 그때그때 익혀두고, 비대화문일 경우 특히 시사적인 분야에서 자주 언급되는 전문적인 용어들은 미리 숙지하고 있어야 한다. 이 방법이 듣기 학습의 최선책이라고 할 수는 없겠지만, 적어도 TEPS 청해영역에서는 자신감을 가질 수 있는 방법이 될 것이다. 계속 이 방법으로 접근해 본다면 처음 듣는 대화에 대한, 즉 어떤 환경이 주어지지 않는 대화에 대한 두려움은 어느 정도 사라지게 될 것이다.

그런 접근 방법에 이어 다음으로 필요한 것은 TEPS 청해영역의 출제경향을 비롯한 시험의 구성내용을 잘 알고 있어야 한다. Part에 따라 한번 들려주는지 두 번 들려주는지, Part별 문항 수가 어떻게 구성되어 있는지, Part별 문제의 형태가 어떻게 나누어지며 대화의 길이가 어느 정도인지 등을 미리 짐작하고 시험에 임하는 것이 당황하지 않고 자신의 능력을 충분히 발휘할 수 있는 여건이 된다는 것이다.

Joseph's TEPS Listening 알아보기

▶ Part I   한 문장을 듣고 이어질 대화 고르기 : 15문항

Part I 은 짧은 대화를 모델로 만들어진 유형으로서, 수험자가 질문의 자극에 해당하는 문장을 듣고 단 한번에 상황을 정확하게 파악하여 가장 적절한 반응을 순간적으로 찾아낼 수 있는 능력을 측정하는데 그 목적이 있기 때문에 문제를 한번만 들려준다. 단 한번의 자극에 대해서 즉각적인 반응을 하게 함으로써 완전히 내재화되어 자유롭게 구사할 수 있는 회화능력을 평가한다고 할 수 있다. 두 사람이 A-B 순서로 대화하는 형식에서 B의 응답을 고르는 문제로서 총 15문항이다. 내용은 기본적이고 단순한 생활 영어 표현이 대부분이지만, 분석적인 지식 능력보다는 빠른 판단력과 속도 적응력이 요구된다.

대체적으로 Part I 은 일상생활과 관련된 대화들로 이루어지며, 사용되는 단어들도 비교적 평이한 수준이다. 하지만 2010년 이후 최근 시험에서는 점차 그 동안 등장하지 않던 관용표현들이 많이 등장하였고, 대화의 내용들은 학교생활, 가족, 친구, 사무실 위치 묻기, 전화대화, 안부, propose, 기구를 다루는 방법에 이르기까지 광범위 하다. TEPS는 성우들의 발음속도가 현지 native들의 말하는 속도와 동일하다는 점에서 다른 시험에 비하여 빠르게 들리므로 이 점을 충분히 감안해야 하며, 한 번만 들려준다는 점도 미리 알고 있어야 한다.

▶ Part II   3문장의 대화를 듣고 이어질 대화 고르기 : 15문항

Part II 는 Part I 과 마찬가지로 짧은 대화로 이루어지며, 수험자가 질문의 자극에 해당하는 문장을 듣고 단 한번에 상황을 정확하게 파악하여 가장 적절한 반응을 순간적으로 찾아낼 수 있는 능력을 측정하는데 그 목적이 있기 때문에 문제를 한번만 들려준다.
단 한 번의 자극에 대해서 즉각적인 반응을 하게 함으로써 완전히 내재화되어 자유롭게 구사할 수 있는 회화능력을 평가한다고 할 수 있다. 두 사람이 A-B-A-B 순서로 대화하는 형식에서 마지막 B의 응답을 고르는 문제로서 총 15문항이다. 주로 가정생활, 직장생활, 일반 사회생활에서 있을 수 있는 생활 영어 표현이 대부분이다. 단지 대화가 Part I 보다 길기 때문에 문제를 푸는데 한편으로 더 여유가 있으나, 구어체 표현에 익숙하지 못하고 청취능력이 미숙하다면 Part I 과 마찬가지로 어려움을 겪을 수밖에 없다. 일상회화와 관련된 어휘력과 청취능력을 꾸준히 키운다면 Part I 보다 오히려 더 쉬운 부분이 될 수도 있다.

▶ Part III   6~8문장의 대화를 듣고 질문에 해당하는 답 고르기 : 15문항

Part III는 지문과 질문을 두 번 들려주는데, 이는 보통 사람들이 음성 정보를 듣고 인지하는 과정을 반영한 것이다. 일반적으로 사람은 새로운 음성 정보를 접했을 때 아무런 선입견 없이 주어지는 정보의 내용을 듣다가, 그 정보에 대해 질문이 주어지거나 궁금한 것이 생기면, 정보의 내용을 한 번 더 듣고 검토하게 된다. 따라서 TEPS는 수험자의 영어능력과 관계없는 단기기억능력의 측정을 피하고 순수하게 영어로 된 대화를 듣고 이해하는 능력을 알아보기 위하여 Part III에서는 대화문으로 구성된 지문과 질문을 두 번 들려준다. 그러나 대답을 할 때에는 이미 듣고 이해한 내용을 바탕으로 한 번에 답을 해야 하며, 선택지 (a), (b), (c), (d)의 내용은 한번만 듣게 된다. 6개에서 8개의 문장으로 이루어진 대화와 이 대화에 관한 질문을 듣고 질문의 답으로 가장 적절한 선택지를 고르는 문제로서 총 15문항이다.

등장하는 주제로는 직장을 배경으로 한 대화는 물론 제품 발송과 관련된 전문적인 무역 용어 외에 학교생활, 축하인사, 직장상사와의 대화, 공항안내, 친구와의 대화와 같은 일상생활과 관계된 내용들과 무역업무, 환경문제, 미국과 한국의 수사공조체제 등 다소 까다로운 내용의 문제들도 상당수 포함되어 있다. Part III 부분은 전체적인 내용뿐만 아니라 문제에 따라 대화의 세부적인 내용까지 묻는 문제도 출제되기 때문에 특히 두 번째 들을 때는 질문과 관련하여 정신을 집중해서 듣는 자세가 필요하다. 예를 들어보면, 아기를 낳아 축하인사를 건네는 대화에서 아기의 성별이 대명사(he)로 한 번 밖에 언급이 안되기 때문에 들리는 경우에 따라 혼동할 수도 있었고, 가족 중 누굴 닮았느냐는 대화에서는 구체적으로 어디를 어떻게 닮았는지를 묻는 등 주의해서 듣지 않으면 놓치기 쉬운 문제들이 많이 출제되었다. 또한 발음상 혼동을 유도하여 전체적인 대화 내용을 제대로 이해하지 못하면 자칫 다른 답을 고를 수 있는 문제들도 출제되었다.

▶ Part IV   단문의 내용을 듣고 질문에 해당하는 답 고르기 : 15문항

Part IV는 Part III와 마찬가지로 지문과 질문을 두 번 들려주는데, 이는 보통 사람들이 음성 정보를 듣고 인지하는 과정을 반영한 것이다. 일반적으로 사람들은 새로운 음성 정보를 접했을 때 아무런 선입견 없이 주어지는 정보의 내용을 듣다가, 그 정보에 대해 질문이 주어지거나 궁금한 것이 생기면, 정보의 내용을 한 번 더 듣고 검토하게 된다.

따라서 TEPS는 수험자의 영어능력과 관계없는 단기기억능력의 측정을 피하고 순수하게 영어로 된 담화를 듣고 이해하는 능력을 알아보기 위하여 Part IV에서는 담화문으로 구성된 지문과 질문을 두 번 들려준다. 그러나 대답을 해야 하는 것이므로, 선택지 (a), (b), (c), (d)의 내용은 한번만 들려준다. Part IV는 담화문과 이에 관한 질문을 듣고 질문의 답으로 가장 적절한 선택지를 고르는 문제로서 총 15문항이다.

참고로 2010년 이후로 지문의 길이가 이전 시험에 비해 조금씩 짧아지는 경향이 있다.

비대화문으로 정치, 사회, 문화, 역사, 환경, 신변잡기 등 다양한 주제를 다루고 있으며, 질문 또한 글의 요지나 목적, 추론문제, 사실여부, 세부적인 사항을 묻는 등 다양하게 주어지기 때문에 청해 영역의 다른 Part에 비해서 가장 까다롭다고 볼 수 있다. 게다가 PartIV에 와서는 집중력도 많이 떨어지게 되고, 내용도 기사체 중심의 비대화문으로 이루어져 있기 때문에 심적 부담감을 가지기 쉽다. 무엇보다 차분한 마음으로 집중하는 자세가 필요하다.

출제된 내용들을 세부적으로 살펴보면 한국문화를 배우려는 외국인을 위한 캠프안내, 휴식의 목적, 직업학교 광고, 미래의 에너지 자원으로서의 원자력, 미국의 정치 스캔들, 20세기 대표적인 현대미술 작품들을 전시하는 뉴욕의 미술관 소개, 어린 시절 여름을 보냈던 섬에 대한 추억, 산업폐기물 처리 문제 등 다양한 분야에서 출제되었다.

비대화문으로 이루어진 PartIV의 경우는 단순히 청취능력뿐만 아니라 정치, 경제, 사회, 문화 등 다양한 분야에 대한 독해능력을 어느 정도 요구하고 있기 때문에 중간 정도의 청취능력을 가진 응시자에게는 부담스러울 수밖에 없을 것이다. 이러한 점은 어느 정도의 실력이 있는 응시자들의 청취능력을 정확하게 평가할 수 있다는 장점은 있으나, 한편으로 중간 정도의 실력을 가진 응시자들에게는 다른 시험의 L/C 영역 점수와 비교해 볼 때 TEPS 자체를 기피하는 원인이 되기도 한다. 그러나 TEPS가 진정한 실용영어능력 평가시험이라는 점을 반드시 기억하고 정복할 수 있다는 자신감을 가진다면 어렵지 않게 접근이 가능할 것이다. TEPS 청해영역에 자신감을 갖는다는 것이 곧바로 영어 듣기에 자신감을 갖는다는 의미임을 인식하고 조급하지 않게 꾸준히 준비했으면 하는 바램이다.

Joseph's TEPS Listening 전략

시험문제의 모든 보기가 사진이나 활자로 주어지지 않는 TEPS에서는 잔꾀가 통하지 않습니다. 하지만 눈보라가 치는 길을 운전하여 출발하기 앞서 행선지에 이르는 노선을 꼼꼼히 파악하고 스노우 타이어와 체인 등을 준비하여 만반의 태세를 갖추는 일을 잔꾀라고 할 수는 없듯이, 문제 유형을 파악하여 적절한 전략을 세우는 것은 지혜로운 자의 필수적인 노력입니다.

▶ Strategies for Listening Scripts　지문을 들을 때 요령

(1) 첫 문장을 잘 들어라.

PartⅠ은 말할 것도 없이 다른 파트에서도 첫 문장을 잘 들어야 합니다. 보통 첫 문장에 전체 대화나 지문의 주제가 나오는 경우가 많기 때문입니다. 첫 문장을 들으면서 앞으로 전개될 대화의 방향을 파악해야 됩니다.

(2) 지문을 듣는 동안 대화 상황이나 지문 내용을 상상하라.

- 누가 대화하고 있는가?
- 언제, 어디서 대화하고 있는가?
- 대화하는 분위기는 어떠한가?

(3) 지문의 핵심어(key word)가 무엇인지 파악하고 기억해 두자.

보통의 지문의 핵심어의 동의어나 관련어구를 포함한 보기가 답일 확률이 높기 때문입니다.

(4) 다의어(polysemy)를 잘 기억하고 정리해 두자.

지문에 쓰이는 단어 중 여러 가지 의미를 품고 있는 단어가 있으면 해당 문장에서 쓰인 의미를 잘 기억해 둡시다. 이런 단어들은 혼란을 주기 위해 파 놓은 함정용 보기로 나올 확률이 높기 때문입니다.

(5) '부정문'이나 '이중부정문', '부정문+비교문', '비교문' 형태가 나올 때는 특히 유의하라.

이들을 각각 긍정문, 강한 부정문, 최상급 등의 표현으로 바꾼 보기로 등장할 확률이 높기 때문입니다.

(6) 기본동사를 활용한 2어, 3어 동사를 유의해서 알아두자.

어려운 동사보다는 기본 동사를 활용한 2어 동사 혹은 3어동사를 미리 잘 정리해 두면 문맥 파악이 훨씬 수월해질 것입니다.

(7) 자주 등장하는 관용어구(idioms)를 잘 익혀 두어야 『직청 직해』가 가능합니다.

▶ Strategies for Listening Questions　질문을 들을 때 요령

질문 유형을 파악하라.

PartⅠ, Ⅱ에 해당하는 요령입니다. 질문 유형은 크게 지문의 주제나 요지를 묻는 질문과 세부사항을 묻는 질문 그리고 지문 내용으로써 유추할 수 있는 사항을 묻는 질문으로 나눌 수 있습니다. TEPS 공식문제 분석결과 각 질문 유형별로 문장이 고정적으로 사용되고 있음을 알 수 있습니다. 다음을 참고해서 기억하여 둔다면 질문 유형 분석이 한결 빨라질 것이고 연달아 다시 한번 들려주는 지문 내용을 들을 때 유용한 길잡이가 될 것입니다.

▶ 주제나 요지를 묻는 질문
- What is the dialogue about?
- What's the main idea of the dialogue?
- What's the conversation about?
- Which of the following best describes what the speaker is talking about?
- Which of the following best summarizes the advertisement?
- Which of the following best describes the main point of the passage?
- What's the main idea of the talk?

▶ 세부 사항을 묻는 질문
- Which is correct according to the dialogue?
- Which is correct according to the passage?
- Which of the following comes with?

▶ 추론 할 수 있는 사항을 묻는 질문
- Which of the following can we infer from the dialogue?
- Where would you most likely hear this speech?
- Which of the following can be inferred from the passage?

▶ Strategies for Listening Choices   선택지 들을 때 요령

(1) 발음이 비슷한 단어들을 이용한 함정을 유의하라.

지문에 나온 단어와 발음이 비슷한 단어가 있을 때는 무턱대고 반가운 마음에 답으로 고르지 말고, 다시 한번 생각해 보세요. 앞서 언급했던 바와 같이 이러한 단어들은 혼동을 유발하기 위한 함정일 가능성이 크기 때문입니다. 물론 눈이 아니라 귀로 익히는 것을 말합니다. 주의할 것은 단어들을 단독으로 익히는 것으로 끝내서는 안 되고 이에 대한 기본 지식을 습득한 후에 문맥 속에서 정체를 파악하는 일이 무엇보다 중요하다는 것을 기억하세요.

(2) '부정문', '이중부정문', '부정문+비교문', '비교문' 의 뜻을 나타나는 긍정문, 최상급이 쓰인 문장에 유의하라.

앞에서 언급했듯이 지문에 나올 때 이를 긍정문이나 최상급으로 바꾼 보기가 나올 것이라고 할 수 있고 답일 가능성도 높습니다.
- not sad → happy
- did not like an unclean office → liked a clean office
- No one is more beautiful than she is. → She is the most beautiful.

(3) 확신이 서지 않더라도 시간을 끌지 말고 결정해야 한다.

실제로 문제를 듣고 답을 표시하는 시간이 2,3초밖에 없으므로, 지체하지 말고 답을 결정해야 합니다. 우물쭈물하는 사이에 자칫 다음 문제까지도 놓칠 수 있습니다.

▶ TIPS For Part I & II [Questions & Responses]   질의응답 문제 대비책

TEPS의 모든 청해 파트 문제들은 질문과 응답 모두 방송을 통해 나옵니다. 주요 출제 분야는 파트1,2의 경우 한번만 들려주고 파트 3,4는 두 번 들려줍니다. 각 파트의 문제 수는 15문제씩이고 총55분간 진행됩니다.

의문사의문문 [who / what / which/ when / where/ why / how] 등으로 시작 되는 의문문, 조동사의문문 [be / do / have / will / can / could] 등으로 시작되는 의문문, 선택의문문, 부가의문문, 간접의문문, 부정의문문, 권유 /부탁 / 제안 등의 의문문 평서문 등으로, 우리가 흔히 알고 있는 "How are you? – I'm fine thank you." 와 같은 질의응답 형태입니다.

TEPS 청해는 영어를 수동적으로만 학습하는 사람에겐 어렵게 느껴질 수 있습니다. 여태까지 우리는 생각하는 영어보다 받아들이는 영어에 익숙해져 왔기 때문입니다. 모두가 적혀 있거나 흘러나오는 영어만 수동적으로 접하였고 영어를 사용할 일이 없었을 뿐만 아니라 적극적으로 활용하려 하지도 않았습니다. 사실 실생활에서 주고받는 대화에 정답이 있을까요? 답이 하나 또는 둘에서 고민하여 쉽게 골라낼 수 없는 상황이 많다는 것이 TEPS 청해의 요점입니다. 그렇다면 어떻게 대비해야 할까요? 여기에 대응하려면 문장을 대화단위로 암기하는 것 외엔 다른 방법이 없다는 것입니다. 이제 부터는 한 문장을 암기했다고 만족하지 말고 대화 가능한 대답을 모두 알아두세요.절대 한 문장은 대화가 아니고 한 문장일 뿐이라는 것을 알아두셔야 합니다.

빈출유형   의문사의문문 유형

의문사의문문 문제는 50% 가량의 비중을 차지하는 만큼 아주 중요한 부분입니다. 이런 의문사 의문문은 Yes 나 No로 답할 수 없습니다. 이 사실만으로도 풀 수 있는 문제가 매회 약 2~3문제 정도는 나온다는 것을 기억해야 합니다.
의문사의문문은 8가지 종류가 있으며, 각각의 형태가 2문제씩 골고루 출제됩니다. 또한 난이도도 가장 낮기 때문에 꼭 맞추어야 하는 희생양으로 삼아야 할 문제들입니다.

---

01 Who 의문문   누구인지를 묻는 문제

이전에는 이 문제를 만나면 쉬웠습니다. 왜냐면 누구냐는 질문에 누구라고 아주 명확하게 답을 해 줬기 때문입니다. 하지만 출제위원들이 머리를 쓰기 시작했습니다. 2차적인 응답을 기대하여야 할 정도입니다.

e.g.) I haven't heard of it. 그것에 대해 들은 바 없는데.

02 When 의문문   때를 묻는 문제

질문의 시제를 잘 듣는 것이 포인트!
왜냐면 when 자체가 시점에 초점을 맞춘 의문사라는 특징을 지니고 있기 때문입니다. 그래서 When 의문문은 세가지 시제로 생각해 보면 답안이 정해져 있는 편입니다.

▶ **과거시제 질문**

과거 시제를 나타내 주는 『last~, a month ago, yesterday』 등의 부사(구)가 포함된 보기가 답으로 나오는 경우가 많습니다.

e.g.) Q: When did you come back from Australia?
A: Last year.
　About a year ago.
　Last night.
　In1999.

▶ **현재시제 질문**

반복적인 행위를 많이 묻습니다. 주로 직접적으로 어떤 행동을 하는 시간이나 때가 답안으로 제시됩니다.

e.g.) Q: When do you go to work?
A: Around 8 o'clock.

Q: When do you exercise?
A: Every morning.
　Before I go to work.

Q: When are we supposed to use the exit?
A: In an emergency.

'언제 ~를 사용할 수 있나요?'와 같은 질문에 '비상시에요.'라고 답하는 것이 어려울 것이라고 생각하여 출제한 고도의 심리전이 숨어있는 문제입니다.

▶ **미래시제 질문**

가장 다양한 질문과 답이 나올 수 있는 시제입니다.

e.g.) Q: When are you going to finish this project?
A: No later than 5 o'clock.
　By next week.
　In about 10 days.

가장 많이 나오는 답안입니다. 왜냐하면 in이 '얼마 후' 라는 뜻을 지닌 전치사라는 것을 잘 알지 못할 것이라고 언어교육원 출제위원들이 생각하기 때문이죠.

Q: When are we going to have a meeting?
A: I haven't been informed of that yet.

Joseph's Special Tips For Part III & IV

아무리 공부해도 파트3,4는 좀처럼 실력이 늘지 않는 것 같다고 말씀하는 분들이 많습니다. 학원 수업을 듣고 MP3를 귀에 꼽고 다니며 청취 공부에 많은 노력을 기울이는 것 같아도 여전히 귀가 뚫리지 않아서 고득점을 얻는 것이 어렵다고 느끼는 학습자들은 다음의 사항들을 기억하여 시험을 대비하시기 바랍니다.

▶ 파트3,4가 어려운 이유

(1) 소리와 문자와의 관계가 아직 파악되지 않았기 때문에, 테입을 들었을 때 몇 개의 단어를 제외하고는 대부분의 단어의 소리가 뭉쳐서 웅얼웅얼 알아들을 수 없는 소리로 들리게 된다.

(2) 소리는 들리는데 의미 파악이 되지 않는 경우, 개별적 단어의 소리는 들리는데 내용은 전혀 이해되지 않는다.

▶ 증상별 진단 및 해결책

(1) 소리를 들었을때 문자로 머릿속에 떠오르지 않는다. (초보)
★비법 : 파트3의 조금 긴 대화문 스크립트를 준비해서 먼저 스크립트를 읽어보며 내용파악을 꼼꼼하게 해본다. 모르는 단어와 표현을 확인하고 여러 번 읽어서 완벽하게 영어로 내용이 기억날 정도로 스크립트를 숙지한다. 그 다음에 녹음 내용을 틀고 스크립트 내용을 듣는다. 자연스럽고 빠른 속도로 흘러나오는 원어민 발음을 들으면서, "go to bed", "walk straight", "some of them" 등이 실제로 어떻게 연음 되고 우리 귀에 들리는지, 스크립트를 미리 읽어놓았기 때문에 모두 파악될 것이다. 이 때부터 급속하게 청취력이 증진된다. 들리지 않던 내용이 실제로 귀에 들리기 시작하는 것이다.

(2) 간단한 내용은 이해되지만, 복잡한 내용이나 어려운 어휘가 나오면 잘 안 들린다. (중수)
★비법: 어휘는 Collocation이나 유의어 중심으로 공부하고, 청취 공부를 할 때 가능한 많은 문장을 암기하도록 한다. Collocation이란, 짝꿍단어 즉, 항상 함께 놓고 사용하는 덩어리 표현이다. 많이 암기해두면 청취할 때 그 표현들이 덩어리(chunk)별로 들리기 때문에 경제적이고 빠른 내용 파악이 가능하다. 이를테면, Collocation 공부를 하고서 "deliver a verdict"가 청취에 나오면 "deliver" 따로 "verdict" 따로 듣는 우를 범하지 않을 수 있다. 한 편, 유의어란, 비슷한 의미의 단어들을 말한다. 유의어 암기는 Paraphrasing되는 표현이 대거 등장하는 TEPS 청해 Part4 공략에 매우 중요한 역할을 한다. 예를 들어, 첫 문장에 'beat jet lag'가 나오면 이어지는 내용은 "ease the problem, relieve the stress"로 바뀌어 나온다. 이 세가지 표현을 모두 같은 의미라고 파악할 수 있어야 복잡한 내용이나 긴 지문을 소화할 수 있다. 마지막으로, 시험에 잘 출제되는 좋은 문장을 통째 암기하는 노력을 게을리 하지 않을 것을 강조한다. 무에서 유를 창조할 수는 없다. 자신이 아는 만큼 들린다는 사실을 명심하고 가능한 많은 문장을 자기 것으로 만들어서 청취의 높은 벽을 뛰어 넘자!

◆ **대한민국 TEPS 최고 강사가 학원 커리큘럼에 맞게 구성한 12권의 LEVEL**

대한민국 대표 텝스 강사 죠셉킴 선생님이 TEPS 관리위원회에서 출제한 11년간 정기시험을 철저히 분석, 최신 경향에 꼭 맞춘 문제만으로 교재를 만들고 커리큘럼을 구성했습니다.
모든 문제는 단순한 기출문제 변형이 아닌, 완전히 새로운 문제들로 구성하였습니다.
따라서 시중학원에서도 강사분들이 본 교재를 통해 무난히 고품격 TEPS 강의를 하실 수 있게 만들었습니다.

◆ **실전 감각을 키울 수 있습니다.**

시중에 많은 문제집과 기출문제집이 있지만 본 교재는 현재 시행되고 있는 TEPS를 완벽하게 대비할 수 있게 정기시험 난이도에 맞췄습니다.
모든 문제는 기본에 충실하면서도 각 파트의 특성을 정확히 분석하여 TEPS 수험생들의 학습에 실질적인 보탬이 될 수 있도록 하였습니다. 실전과 똑같은 환경에서 모의 테스트를 치른다면 TEPS에 충분히 대비할 수 있습니다.

◆ **패턴이 아닌 핵심을 짚어주는 색다른 해설**

많은 문제를 풀어서 유형에 익숙해지기보다는 문제 핵심에 대한 설명을 통해서 이것도 저것도 답이 될 수 있는 상황에서의 대처 능력을 키워야 합니다. 본 시리즈는 해당문제의 해법뿐만 아니라 그 문제와 관련된 다른 문제까지의 연계성을 통해 영문법 전체의 핵심을 파악할 수 있게 자세한 설명을 수록하였습니다.

● ● TEPS를 알아보다!

TEPS는 Test of English Proficiency developed by Seoul National University의 약자로 서울대학교 언어교육원이 오랜 시간에 걸쳐 집중적인 연구를 통해 개발한 한국인의 실용 영어능력 평가시험이다. Proficiency는 '숙달도'라는 뜻으로서 그 사람의 영어 실력이 얼마나 몸에 배어 있고 익숙한가를 측정한다. 따라서 단순한 암기와 요령만으로 고득점을 얻게 되는 시험이 아니라 꾸준히 폭넓은 학습을 통하여 영어에 대한 전체적인 이해력이 바탕이 되어야 하는 시험이다. 또한 TEPS는 한국인들의 살아 있는 영어 실력을 가장 효과적이고 정확하게 측정해주며, 변별력에 있어서 수험자의 정확한 실력 파악에 실제적인 도움이 된다. TEPS 성적표는 수험생의 영어 능력을 파트별로 세분화하여 평가, 첨삭하여 주기 때문에 수험자에게 있어 어느 부분이 강하고 약한지를 쉽게 파악할 수 있게 해줄 뿐 아니라 효과적인 영어공부 방향을 제시해주기도 한다. TEPS는 다양하고 일반적인 영어능력을 평가하는 시험으로 시험기관인 서울대 진학뿐만 아니라 최근에는 신대원, 사관학교, 유학시험, 공무원시험, 인사고과 등 다양한 목적으로 사용되고 있다.

● ● TEPS의 특징을 살펴보다!

✚ 편법과 눈속임이 통하지 않는 시험

개인의 어학능력은 결코 단기간에 급속도로 향상되지 않는다. 그런데도 실력배양은 아랑곳하지 않고 영어성적만을 올리기 위해 요령과 편법을 가르치는 교육기관이 현재 난무하고 있는 현실이다. TEPS는 수험자의 영어능력을 있는 그대로 정확하게 판단하기 위해 다양한 테스트 방법을 적용했다. 듣기시험에서 인쇄된 질문지를 주지 않고 방송으로 직접 들려주기 때문에 미리 문제를 보고 감을 잡는 편법과 요령이 통하지 않는다. 독해시험에서도 1지문 1문항 원칙을 지켜 한 문제의 답을 알면 그 뒤에 연결된 문제들의 답을 유추할 수 있는 가능성을 원천적으로 배제하였다.

✚ 속도화 시험

TEPS는 기존의 다른 시험에 비해 많은 지문을 주고 이를 짧은 시간 내에 이해하여 풀어낼 수 있는지를 측정한다. 이는 실제 생활에서 활용할 수 없는 단순암기 위주의 영어가 아니라 완벽히 습득하여 자유롭게 구사할 수 있는 "살아있는" 영어실력을 평가하기 위한 것이다.

✚ 첨단 테스팅 기법 도입

TEPS는 첨단 어학능력 검증기법인 문항반응 이론 『IRT: Item Response Theory』을 도입했다. 문항반응 이론은 문항을 개발할 때 각 문항별로 1차 난이도를 정의하고 다시 시험 시행 후 전체 수험자들이 각각의 문항에 대해 맞고 틀린 것을 종합해 그 문항의 난이도를 2차로 재조정해 이를 근거로 다시 한 번 채점해 성적을 내게 된다. 이 과정에서 최고점은 990점, 최하점은 10점으로 조정된다. 특히 문항반응 이론은 맞은 개수의 합을 총점으로 하는 고전적인 평가방식과는 달리, 각 문항의 난이도와 변별력에 대한 수험자의 반응 패턴을 근거로 영어 능력을 추정하는 확률 이론이다. 결국 같은 개수의 정답을 맞추더라도 난이도가 높은 문제를 많이 맞춘 수험자가 좋은 점수를 취득하게 되어 있다. 문항반응 이론을 적용할 경우, 낮은 난이도의 문제를 많이 틀린 수험자가 높은 난이도의 문제를 맞출 경우 실력에 관계없이 추측(Guessing)이나 우연히 맞출 가능성이 높다고 판단하여 감점처리를 한다. 이러한 문항반응 이론은 가장 선진적인 검정방식으로서 TEPS는 이 이론에 기초한 국내 최초의 영어능력 평가시험이다.

●● TEPS 시험 진행에 관한 사항 『서울대학교 TEPS 관리위원회 홈페이지 기준』

TEPS 정기시험은 주로 일요일에 시행되지만 매년 1월, 5월, 7월, 10월에는 토요일(오후 3시)에 시행된다. 매년 11월 중에 다음 해 응시 일정이 발표되는데 시험은 일요일의 경우, 오전 9시30분에 치르게 되며, 대개 9시까지 고사실에 입실하여야 한다. 오전 9시30분부터 치르는 일요일 시험이 진행되는 과정을 정리하면 다음과 같다.

AM 09:20	입실 완료
AM 09:30~09:50	답안지 오리엔테이션 『각종 기재사항 기재』
AM 09:50~10:00	10분간 휴식 『시험 중간에 휴식시간 없음』
AM 10:00~10:05	문제지 배포
AM 10:05	시험 시작
AM 12:25	시험 종료

※ 시험 당일 사정에 따라 분 단위로 조금씩 변동이 있을 수 있다.

✚ 시험 시간

영역	파트	내용	문항 수	시간	배점
청해 Listening Comprehension	Part I	질의 응답	15	55분	400점
	Part II	짧은 대화	15		
	Part III	긴 대화	15		
	Part IV	담화문	15		
문법 Grammar	Part I	구어체	20	55분	100점
	Part II	문어체	20		
	Part III	대화문	5		
	Part IV	담화문	5		
어휘 Vocabulary	Part I	구어체	25	15분	100점
	Part II	문어체	25		
독해 Reading Comprehension	Part I	빈칸 채우기	16	45분	400점
	Part II	내용 이해	21		
	Part III	흐름 찾기	3		
			200문항	140분	990점

＋ **TEPS 원서 접수**

인터넷 접수	www.teps.or.kr 접속 후 '온라인 접수'메뉴 이용 (사진파일, 응시료를 결제 할 신용카드 및 인터넷 뱅킹 계좌)
방문 접수	가까운 접수처 이용 (3×4cm 사진 한 장, 응시료) *일반 접수 응시료: 일반 33,000원 / 군인 17,000원 (대상: 현역 간부, 군무원, 　　　　　　　　　　　　　　　　　　　　　육사 / 해사 / 간호사관 생도) *추가접수 응시료: 일반 36,000원
정기 시험	연 12회

＋ **환불규정**

접수 후 개인적인 사정으로 시험에 응시할 수 없는 경우, 접수를 취소할 수 있다.
(차기 회차로 연기는 불가능함.)

＋ **취소신청 방법**

• 인터넷 취소신청: 회원만 가능하며 비회원은 회원가입 후 취소신청이 가능하다.
• 접수처 취소신청: 수험표와 신분증을 소지하고 가까운 접수처를 방문하여 취소신청을 할 수 있다.
　　　　　　　　　　(접수처 취소는 TEPS 접수 취소만 가능)
• 시험별 취소 환불금

『정기접수자』

– 정기접수기간 내: 33,000원 환불

– 익일 ~ 1주: 23,000원 환불

– 익일 ~ 시험 전일 15시 (토요일 시험: 전일 24시): 11,000원 환불

『추가접수자』

– 추가접수기간 내: 36,000원 환불

– 익일 ~ 시험 전일 15시(토요일 시험: 전일 24시): 11,000원 환불

＋ **성적 확인**

정기시험의 성적은 시험일로부터 15일 이후 텝스 홈페이지(www.teps.or.kr)에서 확인이 가능하다. 정기시험 성적표는 시험일로부터 대략 20일 안에 우편으로 발송되고, 특별시험 성적표는 시험일로부터 7일 이내에 해당 기관이나 단체로 통보된다. 정기시험 응시자 중 텝스 성적표가 급히 필요한 사람은 텝스 사업본부(02- 886-3330)를 방문하여 성적표를 직접 수령해 갈 수 있다. 방문하여 성적표를 수령해 가고자 하는 경우 응시일로부터 12~13일이 지난 후 추가 수수료 2,000원과 신분증을 준비하여 방문하면 된다. 경우에 따라 성적 처리가 늦어지는 경우도 있으므로 방문 전에 성적표 수령 가능 여부를 전화로 확인하고 방문해야 한다.

✚ 시험 전날 점검 사항

TEPS는 보안이 철저히 유지되고 잘 유출되지 않는다. TEPS시험을 여러 번 보다 보면 대략적으로 그 방향과 성격을 어느 정도 파악할 수 있을 것이다. 실제로 시험을 본 사람만이 정확히 어떤 문제가 나오는지 체감할 수 있다. 그러므로 실제 시험에 응시하여 어느 정도의 유형과 경향, 분위기 등을 체험해보는 것이 도움이 된다. 하지만 여러 가지 사정으로 상황이 여의치 않을 경우 실제 출제경향에 맞춘 적중률 높은 실전문제를 가능한 한 많이 풀어는 것도 시간을 절약하고, 심리적인 부담감을 줄일 수 있는 한 방법이다. 실전문제를 풀 때는 실제 시험을 볼 때와 똑같은 긴장감과 똑같은 시간으로 집중하여 문제를 풀어야 한다. 오히려 실제 시험의 120% 정도의 긴장감과 120% 정도의 집중력으로 문제를 풀라고 권하고 싶다. 실제 시험에서는 더욱 더 긴장되고 예기치 않은 여러 변수가 작용할 수 있기 때문이다. 또한 청해 시험을 보는 동안은 "내가 어떤 방법으로 청취를 해야겠다"는 생각조차 잡념이 된다는 사실을 명심해야 한다. TEPS 청해는 어떠한 내용도 주어지지 않는다. 자칫하여 한 마디를 놓치게 되면 결국 그 문제뿐만 아니라 전반적인 시험에 영향을 끼치게 된다. 마음을 완전히 비우고 한 문제 한 문제에 대해 순간순간 정확한 판단을 하면서 최선을 다해 풀어야 할 것이다.

✚ 시험 당일

TEPS는 청해, 문법, 어휘, 독해 네 가지 영역으로 구성되어 있다. 시험은 청해 55분, 문법 25분, 어휘 15분, 독해 45분으로 진행된다. TEPS는 다른 영어시험과 달리 각 영역별로 주어진 시간에 그 영역의 문제만 풀도록 규정되어 있다. 정해진 시간 안에 정확하게 문제를 풀어내는 능력을 테스트하는 속도 시험이기 때문이다. 이 때문에 한 영역의 문제를 모두 끝냈다 하더라도 다른 영역의 문제를 풀 수 없다. 각 영역별 시간이 바뀔 때마다 방송이 나오고, 또 감독관이 칠판에 시간을 써놓기 때문에 수험생 본인이 시간 안배를 잘 해야 한다. 감독관 몰래 다른 영역의 시험을 풀어볼 수 있겠지만, 이 행위는 TEPS 규정에 따르면 명백한 부정행위이다. 참고할 것은 TEPS 시험 시 수정 테이프 사용이 가능하므로, 답안지를 바꾸지 않고 감독관에게 요청해 수정 테이프로 수정해도 아무런 문제가 없다.

시험에 들어가기 전 영문 이름, 주민등록번호, 주소 등 개인 신상에 관한 정보를 OCR 답안지에 입력할 때 실수하지 않도록 침착하고 정확하게 표기해야 한다. 만약 실수를 했을 경우엔 감독관에게 답안지를 바꾸어 달라고 요청하여 모든 정보를 새로 입력하면 된다. 실제 시험 전에는 모든 것이 불필요하게 긴장을 유발하는 요인이 될 수 있으므로 시험장에 여유 있게 도착하여 최상의 컨디션을 유지할 수 있도록 철저한 자기관리가 필요하다.

✚ 시간 안배

LC의 경우에는 TOEIC처럼 사진이나 문제가 미리 주어지지 않고 문자 그대로 들려주기만 하기 때문에 듣는 그 순간순간 내용포착을 잘 하는 것이 중요하다. 어휘의 경우 50문제를 15분에 풀어내야 하므로 한 문제당 15초 정도 이상을 할애하면 안 된다. 문법과 독해의 경우 뒤에 있는 문제부터 풀어나가는 것이 중요하다. 문법의 경우 50문제를 15분에 풀어내야 하므로 한 문제당 25초를 넘기면 안 된다. 특히 독해의 경우 38, 39, 40번 문제(파트 3)가 배점이 가장 높기 때문에 먼저 풀고, 그 다음 빈칸 채우기 형식의 파트 1(1-16번)을 푼 다음 파트 2(17-37)를 마지막으로 푸는 순서로 하는 것이 고득점을 얻을 수 있는 한 방법이다.

TEPS의 구성을 알아보다!

TEPS는 청해, 문법, 어휘, 독해 4개 영역에 걸쳐 총 200문항으로 구성되어 있으며 시험시간은 140분이다. 만점은 문항반응이론(IRT)에 따라 채점하기 때문에 전부 맞아도 990점이고 모두 틀려도 10점은 나온다.

✚ 청해 (Listening Comprehension) 60문항

정확한 청해 능력을 측정하기 위하여 문제와 보기문항을 문제지에 인쇄하지 않고 들려줌으로써 자연스러운 의사소통의 인지과정을 최대한 반영하였다. 다양한 의사소통 기능(Communicative Functions)의 대화와 다양한 상황(공고, 방송, 일상 업무 상황, 대학 교양수준의 강의 등)을 이해하는 데 필요한 전반적인 청해력을 측정하기 위해 대화문(Dialogue)과 담화문(Monologue)의 소재를 균형 있게 다루었다.

PART 1 (15문항)

Choose the most appropriate response to the statement. (1-15)

M: Do you think you could turn down the volume on the television?
W: ________________________________

(a) I certainly didn't mean anything by it.
(b) I can't believe that you turned down the offer.
(c) I didn't realize it was disturbing you.
(d) No, I don't think he'll mind at all.

해석

남: TV의 볼륨을 좀 내려주실 수 있으세요?
여: ________________________________

(a) 전 분명히 아무런 뜻도 없었어요.
(b) 당신이 제 제안을 거절 했다니 믿을 수 없어요.
(c) 당신을 방해하고 있는지 몰랐어요.
(d) 아니요, 그는 개의치 않아 할 것 같아요.

Part 1은 질의응답 문제를 다루며 한 번만 들려준다. 내용 자체는 단순하고 기본적인 수준의 생활 영어 표현으로 구성되어 있지만 교과서적인 지식보다는 재빠른 상황 판단 능력을 요구한다. 따라서 이 파트에서는 속도 적응 능력뿐만 아니라 순발력 있는 상황 판단 능력이 요구된다.

PART 2 (15문항)

Choose the most appropriate response to complete the conversation. (16-30)

W: Hello, I have an appointment with Dr. Summers.
M: OK. You must be Kate. I need you to fill out this form on your medical history.
W: All right. Here you go.
M: ________________________________

(a) Have you ever had these symptoms before?
(b) I keep sneezing and my nose is runny all day.
(c) Stay warm and drink plenty of water.
(d) Please have a seat and the nurse will call your name soon.

해석

여: 안녕하세요, Summers선생님과 진료 예약을 했는데요.
남: 네, Kate맞으시죠? 병력에 대해 이 양식을 작성해 주시겠어요?
여: 알겠어요. 여기 있어요.
남: ________________________________

(a) 이런 증세가 이전에도 있었나요?
(b) 계속 재채기가 나고 하루 종일 콧물이 흘러요.
(c) 몸을 따뜻하게 하시고 물을 충분히 마시세요.
(d) 자리에 앉아 계시면 간호사가 곧 호명할 거예요.

Part 2는 짧은 대화 문제로서 두 사람이 A-B-A-B 순으로 보통 속도로 대화하는 형식이며, 소요 시간은 약 12초 전후로 짧게 구성되어 있다. Part 1과 마찬가지로 한 번만 들려주는 부분이다.

PART 3 (15문항)

Choose the option that best answers the question. (31-45)

W: Have you decided what you're going to buy for your mother's birthday?
M: Not yet. She's very picky, so it's very hard to shop for her.
W: Well, you'd better decide soon. You only have a week.
M: I'm thinking about getting her this vase she saw in the mall the other day.
W: That's a good idea. Since she already saw it, you know she will like it.
M: The only problem is, they're out of stock in the store and will have to special order it.
W: Oh. Will it get here in time?
M: They said it shouldn't take any longer than three days, but maybe I'll find something else.

Q: Which is correct according to the dialogue?
  (a) The man wants the gift to be a surprise.
  (b) The man isn't sure what he's going to buy.
  (c) The woman wants to buy the man a gift.
  (d) The vase will take a week to arrive.

해석

여: 엄마 생일 선물로 뭘 살지 결정했니?
남: 아직. 우리 엄마는 아주 까다롭거든 그래서 엄마 선물을 사는 건 아주 어려워.
여: 빨리 결정을 해야 할 거야. 일 주일 밖에 안 남았잖아.
남: 지난 번에 엄마가 쇼핑 몰에서 본 꽃병을 살까 생각 중이야.
여: 그거 좋은 생각이네. 엄마가 보셨으니까 좋아하실 거라는 걸 알잖아.
남: 문제는 가게에 재고가 없어서 특별 주문을 해야 한다는 거야.
여: 그러면 제 시간에 도착할까?
남: 3일 이상은 안 걸릴 거라고 했는데, 아마도 다른 걸 찾아야겠지.

문제: 대화의 내용과 일치하는 것은?
(a) 남자는 선물이 깜짝 선물이 되길 바란다.
(b) 남자는 무엇을 살 지 잘 모른다.
(c) 여자는 남자에게 선물을 사 주고 싶어한다.
(d) 꽃병은 도착하는데 일주일이 걸릴 것이다.

Part 3는 앞의 두 파트에 비해 다소 긴 대화를 들려준다. 대신 대화 부분과 질문을 들려준 뒤 다시 한 번 대화 부분을 들려주기 때문에 대화의 길이가 길어진 것에 비하여 많이 어렵다고 할 수는 없다.

PART 4 (15문항)

Choose the option that best answers the question. (46-60)

Thanks for your interest in Happy Times Foods, a leading manufacturer of custom-made food products. Our main goal is to make sure you're always satisfied with our service and the selection we provide. We understand that the restaurant industry is highly competitive and that's why our premium breads, sauces, desserts, and other specialty items are prepared with you in mind. We even tailor our recipes and ingredients to your company's needs. So

해석

일류 주문 생산 식품 제조업체인 Happy Times Foods에 관심을 가져 주셔서 감사합니다. 저희의 주요 목표는 귀하께서 저희가 제공하는 서비스와 선택에 확실히 만족하도록 하는 것입니다. 저희는 식당 업계가 매우 경쟁이 심하다는 것을 알고 있기 때문에 저희의 고급 빵, 소스, 후식과 다른 별미 제품들은 귀하를 염두 하여 준비되고 있습니다. 저희는 귀사의 필요에 맞도록 저희 조리법과 재료들을 맞춤 제공하기도 합니다. 귀사의 식당이 성공을 이루도록 Happy Times Foods에 한 번 기회를 주시면 어떨까요?

why not give Happy Times Foods a chance to make your eatery a success?

Q: What is the announcement about?
  (a) an inquiry about an order
  (b) a complaint about a product
  (c) a follow-up to a potential customer
  (d) a proposal for an advertisement

문제: 공지 사항은 무엇에 관한 내용인가?
(a) 주문에 대한 문의
(b) 제품에 대한 항의
(c) 잠재적 고객에 대한 권유
(d) 광고에 대한 제안

Part 4는 담화문을 다룬다. 영어권 나라에서 영어로 뉴스를 듣거나 강의를 들을 때와 비슷한 상황을 설정하여 얼마나 잘 이해하는지를 측정하는 부분이다. 이야기의 주제, 목적, 화제, 세부 사항 및 이를 근거로 한 추론의 문제들이 출제된다. 직청 직해 실력, 즉 들으면서 곧바로 내용을 이해할 수 있는지를 잘 평가하는 부분이다.

✚ 문법 (Grammar) 50문항

밑줄 친 부분 중 오류를 식별하는 유형 등의 단편적이며 기계적인 문법지식 학습을 조장할 우려가 있는 분리식 시험 유형을 배제하고, 의미 있는 문맥을 근거로 오류를 식별하는 유형을 통하여 진정한 의사소통 능력의 바탕이 되는 살아 있는 문법, 어법능력을 문어체와 구어체를 통하여 측정한다.

PART 1 (20문항)

Choose the best answer for the blank. (1-20)

A: How was Felicia when you went to visit her yesterday?
B: I could tell she ___________________ although she tried to pretend that everything was OK.

  (a) have cried
  (b) had been crying
  (c) was crying
  (d) would be crying

해석
A: 네가 어제 방문했을 때 Felicia가 어땠어?
B: 그녀는 모든 게 괜찮은 척 하려고 노력했지만 울고 있었다는 걸 알 수 있었어.

Part 1은 A, B 두 사람의 짧은 대화를 통해 전치사 표현력, 구문 이해력, 품사 이해도, 시제, 접속사 등 문법에 대한 이해력을 묻는 형태로 되어 있다. 주로 후자(B)의 대화 중에 빈칸이 있으며, 이에 적절한 표현을 고르는 형식의 문제이다.

PART 2 (20문항)

Choose the best answer for the blank. (21-40)

___________________ performed some of the most popular songs in the history of music, the Beatles are

해석
음악 역사상 가장 인기 있는 노래들을 연주했기 때문에 비틀즈는 여전히 세계에서 가장 유명한 밴드들 중의 하나이다.

still one of the most celebrated bands in the world.

(a) As
(b) Have
(c) Had
(d) Having

Part 2는 문어체 질문을 다룬다. 서술문 속의 빈칸을 채우는 문제로 총 20문항으로 되어 있다. 이 파트에서는 문법 자체에 대한 이해도는 물론 구문에 대한 이해력이 중요하다.

PART 3 (5문항)

Identify the option that contains an awkward expression or an error in grammar. (41-45)

(a) A: I'm really bored. How about going out and seeing a movie or something?
(b) B: I don't know about that. Why do we always have to go out lately at night?
(c) A: Oh, come on. It's only 10:30 and the night is still young.
(d) B: Well, I guess it is Saturday and I feel kind of restless myself.

해석
(a) A: 정말 지루해. 나가서 영화를 보든지 하는 게 어때?
(b) B: 좋은 생각이 아닌 것 같아. 왜 꼭 밤 늦게 외출을 해야 하는데?
(c) A: 그러지 말고 가자. 이제 겨우 10시 30분이고 아직 이른 시간 이잖아.
(d) B: 하긴, 토요일이고 나도 잠이 안 오니까 괜찮겠지.

Answer
(b) lately → late

Part 3는 대화문에서 어법상 틀리거나 어색한 부분이 있는 문장을 고르는 문제로 구성 되어 있다. 이 영역 역시 문법뿐만 아니라 정확한 구문 파악, 회화 내용의 식별능력이 대단히 중요하다.

PART 4 (5문항)

Identify the option that contains an awkward expression or an error in grammar. (46-50)

(a) There is a widespread misconception that it is necessary to exercise for long periods of time every day in order to stay fit. **(b) Some people would be surprising to find that this is not necessarily the case.** (c) Many studies have shown that exercising for just thirty minutes a day, three times a week has significant health benefits. (d) The most important thing is to be faithful to a routine, rather than only hitting the gym sporadically.

해석
건강을 유지하기 위해서 매일 오랜 시간 동안 운동을 하는 것이 필요하다는 보편적인 오해가 있다. (b) 어떤 사람들은 이것이 사실이 아니라는 것을 알고 놀랄 것이다. (c) 많은 연구들에 의하면 하루에 30분 동안, 일주일에 세 번 운동을 하는 것이 상당한 건강상의 혜택이 있다는 것을 보여준다. (d) 가장 중요한 것은 어쩌다 한 번씩 체육관에 가는 것 보다는 꾸준한 일상을 유지하는 것이다.

Answer
(b) surprising → surprised

Part 4는 한 문단을 주고 그 가운데 문법적으로 틀리거나 어색한 문장을 고르는 다섯 문항으로 되어 있다. 틀린 부분을 신속하게 골라야 하므로 속독 능력도 굉장히 중요하다.

✚ 어휘 (Vocabulary) 50문항

문맥 없이 단순한 동의어 및 반의어를 선택하는 시험 유형을 배제하고 의미 있는 문맥을 근거로 가장 적절한 어휘를 선택하는 유형을 문어체와 구어체로 나누어 측정한다.

PART 1 (25문항)

Choose the best answer for the blank. (1-25)

A: So I hear the tightrope walker is performing here tonight.
B: Yeah, his name is "Amazing Sam" and he's going to walk between two ten-_________________ buildings.

(a) story
(b) degree
(c) level
(d) layer

해석
A: 줄타기 꾼이 오늘 여기서 공연을 한다고 들었어.
B: 맞아. 그 사람의 이름은 "놀라운 Sam"인데 두 개의 10**층** 건물 사이를 걸을 거야.

Part 1은 구어체로 되어 있는 A, B의 대화 중 빈칸에 가장 적절한 단어를 넣는 25문항으로 구성되어 있다. 단어의 단편적인 의미보다는 문맥에서 쓰인 상대적인 의미를 더 중요시 한다.

PART 2 (25문항)

Choose the best answer for the blank. (26-50)

After stealing money from the company over the past five years, the accountant was arrested on a charge of _________________ , and if convicted, he could face serious jail time.

(a) deception
(b) embezzlement
(c) entrapment
(d) transmission

해석
지난 5년 동안 회사로부터 돈을 훔치고 나서 회계사는 **횡령** 혐의로 구속되었고 만일 유죄 판결을 받을 경우에 심각한 실형을 받게 될 수도 있다.

Part 2는 하나 또는 두 개의 문장으로 구성된 글 속의 빈칸에 들어갈 가장 적당한 단어를 선택하는 문제로 구성되어 있다. 어휘를 늘릴 때 한 개씩 단편적으로 암기하는 것보다는 하나의 표현으로, 즉 의미구로 알아 놓는 것이 15분이라는 제한된 시간 내에 어휘 시험을 정확히 푸는 데 많은 도움이 될 것이다.

✚ 독해 (Reading Comprehension) 50문항

교양 있는 수준의 글(신문, 잡지, 대학 교양과목 개론 등)과 실용적인 글(서신, 광고, 홍보, 지시문, 설명문, 도표, 양식 등)을 이해하는 데 요구되는 총체적인 독해력을 측정하기 위해서 실용문 및 비전문적 학술문과 같은 독해 지문의 소재를 균형 있게 다루었다.

PART 1 (16문항)

Read the passage. Then choose the option that best completes the passage. (1-16)

It's common knowledge that smoking, eating the wrong foods, and failing to get enough exercise are all contributors to poor health. But not many people truly understand that one of the most serious threats to well-being is stress. Medical professionals have known for years that stress can lead to serious physical and mental disorders. Research has shown that individuals who experience high levels of stress have high blood pressure, which affects cardiovascular health. In addition, stress not only worsens preexisting medical conditions, such as diabetes, but it may also suppress the body's ability to fight off illness. ________________ , it is important to understand the risks associated with life's pressures.

(a) Likewise
(b) In contrast
(c) Therefore
(d) However

해석

흡연과 나쁜 음식을 먹는 것, 그리고 충분한 운동을 하지 않는 것은 모두 건강을 해치는데 기여하는 요인들이라는 것은 상식이다. 그러나 건강에 가장 심각한 위협중의 하나는 스트레스라는 것을 진정으로 이해하는 사람들은 많지 않다. 의학 전문가들은 수 년 동안 스트레스가 심각한 신체적 정신적 장애를 일으킬 수 있다는 것을 알고 있었다. 연구에 의하면 높은 스트레스를 경험하는 사람들은 혈압이 높은 것으로 나타났는데 높은 혈압은 심장혈관 질환에 영향을 끼친다. 게다가 스트레스는 당뇨병과 같은 기존의 질병을 악화시킬 뿐만 아니라 질병을 물리치는 신체의 능력을 억제시킬 수도 있다. <u>그러므로</u> 삶의 압박감과 연관된 위험들을 이해하는 것이 중요하다.

(a) 이와 같이
(b) 대조적으로
(c) 그러므로
(d) 하지만

Part 1은 빈칸 넣기 유형이다. 한 단락의 글을 주고 그 안에 빈칸을 넣어 알맞은 표현을 고르는 16문항으로 이루어져 있다. 글 전체의 흐름을 파악하여 문맥상 빈칸에 들어갈 내용을 찾는 문제이다.

PART 2 (21문항)

Read the passage. Then choose the option that best answers the question. (17-37)

Even if the rest of your body is lean and mean, researchers now say that extra fat around the middle often referred to as "love handles" increases the risk of early death. Just two inches of excess flesh around the waist increased the chance of dying sooner by thirteen to seventeen percent. While the link between fat around the middle and health problems is not a

해석

당신 몸이 군살 없고 말랐어도, 현재 연구자들은 흔히 "러브 핸들"이라고 불리는 허리 부분의 군살이 조기 사망의 위험을 증가시킨다고 주장한다. 허리 둘레가 평균보다 2인치 초과하는 것만으로도 일찍 사망할 가능성이 13에서 17퍼센트까지 증가한다. 허리 둘레의 지방과 건강 문제간의 관련성이 새로운 것은 아니지만 가장 최근의 연구는 의사들에게 단순히 일반적인 체질량 지수를 사용하는 것이 심장질환과 같은 건강상의 위험을 평가하는데 있어 꼭 최고의 방법은 아니

new one, the newest study gives doctors much more evidence that simply using the standard body mass index (BMI) is not necessarily the best way to assess health risks such as cardiovascular disease. In fact, the study showed that adults with a healthy BMI but larger than average waists were still candidates for early deaths.

Q: Which of the following can be inferred from the passage?

(a) The group involved in the study was composed of male adults.
(b) Cardiovascular disease does not just affect the overweight.
(c) Doctors still need to study how body mass affects longevity.
(d) Losing excess fat around your waist can add years to your life.

라는 많은 증거를 제공한다. 실제로 연구에 의하면 건강한 체질량 지수를 가졌지만 평균 이상의 허리 둘레를 가진 성인들이 여전히 조기 사망을 할 수 있는 후보자들이라는 것을 보여주었다.

문제: 위 글의 내용에서 유추할 수 있는 것은?

(a) 연구에 참가한 집단은 남자 성인들로 구성되어 있었다.
(b) 심장 질환은 반드시 과체중인 사람에게만 발생하지 않는다.
(c) 의사들은 어떻게 체질량 지수가 수명에 영향을 끼치는지 연구할 필요가 있다.
(d) 허리 둘레의 과 지방을 없애는 것이 수명을 연장시킬 수 있다.

Part 2는 글의 내용 이해를 측정하는 문제로 21문항으로 구성되어 있다. 주제나 대의 혹은 전반적 논조 파악, 세부내용 파악, 논리적 추론 등이 있다.

PART 3 (3문항)

Read the passage. Then identify the option that does NOT belong. (38-40)

A breakthrough scientific discovery made in Germany may one day offer hope to millions of people affected by HIV. (a) Doctors say that a man who received a bone marrow transplant from a donor who had a genetic resistance to the virus appears to have been cured. **(b) HIV first came to the public's attention in the 1980s after French and American scientists discovered the infection.** (c) Although the patient's response to the transplant was highly unusual, doctors believe it may increase interest in gene therapy for the disease. (d) However, experts still maintain that to suggest that this case will lead to a cure would be a dangerous stretch.

해석
독일에서의 획기적인 과학적 발견은 HIV에 감염된 수백만명의 사람들에게 희망을 제공해 줄지도 모른다. (a) 의사들은 이 바이러스에 유전적인 항체를 지니고 있는 기부자로부터 골수 이식을 받은 한 남자가 완치된 것으로 보인다고 말한다. **(b) HIV는 1980년대 프랑스와 미국 과학자들이 감염을 발견한 후 대중의 이목을 받게 되었다.** (c) 이식에 대한 환자의 반응이 매우 특이하긴 했지만 의사들은 이것이 에이즈에 대한 유전자 치료법에 대한 관심을 증가시킬 것이라고 믿는다. (d) 그러나 전문가들은 여전히 이 경우가 치료법에 이르게 될 것이라고 주장하는 것은 위험하다는 입장을 고수한다.

Part 3는 한 문단의 글에서 내용의 흐름상 어색한 곳을 고르는 문제로 3문항으로 구성되어 있다. 전체 흐름을 파악하여 흐름상 필요 없는 내용을 고르는 문제이다. 이런 유형의 문제는 응집력 있는 영작문 실력을 간접적으로 측정한다.

등급	점수	영역	능력검정기준
1+급	901-990	전반	교양있는 원어민에 버금가는 정도로 의사소통이 가능하고 전문분야 업무에 대처할 수 있음.
		청해	교양있는 원어민에 버금가는 수준의 청해력
	361-400	독해	교양있는 원어민에 버금가는 수준의 독해력
		문법	교양있는 원어민에 버금가는 수준으로 내재화된 문법능력
	91-100	어휘	교양있는 원어민에 버금가는 수준으로 내재화된 어휘력
1급	801-900	전반	단기간 집중 교육을 받으면 대부분의 의사소통이 가능하고 전문분야 업무에 별 무리 없이 대처할 수 있음.
	321-360	청해 독해	다양한 상황의 수준 높은 내용을 별 무리 없이 이해할 수 있는 정도의 청해, 독해력
	81-90	문법 어휘	다양한 구문을 별 무리 없이 신속하게 이해할 수 있을 정도로 내재화된 문법, 어휘 능력
2+급	701-800	전반	단기간 집중 교육을 받으면 일반 분야업무를 큰 어려움 없이 수행할 수 있음.
	281-320	청해 독해	일반적 소재에 보통수준의 내용을 별 무리 없이 이해하는 정도의 청해력과 독해력
	71-80	문법 어휘	일반적인 구문을 별 무리 없이 이해하는 정도의 문법능력, 어휘력
2급	601-700	전반	중장기간 집중 교육을 받으면 일반분야 업무를 큰 어려움 없이 수행할 수 있음.
	241-280	청해 독해	일반적 상황에 보통수준의 내용을 대체로 이해하는 정도의 청해력과 독해력
	61-70	문법	일반적인 구문을 대체로 이해하는 정도의 문법 능력
		어휘	일반적인 표현을 대체로 이해하는 정도의 어휘력
3+급	501-600	전반	중장기간 집중 교육을 받으면 한정된 분야의 업무를 큰 어려움 없이 수행할 수 있음
	201-240	청해	일반적 상황에 보통 수준의 내용을 다소 이해하는 정도의 청해력
		독해	일반적 소재에 보통 수준의 내용을 다소 이해하는 정도의 독해력
	51-60	문법	일반적인 구문에 대한 의미파악이 어느 정도 가능한 문법 능력
		어휘	일반적인 표현에 대한 의미파악이 어느 정도 가능한 어휘력
3급	401-500	전반	중장기간 집중 교육을 받으면 한정된 분야의 업무를 다소 미흡하지만 큰 지장없이 수행할 수 있음.
	161-200	청해 독해	일반적인 상황에 보통수준의 내용을 이해하기 다소 어려운 정도의 청해력과 독해력
	41-50	문법	일반적인 구문에 대한 신속한 의미파악이 다소 어려운 정도의 문법능력
		어휘	일반적인 표현에 대한 신속한 의미파악이 다소 어려운 정도의 어휘력
4+급	301-400 201-300	전반	장기간의 집중 교육을 받으면 한정된 분야의 업무를 대체로 어렵게 수행 할 수 있음.
5+급	101-200 10-100	전반	단편적인 지식만을 갖추고 있어 의사소통이 거의 불가능함.

●● TEPS 관련시험 소개

1. i-TEPS (Integrated Test of English Proficiency developed by Seoul national University)

i-TEPS는 서울대학교 언어교육원에서 출제하고 서울대학교 TEPS관리위원회에서 주관, 시행하는 통합 영어능력평가 시험이다. i-TEPS는 별도로 시행되며 기존 TEPS와 TEPS-Speaking & Writing 시험은 현행 과 같이 유지된다. 듣기, 읽기, 말하기, 쓰기 능력은 서로 밀접한 관계를 가진 요소로 듣기, 읽기 능력 혹 은 말하기, 쓰기 능력의 측정만으로는 정확한 영어능력을 평가하기 어려우므로 i-TEPS는 유기적인 연관 성을 지닌 이 네 가지 의사소통능력을 통합적'으로 측정하여 수험자의 영어능력에 대한 정확한 평가를 하 는 것을 목적으로 한다. i-TEPS는 국내 최고 권위의 영어능력평가로 듣기, 읽기 분야에서 탁월한 변별력 을 인정받은 TEPS와 국내 최초 CBT방식의 영어 말하기, 쓰기 시험인 TEPS-Speaking & Writing의 성공 노하우를 바탕으로 개발되었다. 실전 영어능력을 보다 정밀하게 측정할 수 있도록 세분화된 채점 요소를 적용하고 있으며, 출제자와 채점자를 어학분야의 최고 전문가들로 선정하여 높은 신뢰도와 탁월한 변별 력을 지니고 있다. 한번의 시험으로 듣기, 말하기, 읽기, 쓰기 능력을 종합적으로 평가함으로써 각각의 영 역을 별도로 평가해야 하는 여타 시험과 비교하여도 응시료 부담이 적다. i-TEPS는 최소의 시간과 비용 으로 수험자의 영어능력을 정확히 측정하는 효율성이 높은 시험이다.

i-TEPS는 Listening, Grammar & Vocabulary, Reading, Speaking, Writing의 5개 영역에 걸쳐 총 143문항 으로 구성되어 있으며 시험시간은 약 2시간 45분이다. 총점은 각 영역의 점수를 합산하여 400점 만점으로 채점된다.

* i-TEPS 에 관한 더 자세한 정보는 TEPS 관리위원회 홈페이지 (www.teps.or.kr)에서 얻을 수 있다.

2. TEPS Speaking & Writing

TEPS-Speaking & Writing 은 서울대학교 언어교육원에서 출제하고 서울대학교 TEPS관리위원회가 주관, 시행하는 영어 말하기, 쓰기 시험이다. 대규모로 치러지는 영어능력검정에서 평가하기 어려운 말하기, 쓰 기 능력을 보다 정밀하게 측정하기 위해 세분화된 채점 요소를 적용하고 있으며, 출제자와 채점자 모두 어학분야의 최고 전문가로 구성되어 탁월한 변별력을 지니고 있다. 보다 객관적인 채점을 위해 분석적 채 점과 종합적 채점이 포함된 5단계 채점체계와 문항별 채점방식을 채택하였다. TEPS-Speaking & Writing 은 컴퓨터 모니터를 통해 지문과 그림이 제시되면 수험자가 이에 대해 답변을 하는 CBT 방식으로 시행 된다. 편리한 인터페이스와 화면구성을 개선하고 테스트의 전 과정을 자동화하여 수험자의 편의를 증대 시켰다. 한국수출입은행, 외교통상부 등의 기관에서 신입사원 모집 및 해외파견직원 선발시험에 TEPS-Speaking & Writing을 채택하고 있다.

3. SNULT

SNULT는 Seoul National University Language Test의 약자로, 서울대학교 언어교육원에서 개발하여 TEPS 관리위원회에서 시행하는 시험이다. SNULT 정기시험은 7개 언어(영어, 일본어, 중국어, 프랑스어, 독일 어, 스페인어, 러시아어)로 구성되어 있다. 완벽한 보안 속에서 해당 언어의 박사 학위를 소지한 연구원, 원어민, 교수 등 최고의 전문가들이 출제와 검토 후 녹음과 인쇄를 거쳐 시행하고 있으며, 지난 30여 년간의 시험 데이터와 성과를 바탕으로 한 신뢰도와 타당도가 매우 높은 시험이다.

근래에는 신입사원 선발과 각급 기관 단체의 직원 인사 고과를 위한 교육훈련, 성적평가 등의 용도로 어학능력 평가에 대한 요구가 증가하여 연간 200,000명 정도가 외국어 능력을 검정 받고 있다.

* i-TEPS 및 SNULT 에 관한 더 자세한 정보는 TEPS 관리위원회 홈페이지 (www.teps.or.kr)에서 얻을 수 있다.

전문강사가 알려드리는 변화하는 TEPS 시험의 올바른 이해

TEPS는 수험자의 영어능력을 있는 그대로 정확하게 판단하기 위해 다양한 테스트 방법을 적용했습니다. 예를 들어 듣기시험에서 인쇄된 질문지를 주지 않고 방송으로 직접 들려주기 때문에 미리 문제를 보고 감을 잡는 요령이 통하지 않으며 독해 시험도 1 지문 1 문항 원칙을 지켜 한 문제의 답을 알면 그 뒤에 연결된 문제들의 답을 유추할 수 있는 가능성을 원천적으로 배제했습니다.

TEPS의 채점기준은 상대평가이며 해당 시험의 난이도, 응시인원에 따라 채점기준이 달라질 수 있습니다. 작년 10월 부터 새로운 텝스시험인 i-TEPS가 시작되었는데, 기존 텝스시험과는 별도로 시행됩니다. 이 시험은 Intergrated Test of English Proficiency developed by Seoul National University의 약자로 듣기, 읽기, 말하기, 쓰기능력을 종합적으로 측정하는 통합영어능력평가 시험입니다. i-TEPS는 영어능력평가로 듣기, 읽기 분야에서 탁월한 변별력을 인정받은 TEPS와 국내 최초 CBT방식의 영어 말하기, 쓰기 시험인 TEPS-Speaking & Writing를 기본으로 구성이 되어있으며 기존의 TEPS와 TEPS - Speaking & Writing을 통합하여 한번에 보는 것이라고 생각하시면 됩니다.

최근들어 중고생들 사이에서 특히 TEPS에 대한 관심이 높아지면서 TEPS 인지도가 예전보다 크게 높아졌음을 느낄 수 있습니다. 하지만, 정작 TEPS가 어떤 의미를 가진 시험인지는 TEPS 학습자들 상당수가 올바로 이해하고 있지 못한 것이 현실입니다. 따라서 TEPS 공부를 TOEFL-TOEIC 공부할 때처럼 그냥 단어장 암기하고, 시중 참고서 한번 죽 훑어보고, 실전모의고사 문제집 한 두권 풀어서 틀린 문제 정리하는 식으로 하며, 거의 대부분의 학습자들이 몇 개월 동안 성적 향상이 안 돼서 매우 스트레스를 받습니다. "지피지기(知彼知己)면 백전백승(百戰百勝)"이라고 했습니다. TEPS를 올바로 이해하는 것이 TEPS 고득점을 위한 첩경이 아닐 수 없습니다.

TEPS의 P는 proficiency이며, 이것은 "숙달"이라는 뜻입니다. proficiency와 상대적인 개념이 knowledge(지식)입니다. TOEFL-TOEIC처럼 지식을 측정하는 시험의 특징은 문제의 양은 적고 제한시간이 넉넉해서 충분히 사고(思考)할 시간을 주는 것입니다. 이에 비해, TEPS처럼 '숙달'을 측정하는 시험은 문제의 양은 많고 제한시간이 적어서 사고(思考)할 시간을 주지 않습니다. 따라서, TEPS는 제한시간 내에 모두 풀어야 하는 개념이 아니라, 제한시간 내에 얼마만큼 풀 수 있는가를 측정하는 시험인 것입니다. 이런 개념에 익숙지 않은 수험자들은 자신의 능력 범위를 넘어 TEPS의 모든 문제를 풀려고 무작정 서두르다가 문제를 다 풀지도 못하고 푼 문제마저도 틀리는 최악의 경우를 경험하게 됩니다. TEPS처럼 '숙달'을 측정하는 시험에서 과욕은 금물입니다. 풀 수 있는 만큼만 여유 있게 풀겠다는 마음가짐이 더 좋은 결과를 가져옵니다.

정형화된 문제와 반복 출제되는 문제들이 많아서 모의고사 문제풀이를 많이 할수록 유리한 TOEFL, TOEIC 시험들과는 달리 생활영어 및 시사영어 시험인 TEPS는 청해 속도가 TOEFL,TOEIC보다 2배 이상 빠르고, 시사영어를 다루는 시험답게 TEPS RC에서 다루는 주제는 '정치, 경제, 사회, 문화, 건강, 예술, 종교, 환경' 등 상당히 다양하고 포괄적입니다.

이러한 특징의 TEPS를 준비하는 데 있어서 가장 중요한 학습법은 다독입니다. 평소에 다양한 주제의 영어를 읽은 사람들은 시험문제의 RC 지문 내용을 모두 읽지 않고도 첫 문장만 가지고 정답을 찾을 수 있는 문제들이 의외로 많기 때문에 시간이 전혀 모자라지 않습니다. 적어도 글을 빨리 읽을 수 있는 능력이 생기게 됩니다. 예를 들어, 지구 온난화와 이상 기온 문제, 국제 분쟁 상황이나 세계의 고대, 근대 역사등에 대해 평소에 영자신문의 시사적인 내용을 관심 있게 읽은 사람들은 그에 관한 독해 혹은 청해 문제를 아주 수월하게 풀 수 있습니다.

파트3,4의 경우 대화나 지문은 그리 어렵지 않은데 선택지에 등장하는 어휘가 난이도가 있어서 힘들게 푸는 문제도 등장했고 또 앞으로도 등장할것이기 때문에 평소에 어휘 공부를 틈틈이 해두는 것이 도움이 될 것입니다. 그리고 기존의 TOEIC이나 TOEFL시험에서 편법에 의존하지 않고 착실히 청해능력을 쌓아 온 응시자라면 크게 걱정할 수준은 아닐 것입니다.

내용면에서 있어서 Listening을 공부할 때 지나치게 TEPS라는 점에 얽매이지 말고, 꾸준히 관심을 갖고 착실하게 준비하면 충분히 고득점이 가능한 영역이 청해입니다. TOEIC이 실무 영어에 편중되어 있고, TOEFL이 학술 영어에 치중하고 있다는 한계를 극복하기 위해 TEPS가 개발되었다는 점을 상기하면서 학습에 임하면 좋은 효과를 거둘 수 있을 것입니다.

청해영역 에 대해서 살펴보면 Part Ⅰ 에서 Part Ⅲ 까지는 까다로운 관용표현들을 제외하면 큰 무리가 없다고 하겠으나 Part Ⅳ에 자주 등장하는 기사체의 문장에 까다로움을 느끼는 응시자들이 의외로 많은 것으로 보입니다. 이 Part는 특별한 준비 방법보다는 평소에 영자신문을 자주 접하고 빠른 속도로 의미를 생각하면서 읽는 훈련을 꾸준히 하면 좋은 성과를 얻을 수 있을 것입니다.

청해의 비법이란 다름이 아니라 모국어 화자가 말하는 속도에 버금가는 독해 속도를 연마하는 것입니다. 최소한 1분에 160자 정도를 읽고 이해할 수 있으면 여러분의 영어청취 정복은 시간문제라고 해도 과언이 아닙니다. 독해력이 뒷받침이 되지 않은 상태에서 한두 달, 또는 서너 달 만에 청해를 정복할 수 있다는 순진한 생각은 빨리 버리는 것이 좋을 것입니다.

문법영역 의 경우 50문제에 25분이 주어지므로 계산상으로는 문제당 25초를 쓸 수 있지만, 답을 기입하는 시간 등을 감안하면 한 문제를 약 20초 이내에 해결할 수 있어야 합니다.
따라서, 문장의 구조를 분석하려 하기 보다는 직감적으로 표현의 옳고 그름을 파악할 수 있는 수준에 이르도록 노력해야 합니다. 또한 TEPS의 문법영역은 기존의 TOEIC이나 TOEFL과는 크게 다른 형식을 취하고 있습니다. 밑줄 친 부분의 오류 파악과 같은 문제는 출제되지 않는다는 점에 유의해야 합니다. 그렇다고 지금까지의 문법지식이 전혀 필요 없다는 것은 아니며, 상당부분 일치하기 때문에 단편적으로 알고 있었던 문법적 내용을 체계화 할 필요가 있습니다. 반드시 활용할 수 있는 문장과 연결해서 학습하도록 해야 합니다.

그리고 TEPS 문법영역에서는 반드시 실용문법에 숙달되어 있어야 좋은 점수를 기대할 수 있습니다. 여기서 실용문법이라고 하는 것은 독해는 물론 의사소통 능력에 직결되는 문법을 말합니다.

분야별로 보면 TEPS 문법영역에서 중요하게 다루어지는 내용 중 한 가지가 화법에 대한 이해문제입니다. 지금까지 치러진 TEPS시험에서 화법 문제가 빠진 적이 거의 없었습니다. 화법문제는 관용표현과 겹쳐서 출제가 되므로 평소에 청해나 어휘표현을 암기할 때 각 상황과 표현에 대한 명확한 이해가 필요합니다.

그리고 수동분사구문과 능동분사구문을 직감적으로 파악할 수 있는 수준에 도달하도록 많은 예문을 접하고, 능동적으로 활용해 보아야 합니다. 수동 구문에 대한 이해는 관계사와 더불어 영어를 공부하는 데 있어 가장 기본적인 사항이므로, 반드시 숙지하고 넘어가야 합니다.
다음으로 부정사, 동명사의 쓰임에도 눈여겨 볼 필요가 있습니다. 이 부분도 TEPS 문법영역에서 자주 출제되는데, 단편적으로 to부정사를 목적어로 취하는 동사 내지는 동명사를 목적어로 취하는 동사를 암기하기 보다는 다양한 표현을 접하면서 to부정사나 동명사가 나올 때마다 관심을 갖고 하나씩 익혀 나가는 것이 효과적입니다.

지금까지 치러진 일반 시험의 내용을 토대로 TEPS 문법영역의 문제의 성격을 분석해본 결과, 수동표현과 능동표현의 이해를 묻는 문제도 여러 형식으로 출제된 것으로 파악됩니다. 이 부분은 능동태와 수동태에 대한 이해를 철저히 한 다음, 준동사 구문에서도 이를 자유롭게 활용할 수 있느냐 하는 것이 관건이 됩니다.

어휘영역에서는 쉬운 단어에 특히 주목할 필요가 있습니다. 우리가 익숙하다고 주의를 기울이지 않지만, 실상은 정확한 쓰임을 몰라서 실수할 수 있는 단어들이 TEPS 어휘영역의 주요 출제 대상이 됩니다. 그리고 철자가 비슷한 단어들이나 모양이 비슷한 단어들을 구별하는 문제들도 매회 거의 빠지지 않고 출제되고 있습니다. 흔히 동의어라고 생각되지만, 쓰임이 각각 다른 단어들이 많이 있으므로, 양적인 면에서 너무 집착하지 말고 개별단어의 정확한 쓰임을 의미 있는 문장을 통해 착실히 익혀두는 습관이 필요합니다.

중고생들의 경우 가급적이면 예문이 풍부한 영영사전을 이용하는 것이 좋고, 이러한 실용영어능력에 추가하여 SAT나 TOEFL 수준의 어휘력으로 보강한다면 TEPS 어휘영역에서 큰 어려움은 없을 것입니다.

개인적인 목적이 있다면 모르겠지만, 몇 년이 가도 한 번 볼까 말까한 난해한 어휘를 공부하는데 더 이상 시간을 낭비하지 않는 것이 좋습니다. TEPS에서는 실제 영어에서 활용 빈도가 낮은 표현이나 구문은 출제를 꺼리는 경향이 있다는 점을 명심해 두기를 바랍니다.

지금까지 TEPS 어휘영역에서 출제된 단어의 수준은 기존의 다른 영어 시험들과 비교할 때 결코 어렵다고 할 수는 없으나, 한 문제당 주어지는 시간이 총 15초 밖에 안되므로 기본적으로 속도 감각이 뒷받침 되어야 좋은 점수를 얻을 수 있습니다. 신속한 문제 해결 능력을 위해서는 정확한 표현이 내재화 되어 있어야 하므로, 쉬운 의미라고 하더라도 반복적으로 활용하는 습관이 중요합니다.

그리고 informal한 영어 표현들에도 익숙해져야 합니다. 여기서 informal이라는 말은 경의 없이 일반 구어체에서 빈번하게 사용되는 표현으로, 저속한 표현과는 다른 개념입니다.

문어체 표현과 관련해서는 기존의 다른 시험과 큰 차이를 나타내지 않고 있습니다.

TEPS 어휘영역에서는 문제를 빠른 속도로 해석하지 못하면 정답을 맞출 수 없습니다. 개별적인 단어의 뜻을 아는 것만으로는 부족합니다. 따라서 이 영역은 독해와 청해의 기초를 쌓는다는 마음으로 접근하기를 바랍니다.

독해영역 에서는 한 문제의 길이는 평균적으로 6~7줄 정도이고, 단어수도 100단어를 넘지 않는 것이 보통입니다. 그렇지만 여기에 질문을 읽는 시간과 문제를 푸는 시간을 더한다면 기본적으로 1분에 200단어 이상을 소화해낼 수 있어야 합니다. 내용면에서 볼 때, 전문적인 학술문은 출제되지 않고 있는데, 앞으로도 이러한 경향은 지속되리라고 판단됩니다.

실무적인 내용의 문제로는 상품판매, 예약편지, 광고 등을 소재로 한 것들이 있고, 시사적인 내용과 관련해서는 유럽의 금융 관련 기사, UN의 위상 약화에 대해 언급한 글 등이 있습니다. 글의 수준은 영자신문을 무리 없이 읽을 수 있는 정도면 된다고 봅니다. 영자신문은 꼭 시사적인 내용에 익숙해진다는 차원보다는 일반적인 교양을 위해서도 가까이할 만합니다.

최근 독해시험 영역에서는 정보를 전달하는 목적의 글이 자주 등장하는 편입니다. 하지만 명심하실 것은 회를 거듭하면서 한 분야에 치중된 내용의 출제는 가급적 피할 것으로 예상되기 때문에, 특정 분야의 글이나 문체에 편중된 독서를 하지 말고 가급적 다양한 내용의 글을 접하는 것이 좋습니다.

여전히 과학 및 의학 분야의 글도 꾸준히 등장하고 있으므로, 지구 이상기후나 나 인간 복제 등과 같은 시사성이 있는 내용들에도 관심을 가지고 읽어두면 좋고, 상업서한 부분도 3-4문제 정도 출제가 되고 있는데, 서식 자체에 대한 이해뿐만 아니라, 편지의 내용에 대한 것도 이해하고 있어야 원활하게 문제를 풀어 나갈 수 있습니다.

독해영역에서 좋은 점수를 얻으려면 글의 대의 파악 능력이 절대적으로 요구됩니다. 이를 위해서는, 영어로 된 책이나 신문 등을 읽을 때, Paragraph별로 요지를 파악해보는 연습을 하는 것이 좋습니다. 글을 읽고 내용을 요약할 수 없다면, 사실상 글을 제대로 읽었다고 할 수 없지요. 대의 파악 능력 자체가 바로 독해능력이고, 실질적인 자신의 영어 실력인 것입니다.

아무쪼록 대한민국 제1의 출판사 랭귀지 플러스와 TEPS 1등 강사 저 죠셉킴과 함께 최선을 다하셔서 최고의 결과를 얻으시길 바랍니다.

Joseph Kim

▶청해 Listening

청해시험의 경우 두 가지 정도 기존의 시험과 비교되는 다른 점이 있는데 첫째는, 화자들의 말하는 속도가 좀 빨라진 느낌이고, 둘째는 Part Ⅲ와 Part Ⅳ가 분량 면에서 좀 짧아졌다는 점이다. 따라서 문제의 유형이 반드시 동일하지 않을 수도 있으므로 어떤 내용이든 소화해 낼 수 있는 능력을 갖추는 것이 중요하다. 내용면에서는 길 묻기, 전화 통화, 공항의 안내방송 등 이전 시험에서 다루었던 내용과 큰 차이는 없다.

청해영역의 학습은 다른 영역에 비해 많은 시간과 노력이 요구되기 때문에 일단 조급한 마음을 갖지 말고 확실히 대비하는 것이 가장 중요하다. 청해를 처음 시작하는 사람들은 자연히 의미보다는 개별적인 소리에 정신을 집중하게 되는데, 이러한 단계에서 벗어나서 의미에 주의를 기울이는 수준에 이르면 청해가 재미있어질 것이다.

청해영역을 공부할 때 가장 나쁜 방법은 일방적으로 듣기만 하는 것인데, 반드시 큰 소리로 직접, 그리고 감정을 실어서 발음하는 연습을 꾸준히 하다보면 이것이 아주 효과적인 방법임을 스스로 깨닫게 될 것이다. 그리고 청해 실력을 기르기 위해서는 CD 나 MP3를 자주 듣고 따라하는 것도 중요하지만, 표현 자체를 모르면 소리가 들린다 하더라도 의미를 이해할 수 없으므로 유용한 표현과 구문을 평소에 많이 학습해 두어야 한다. 이러한 방법이 결과적으로 문법영역이나 어휘영역에도 많은 도움이 된다는 사실을 여러분 스스로 느낄 것이다.

●● 세부적인 청해분석과 공부법

1. Listening

청해 영역은 55분 동안 들려주는 문제를 들으면서 60문제를 공략해야하며, 정답표시에 주어지는 시간은 문제당 2~3 초에 불과하다.

즉 Native Speaker의 음성은 1분당 150~200단어의 속도로 방송되며, 수험자는 그 내용을 들으면서 곧바로 해석하는 능력이 요구된다.

또한 청해영역은 문제지에 인쇄된 문구가 전혀 없으므로 청각에만 의존해야하며, 60문제 전체가 상황이 다르고 서로 아무런 관련도 없는 만큼 피로감도 대단히 크게 느끼게 될것이다.

속도 적응력과 재빠른 판단을 요구하는 것은 회화문제와 설명문 문제에 모두 공통된다. 설명문 문제에 대비하는 가장 좋은 방법은 서로 관련이 없는 단문, 대화문, 설명문 등을 반복해서 듣는 부단한 연습이다.

회화 문제도 마찬가지이지만 또 하나 중요한 점은 영어의 음을 식별하는 능력이다.

예를 들면 club/glove, coffee/copy, seat/sit 등을 구분할 수 있는 능력을 길러야 하며, 이것은 발음과 청취 모두 해당되는 것이므로 훈련을 게을리하지 말아야한다.

회화문제와 설명문 문제 모두 영화, 뉴스해설, AFKN, 특집 프로그램을 적극적으로 활용하도록 하고, 특히 날짜나 숫자가 나오면 문제지 여백에 빠르게 메모해 두는 습관을 기르는게 좋다.

출제자의 의도를 미리 파악해서 예측해보는것도 좋은 방법이다. 또한 중간에 모르는 단어나 표현이 나와도 당황하지말고, 계속해서 성우의 음성을 따라가면서 문맥 속에서 뜻을 유추해 전체의 뜻을 파악하도록 해야한다.

또한 지문에 나온 단어와 발음이 비슷한 단어가 있을 때는 무턱대고 반가운 마음에 답으로 고르지 말고, 다시 한번 생각해 보아야한다. 이러한 단어들은 혼동을 유발하기 위한 함정일 가능성이 크기 때문이다. 단, 주의할 것은 단어들을 단독으로 익히는 것으로 끝내서는 안되고 이에 대한 기본 지식을 습득한 후에 문맥 속에서 그 의미를 파악하는일이 무엇보다 중요하다.

TEPS LC는 영어를 수동적으로만 학습하는 사람에겐 어렵게 느껴질 수 있다. 지금까지 우리는 생각하는 영어보다 받아들이는 영어에 익숙해왔기 때문이다. 모두가 적혀 있거나 흘러나오는 영어만 수동적으로 접하였고 영어를 사용할 일이 없었을뿐더러 적극적으로 활용하려 하지도 않았다. 사실 실생활에서 주고 받는 대화에 정답이 있을까? 답이 한 두가지로 결판날 수 없는 상황이 많다는 것이 TEPS 청해시험의 요점이다. 그렇다면 어떻게 대비해야 할까? 여기에 대응하려면 문장을 대화 단위로 암기하는것 외엔 다른 방법이 없다는 것이다. 이제부터는 한문장을 암기했다고 만족하지 말고 대화 가능한 대답을 모두 알아두어야 한다.

Part 1

1. 기본 정답 숙어, 표현들을 익힌다.
2. 절대로 답이 될 수 없는 것을 꼭 체크한다.
3. 제일 정답률이 낮은 파트로 문제내용보다는 문제의도를 파악하는 훈련이 필요하다.
4. 항상 나오는 상황과 표현들을 미리 숙지해야 한다.
5. 문제와 답을 항상 같이 외운다.

Part 2

1. 첫 문장에서 전체 흐름을 파악하고 듣는다.
2. 두 번째 화자의 어투로 답을 짐작한다. (긍정적 또는 부정적)
3. 세 번째 문장이 답의 80%를 좌우한다. (첫 문장을 이해해야 되는 문제들이 많다.)
4. 항상 나오는 상황표현들을 익혀 둔다.

Part 3

1. 상당수가 답을 결정하므로, 처음에 나오는 첫 두 문장을 놓치지 않는다.
2. 평소에 항상 듣고 난 후 대화의 Main Idea를 찾는 훈련을 한다.
3. 처음 들을 때는 하나하나 들으려고 하지 말고 전체내용의 핵심을 파악한다. 대화의 주인공이 누구인지 파악하고 그 화자의 말에 초점을 맞춘다.
4. 두 번째 들을 때는 중요한 내용은 메모를 한다.
5. 질문 유형은 Main idea 고르기, 사실부분 찾기, 의문사로 시작되는 질문, 화자의 어투, 유추하는 문제 등이 있다.

Part 4

1. 첫 한, 두 문장이 제일 중요하다.
2. 전체 내용을 파악하는 훈련을 평소에 한다.

3. 주제별 어휘를 습득한다.
4. 질문의 대부분은 핵심을 묻는다.
5. 자주 등장하는 내용에 익숙해 있어야 한다.

▶ 문법 Grammar

TEPS 의 문법영역은 전체 50문항으로 구성되어 있으며, 25분내에 풀어야한다.

TEPS 문법공부는 기존의 정형화된 규범 문법이 아니라 어법을 공부하는 방향으로 접근해야 할 것이다. 배점은 100점으로 상대적으로 적은 점수이다. 그러나 고득점을 노리는 사람에게 있어서는 "승부처"라고 할 수 있을만큼 중요한 영역이다.

적절한 표현 고르기와 틀린 어법(문법)으로 된 구절 찾기로 나뉘어 있으며, 난이도 1부터 난이도 5까지 있다.

난이도 2~3에 해당되는 문제가 가장많고, 난이도 1이나 5에 해당하는 문제는 상대적으로 적게 출제되지만 난이도가 높을수록 문제 배점이 높다는것을 명심해야한다.
문법 문제에서는 역시 영어 문법에서 가장 중요하다고 할 수 있는 동사 중심의 문법 (부정사, 분사, 태, 어순, 수일치) 과 시제 문제가 중점을 이루고 있다.

그리고 보기는 우리나라 사람들이 특히 취약한 부분을 이용해 함정을 만들어 놓고 있다. 어떤 면에서 보면 기존의 외국에서 개발된 영어검정시험보다 더 익숙한 문법 문제들이라고 볼 수 있다. 그러나 시간이 아주 짧게 주어지기 때문에 충분히 생각을 하고 나서 푸는 기존 시험과 다르다는 점을 염두에 두어야한다. 따라서 문제를 읽어나가면서 즉각적으로 답이 나올 수 있도록 많은 구문에 익숙해지는 훈련이 필요하다.

그리고 평소 글이나 표현등을 접할때 그냥 눈으로 읽어 넘어가지 말고 몇번씩 소리내어 읽어 입이나 귀에서 낯선 표현이 나왔을때 쉽게 찾을수 있도록 충분히 연습하면 좋다.

Part 1 구어체 (20문제)

Part 1은 전치사의 표현력, 구문이해, 품사의 이해도, 접속사 등에 대한 이해력을 묻는 형태로 구성되어 있다. 가장 적절한 표현을 넣는다는 것에 주의해야 한다. 답이 두 개가 될 수 있다고 생각이 될 때에는 가장 보편적이고 상식에 어긋나지 않는것을 골라야 한다.

Part 2 구어체 (20문제)

1. 구문을 익히자!

Part 2는 하나의 문어체 문장 내의 빈칸을 채우는 문제로 구성되어 있다.
Part 2에서는 문법 자체에 대한 이해도는 물론 구문에 대한 이해력이 중요하다.

2. 다양한 표현을 익히자!

평소 신문이나, 뉴스 등 다양한 구문에 익숙해지는 것이 중요하다.
관용표현을 많이 알아두는 것도 큰 도움이 된다.

Part 3 긴 대화문에서 잘못된 어법 찾기 (5문제)

1. 동사에 유의하자!

A-B-A-B 로 이어지는 대화문 중 어법상 틀리거나 어색한 부분이 있는 문장을 고르는 문제이다.
잘못된 표현을 고르는 문제는 동사에 관한 것이 많이 나온다.
동사부터 주의 깊게 살피는 것이 답을 찾는데 포인트가 될 수 있다.

2. 문법 문제임을 잊지 말자!

어법이 틀린 부분을 찾다가 내용이 어색하다고 답으로 오인하지 말자.
그런경우에는 특히 이 영역이 문법에 대해 묻고 있다는 점을 잊지말자.

Part 4 설명문에서 잘못된 문법찾기 (5문제)

1. 직독직해를 하자!

Part 3와 마찬가지로 5문제가 출제되는데 part 4는 한 문단을 주고 그 가운데 문법적으로 틀리거나 어색한 문장을 고르는 문제이다.
내용의 흐름을 전체적으로 정확히 이해하고 출제자의 의도를 파악하며 전체적으로 이해하면서 부분적인 정확성을 따져 보아야 한다.

● ● 세부적인 학습법

1. 시제, 조동사, 수동태, 준동사(특히 분사), 명사, 전치사 부분을 중점적으로 공부한다.

문법 영역에서 주로 출제되는 내용은 시제, 분사구문, 수동태, 문장의 형식(특히 5형식에서 목적보어 넣기), 조동사, 명사와 관사, 어순, 일치, 대명사이다. 요즘은 접속사, 관계사 부분이 자주 출제된다.

2. Part 4는 수 일치, 시제 일치, 태를 중점적으로 살펴본다.

Part 4의 경우 그냥 지문을 해석하면서 읽어내려가지 말고 각각 선택지의 주어, 동사를 파악해서 수의 일치(주어와 동사의 단 · 복수 일치), 시제 일치(각 선택지들 간의 시제 흐름 일치), 태(능동태, 수동태)가 맞는지만 살펴봐도 상당수 문제를 쉽게 해결할 수 있다.

3. Part 3, 4부터 푼다.

문법 Part 3, 4는 배점이 상당히 높다. 그러므로 문법영역을 풀 때는 후반부 문제부터 푸는 것이 바람직하다. 참고로, 독해도 이와 같은 방법으로 문제를 풀어야 한다. 독해 Part 2, 3 또한 배점이 상당히 높은 파트임에도 불구하고, 많은 분들이 시간 부족으로 이 파트를 놓치고 있어서 안타깝다.

▶어휘 Vocabulary

어휘영역은 15분내에 50문항을 풀도록 되어 있으며, 대화문에서 구문의 빈칸에 들어갈 단어를 선택하는 문제 25개와 1~2개의 문장으로 이루어진 짧은 글 속의 빈칸에 들어갈 단어를 선택하는 문제 25개로 구성되어 있다.

TEPS에서 어휘라 하면 다들 굉장히 어렵다고 생각하는 경우가 많다. 그래서 다른 어떤 시험보다 수준이 높을 거라고 생각하지만 절대 그렇지 않다. 단, 다른 시험과 공부하는 방법을 조금 다르게 접근해야 효과를 볼 수 있다.

우선, TEPS에는 어휘영역이 따로 있기는 하지만 다른 시험 준비를 하듯이 단어를 단순한 의미파악 위주로 공부해서는 별로 효과를 보지 못한다. 따로 공부하기보다는 우선 듣기에 나오는 표현에 익숙해져야 한다. 청해에 나왔던 표현들이 100% 어휘에 나온다고 생각하면 되는데, 단어 하나하나의 의미만을 보지말고 문장 전체를 외우면서 의미를 파악하는 게 효과적이다. 그러면 듣기표현에 익숙해지게 되어 단어의 쓰임새를 정확하게 파악하게 된다. 이미 알고 있는 단어임에도 불구하고 정확한 쓰임을 몰라서 실수할 수 있는 단어들이 TEPS 어휘영역의 주요 출제 대상이 되며 TEPS에서는 실제 영어에서 활용 빈도가 낮은 표현이나 구문은 출제되지 않는다는 것을 기억한다면, 듣기표현에 시간을 투자 하는 것이 언어영역에도 막대한 영향을 끼친다는 것을 알 수 있다.

또한 어휘의 양적인 면에 너무 연연하지 말고 개별 단어의 활용도에 초점을 두어 매 문장을 통해 꼼꼼히 이해해 가는 습관이 필요하다. 예문이 풍부한 영영 사전을 이용하면 더 효과적일 수 있다. 문어체의 경우 어느 한 분야에 국한되지 않고, 시사, 문화, 과학 등 다양한 분야의 어휘가 나오므로, 각 주제별 어휘를 골고루 학습할 필요가 있다. 특히, 건강, 법과 관련된 어휘는 항상 출제되므로 외운 만큼 효과를 볼 수 있다. 실용영어 실력에 TOEFL 수준의 어휘력으로 공부해 간다면 큰 어려움이 없을것이며, 거의 사용하지 않는 단어나 표현에 연연하지 말아야 한다. 독해를 통해서 어휘를 습득해 가는 게 가장 기본이 된다. 그리고 어휘공부를 위해 한두 권의 책에 너무 의존하거나 단기간에 끝내야 한다는 생각은 금물이다.

TEPS 어휘영역에서 가장 중요한 것은 빠른 속도로 문제를 정확히 푸는것이다. 다른 시험과 비교할 때 TEPS 단어 수준은 결코 어렵지는 않지만 기본적으로 속도 감각이 뒷받침돼야 좋은 점수를 얻을 수 있다. 그러기 위해서는 단어 하나하나의 의미파악보다는 독해와 청해의 기본을 쌓는다는 자세로 공부해야 한다. TEPS 어휘는 항상 아는만큼 들리고, 아는 만큼 이해가 된다는 것을 명심해야 한다.

TEPS의 어휘영역은 단편적 의미보다는 문맥에 쓰인 상대적인 의미를 중요하게 여긴다. 따라서 평소 영문을 읽을때 단어의 사전적인 의미뿐만 아니라 뉘앙스, 구어 표현의 의미에도 주의를 기울이는 습관을 길러야한다.

또한 표현력 측정에도 역점을 두는 문제가 많이 나오므로 뉴스나 방송 스크립트를 많이 접하는것도 좋다. 꾸준히 회화연습을 하면서 구문 속의 어휘 선택 감각을 기르는 것이 무엇보다 중요하다고 볼 수 있다.

▶독해 Reading

독해영역은 세 개 Part로 나누어지며, 청해영역과 마찬가지로 400점 만점이다.
Part I에서 16문항, Part II에서 21문항, Part III에서 3문항이 출제되며, 전체 40문항에 45분의 시간이 주어진다. 총점 400점을 차지하기 때문에 전체 TEPS시험에서 40%를 차지하고 있고 문법지식과 어휘 그리고 논리력을 요구하는 독해시험은 실제로 수험자들이 가장 어렵게 느끼는 영역 가운데 하나이다.

지문의 내용은 신문기사, 광고문, 도표와 같은 실용문을 비롯하여 다소 까다로운 학술문에 이르기까지 다양한 영역에서 출제된다. 일반적으로 자주 접할 수 있는 실용문에 가까울수록 저난이도의 문제이고, 전문적인 학술과 관련된 내용일수록 고난이도의 문제로 분류하면 된다. 내용에 관계없이 구성되는 어휘나 문장구조에 따라 난이도가 구별되는 경우도 있다. 문장의 길이는 단문으로 분류될 수 있는 것은 많지 않고, 중문에 가까운 비교적 긴 내용도 많이 출제된다.

여타 영어시험이 비즈니스 상황이나 학교생활을 중심으로 출제되고 있는 것과 비교해 다양한 생활영어를 묻는 TEPS는 그만큼 시험에 출제되는 이슈가 다양하다고 할 수 있다. 신문, 잡지, 대학 교양과목 개론 등 시사적인 내용과 서신, 광고, 홍보, 지시문, 설명문, 도표, 양식 등 실용적인 글을 이해하는 데 요구되는 총체적인 독해력을 측정하기 위해서 실용문 및 비전문적 학술문과 같은 독해 지문의 소재를 균형 있게 다루고 있다. 따라서 평소에 영문으로 된 다양한 읽을 거리를 접하는 것은 상당히 중요하다.

학교에서 배운 영어지식과 한국식 영어에서 많이 쓰이는 표현과 단어만으로는 해결되기 힘든 TEPS의 지문을 빨리 읽어 나가기 위해서는 영어 뉴스뿐 아니라 광고문, 설명문 뿐 아니라 제품의 매뉴얼 등에 까지 관심을 갖고 눈여겨 볼 필요가 있다.

독해영역에서 최대의 관건은 지문 전체를 얼마나 빨리 읽고 이해할 수 있는가이다. 1지문 1문항 원칙을 고수하고 있고, 중문 이상의 긴 지문이 주어지기 때문에 속독속해가 절실히 요구되는 부분이다. 문제 하나하나를 훑어본다면 결코 단어가 난해하거나 문장구조가 어려운 것은 아니지만, 짧은 시간에 많은 문장을 이해해야 한다는 것이 부담이 된다.

독해 초보들에게는 기초 부터 차근차근 읽어 내려가는 정독정해를 당연히 권하지만 실상 텝스시험에서 고득점하기 위해서는 독해문제를 정독한다는 것은 시간낭비가 될 수 있다. 700점대 이상의 고득점을 원하는 수험자는 전체의 내용과 문제의 유형에 따라 지문을 한 눈 에 훑어 내려갈 수 있는 내공이 요구된다. 최소한 독해 시험 시간에 주어진 문제 40개를 다 풀기 위해서는 그러하다는 말이다.

이를 위해

1. 질문이 원하는 바를 파악하고
2. 질문에 대한 해답이 될 수 있는 지문의 부분을 찾아서 읽고
3. 질문과 상관 없는 지문의 군더더기는 과감히 skip 하고
4. 답변이 될 수 있는 선택지 한 두개 가운데서 정답을 찾아야 한다는 것

그러나 텝스 초보가 시험 시간내에 40개의 문제를 완전히 커버한다는 것은 불가능하므로 500점대 이하의 입문

자들은 못 푸는 문제를 포기하더라도 의미를 제대로 이해하며 읽어 나가야 한다는 걸 잊지 말자.

독해영역은 비전문적인 학술문, 도표, 신문기사, 광고문 등 다양한 실용문을 읽고 내용을 올바로 파악했는지를 묻는 문제로 구성되어 있다.

TEPS의 독해영역이 기존시험과 차별되는 가장 주요한 점은 한 지문에 대한 한 문제만을 묻는다는 것이다. 이것은 한 지문을 잘못 이해해도 한 문제만 틀리면 된다는 뜻이기도 하지만, 또 그만큼 많은 시간이 필요하다는 의미가 된다. 따라서 오래읽고 생각하며 풀기보다는 읽어 내려가며 이해하고 바로 답을 고를 수 있어야한다. 각각의 지문은 비전문적인 학술문에서부터 도표, 신문기사, 광고문 등의 실용문까지 다양한 영역을 포괄한다. 그리고 실제 생활에서 많이 쓰이는 내용일수록 저난이도에 속하고 학술적이거나 전문적인 내용일 경우에는 고난이도로 볼수 있다.

또한 지문을 구성하는 어휘나 문장구조에 따라 난이도를 구별할 수 있다.

● ● 파트별 고득점 전략 Part I

Part I은 [지문을 읽고 지문의 빈칸에 들어갈 내용 고르기] 형식으로 1번에서 16번까지가 이 유형에 속한다. 이 유형은 일반적인 독해시험에서 가장 흔히 볼 수 있는 형태로 수능, 고시, 대학원, 편-입학시험 등에서도 자주 등장하는 형식이다. 빈칸에 들어갈 내용은 단어뿐만 아니라 구, 절, 연결어구(접속사나 부사) 등 다양한 내용이 포함된다.

출제경향

16문항이 출제되며, 지문을 읽고 질문의 빈칸에 들어갈 적절한 어구를 선택하는 유형이다. Part I은 글의 흐름에 맞추어 단락을 완성할 수 있는 표현을 찾는 유형으로, 글의 전체적인 맥락에 대한 이해도를 측정한다. 이런 관점에서, 밑줄의 위치는 후반부에 있는 경우가 많다. 출제 유형별로 분류하면, 전체 문맥을 파악하는 유형이 주류를 이루고(1-14번 문항), 바로 앞뒤 문장과의 흐름이나 핵심적 어구와의 일관성 여부를 묻는 경우도 있다 (15, 16번 문항).

해결포인트

이 Part의 point는 전체 내용의 대의파악 능력, 응집력, 이해능력의 측정에 있다. 단어들의 정확한 의미와 그 용례를 이해하는 것도 중요하겠지만 무엇보다 문장 전체를 이해하는 능력이 최우선의 관건이 된다. 문장에서 빈칸을 완성하는 문제를 해결하는데 있어서 가장 중요한 것은 먼저 글의 대의를 파악하면서 빈칸이 있는 부분까지 빨리 읽고, 빈칸이 들어 있는 문장과 앞뒤 문장을 정확히 읽어 전체의 의미 안에서 부분적인 내용을 이해하는 방법으로 접근해야 한다.

고득점 비법

1. 보기를 먼저 읽고 지문을 읽어라!

2. 지문을 읽을 때는 먼저 글의 대의를 파악하면서 빈칸이 있는 부분까지 빨리 읽고, 빈칸이 들어있는 문장과 앞뒤 문장을 정확히 읽어, 전체 대의 속에서 부분적 논리를 완성하는 방법으로 접근한다.

3. 선택지가 짧을 경우 선택지 먼저 읽고 지문 읽는다. 만약에 선택지가 길다면 지문먼저 읽는다.

4. 처음문장 읽고, 빈칸 읽고 답 선택한다. 그래도 아리송하면 마지막 문장 한번 더 읽고 답 선택한다. 그리고 지문 중간에 But, Whereas, Although, However, Yet S+V가 있는지 확인한다.

5. 괄호 대원칙 – 괄호가 있으면 괄호를 포함한 문장이 중요하다.(괄호 안에서 더 설명해주기 때문에) 그 문장에 답의 힌트가 있을 가능성이 높다.

6. 소거법을 이용하여, 답이 아닌 것부터 제외시켜 가면서 정답으로 좁혀가는 방법으로 문제를 푸는 것도 한 방법이다.

7. dash(–)가 한번 나오면 답 확률 높고 dash(–)가 두 번 나오면 별로 중요하지 않다.

8. surely, quite a ___ , promptly, new, likewise, like(~와 마찬가지로)를 잘 살펴본다.

9. 관계사는 엄청 중요하다. 다시 설명해주기 때문에 답의 힌트가 될 가능성이 높다.

10. 지문에 의문문 있으면 그 의문문에 답이 될 수 있는 내용이 선택지에서 답이 될 수 있다.

●● 파트별 고득점 전략 Part II

Part II는 [지문을 읽고 질문에 가장 적절한 내용 고르기] 형식으로, 17번에서 37번까지 21문항이 출제된다. 독해 전체 40문항 중에서 절반이 넘는 비중을 차지하고 있으므로 독해영역에서는 이 Part의 문제 유형에 특히 많은 관심을 가져야 한다. 주어진 지문의 내용을 완전히 이해해야만 문제의 내용에 답할 수 있기 때문에 문제를 먼저 읽어보고 지문을 보는 것도 문제 풀이의 한 방법이 된다.

출제경향

지문을 읽고 질문에 대한 가장 적절한 답변의 선택지를 고르는 유형으로, 21문항이 출제된다. 질문의 종류에 따른 출제 유형을 살펴보면, 세부 내용 파악 문제가 가장 많고, 그 다음 대의 파악 문제가 5~8문제, 그리고 추론 문제가 3~5문제 정도 출제되고 있다. 최근에는 지문의 길이가 점점 짧아지고 난이도가 상대적으로 쉬워지는 경향이 있다.

해결포인트

이 Part에서 다루고 있는 글의 내용은 세부내용 파악(진위 파악), 내용과 관련한 추론 문제, 글의 대의 파악, 적당한 제목 고르기 등이 주를 이루며 도표, 상업서한, 광고문 등의 형식도 종종 출제되고 있다. 이 Part를 접근할 때는 글의 첫 부분에 오는 주제문에서 핵심어구와 대의를 추론해 보고 연차적으로 문장을 읽어 나가면서 글을 요약하고 추가되는 정보를 입수하는 방식이 좋다. 동시에 획득한 각각의 정보를 서로 연관시켜 글 속에 내포된 의미를 파악해 낸다면 좋은 점수를 기대할 수 있을 것이다.

고득점 비법

1. 먼저 문제를 읽고 문제가 요구하는 관점에서 지문을 읽어 답을 구하는 방법으로 시간을 단축하는 능력을 키우자.

2. 지문을 읽을 때 첫 문장에 주목하라.

3. 평소 다독과 속독 훈련을 꾸준히 한다.

4. which, what을 제외한 who, where, why, how를 포함한 Question은 지문에서 주제로 언급되기 때문에 절대로 틀리면 안 된다.

5. 광고는 미괄식이므로 뒤쪽을 자세히 보고 특히 광고 끝에 괄호 있으면 그 괄호 안이 답이 될 확률이 높다.

6. 지문에 all, every, only, never가 나오면 답일 확률이 높고, 단 선택지에 나오면 오답일 확률이 높다.

7. 세부내용 문제에 연도가 언급되었으면 자세하게 읽어야 한다.

8. 추론 문제에서 지문에 결론이 없으면 선택지에서 결론을 찾아주면 되고, 지문에 결론이 나와 있으면 선택지에서 결론보다 좀 upgrade된 문장을 찾는다.

9. 추론 문제에서는 제 2 또는 제 3의 인물을 잘 파악해야 한다.

10. 'A then B, A soon B, A into B'와 같은 표현은 변화를 암시한다.

●● 파트별 고득점 전략 Part III

독해영역의 마지막 부분인 Part III는 [지문을 읽고 문맥상 어색한 내용 고르기] 형식으로 38번에서 40번까지 총 3문제가 출제된다. 문제의 형태는 문법영역의 Part IV와 비슷하다고 보면 된다. 이어지는 문장 중에서 전체적인 대의에서 내용상 벗어나는 것을 고르는 문제이다.

출제경향

지문을 읽고 문맥상 어색한 내용을 고르는 유형으로, 3문항이 출제된다. 글의 일관성을 파악하는 논리적 추론 능력이 주된 측정 포인트이다. Part I이나 II에서 적절한 시간 안배를 해두지 않아서, Part III에서 그냥 찍고 말아야 하는 안타까운 경우가 종종 있다. 이 Part는 오랜 시간동안 긴장 상태로 문제를 풀다가, 집중력이 흐트러지는 마지막 부분에 등장한다는 점에서, 평소에 글의 흐름이나 문맥을 따라잡는 독해 훈련을 게을리 했을 경우, 매우 힘들게 느껴질 수 있는 부분이다.

해결포인트

이 Part는 전체 독해영역에서 차지하는 문항수 자체는 적지만, 독해문제 하나에 대한 배점이 높다는 점을 생각하면 결코 간과해서는 안 될 부분이다. 이 Part에서는 글의 응집, 즉 일관성(coherence)을 파악하는 논리적 추론 능력이 주된 측정 point라고 할 수 있다. 따라서 주어진 글에 대해 집중력을 가지고 문맥 사이의 연결 고리를 생각하면서 접근하는 것이 좋다. 조심할 것은 전체 지문의 내용과 반대되는 문장을 찾는 단순한 문제만 출제되는 것이 아니라는 점이다. 전체적으로 세부사항을 이야기하고 있는 지문일 경우에는 같은 내용이라도 포괄적인 내용을 이야기하다가 세부적인 내용이 나오면 흐름이 어색해지기 때문이다.

고득점 비법

1. 두괄식이므로 첫 문장을 정독한다.

2. 문제가 점점 쉬워지고있다.

3. 글의 전체적인 어조를 파악하라.

4. 주어, 시제, 어감이 갑자기 바뀌는 부분에 유의하라.

5. 끝까지 읽고 답을 고르자.

6. 평소 독해 공부를 할 때 구문 분석이나 문법적 이해보다는, 글의 논리전개와 대의 파악 쪽으로 많은 연습을 해두자.

마지막으로 TEPS 독해를 준비하는 수험생을 위해 반드시 숙지해야할 시험 유의사항으로 글을 마무리 하고자 한다.

1. 어려운 문제는 과감하게 포기하자.

독해영역의 문제를 앞에서부터 순서대로 풀다보면 시간이 모자라 Part III는 제대로 읽어보지도 못하고 놓치는 경우가 종종있다. 좋은 점수를 얻기 위해서는 각 Part별로 문제를 골고루 푸는 것이 중요하지만 어차피 시간이 부족하다면 쉬운 문제와, 쉽게 풀 수 있지만 배점이 높은 문제는 놓치지 말고 풀어야 하므로 가능하다면 Part III → Part I → Part II의 순서대로 문제를 풀어나가도록 하고, 스스로 생각해도 너무 어려운 문제는 과감하게 포기하는 것도 전략이다.

2. 당황해서 실수하는 일이 없도록 하자.

전체 40문제를 45분 안에 풀어야 한다. 답안지에 표시하는 시간을 빼고 계산해보면 1문항에 60초라는 시간이 주어진다. 따라서 시험 종료 10분전이라는 안내방송이 나오더라도 10문제를 풀 수 있다는 계산이 나온다. 마지막 10분을 잘 이용해서 당황하지 말고 침착하게 대응하여 실수하는 일이 없도록 하자.

3. 답안지를 바꾸지 말자.

답안지를 바꾸어 다시 표기하는 데 5분에서 10분 정도의 시간이 소요된다. 그 시간이면 5~10문제를 풀 수 있다. 답안지 자체를 바꾸어야 할 만큼 큰 실수나 표시가 난 경우가 아니라면 미리 수정테잎을 준비해 수정하는 것이 좋고, 처음부터 답안지 작성을 잘 하는 것이 더 좋다는 것은 말할 필요도 없을 것이다.

[본 계명들은 The TOP in TEPS 독자들을 위해 최근 TEPS 를 보실 때 필요한 시험계명을 8개로 요약 분석 한 것입니다. 시험보시는 당일날 꼭! 읽고 들어가시기 바랍니다.]

1. 시험당일 한 시간정도 일찍 도착하세요. 도착해서 마음을 진정시킨 후 평소 공부했던 교재와 정리노트로 그동안 공부해온 내용들을 차분하게 정리하세요.
   청해 Part 1,2는 한번만 들려주고 발음 혼동문제나 단어 하나를 가지고 오류를 묻는 문제가 많기 때문에 당일 컨디션이 의외로 시험에 큰 영향을 줍니다. 그리고 화장실은 꼭 휴식시간에 갔다 오세요.^^

2. 청해의 경우 청해 Part 1,2를 들을 때 절대로 받아 적지 마세요. 들려주는 시간이 평균 5초 정도이기 때문에 그거 적다가 다음 문제를 놓칠 수 있습니다.
   청해 Part 1의 경우 '처음 나오는 의문사'와 '시제', '인칭'을 빠르게 포착해서 상황 판단을 해야 합니다. 그러면서 상황에 맞는 가능한 답을 머리 속에서 그려내야 합니다. 이것이 가능하기 위해서는 평소에 다양한 표현들을 딕테이션하는 훈련이 필요합니다.

3. Part 3의 경우 아직까지 수험생들이 청해 파트에서 가장 쉽게 생각하는 파트입니다. 두 번 들려주고 대화 내용이 일상회화라서 쉬운 생활 영어책들로 준비하면 대부분 쉽게 맞출 수 있습니다. Part 3의 경우 처음 들을 때 중요한 정보(숫자, 사람이름, 약속시간, 전개되는 사실)를 시험지에 적어야 합니다.
   만일, 대화의 토픽을 묻거나, 두 사람의 관계를 묻는 문제가 나온다면 두 번째 들을 때 도입 부분만 제대로 들으셔도 답을 고르기가 편합니다.

4. Part 4는 주제문파악, 진위문제, 추론 문제 등이 등장하며, 보도문이 상당수를 차지합니다. 이 파트를 제대로 준비하려면 기초 CNN교재로 중요 토픽을 파악하는 훈련이 중요합니다. 이 파트는 처음 들을 때 지문이 보도문인지, 논문발표인지, 일기문인지, 편지인지 등을 파악하면서, 숫자 등 중요 정보가 나오면 시험지에 받아 적다가, 두 번째 들려줄 때 해당 질문에 맞춰서 들으면서 답에 접근해야 합니다. 평소에 한국 신문이나 영자 신문을 읽고 배경 지식에 대한 사전 지식을 알고 있어야 합니다. 혹시라도 영어 소설은 공부하지 마세요. 소설은 TEPS에 안 나옵니다.

5. Part 3,4 문제에서 선택지를 들을 때에는 확신이 서지 않더라도 시간을 끌지 말고 결정하세요. 긴 대화나 지문은 두 번 들려주지만 선택지는 오로지 남자 음성으로 한번만 들려주고 문제를 듣고 답을 표시하는 시간이 2,3초밖에 없으므로, 지체하지 말고 답을 결정해야 합니다. 우물쭈물하는 사이에 다음 문제는 이미 시작합니다. 초보자들은 미련이 많고 고수들은 과감합니다.

6. 어휘파트의 경우 청해에 나왔던 단어나 표현이 다시 나오는 경우가 많습니다. TEPS 어휘 파트를 다른 시험 준비하듯이 단순한 단어 의미파악 위주로 준비하면 큰 코 다칩니다. 한 문장안에서 그 어휘가 어떤 의미로 쓰였는가를 묻는 문제들이 주류를 이루기 때문에 평소에 공부할 때에도 단어 하나하나 보다는 문장 단위로 암기해야 합니다. 시험을 볼 때도 그냥 빈칸과 선택지 단어들만 보고 섣부르게 답을 유

추하지 말고 문장 전체의 의미파악을 한 다음 선택지를 보기 바랍니다. TEPS 어휘 파트에서는 쉬운 단어에 특히 주목할 필요가 있습니다. 우리가 익숙하다고 주의를 기울이지 않지만, 실상은 정확한 쓰임을 몰라서 실수할 수 있는 단어들이 TEPS 어휘영역의 주요 출제대상이 됩니다. 그리고 철자가 비슷한 단어들이나 모양이 비슷한 단어들을 구별하는 문제들도 매회 거의 빠지지 않고 출제되고 있습니다. 흔히 동의어라고 생각되지만, 쓰임이 각각 다른 단어들이 많이 있으므로, 양적인 면에 너무 집착하지 말고 개별 단어의 정확한 쓰임을 의미 있는 문장을 통해 착실히 익혀 두는 습관이 필요합니다. 이때 가급적이면 예문이 풍부한 영영사전을 이용하는 것이 좋습니다.

7. 문법의 경우 항상 나오는 문법을 중점적으로 다루면 그것이 시험에 많이 나옵니다. 주로 출제되는 내용은 시제, 분사구문, 수동태, 문장의 형식(특히 5형식에서 목적보어 집어넣기), 조동사, 명사와 관사, 어순, 일치, 대명사입니다. 요즘은 접속사, 관계사 부분이 자주 출제됩니다. 항상 출제되는 시제, 조동사, 수동태, 준동사(특히 분사), 명사, 전치사 부분은 중점적으로 공부하세요. Part 4의 경우 그냥 독해하지 말고 각각 선택지의 주어, 동사를 파악해서 수의 일치(주어와 동사의 단수 복수 일치), 시제 일치(각 선택자들 간의 시제 흐름 일치), 태의 일치(능동태, 수동태)가 맞는지 만 확인해도 상당수 문제를 풀수 있습니다. 문법의 경우 시험 당일 오답노트를 갖고 와서 훑어보시면 많은 도움이 됩니다.

8. TEPS 독해 파트에서 고득점을 받으려면 많은 글을 읽고 각 문단의 주제를 파악하면서 문단의 흐름을 정확하게 이해하려는 노력이 필요합니다. 비즈니스를 다루는 TOEIC과는 수준이 다른 다소 어려운 부분이 TEPS의 독해 파트입니다. 다독만큼 좋은 독해 학습은 없습니다. 주제문은 보통 문단 앞부분에 있습니다. 항상 명심할 것이 TEPS 독해 문제를 풀 때 가장 먼저 선택지를 읽어서 이 문제가 무엇을 물어보는지를 파악한 다음 지문을 두 번 읽습니다. 처음 읽을 땐 이 지문이 뭔지 빠르게 파악하고(공고인지, 편지인지, 비전문 설명문인지) 동시에 지문 중 역접의 접속어(But, However, Nevertheless)가 있는지 파악해야 합니다. 만일 있다면, 그 역접의 접속어 주변에 항상 답이 있기 때문입니다. 두 번째 읽을 때는 선택지와 처음 읽었을 때 얻은 정보를 근거로 답이 아닌 것을 머릿속에서 소거해가며 읽어나가서 답에 접근합니다.

The TOP in
TEPS

Listening Comprehension

정답 & 해설

Part I ~ IV	1 (d)	2 (c)	3 (b)	4 (b)	5 (c)	6 (b)	7 (a)	8 (a)	9 (c)	10 (b)
	11 (c)	12 (a)	13 (d)	14 (c)	15 (b)	16 (c)	17 (d)	18 (a)	19 (c)	20 (b)
	21 (c)	22 (d)	23 (c)	24 (d)	25 (c)	26 (c)	27 (a)	28 (c)	29 (b)	30 (b)

1.　　의문사 의문문 – Where ★★☆　　정답 (d)

script　W: Where should I call you on Monday morning?
M: ＿＿＿＿＿＿＿＿＿＿＿＿＿＿＿

(a) It's a really time-consuming job.
(b) I had a great weekend. And you?
(c) Mr. Hoskins, but my friends call me John.
(d) I'll be at the office until noon.

해석　여: 월요일 아침에 당신에게 어디로 전화해야 할까요?
남: ＿＿＿＿＿＿＿＿＿＿＿＿＿

(a) 정말 시간을 소비하는 일이에요.
(b) 저는 정말 멋진 주말을 보냈어요. 당신은요?
(c) Hoskins 입니다. 하지만 친구들은 나를 John이라고 불러요.
(d) 저는 정오까지 사무실에 있을 거예요.

해설　'의문사 where'로 시작되는 의문문을 듣고 적절한 응답을 고르는 문제이다. 여자가 남자에게 어디로 전화를 걸어야 할 지 장소를 묻고 있다. 따라서 이에 적절한 응답으로 장소가 나와야 한다. 점심 때까지 사무실에 있을 거라는 말은 사무실로 전화를 걸라는 의미이므로 (d)가 정답이다.

어휘　time-consuming a. 시간이 걸리는, 시간을 소비하는

2.　　일반 의문문 ★★☆　　정답 (c)

script　M: Did you see the awards show on TV last night?
W: ＿＿＿＿＿＿＿＿＿＿＿＿＿＿＿

(a) I hope I get home in time to see it.
(b) No, but I thought it was a great show.
(c) My husband recorded it for me.
(d) Hopefully I'll win next year.

해석　남: 어제 밤 TV에서 시상식 보았어요?
여: ＿＿＿＿＿＿＿＿＿＿＿＿＿

(a) 그걸 볼 수 있게 제시간에 집에 도착했으면 좋겠어요.
(b) 아니요, 하지만 멋진 쇼였을거라고 생각해요.
(c) 내 남편이 나를 위해 녹화해 주었어요.
(d) 내년에는 이기기를 바래요.

해설　전날 밤 방영된 TV프로그램에 대한 시청여부를 묻는 남자의 질문에 적절한 대답을 고르는 문제이다. 따라서 시청여부를 밝히는 응답을 고르면 되는데, 남편이 녹화를 해주었다는 간접응답은 방송을 보았다는 의미로 추측할 수 있으므로 (c)가 정답이다. (a)는 희망 사항을 이야기하므로 시제가 맞지 않고, 보지 않았는데 훌륭한 쇼였다는 (b)의 말은 의미상 옳지 않다.

어휘　record v. 녹화하다, 녹음하다　　awards n. 시상식

3.　　의문사 의문문 – Where ★☆☆　　정답 (b)

script　M: Where do you recommend I go to get my hair cut?
W: ＿＿＿＿＿＿＿＿＿＿＿＿＿＿＿

(a) I'm not very handy with a pair of scissors.
(b) My nephew is a wonderful barber, and I can get you a discount.
(c) Thank you for asking, I've just had it done.
(d) Maybe just a little off the sides, but otherwise you look great.

해석　남: 머리 자르러 가려는데 어디 추천해주실래요?
여: ＿＿＿＿＿＿＿＿＿＿＿＿＿

(a) 나는 가위를 잘 다루지 못해요.
(b) 내 조카가 훌륭한 이발사예요. 그리고 당신에게 할인해 줄 수 있어요.
(c) 물어봐 주셔서 고마워요. 나는 방금 그것을 끝냈어요.
(d) 옆머리 조금은 그렇지만, 그외에는 당신 멋져보여요.

해설　남자가 여자에게 머리 자를 곳을 추천해 달라고 의문사 "where"을 이용하여 묻고 있다. 따라서 '조카가 훌륭한 이발사'라고 답하며, 할인을 해 줄 수 있다고 하는 간접 응답의 내용인 (b)가 정답으로 가장 적절하다.

어휘　handy a. 유용한, 다루기 쉬운　　barber n. 이발사
get a discount 할인을 받다

4. | **의문사 의문문 – How ★☆☆** | **정답 (b)**

script　W: My coffee tastes burnt. How's yours?
　　　　M: ______________________________

　　　　　　(a) No, thank you, one cup is plenty for me.
　　　　　　(b) It tastes just fine to me.
　　　　　　(c) I'd rather just have an iced tea if you don't mind.
　　　　　　(d) I think it's an Ethiopian blend.

해석　여: 커피에 탄 맛이 나요. 당신 커피는 어때요?
　　　　남: ______________________________

　　　　　　(a) 아니 괜찮아요. 한 컵이면 저에게는 충분합니다.
　　　　　　(b) 나에게는 괜찮은 맛인데요.
　　　　　　(c) 괜찮으시다면 아이스 티를 마시고 싶어요.
　　　　　　(d) 내 생각에는 이건 이디오피아산 같아요.

해설　여자는 자신의 커피 맛을 먼저 이야기 한 후에 남자의 커피가 어떠한지 묻고 있다. 따라서 커피 맛이 어떠한지 의견을 밝히는 응답이 적절하다. 따라서 자신의 커피 맛은 괜찮다는 (b)가 적절한 대답이다. 커피의 브랜드를 묻고 있는 질문은 아니므로 (d)는 적절한 응답이 아니다.

어휘　taste v. ~한 맛이 나다　　iced tea 아이스 티

5. | **일반 의문문 ★★☆** | **정답 (c)**

script　M: Do you have my number saved on your cell phone?
　　　　W: ______________________________

　　　　　　(a) It's OK. I'll just leave you a message.
　　　　　　(b) You have to look through your list of contacts.
　　　　　　(c) I got it from a friend of yours earlier.
　　　　　　(d) The product number is on the back of your phone.

해석　남: 핸드폰에 제 전화번호 저장되어 있나요?
　　　　여: ______________________________

　　　　　　(a) 괜찮아요. 당신에게 메시지를 바로 남길게요.
　　　　　　(b) 당신의 연락처 목록을 살펴보셔야 해요.
　　　　　　(c) 내가 당신의 친구 중 한 명에게서 일전에 받아 두었어요.
　　　　　　(d) 상품 번호는 전화기 뒤에 있습니다.

해설　남자는 자신의 번호를 여자가 갖고 있는지 여자에게 묻고 있다. 따라서 번호를 갖고 있는지 없는지 여부를 밝히는 응답이 가장 적절하다. 이미 친구에게서 전화번호를 얻었다는 말은 핸드폰에 저장되어 있다는 의미이므로 (c)가 정답이다. (b)는 대화상 자연스럽게 이어지는 내용처럼 보이지만 주어의 혼동을 주는 오답이다. 대명사 'You'와 'your'를 'I'와 'my'로 바꾸면 적절한 간접응답이 될 수도 있다.

어휘　leave a message 메시지를 남기다
　　　product number 제품 번호, 상품 번호

6. | **긍정평서문 ★★☆** | **정답 (b)**

script　W: There's no reason why we can't just walk home from the party.
　　　　M: ______________________________

　　　　　　(a) I'll go ahead and call you a cab.
　　　　　　(b) Except that you're wearing high-heeled shoes.
　　　　　　(c) But I really would like the exercise.
　　　　　　(d) Our party guests will be driving here, though.

해석　여: 우리가 파티에서 집까지 걸어가지 못할 이유는 없어요.
　　　　남: ______________________________

　　　　　　(a) 제가 당신에게 택시를 불러줄게요.
　　　　　　(b) 당신이 하이힐 신발을 신고 있지 않다면요.
　　　　　　(c) 그러나 나는 운동을 정말 좋아해요.
　　　　　　(d) 어쨌든, 우리 파티 손님들은 여기로 운전해올 거예요.

해설　평서문이지만 여자는 남자에게 함께 걸어갈 것을 간접적으로 제안하고 있다. 따라서 제안을 수락 또는 거절하는 응답이 적절하다. (b)의 "당신이 하이힐을 신지 않았을 경우에만"이라는 의미는 하이힐을 신어 걸을 수 없다는 의미임을 추측할 수 있다. 그러므로 문맥상 남자의 대답으로 (b)가 적절하다.

어휘　There's no reason why ~ 할 이유가 없다
　　　high-heeled shoes 높은 굽의 구두

7. | **긍정평서문 ★☆☆** | **정답 (a)**

script　M: I'd like to introduce you to Mary. She's new in the accounts department.
　　　　W: ______________________________

　　　　　　(a) It's always a pleasure to meet a fellow accountant.
　　　　　　(b) They're over in that cubicle in the corner of the office.
　　　　　　(c) Thank you for being so welcoming to me.
　　　　　　(d) I would like that, too, but I'm from the human resources department.

해석　남: Mary를 소개할게요. Mary는 회계부서에 새로 왔어요.
　　　　여: ______________________________

　　　　　　(a) 동료 회계사를 만나는 일은 언제나 기쁨이죠.
　　　　　　(b) 그들은 사무실 구석에 있는 파티션에 있어요.

(c) 저를 환영해주어 감사합니다.

(d) 저도 그것이 좋지만 저는 인사부서에서 왔어요.

해설 평서문을 듣고 적절한 응답을 고르는 문제이다. 남자가 여자에게 새로 온 직원을 소개하고 있으므로 '동료 회계 담당자를 만나게 되는 일은 항상 기쁘다'는 내용의 선택지 (a)가 가장 적절하다. (c)는 '환영해주어 고맙다'는 의미로 Mary의 입장에서 할 대답이므로 정답이 될 수 없다.

어휘 accountant n. 회계사, 회계원

cubicle n. 칸막이, 파티션

Human Resources Department 인사과

---

8. | 의문사 의문문 – When ★☆☆ | 정답 (a)

script M: When should I be at the office tomorrow morning, Mrs. Johnson?

W: Do you have a lot of work to do, Mark?

M: Oh, yes. Quite a bit.

W: ___________________________

(a) Then you should get here early.

(b) Please, work at your own desk tomorrow.

(c) I'll try to help you as much as I can.

(d) My door is open to any of your questions.

해석 남: 내일 아침에 저는 사무실에 언제 와야 하나요, Johnson 부인?

여: 할 일이 많은가요, Mark?

남: 아, 네. 좀 많아요.

여: ___________________________

(a) 그러면 여기에 일찍 오셔야 해요.

(b) 내일 본인의 책상에서 일해주세요.

(c) 할 수 있는 한 많이 당신을 도와줄 수 있도록 노력할게요.

(d) 질문이 있으시면 언제든지 찾아오세요.

해설 짧은 평서문을 듣고 응답을 고르는 문제로, 대화의 전체 흐름을 파악해야 정답을 고를 수 있는 유형이다. 남자의 직장상사로 보이는 여자에게 '몇 시에 출근해야 하냐'고 남자가 질문하여 할 일이 많은지 되묻자 남자가 '할 일이 많다'고 응답했으므로, 상식적으로 일찍 출근하라는 내용의 선택지 (a)가 가장 적절한 응답이다.

어휘 quite a bit 꽤 많은, 상당히

---

9. | 긍정평서문 ★★☆ | 정답 (c)

script W: May I ask what you're doing here?

M: I'm supposed to vacuum the carpets in this conference room now.

W: Well, I'm holding a board meeting in here in just a minute.

M: ___________________________

(a) OK, I'll just wait and do it then.

(b) Yes, I can absolutely do that, too.

(c) All right, I'll come back at a later time.

(d) Sure, but I'll be a little late to the meeting.

해석 여: 여기서 무엇을 하고 있는 중인지 물어봐도 되겠어요?

남: 지금 이 회의실 카펫을 진공청소기로 청소하려고요.

여: 음, 전 곧 여기서 이사회 회의를 하려는 데요.

남: ___________________________

(a) 좋아요, 여기서 그냥 기다리다가 그 다음에 할게요.

(b) 맞아요, 저 또한 그것을 확실히 할 수 있어요.

(c) 알겠습니다. 나중에 돌아올게요.

(d) 물론이죠, 하지만 미팅에 약간 늦을 것 같아요.

해설 평서문이지만 여자의 '회의 때문에 회의실을 써야 한다'는 말은 남자에게 '회의실을 비워달라'는 간접 부탁 또는 명령의 의미이다. 따라서 여자의 말에 대한 남자의 바른 대답으로 '나중에 다시 오겠다'는 (c)가 정답이다. '그냥 기다렸다가 나중에 하겠다'는 (a)는 회의실을 비워달라는 간접 요청에 대한 적절한 대답은 아니다.

어휘 vacuum v. 진공청소기로 청소하다 n. 진공청소기

conference room 회의실

hold a board meeting 이사회 회의를 열다

---

10. | 긍정평서문 ★★☆ | 정답 (b)

script M: Do you know when the mail arrives?

W: Usually before noon. What time is it now?

M: It's only eleven now.

W: ___________________________

(a) Oh, I guess there wasn't any mail today.

(b) Well, you should check again in an hour.

(c) I suppose the mail carrier is running late.

(d) It used to be a lot more than it is now.

해석 남: 편지가 언제 도착할 지 알고 있어요?

여: 보통 정오 전에 도착하는데요. 지금 몇 시인데요?

남: 이제 겨우 11시예요.

여: ___________________________

(a) 오, 제가 생각하기에 오늘 어떤 우편물도 없었는데요.

(b) 글쎄요, 한 시간 후에 다시 확인해 보셔야 할 것 같아요.

(c) 저는 우편배달부가 늦게 오는 것 같은데요.

(d) 지금 보다 더 많은 것이 있었어요.

해설 대화는 평서문으로 '지금 겨우 11시'라는 남자의 말에서 우편물을 기다리는 조급함을 짐작할 수 있다. 보통

11시에 우편배달이 오므로 '한 시간 후에 다시 한번 우
편물을 확인해 보라'는 (b)가 여자의 대답으로 적절하
다. 아직 12시 전이므로 (a)와 (c)는 정답이 될 수 없
다.

어휘   mail carrier 우편물 수송차, 우편 배달원
run late 늦다

---

11.   긍정평서문 ★★☆   정답 (c)

script   M: Excuse me, ma'am. Do you work here?
W: I sure do. What can I help you with?
M: I was wondering if this bicycle is still on sale.
W: ____________________________________
    (a) Do you want me to ask somebody who
       works here?
    (b) Well, I'm glad you aren't wondering
       anymore.
    (c) Let me check with my supervisor.
    (d) No, I'm sure it's gone under by now.

해석   남: 실례합니다, 여기서 일하시나요?
여: 네, 그렇습니다. 무엇을 도와드릴까요?
남: 이 자전거가 아직 세일 중인지 궁금해서요.
여: ____________________________________
    (a) 여기서 일하는 누군가에게 물어보길 원하시나
       요?
    (b) 글쎄요, 당신이 더 이상 궁금해하지 않아서 기
       쁜데요.
    (c) 책임자에게 확인해보고 올게요.
    (d) 아니요, 지금쯤 가게가 파산했을 게 분명해요.

해설   대화의 내용을 보면 자전거 상점에서 벌어지는 직원
과 손님의 대화임을 알 수 있다. 남자의 두 번째 말에
서 '아직 세일 중인지 궁금하다'고 하였으므로 자전거
의 세일 여부를 말하는 응답이나, 아니면 선택지 (c)처
럼 '책임자에게 확인해보고 오겠다'는 제3의 응답이 적
절하다. 따라서 정답은 (c)이다.

어휘   on sale 세일 중인   supervisor n. 관리인, 현장 주임
go under 파산하다

---

12.   긍정평서문 ★★☆   정답 (a)

script   W: Remind me to send your mother a thank you
       card.
M: Why would you do that?
W: Well, she sent me a lovely little present on
       my birthday and I'd like to thank her.
M: ____________________________________
    (a) I think she would really like that.
    (b) I'm sure she'll send you a card anyway.
    (c) Remember to send my mother a thank -

---

you card.
    (d) Your mother must love you very much to
       do that.

해석   여: 당신 어머니에게 감사 카드 보내는 거 잊지 않게 알
려 주세요.
남: 왜 카드를 보내는데요?
여: 음, 어머니께서 저에게 작고 예쁜 생일선물을 보내
주셨는데, 감사 드리고 싶어서요.
여: ____________________________________
    (a) 그녀는 정말 그것을 좋아할 것 같아요.
    (b) 그녀는 어쨌든 당신에게 카드를 보낼 거라 확신
       해요.
    (c) 나의 엄마에게 감사 카드를 보내는 거 잊지 말
       아요.
    (d) 당신의 어머니는 당신이 그렇게 한 것을 매우
       좋아하실 거예요.

해설   여자가 남자의 어머니에게 감사 카드를 보내고 싶어하
는 상황이다. 따라서 이에 대한 적절한 응답으로 '그녀
가 정말 맘에 들어 할 것이다'라고 말하는 (a)가 정답
이다. (b)는 어머니가 여자에게 카드를 보낼 것이라는
내용으로 주어의 혼동을 이용한 오답 함정이다.

---

13.   감정평서문 ★★☆   정답 (d)

script   M: Have you ever traveled abroad?
W: Once, after high school graduation, I went
       to Italy.
M: That sounds wonderful. I've never been to
       Europe.
W: ____________________________________
    (a) I wonder if we were there at the same time.
    (b) I bet the trip was just beautiful.
    (c) I've never been outside of Italy.
    (d) I'm sure you would adore it.

해석   남: 해외 여행을 해본 적이 있나요?
여: 딱 한번, 고등학교 졸업 후 이탈리아에 갔었어요.
남: 멋지네요. 저는 유럽에는 한번도 못 가봤어요.
여: ____________________________________
    (a) 우리가 같은 시기에 그곳에 있었는지 궁금하네
       요.
    (b) 그 여행은 아름다웠으리라 장담해요.
    (c) 나는 이탈리아를 벗어나 본적이 없어요.
    (d) 분명 그곳을 좋아하게 될 거라고 확신해요.

해설   남자의 첫 번째 말에서 여자에게 '해외 여행을 가 본 적
이 있냐'고 물으며, 자신은 한번도 유럽에 가본적이 없
다고 하는 상황이다. 따라서 이에 대하여 (만약에 가게
되면) '분명 좋아하게 될 것'이라는 가정적 의미를 포함
하는 (d)가 가장 적절한 대답이다.

어휘   travel abroad 해외 여행하다

graduation n. 졸업(식)

adore v. 아주 좋아하다, 숭배하다

---

14. 감정평서문 ★★☆　　　　　정답 (c)

script　W: Guess what? My boyfriend proposed to me last night.

M: What did you say to him?

W: I said yes! We're getting married!

M: _______________________________

(a) I hope he didn't take it too hard.

(b) I wish she'd said no.

(c) I wish you all the best.

(d) I hope tonight goes better for the both of you.

해석　여: 무슨일이 있었는지 알아? 내 남자친구가 어제 밤 나에게 프러포즈 했어.

남: 그에게 뭐라고 대답했는데?

여: 난 좋다고 말했지! 우리는 결혼할 거야!

남: _______________________________

(a) 그가 그 일을 너무 힘들게 받아들이지 않았기를 바래.

(b) 그녀가 아니라고 말했기를 바래.

(c) 너에게 좋은 일만 있기를 바래.

(d) 너네 둘 다에게 오늘 밤에 더 좋은 일이 있기를 바래.

해설　여자의 첫 번째 말에서 '남자 친구가 어제 밤에 프러포즈 했다'라고 하였다. 또한 이어지는 내용에서 결혼할 것이라고 이야기 하였으므로 이에 대하여 앞으로의 행운을 기원하는 (c)가 적절하다. 부정적인 염려의 말인 (a)와 (b)는 축하의 말로 적절하지 않다.

어휘　get married 결혼하다

---

15. 긍정평서문 ★★☆　　　　　정답 (b)

script　M: Pardon me, but I ordered this hamburger without cheese.

W: I'm very sorry, sir. I'll bring you a new one right away.

M: If it's no trouble, I'd really appreciate that.

W: _______________________________

(a) One cheeseburger, coming up.

(b) There's no trouble at all.

(c) It's OK. You'll get it right next time.

(d) And I'd appreciate it, too.

해석　남: 실례합니다만, 치즈 뺀 햄버거를 주문했는데요.

여: 정말 죄송합니다, 손님. 바로 새 햄버거로 가져다 드릴게요.

남: 번거롭지 않다면, 그렇게 해주시면 정말 감사하겠

습니다.

여: _______________________________

(a) 치즈버거 하나, 곧 나옵니다.

(b) 전혀 문제가 되지 않아요.

(c) 괜찮아요. 다음에는 제대로 받으실 수 있을 거에요.

(d) 그리고 저 또한 감사 드립니다.

해설　레스토랑에서 손님과 직원의 대화임을 짐작할 수 있다. 직원이 주문을 잘못 받았으며 남자인 손님은 'If it's no trouble(번거롭지 않다면)'라는 말과 함께 음식을 바꿔 달라고 요청하고 있으므로 '전혀 번거롭지 않다'는 (b)가 적절한 답이다.

어휘　appreciate v. 감사하다, 감상하다

---

16. 대의 파악 ★★☆　　　　　정답 (c)

script　M: Hi, Sandy. Do you know how to use the copy machine?

W: I do. Why? Do you need some help?

M: Yeah. I've never used one of these before.

W: No problem. I mean, I didn't learn how to use a washing machine until I was twenty.

M: Thanks for not making fun of me. So, can you show me how to make double-sided copies?

W: Absolutely! Grab your originals and follow me.

M: Thanks, Sandy. I definitely owe you one.

Q: What is the man doing in the conversation?

(a) Making fun of the woman for not knowing how to use a copy machine

(b) Agreeing to help the woman in exchange for a future favor

(c) Asking the woman to assist him with making some copies

(d) Telling the woman why he never learned how to use the copier

해석　남: 안녕, Sandy! 복사기 사용하는 방법 알아?

여: 응, 왜? 도움이 필요해?

남: 응. 전에 이런 것은 사용해 본적이 없어서 말이야.

여: 전혀 어렵지 않아. 내 말은, 나도 스무살이 될 때까지 세탁기 사용 방법을 배우지 않았었거든.

남: 나를 놀리지 않아줘서 고마워. 그러면 양면 복사하는 방법을 알려줄 수 있어?

여: 물론이지! 원본을 가지고 나를 따라와.

남: 고마워, Sandy. 내가 제대로 신세 지는구나.

문제: 대화 속에서 남자가 하고 있는 것은?

(a) 복사기 사용 방법을 모르는 여자 놀리기

(b) 나중에 도와주겠다는 약속을 받고 여자를 도와
주는 것에 동의하기

**(c) 복사하는 것을 도와줄 수 있는 지 여자에게 물
어보기**

(d) 여자에게 왜 복사기 사용법을 배우지 않았는지
이야기 하기

해설 대화의 전반적인 내용을 이해하고 있는지 묻는 문제이
다. 남자는 여자에게 복사하는 방법에 대하여 구체적으
로 물으면서 "Thanks for not making fun of me" (놀
리지 않아줘서 고마워)라고 하였다. 따라서 정답은 (c)
이다. (a)는 대화에서 언급된 어휘를 선택지에 다시 등
장시켜서 혼동을 주는 오답이다.

어휘 copy machine 복사기
make fun of ~를 놀리다, 놀림감으로 삼다
double-sided copy 양면복사

---

17. 대의 파악 ★★☆ 　　　　　　　 정답 (d)

script W: I'm very sorry that your cheese steak
sandwich was burned, sir.

M: Well, I'm sorry, too. I usually like everything
I order at this restaurant.

W: I'm going to place an order for an ice cream
sundae for you and your guest.

M: No, please don't do that. I don't want to wait
for a sundae.

W: I'll have it brought right out. It's the least I
could do.

M: But, I don't want to pay for a sundae that
you order for me.

W: I'm sorry. I meant that I would give you an
ice cream sundae on the house.

M: Oh! That's nice. Thank you. I really
appreciate that.

Q: What is the conversation about?
(a) An error in the man's dessert order
(b) The man eating a burnt sandwich
(c) The man refusing to pay for the meal
**(d) The woman offering the man a free
dessert**

해석 여: 손님, 치즈 스테이크 샌드위치가 타버려서 정말 죄
송합니다.
남: 저 또한 유감스럽군요. 평소 이 레스토랑에서 주문
한 모든 음식이 맘에 들었는데요.
여: 손님과 일행 분들을 위해 아이스크림 선디를 주문
해 놓겠습니다.
남: 아니, 제발 그러지 마세요. 선디를 기다리고 싶지
않아요.
여: 바로 가져올게요. 제가 할 수 있는 최소한의 일입

니다.
남: 그렇지만, 당신께서 제게 주문해 주는 아이스크림
선디 값은 지불하고 싶지는 않네요.
여: 죄송해요. 무료로 아이스크림 선디를 드린다는 뜻
이였어요.
남: 오, 그거 괜찮네요. 감사합니다. 정말 고마워요.

문제: 대화는 무엇에 관한 이야기인가?
(a) 남자의 디저트 주문에서의 실수
(b) 탄 샌드위치를 먹는 남자
(c) 식사값을 지불하기 거절하는 남자
(d) 무료 디저트를 남자에게 제안하는 여자

해설 대화의 주제를 묻는 문제이다. 여자 직원은 'I would
give you an ice cream sundae on the house.'라는
말을 하고 있으므로 남자 손님에게 무료 아이스크림 선
디를 제공하겠다는 내용이다. 그러므로 정답으로 (d)가
적절하다. 대화 대부분이 디저트에 관해 이야기 하지
만, 남자의 탄 샌드위치는 주 메뉴이므로 (a)를 정답으
로 고르지 않도록 주의한다.

어휘 place an order 주문하다
sundae n. 선디(과일, 과즙 등을 얹은 아이스크림)
on the house 무료로

---

18. 대의 파악 ★★☆ 　　　　　　　 정답 (a)

script M: I'm applying to two different universities for
my master's degree.

W: Good for you. Where do you want to go?

M: Well, New York has a great faculty, but
Seattle has such a fantastic program.

W: What are you planning on studying for your
graduate degree?

M: I got my bachelor's in art history and I want
to continue in the same area.

W: That's really wonderful. I've always loved
art. You'll be able to teach me all about it!

**Q: What are the man and woman mainly
talking about?**
(a) Wanting to continue his education
(b) Having always loved art history
(c) Moving to Seattle for the great program
(d) Helping the man decide where to go

해석 남: 전 다른 두 대학에 석사학위를 신청하려고 해요.
여: 잘됐네요! 어디로 가려고요?
남: 글쎄요. 뉴욕은 교수단이 훌륭하지만 시애틀은 프
로그램이 환상적이에요.
여: 석사학위로 무엇을 공부하려고 하는데요?
남: 대학교에서 미술사 학위를 받았고, 같은 분야로 계
속 하고 싶어요.
여: 정말 멋지군요. 저는 항상 미술을 좋아했어요. 미술

에 관한 모든 걸 저에게 가르쳐 줄 수 있을 거예요.

문제: 남자와 여자가 주로 이야기하고 있는 것은?
  (a) 남자가 교육을 지속하기 원하는 것
  (b) 미술사를 항상 좋아해 왔다는 것
  (c) 좋은 프로그램을 위해 시애틀로 이사하는 것
  (d) 남자가 어디로 갈지 결정하는 것을 도와주는
      것

해설 대화의 주제를 묻는 문제이다. 남자는 석사학위에 대한 계획을 여자에게 이야기하고 있다. 남자는 'I want to continue in the same area.'라는 말을 통해 대학 전공을 계속 공부하고 싶다고 말하고 있으므로 (a)가 주제로 적절하다.

어휘 master's degree 석사학위 apply v. 신청하다
art history 미술사 bachelor's degree 학사학위

19.　　대의 파악 ★★★　　　　정답 (c)

script
W: What can I help you find today?
M: I'm wondering if you had any John Grisham
   books in stock.
W: We certainly do. Nearly every book he
   wrote is on the shelves.
M: Oh, good. What about Herman Melville? Do
   you have any of his books?
W: Let me check the computers. I'm sure we
   do, but I'll double-check for you.
M: I would really appreciate it. My niece loves
   his books and I'd like to pick one up for her.
W: Well, even if we don't currently have any, I
   can certainly place a special order for you.

**Q: What are the man and woman mainly
talking about?**
  (a) What his niece wants for her birthday
  (b) The latest John Grisham novels
  **(c) The current availability of certain
      books**
  (d) A special order of Melville books

해석
여: 오늘은 무엇을 찾도록 도와드릴까요?
남: John Grisham의 책이 있는지 궁금한데요.
여: 물론입니다. 그가 쓴 거의 모든 책이 판매 중입니다.
남: 오, 잘됐네요. Herman Melville의 책은 있나요? 그의 책 어떤 것이 있나요?
여: 컴퓨터로 확인해 보겠습니다. 그의 책이 있을 것 같지만, 손님을 위해 재확인해 볼게요.
남: 정말 감사합니다. 제 조카가 그의 책을 좋아해서요. 조카를 위해 한 권 사가고 싶네요.
여: 네, 만약 현재 재고가 없다고 할지라도 손님을 위해 특별 주문을 넣어 드릴 수 있어요.

문제: 남자와 여자가 주로 이야기하고 있는 것은?
  (a) 남자의 조카가 생일에 원하는 것
  (b) John Grisham의 최신 책
  (c) 특정 도서들의 현재 이용 가능성
  (d) Melville 책들에 대한 특별 주문

해설 대화의 주제를 묻는 문제이다. 대화 중 남자는 자신을 위해 John Grisham을, 조카를 위해 Herman Melville 책의 재고를 여자에게 확인 부탁하고 있으므로 대화의 주제로 (c)가 가장 적절하다. John Grisham의 최신 책만 한정하고 있지 않으므로 (b)는 정답이 될 수 없다.

어휘 in stock 재고의　　double-check v. 재확인하다

20.　　대의 파악 ★★☆　　　　정답 (b)

script
M: Ms. Martin, can I have a moment of your
   time?
W: Of course, Tim. What do you need?
M: My mother is having an operation next
   Wednesday.
W: Isn't that the day we decided to meet for
   your performance review?
M: Yes, but I was hoping we could reschedule
   so that I could be with my mother on that
   day.
W: Of course, Tim. Don't give it a second
   thought. We'll just do it another day.

Q: What does the man want to do?
  (a) Change the date of his mother's operation
  (b) Postpone the meeting with Ms. Martin
  (c) Cancel his performance review
  (d) Take a sick day next Wednesday

해석
남: Martin양, 잠깐 시간 되세요?
여: 네, 괜찮아요, Tim. 무슨 일인데요?
남: 제 어머니가 다음 수요일에 수술을 받는데요.
여: 그날 우리는 당신의 업무평가를 위한 미팅을 잡지 않았나요?
남: 네, 그런데 바로 그날 어머니와 함께 있어야 해서 날짜를 조정하고 싶은데요.
여: 물론이에요, Tim. 미안해할 필요 없어요. 다른 날 하도록 해요.

문제: 남자가 원하는 것은?
  (a) 남자 어머니의 수술 날짜 변경하기
  (b) Martin 씨와의 미팅 연기하기
  (c) 남자의 업무평가를 취소하기
  (d) 다음 주 수요일 병가 내기

해설 대화의 주제를 묻는 문제이다. 남자는 어머니의 수술 날짜와 업무평가 미팅이 같은 날이라, 'I was hoping we could reschedule so that I could be with my mother on that day.'라고 말하고 있으므로 남자가 원

하는 것은 미팅을 연기하자는 내용의 (b)임을 알 수 있다. 여자는 'We'll just do it another day.'라고 말하고 있으므로 취소한다는 (c)는 답으로 적절하지 않다.

어휘 operation n. 수술   performance review 업무평가
reschedule v. 날짜를 조정하다, 연기하다

---

21. 주제 찾기 ★★★　　　　　　정답 (c)

script W: I saw that you were early for work today, Carl.

M: Yeah, I was awake really early this morning and didn't know what else to do.

W: I would have tried just going back to sleep.

M: That would have been nice, but they were doing construction work right outside my window.

W: Oh, no. Did they give you notice beforehand that they would be doing that?

M: They did, but I never thought it would be so loud. It's driving me crazy.

W: Well, I guess it's nice that you could come here to get away.

M: Yeah, it is nice. But I really can't wait until they finish building that house next door.

Q: What is the main topic of the conversation?

　(a) The man not being able to sleep very well at night

　(b) The man's early morning construction project

　(c) The man complaining about the construction noise

　(d) The man recently arriving at work too early

해석 여: Carl, 오늘 일찍 출근하는 걸 보았어요.

남: 네, 아침에 정말 일찍 일어났거든요. 별 다른 할 일이 없더라고요.

여: 나 같으면 그냥 다시 잠들려고 노력했을거예요.

남: 그게 좋았겠지만, 창문 바로 밖에 건설 공사 중이었거든요.

여: 어머나. 공사한다고 미리 알려주었나요?

남: 그랬죠. 그렇지만 그렇게 소리가 클 지 결코 몰랐어요. 미치겠어요.

여: 음, 여기로 피해 온 건 잘한 것 같아요.

남: 맞아요. 다행이죠. 그렇지만 바로 옆 집을 다 지을 때까지 제가 기다릴 수 없을 거예요.

문제: 대화의 주제는 무엇인가?
　　(a) 밤에 매우 잘 잠잘 수가 없었던 남자
　　(b) 이른 아침 남자의 건설 공사

　　(c) 건설 소음에 대한 남자의 불평
　　(d) 최근 매우 일찍 회사에 도착한 남자

해설 대화의 주제를 묻는 문제이다. 옆 집 공사 소음으로 인해 남자는 잠을 잘 수 없다고 불평하고 있다. 그러므로 정답은 (c)이다. 단편적인 내용만 언급한 (a)는 정답으로 부족하며, 최근이 아니라 오늘 일찍 출근한 것이므로 (d)는 정답이 될 수 없다.

어휘 construction work 건설 공사
drive ~ crazy ~를 매우 화나게 하다

---

22. 주제 찾기 ★★☆　　　　　　정답 (d)

script M: Did you see the TV movie about Woodstock last weekend?

W: No, I forgot it was on. How was it?

M: Oh, it was great. They had some live footage of the concert in the movie.

W: Really? I wish I would have seen it! I can't believe I forgot about it.

M: Well, I just read in the newspaper that they're going to replay it this Thursday.

W: Great! This time I'll set my DVR to record it in case I forget again.

Q: What is the main topic of the conversation?

　(a) A newspaper article about the program

　(b) Making a great TV movie

　(c) Forgetting to go to a live concert

　(d) How interesting the movie was

해석 남: 지난 주말 Woodstock에 관한 TV 영화 봤어?

여: 아니, 방영되는 것을 잊어 버렸어. 어땠어?

남: 오, 훌륭했어. 영화 속에서 콘서트 라이브 영상을 보여줬어.

여: 정말? 직접 보면 좋았을 걸. 그것을 잊어버리다니 믿을 수 없어.

남: 이번 주 목요일에 재방송 할 예정이라고 신문에서 방금 읽었어.

여: 잘됐다! 이번에는 다시 잊어버릴 일을 대비해서 DVR로 예약 녹화를 해둘 거야.

문제: 대화의 주제는 무엇인가?
　　(a) 프로그램에 대한 신문 기사
　　(b) 훌륭한 TV 영화 만들기
　　(c) 라이브 콘서트에 가는 것을 잊은 일
　　(d) 영화가 얼마나 재미있었는지

해설 대화의 주제를 묻는 문제이다. 남자와 여자는 지난 주말에 방영된 Woodstock 영화에 대한 남자의 감상을 시작으로 재방송 일정을 이야기하고 있다. 그러므로 대화 주제의 핵심은 '영화'이기 때문에 주제로 (d)가 가장 적절하다.

23. 세부 사항 ★★★   정답 (c)

script W: By joining the Lend-A-Hand club, you'll be reaching out to members of your very own community. So often, we think of donating to charities as giving money away to people or organizations that are invisible to us. We don't know what our contributions truly mean to those who need our support. With Lend-A-Hand, you'll be spending time with children from your neighborhood, helping them grow and learn in a safe environment away from the pressures of urban living. Play basketball, watch a movie, or just sit back and chat with them. The point is that you get to see, in person, how much of a difference you're making in someone's life. Please, do your bit and Lend-A-Hand.

Q: How is Lend-A-Hand different from other charities?

(a) It is only necessary to send in monetary contributions.

(b) They reach out to members of foreign populations.

(c) Participants are actually involved in the program's acitivites.

(d) They give aid to rural children by taking them to movies.

해석 여: Lend-A-Hand 클럽에 가입함으로써 여러분은 바로 자신의 지역사회 구성원들에게 한 걸음 다가가게 될 것입니다. 종종 우리들은 우리에게 보이지 않는 사람들이나 단체에 돈을 주는 것이 자선을 행사하는 일이라 생각합니다. 우리는 우리의 도움을 필요로 하는 사람들에게 우리의 헌신이 진실로 어떤 의미를 지니는 지 알 지 못합니다. Lend-A-Hand와 함께 여러분들은 자신의 이웃에 있는 아이들과 시간을 함께 보낼 수 있으며 도시 생활의 억압들로부터 벗어나 안전한 환경 속에서 자라고 배울 수 있도록 이들을 도와 줄 수 있습니다. 농구를 하고, 영화를 보세요. 아니면 그 아이들과 함께 앉아 이야기를 나누세요. 요점은 다른 사람의 삶에 어떤 차이를 만들어 내는지 직접 보게 될 것이라는 점입니다. 나름의 자리에서 봉사하고 Lend-A-Hand에 참여하세요.

문제: Lend-A-Hand가 다른 기부단체와 어떻게 다른가?

(a) 오직 돈만으로 기부하는 것이 필수적이다.

(b) 그들은 많은 외국인들에게 접근한다.

(c) 참여자들은 실제로 프로그램 활동에 참여한다.

(d) 그들은 아이들을 영화 보러 데려감으로써 시골 아이들에게 도움을 준다.

해설 담화의 내용과 일치하는 것을 묻는 문제이다. 담화 중반에서 '~ you'll be spending time with children from your neighborhood'라고 말함으로써 Lend-A-Hand는 직접 참여를 통해 이웃을 돕는 단체라고 설명하고 있다. 그러므로 Lend-A-Hand에 대한 두드러진 특징으로 (c)가 적절하다.

어휘 contribution n. 공헌, 헌신   make in 줄게 하다
do one's bit 제 의무를 다하다, 제 나름의

24. 대의 파악 ★★☆   정답 (d)

script W: Thank you for calling City Hall. To reach the police or emergency services, please hang up and dial 911. For non-emergency police or fire services, please dial 1. To reach the mayor or city council, please press 2. To reach the planning and zoning department, press 3. For all other departments except job opportunities, please dial 4. To reach our jobs hotline, please hang up and call 555-4321. If you know your party's four digit extension, please dial it now or press zero for operator assistance.

Q: What is the announcement about?

(a) Changing the Mayor's schedules

(b) Ways to report neighborhood problems

(c) Announcing a new job opening

(d) How to use the automated system

해석 여: 시청에 전화해주셔서 감사합니다. 경찰이나 응급 서비스를 연결하시려면 전화를 끊고 911로 전화 걸어주시기 바랍니다. 긴급하지 않은 경찰 및 소방 서비스를 이용하시려면 1번을 눌러주세요. 시장실 및 시의회를 연결하시려면 2번을 눌러주세요. 기획부와 지역관할 부서를 연결하시려면 3번을 눌러주세요. 구인정보를 제외한 기타 부서를 연결하시려면 4번을 눌러주세요. 구인 상담전화는 전화를 끊고 555-4321로 다시 걸어주세요. 만약 각 부서의 4자리 구내전화번호를 알고 계시면 지금 해당 번호를 누르시거나 0번을 눌러 상담원과 통화하시기 바랍니다.

문제: 공지는 무엇에 관한 것인가?

(a) 시장의 일정이 바뀜

(b) 이웃의 문제를 신고하는 방법들

(c) 새로운 일자리를 알리기

(d) 자동화 시스템을 사용하는 방법

해설 담화의 주제를 묻는 문제이다. 담화는 'Thank you for calling City Hall'라는 말로 전화 서비스에 관한 내용임을 밝히고 있다. 각 번호를 눌러 필요한 서비스로의 자동 연결을 안내하고 있으므로, 공지의 주제로 (d)가 적절하다.

어휘 job opportunities 구인정보 hotline n. 상담전화
extension n. 구내전화

---

25. 주제 찾기 ★★★ 정답 (c)

script W: This is the office of Jeremy Burns, attorney at law. We're closed for the day, but you may call back during our regular business hours of 7a.m. to 5p.m. If you are in need of immediate service, you may call 555-0113 to leave a message and someone will be with you shortly. Otherwise, we hope you'll call again. No case is too small and no settlement is too large for Jeremy Burns, attorney at law. Thank you and have a wonderful day.

Q: What is the point of this message?
(a) To promote Jeremy Burns' business practice
(b) To greet potential clients and help them with their cases
(c) To provide alternative contact information
(d) To determine who might need immediate service

해석 여: Jeremy Burns 변호사 사무실입니다. 금일 업무가 마감되었습니다. 저희 사무실 평일 근무시간인 오전 7시부터 오후 5시에 다시 전화 걸어 주시기 바랍니다. 즉각적인 서비스를 원하시면 555-0113으로 전화를 걸어 메시지를 남겨주시면 담당자가 빠른 시간 내에 연락 드리겠습니다. 그 외에는 다시 전화를 걸어주시면 감사하겠습니다. Jeremy Burns 변호사에게는 어떠한 사건도 사소하지 않으며, 어떤 합의 건도 버겁지 않습니다. 감사합니다. 좋은 하루 되세요.

문제: 이 메시지의 요지는 무엇인가?
(a) Jeremy Burns 경영 사업의 증진을 위해
(b) 가망 고객들에게 인사하고, 사건에서 이들을 돕기 위해
(c) 선택 가능한 연락 정보를 제공하기 위해
(d) 즉각적인 서비스가 필요한 사람들을 결정하기 위해

해설 전화 메시지의 요점을 묻는 문제이다. 이 전화 메시지

는 'We're closed for the day'라는 말을 통해 영업시간이 끝난 후에 안내되는 것임을 알 수 있으며, 즉각적인 서비스를 원하면 'you may call 555-0113 to leave a message'라고 말함으로써 별도의 연락정보를 제공하고 있으므로 주제로 적절한 것은 (c)이다.

어휘 attorney at law 변호사, 법률 대리인
business hour 근무시간
shortly adv. 얼마 안되어, 곧
settlement n. 합의

---

26. 대의 파악 ★★☆ 정답 (c)

script M: Want a new flat-screen TV but don't think you can afford it? With a year-end blow-out sale as wild and crazy as the one Big Jim's has right now, there's no way you couldn't afford it! Up to twenty percent off brand new models, thirty percent off used ones, and a whopping forty-five percent off clearance TVs that are no longer being manufactured! There's nothing wrong with living in style! Every product is one hundred percent guaranteed! So stop with the old and get in with the new at Big Jim's Electronic Warehouse!

Q: What is the main purpose of the advertisement?
(a) To enforce new policies on Big Jim's salespeople
(b) To guarantee the quality of his television sets
(c) To announce a big sale on certain flat-screen televisions
(d) To inform people of the difference between old and new TVs

해석 남: 새 평면 스크린 TV가 갖고 싶지만, 가격이 부담스럽다고 생각하세요? Big Jim이 지금 하고 있는 것만큼이나 획기적인 연말 파격 세일을 이용하신다면 감당하지 못할 이유는 없습니다. 신제품 모델을 최고 20퍼센트까지, 중고품의 경우 30퍼센트로, 더 이상 생산되지 않는 텔레비전의 정리 세일은 45퍼센트의 파격가로 제공됩니다. 최신 유행 생활에 전혀 문제 없습니다. 모든 제품은 100퍼센트 보장됩니다! 오래된 물건은 이제 정리하시고, Big Jim 전자제품 점에서 새로운 제품을 들여가세요!

문제: 광고의 목적은 무엇인가?
(a) Big Jim 영업사원들에게 새로운 정책을 강요하기 위해
(b) 텔레비전 세트의 품질을 보장받기 위해

(c) 평면 스크린 텔레비전에 파격할인을 알리기 위해

(d) 오래된 TV와 새 TV 사이의 차이점을 사람들에게 알리기 위해

해설 광고의 목적에 대해 묻는 문제이다. 광고는 'With a year-end blow-out sale'라는 말과 함께 Big Jim 전자 제품점의 파격할인에 관한 정보를 제공하고 있으므로 광고의 목적으로 가장 적절한 것은 (c)이다.

어휘 afford v. 여유가 되다, 제공하다
blow-out sale 파격 세일
there's no way ~할 방법이 없다
whopping a. 엄청 큰, 터무니 없는
manufacture v. 생산하다
in style 멋지게, 거창하게, 유행인

27. 주제 찾기 ★★★　　　　정답 (a)

script W: Have you ever stood up in front of a group of your co-workers, ready to give the presentation you've been working on all week, only to feel like you've gone red in the face? Blushing is an embarrassing product of sheepishness. But what exactly is a blush? Physiologically speaking, a blush is an involuntary reaction of our sympathetic nervous system, forcing the blood in our face to dilate. The dilation increases blood flow to the area, turning our face any color from light pink to bright red. Because it is an involuntary reaction, there's no way we can control how often, when, or how bright we blush.

Q: What is the main point of the talk?
(a) What happens when a person blushes
(b) How to speak in public successfully
(c) Why blood is capable of dilating
(d) The colors created from blushing

해석 여: 한 주 내내 열심히 준비한 발표에 앞서 얼굴이 온통 빨개지는 것을 느끼며 동료들 앞에 서 있던 경험 있으시죠? 얼굴이 빨개지는 것은 당황스러움이 낳은 난처한 결과입니다. 그렇지만 얼굴 붉힘이라는 것은 정확히 무엇일까요? 생리학적으로 말하자면, 얼굴 붉힘이란 쉽게 동요하는 신경계의 자동 반응을 의미하는데 이는 얼굴의 혈류를 확장시키게 됩니다. 이러한 확장은 얼굴 부위로 피의 흐름을 증가시켜 우리의 얼굴 색은 밝은 분홍색에서 새빨간색으로 바뀝니다. 이러한 작용은 자신도 모르게 나타나는 반응이기 때문에 얼마나 자주, 언제, 또는 얼마나 빨갛게 변화할

지 우리는 통제할 방법이 없습니다.

문제: 담화문의 주제는 무엇인가?
(a) 사람이 얼굴을 붉힐 때 일어나는 일
(b) 대중 앞에서 성공적으로 연설하는 방법
(c) 혈액이 확장될 수 있는 이유
(d) 얼굴이 붉어짐으로 만들어지는 색들

해설 담화문의 주제를 묻는 문제이다. 담화 중간에 'what exactly is a blush?'라는 말과 함께 얼굴이 빨개지는 현상에 대한 원인을 설명하고 있으므로 이야기의 주제로 가장 적절한 것은 (a)이다.

어휘 sheepishness n. 멋쩍음, 당황스러움
physiologically adv. 생리학적으로
sympathetic a. 동조하는, 공감하는
nervous system 신경조직
dilate v. 확장하다 (시키다)
involuntary a. 자기도 모르게 하는

28. 주제 찾기 ★★★　　　　정답 (c)

script M: Many Western countries celebrate St. Patrick's Day on the 17th of March even though it is very specifically a holiday intended for the people of Ireland. The holiday is in honor of Ireland's most generally recognized patron saint. As the legend is told, during the 5th century AD, Saint Patrick, a Romano-Briton and Christian Missionary, rid the entire country of Ireland of snakes. To this day, there supposedly isn't a single snake on the whole island. Whether or not this is entirely factual, the legend itself is what is used to celebrate St. Patrick's Day.

Q: What is the main point of the talk?
(a) How St. Patrick introduced snakes in Ireland
(b) Where St. Patrick received his sainthood
(c) The mythical background of St. Patrick's Day
(d) Why not many people around the world celebrate March 17

해석 남: St. Patrick's Day는 특히 아일랜드 국민들을 대상으로 한 휴일이기는 하지만, 서구 문화의 많은 나라들이 3월 17일 St. Patrick's Day를 기념한다. 이 날은 아일랜드에서 가장 일반적으로 알려져 있는 수호 성인을 기리기 위한 휴일이다. 전설에 따르면 기원 후 5세기 동안 로마제국 시대의 영국인이자 기독교 선교사였던 St. Patrick은 아일랜드의 전 지역에서 뱀을 없앴다. 이날부터

전 아일랜드 땅에는 단 한 마리의 뱀도 살지 않는 것으로 추정된다. 이 이야기가 완전히 사실을 기반으로 한 것이든 아니든 간에 전설 그 자체는 성 St. Patrick's Day를 축하하는 데 활용되고 있다.

문제: 담화의 요점은 무엇인가?
 (a) St. Patrick이 아일랜드에 뱀을 소개한 방법
 (b) St. Patrick이 성인자격을 얻은 장소
 (c) St. Patrick's Day의 신화적 배경
 (d) 전세계 많은 사람들이 3월 17일을 기념하지 않는 이유

해설 담화문의 요점을 묻는 문제이다. 담화 중반에 'As the legend is told ~'라는 말을 시작으로 St. Patrick's Day의 기원에 관해 설명하고 있으므로 담화의 요점으로 (c)가 적절하다.

어휘 recognize v. 알아보다, 인지하다
patron saint 수호 성인
in honor of 경의를 표하여, 축하하여
Christian Missionary 기독교 선교사
factual a. 사실을 기반으로 한

---

29. 대의 파악 ★★★   정답 (b)

script W: There are a vast number of jobs in the world that we would consider bizarre and ridiculous. For every receptionist, waiter, salesperson and librarian, there are many handfuls of unimaginably strange occupations. For instance, it is someone's job, usually a chemist, to smell deodorant sticks and fragrant candles to make sure that they are up to standards. It is also someone's job to make sure that the citrus fruits in our grocery store's stands look as juicy and delicious as they do by dying them certain eye-pleasing colors. Next time you're in the grocery store or holding a stick of deodorant, think about how many people it took to make that finished product.

Q: What is the speaker's opinion of strange jobs?
(a) People need to stop taking them for granted.
(b) We usually don't take the time to think about them.
(c) Odd vocations exist for people who don't like normal jobs.
(d) There are far more bizarre jobs in the market than ordinary ones.

해석 여: 전 세계에는 우리가 특이하고 우스꽝스럽다고 생각하는 수많은 종류의 직업이 있다. 접수담당자, 웨이터, 영업사원과 사서에 이르기까지, 상상할 수 조차 없을 정도로 이상한 직업이 한없이 많다. 예를 들어 보통 방취제나 향초가 기준에 맞는지 향을 맡는 화학자같은 직업이 있다. 또 눈을 즐겁게 만드는 색으로 염색을 하여 식료품 가게 가판대에 놓인 감귤류 과일을 즙이 많으면서 맛있어 보이게 만드는 직업도 있다. 다음에 식료품 가게에 가게 되거나 방취제를 잡게 된다면 완제품을 만들기 위해 생산 작업에 얼마나 많은 사람들이 참여했을 지 생각해 보라.

문제: 이상한 직업에 대한 화자의 의견은 무엇인가?
 (a) 사람들은 이들을 당연하게 여기는 일을 그만둘 필요가 있다.
 (b) 우리는 보통 이들에 대해 충분히 생각하지 않는다.
 (c) 이상한 직업은 평범한 직업을 좋아하지 않는 사람들을 위해 존재한다.
 (d) 평범한 직업보다 시장에서는 훨씬 더 기이한 직업들이 존재한다.

해설 담화의 주제를 묻는 문제이다. 마지막에서 'think about how many people it took to make that finished product'라고 이야기 하면서 제품을 완성하기 위해 얼마나 많은 사람들이 참여했는지 생각해 보자고 이야기하고 있다. 따라서 주어진 담화문의 주제로 적절한 것은 (b)이다.

어휘 bizarre a. 기이한, 특이한   citrus n. 감귤
fragrant a. 향기 나는   vocation n. 천직, 소명, 직업
deodorant n. 방취제, 냄새(체취) 제거제
standard n. 수준, 기준
odd a. 이상한

---

30. 내용 일치 ★★★   정답 (b)

script M: Whether you're lost in the woods or just installing a decorative sundial in your backyard, the truth is that when you need to find true north you probably won't have a compass handy. There are many different ways to find north without such a device. One of the easiest methods, as long as you aren't in a polar region, is by tracking a shadow. Simply place a stick in the ground and steady it as absolutely perpendicularly as you can. Mark the tip of the shadows with a rock, a piece of bark, or anything small and unobtrusive. After ten minutes, mark the new tip of the shadow. Now stand with the first mark (west) to your left and the

second mark (east) to your right. You are
now facing true north.

**Q: According to the instructions, when are
you facing true north?**

(a) When the tip of the second shadow has
been marked

**(b) When you are standing with the
second mark at your right**

(c) When the shadow has moved after ten
minutes

(d) When you are tracking the sun as it
moves from east to west

해석 남: 숲 속에서 길을 잃었거나 뒷마당에 이제 막 장식용 해시계를 설치하던 간에 우리가 정북향을 찾아야 할 상황에서 나침반을 지니고 있지 않을 수도 있다는 것은 사실이다. 아무런 도구 없이 북쪽 방향을 찾는 방법에는 여러 가지가 있다. 극지방에 있지 않는 한 가장 쉬운 방법은 그림자를 따라가는 것이다. 간단히 땅에 나무 대를 꽂고 최대한 완전 직각을 이루도록 고정한다. 돌이나 나무껍질 조각, 아니면 작으면서 별나지 않은 물건을 이용하여 그림자 끝을 표시해 둔다. 10분 후에 그림자의 새끝을 표시한다. 자 이제 왼쪽에 첫번째 표시(서쪽)와 오른쪽에 두번째 표시(동쪽)를 두고 서보아라. 당신은 지금 정북쪽을 향해 있는 것이다.

문제: 지시문에 따르면 정북향을 마주하게 되는 시점은 언제인가?

(a) 2번째 그림자의 끝이 표시되었을 때

(b) 2번째 표시를 오른 쪽에 두고 서 있게 되었을 때

(c) 10분 후에 그림자가 움직였을 때

(d) 동쪽에서 서쪽으로 움직이면서 태양을 따라가고 있을 때

해설 지시문의 내용과 일치하는 것을 묻는 문제이다. 'Simply place a stick in the ground ~'라고 시작하는 부분에서부터 마지막까지가 정북향을 향하고 서 있을 수 있는 방법에 대해 설명하고 있다. 'the second mark (east) to your right'일 때가 정북향이므로 (b)가 정답이다.

어휘 decorative a. 장식용의   sundial n. 해시계
perpendicularly adv. 직각으로, 수직으로
unobtrusive a. 야단스럽지 않은, 이목을 끌지 않는

Part I ~ IV	1 (b)	2 (c)	3 (a)	4 (c)	5 (c)	6 (b)	7 (a)	8 (c)	9 (d)	10 (b)
	11 (b)	12 (c)	13 (a)	14 (d)	15 (c)	16 (d)	17 (c)	18 (c)	19 (a)	20 (c)
	21 (b)	22 (c)	23 (b)	24 (c)	25 (b)	26 (d)	27 (c)	28 (a)	29 (d)	30 (c)

1. 긍정 평서문 ★★☆　　　　정답 (b)

script W: I'm sorry I'm so late today. The train had to make an unscheduled stop.

M: _______________

　(a) Just get off at the next stop, and switch trains.

　(b) It's OK. You had no control over the situation.

　(c) Did you make it back on the train in time?

　(d) Oh, I have plenty of time before I need to be there.

해석 여: 오늘 너무 늦어서 죄송해요. 기차가 예정에 없는 정차를 해야 했어요.

남: _______________

　(a) 다음 정거장에서 바로 내려서 기차를 바꿔 타세요.

　(b) 괜찮아요. 그러한 상황을 통제할 수는 없으니까요.

　(c) 제시간에 기차로 되돌아올 수 있었나요?

　(d) 오, 거기에 있어야 할 시간이 되기 전에 여유가 많이 있답니다.

해설 평서문에 적절한 응답을 고르는 문제로 여자는 사과와 함께 지각을 한 이유에 대해 설명하고 있다. 대화의 내용으로 볼 때 '기차가 예정에 없는 정차를 해서 늦었다'고 하였으므로, 이에 대하여 '통제할 수 없는 상황이었으니 괜찮다'고 하는 (b)가 남자의 대답으로 적절하다. (a)는 여자의 말에 이어지는 내용으로 혼동을 주는 오답으로, 정답으로 적절하지 않다.

어휘 unscheduled a. 미리 계획되지 않은
switch v. 바뀌다, 바꾸다

2. 긍정 평서문 ★★☆　　　　정답 (c)

script M: Carol, please hold all my calls while I'm in the meeting.

W: _______________

　(a) Where would you like me to put them?

　(b) I'll just have to put something down first.

　(c) Sure. I'll take messages for you.

　(d) If there are any calls, you'll get them.

해석 남: Carol, 내가 회의에 참여하는 동안 전화를 대신 받아주세요.

여: _______________

　(a) 어디에 내가 그것들을 내려놓길 바라세요?

　(b) 나는 우선 물건을 내려놓아야 해요.

　(c) 물론이죠. 메모를 받아둘게요.

　(d) 전화가 온다면, 당신이 받아요.

해설 평서문에 대한 응답을 고르는 문제로 남자가 회의에 참석해 있는 동안 걸려 오는 모든 전화를 자신에게 연결하지 말고 대신 받아달라고 여자에게 부탁하는 상황이다. 따라서 전화업무 협조에 대한 여자의 대답으로 메시지를 받아주겠다는 (c)가 적절하다. (d)는 남자의 대화에 이어지는 내용으로 혼동을 주는 오답이다.

어휘 hold one's calls 전화를 받아주다

3. 의문사 의문문 – Who ★☆☆　　　　정답 (a)

script W: Who are you voting for in this year's elections?

M: _______________

　(a) I don't like to say. That's private.

　(b) I'm not going to run this year.

　(c) Whoever said I wasn't going to vote?

　(d) I have never met either of them.

해석 여: 올해 선거에 누구를 뽑을 거예요?

남: _______________

　(a) 말하고 싶지 않아요. 그것은 사적인 문제이거든요.

　(b) 나는 이번 해에 출마하지 않을 거예요.

　(c) 내가 투표하지 않았을 거라고 누가 이야기했어요?

　(d) 나는 그들 둘 중 누구도 만난 적이 없어요.

해설 who의문사 의문문으로 여자는 선거에서 누구를 뽑을지 묻고 있다. 따라서 직접적으로 특정인물을 이야기하지 않았지만 사적인 내용이므로 말하고 싶지 않다는

(a)가 가장 적절한 응답이다. (c)는 질문지에 등장한 단어 'vote'를 다시 언급하여 혼동을 일으키는 오답 함정이다.

어휘 vote for ~를 뽑다, 투표하다
run v. (선거에) 출마하다

---

4. **긍정평서문 ★☆☆** **정답 (c)**

script M: I've forgotten the rules to that particular game.
W: ____________________
(a) So you know how to play, then.
(b) I'm sure you'll forget sooner or later.
(c) Then we'll play something else.
(d) OK, teach me what to do first.

해석 남: 그 특정 경기에 대한 규칙을 잊어버렸어요.
여: ____________________
(a) 그러면 어떻게 하는 지는 알고 있군요.
(b) 조만간 잊어버릴 거라고 확신해요.
(c) 그러면 다른 것을 해야겠군요.
(d) 그래요, 먼저 무엇을 해야 할지 알려주세요.

해설 평서문에 대한 응답을 고르는 문제로, 대화에서 남자는 경기 규칙을 모른다고 말한 것으로 보아 경기를 할 줄 모른다는 사실을 추측할 수 있다. 이에 대한 대답으로 다른 경기를 하자는 (c)가 가장 적절하다. 질문지에 등장한 단어 'forget'을 재등장시켜 혼동을 유발하는 오답 선택지 (b)는 이미 잊어버렸다는 내용에 대한 미래적 의미의 답이므로 문맥상 적절하지 않다.

어휘 particular a. 특정한, 특별한

---

5. **긍정평서문 ★★☆** **정답 (c)**

script W: Unfortunately, the café doesn't open until nine o'clock in the morning.
M: ____________________
(a) That's good. I hate drinking coffee after nine.
(b) We'll just have to get there early.
(c) Let's go someplace else, then.
(d) But that's when the café closes.

해석 여: 안타깝게도, 그 카페는 아침 9시까지 열지 않아요.
남: ____________________
(a) 좋네요. 9시 이후에 커피 마시는 것을 싫어하거든요.
(b) 우리는 거기에 일찍 가야 할 거예요.
(c) 그러면 다른 곳으로 갑시다.
(d) 그러나 그 카페가 문닫는 시간이에요.

해설 여자가 남자에게 '카페가 아침 9시까지 열지 않는다'는 정보를 주고 있다. 이에 대한 적절한 응답으로 그렇

다면 대신 다른 곳으로 가자는 (c)가 적절한 대답이다. 'unfortunately'(안타깝게도)라고 하였는데, 'good'으로 답하는 (a)는 적절하지 않다.

어휘 unfortunately adv. 안타깝게도, 불행하게도

---

6. **부정평서문 ★★☆** **정답 (b)**

script M: I'm afraid we don't have any bottles of that brand of perfume in stock.
W: ____________________
(a) Don't be scared. I'm right here with you.
(b) Thank you for looking anyway.
(c) But, do you have it in the store?
(d) I'm not sure what brand I'm looking for.

해석 남: 죄송하지만, 그 향수 브랜드의 재고가 없습니다.
여: ____________________
(a) 두려워하지 마세요. 제가 바로 여기 당신과 함께 있어요.
(b) 어쨌든, 찾아봐주셔서 감사합니다.
(c) 그렇지만 가게에서 그것을 가지고 있나요?
(d) 제가 찾고 있는 것이 어떤 브랜드인지 확실하지 않아요.

해설 부정평서문으로 가게 점원으로 보이는 남자가 손님인 여자에게 찾는 향수제품이 없다고 하는 상황이다. 재고가 없어 미안해하는 남자의 말에 대한 여자의 적절한 응답을 고르는 문제로, 선택지 중에서는 '찾아봐 주어서 고맙다'는 (b)가 가장 적절하다. "I'm afraid."는 '두렵다'가 아니라 '~라 유감이다'라는 의미로 쓰였으며 (a)의 "Don't be scared."는 적절하지 않다.

어휘 in stock 재고의, 재고가 있는

---

7. **긍정평서문 ★★☆** **정답 (a)**

script W: I finished reading that novel you loaned me about whalers from New England.
M: ____________________
(a) So, what did you think about it?
(b) Oh, good. I was hoping you'd like it, too.
(c) Would you like me to give it back to you now?
(d) Do you want to talk about it after you've finished?

해석 여: 네가 빌려주었던 뉴 잉글랜드에서 온 고래잡이 배들에 관한 소설책을 다 읽었어.
남: ____________________
(a) 그래서 그것에 대해 어떻게 생각하는데?
(b) 오, 좋아. 나도 너 역시 그것을 좋아하길 바랬어.
(c) 지금 바로 그것을 돌려 줄까?
(d) 다 읽은 다음에 그것에 대해 이야기 나누고 싶어?

해설 평서문에 대한 응답을 고르는 문제이다. 여자는 남자에게 빌린 책을 다 읽었다고 하는 상황이다. 따라서 이어지는 대답으로 책에 관한 감상을 묻는 (a)가 가장 적절하다. 자신이 좋아한다는 말은 하지 않았으므로, 'too'를 사용한 (b)는 적절한 대답이 될 수 없다. (c)는 여자가 해야 할 말로 주어의 오류로 혼동을 주는 오답 선택지이다.

어휘 loan v. 빌려주다, 대출하다
whaler n. 포경선, 고래잡이 배

8.　　일반의문문 ★★☆　　　　정답 (c)

script M: Did you hear that my work will be shown at the art gallery this weekend?
W: _______________________________
(a) It's an exciting time for my career in the art world.
(b) No, it's too quiet for me to hear properly.
(c) I'm so happy for you. I'll definitely be there.
(d) We'll certainly see about that this weekend.

해석 남: 이번 주말, 제 작품이 미술관에 전시될 거라는 거 들었어요?
여: _______________________________
(a) 미술 세계에서의 제 경력에 흥미진진한 시기예요.
(b) 아니요. 너무 조용해서 정확히 들을 수가 없어요.
(c) 그 말을 들어 너무 행복해요. 제가 꼭 그곳에 갈게요.
(d) 우리는 이번 주말에 확실히 준비하겠어요.

해설 의문사 없는 의문문에 대한 응답을 고르는 문제이다. 의문문의 형태이긴 하지만, 상대방이 놀라거나, 부러워할 만한 소식을 전하는 의미의 문장이다. 남자가 자신의 작품 전시 소식을 전하고 있으므로 축하를 하고 전시회에 참석하겠다는 응답인 (c)가 가장 적절하다. 'see about'은 '~을 준비, 처리하다'라는 의미로 쓰이므로 (d)를 주말에 보러 갈 것이라는 의미로 해석하여 혼동을 일으키지 않도록 하자.

어휘 art gallery 화랑, 미술관
see about ~을 준비(처리)하다

9.　　긍정평서문 ★★☆　　　　정답 (d)

script W: How long have you been waiting for me?
M: Only fifteen minutes or so. Did your class run late?
W: Yes, I'm sorry. We had a test and I needed some extra time.
M: _______________________________
(a) Well, I'm really sorry you had to wait so long.
(b) How much extra time did you need?
(c) Well you'd better hurry, or you'll be even later.
(d) It's OK. I hope the extra time helped.

해석 여: 나를 얼마나 오랫동안 기다린 거예요?
남: 겨우 15분 정도밖에 되지 않아요. 수업이 지연되었나요?
여: 네, 미안해요. 시험이 있었고, 시간이 좀 더 필요했어요.
남: _______________________________
(a) 그렇게 오래 기다리게 해서 정말 죄송해요.
(b) 여분의 시간이 얼마나 더 필요했나요?
(c) 서두르는 게 좋을 거예요, 안 그러면 훨씬 더 늦을 거예요.
(d) 괜찮아요. 여분의 시간이 도움이 되길 바래요.

해설 여자가 남자에게 약속시간에 늦어서 사과를 하고 있으므로, 사과에 대한 적절한 응답을 골라야 한다. 대화로부터 여자는 시험을 치르는데 시간이 더 필요했고 그래서 남자와의 약속시간에 늦었다는 것을 알 수 있다. 늦은 데 사과하는 여자에게 시간이 얼마나 더 필요한지 묻는 (b)보다는 여분의 시간이 도움이 되길 바란다는 격려의 말인 (d)가 더 적절하다.

어휘 run late 지연되다, 늦다

10.　　긍정평서문 ★★☆　　　　정답 (b)

script M: How was your first day of softball practice?
W: It was hard! I didn't know we had to run so much!
M: Well, after a while you'll get used to it and the running part will be easy.
W: _______________________________
(a) If it were any easier, I'd just fall asleep.
(b) I hope it doesn't take too long to get used to.
(c) I wish it were a bit more of a challenge.
(d) The coach just doesn't want to overwork us.

해석 남: 소프트볼 연습 첫날은 어땠어?
여: 힘들었어! 난 우리가 그렇게 많이 달려야 하는지 몰랐어.
남: 글쎄, 시간이 좀 지나면 익숙해지고 달리는 건 쉬워질 거야.
여: _______________________________
(a) 만약 조금이라도 더 쉽다면, 그냥 잠이 들어버렸을거야.

(b) 익숙해지는데 그렇게 많은 시간이 걸리지 않았
으면 좋겠어.

(c) 나는 그것이 약간 더 도전적인 일이기를 바래.

(d) 코치는 단지 우리에게 과다한 훈련을 시키고 싶
지 않아해.

해설 대화에서 여자는 새로 시작한 소프트볼 연습이 힘들다
고 이야기하고 있고, 남자는 시간이 흐르면 익숙해질
거라고 조언하고 있다. 남자의 조언에 대한 여자의 대
답으로 선택지 중에서는 (b)가 가장 적절하다. (c)의 연
습이 좀 더 도전적이었으면 좋겠다는 말은 여자의 의견
과 반대되는 내용이다.

어휘 get used to ~에 익숙해지다
overwork v. 과로하다, 혹사하다 n. 과로, 혹사

11. 긍정평서문 ★★★ 　　　　　정답 (b)

script W: Everyone was at the party. You should
have come!

M: I would have loved to, but I promised my
wife I would take her to dinner.

W: Next time you should bring her along. I bet
she would really get along with Jan.

M: ________________________________

(a) I just spend too much alone time with
Jan as it is.

**(b) I'll ask her next time, but I wouldn't
count on us being there.**

(c) Then it wouldn't be just the two of us at
the party.

(d) She would, but I don't like eating dinner
alone.

해석 여: 모든 사람들이 파티에 왔어요. 당신도 왔어야 했는
데요!

남: 저도 너무 그러고 싶었지만, 아내를 저녁식사에 데
리고 가기로 약속했었거든요.

여: 다음 번엔 부인도 함께 데려오세요. 분명 Jan과 정
말 잘 지낼 거라고 생각해요.

남: ________________________________

(a) 사실 나는 Jan과 단둘이 너무 많은 시간을 보내
요.

**(b) 다음에 그녀에게 부탁해 볼게요. 하지만 거기에
갈 수 있을 지 확신할 수는 없을 것 같아요.**

(c) 그러면 파티에 우리 둘만 가지는 않을 거예요.

(d) 그녀는 가겠지만, 혼자 저녁을 먹고 싶지는 않
아요.

해설 대화의 내용으로 보아 남자는 여자가 참여한 파티에 참
석하지 않았던 이유가 부인과의 저녁식사 선약 때문임
을 알 수 있다. 여자의 마지막 말에서 다음 파티에 부인
과의 동반 참석을 제안하고 있으므로 이에 적절한 남자
의 답으로 (b)가 가장 적절하다.

어휘 get along with ~와 친밀하게 지내다, 잘 지내다
count on 믿다, 확신하다

12. 긍정평서문 ★★☆ 　　　　　정답 (c)

script M: Which bank do you use for your personal
accounts?

W: Premier National. It's OK, but the rates
aren't very good.

M: I'm at National Primary and I'm having the
same problem.

W: ________________________________

(a) You need to switch to a different bank
like I did.

(b) I wish the service was as good as the
stellar rates.

**(c) You and I should go out and find
better institutions.**

(d) If we invested more money, we could
use National Primary.

해석 남: 개인 계좌로 어느 은행을 이용하고 있어요?

여: Premier National 은행이요. 괜찮아요, 그렇지만
이자율이 그리 좋진 않아요.

남: 저는 National Primary 은행을 이용하는 데, 저도
같은 문제를 겪고 있지요.

여: ________________________________

(a) 당신은 내가 한 것처럼 다른 은행으로 바꿀 필
요가 있어요.

(b) 저는 그 서비스가 뛰어난 이자율만큼이나 좋았
으면 해요.

**(c) 당신과 나는 나가서 더 나은 업체를 찾아봐야
해요.**

(d) 만약 우리가 더 많은 돈을 투자한다면, National
Primary 은행을 이용할 수 있었을 텐데.

해설 대화에서 여자가 이용하는 은행의 이자율이 높지 않다
는 말에 남자도 마찬가지의 문제를 겪고 있다고 이야
기하고 있다. 따라서 '더 나은 은행을 함께 찾아보자'는
(c)가 정답이다. 여자 역시 남자와 같은 문제를 겪고 있
는 상황이므로 자신처럼 다른 은행으로 바꾸라는 (a)는
대화의 문맥상 적절하지 않다.

어휘 rate n. 비율, 요금, 금리(이자율)
stellar a. 별의, 뛰어난

13. 긍정평서문 ★★★ 　　　　　정답 (a)

script W: I need to get the oil changed in my pickup
truck.

M: Sounds like a plan. Do you want me to
check your fluid levels, as well?

W: No, thank you. I've only come with enough

money for the oil.

M: _______________________________

    (a) What if I offered you an extra discount on antifreeze?

    (b) I'll just replace your windshield wipers and get you out of here.

    (c) OK. Pull your van into the garage and we'll get started.

    (d) I'm sorry, but we don't do oil changes at this garage.

해석 여: 내 픽업트럭에 오일을 바꾸고 싶은데요.

남: 좋은 생각이십니다. 부동액 수준도 같이 확인할까요?

여: 괜찮아요. 오일을 위한 비용 정도만 가지고 왔거든요.

남: _______________________________

    (a) 부동액에 추가 할인을 제공해드리면 어떨까요?

    (b) 저는 손님의 앞 유리창 와이퍼만 교체해드리고, 여기에서 나가시게 하겠습니다.

    (c) 좋아요. 주차장으로 밴을 넣어주시면 시작하겠습니다.

    (d) 죄송합니다만, 우리는 이 차량 정비소에서 오일 교환을 하지 않습니다.

해설 자동차 정비소에서 이루어지고 있는 손님과 정비사의 대화이다. 정비사인 남자가 여자에게 부동액 교환을 제안하고 여자는 그만한 돈이 없다고 말하고 있으므로, 여자에게 또 다른 제안을 하는 응답이 적절할 것이다. 따라서 추가 할인가를 제시하겠다고 응답한 (a)가 가장 적절하다.

어휘 fluid n. 유동액, 부동액   antifreeze n. 부동액
windshield wipers 앞 유리창 와이퍼

14.   일반의문문 ★★★   정답 (d)

script M: When do the ski resorts open for business?

W: They're usually open by Thanksgiving. But it really depends on the snowfall.

M: Aren't they open in the summer, too, for backpacking?

W: _______________________________

    (a) As long as there's snow, the resort is open for backpacking.

    (b) I don't think people can ski in the summer without snow.

    (c) None of the resorts are open for business after Thanksgiving.

    (d) One of the resorts does that, but the other one is just for skiing.

해석 남: 스키 리조트는 언제 개장하나요?

여: 보통 추수 감사절 전에는 개장합니다만, 실제로는 강설량에 따라 다르죠.

남: 여름에도 배낭여행객을 위해 열지 않나요?

여: _______________________________

    (a) 눈이 오는 한 리조트는 배낭여행객을 위해 개장합니다.

    (b) 사람들이 눈 없이 여름에 스키를 탈 수 없을 것 같은데요.

    (c) 어느 리조트도 추수감사절 이후에 열지 않습니다.

    (d) 리조트 중 하나는 그렇긴 하지만 나머지 리조트는 스키를 위해서만 개장합니다.

해설 대화는 스키 리조트의 개장에 관한 내용이다. 여름에 리조트 개장여부를 묻는 남자의 질문에 대한 적절한 답을 찾아야 한다. 따라서 두 리조트 중 하나는 여름에 열고, 다른 하나는 열지 않는다고 응답한 (d)가 정답이다. 일반적으로 여름에는 눈이 오지 않으므로 (a)는 정답이 될 수 없다.

어휘 open for business 문을 열다, 영업을 하다
depend on ~에 달려 있다   snowfall n. 강설, 강

15.   의문사 의문문 – How ★★★   정답 (c)

script W: I can't believe I did so terribly with that corporate presentation.

M: I don't think you did that bad. You were just a little bit nervous.

W: I couldn't stop stuttering! Honestly, how bad was it?

M: _______________________________

    (a) Not nearly as bad as I thought it was.

    (b) I really wish I could have been there to see it.

    (c) I hope my presentation is half as good as yours.

    (d) I was too nervous to make my points clear.

해석 여: 회사 프레젠테이션을 그렇게 형편없이 했다니 믿을 수가 없어요.

남: 난 당신이 그렇게 못했다고는 생각하지 않아요. 약간 긴장을 했을 뿐이에요.

여: 말 더듬는 것을 멈출 수가 없었어요. 솔직히, 얼마나 형편없었죠?

남: _______________________________

    (a) 내가 생각했던 것만큼 나쁘지는 않아요.

    (b) 나는 정말 내가 거기에 참석하여 보았으면 좋았겠다고 생각해요.

    (c) 내가 당신의 반만큼만 발표를 잘 했으면 좋겠어요.

    (d) 나는 너무 긴장해서 내 의견을 분명히 하지 못했어요.

---

16. | 내용 일치 ★☆☆ | 정답 (d)

script　W: Did you have English class with me in the tenth grade?

M: I'm not sure. You look awfully familiar. What's your name?

W: Denise. Denise Gregory. And you're Barry Winston, right?

M: Yes. Yes, I am. And you think we had English together?

W: With Mr. Bradley. We had to read a scene from Romeo and Juliet together.

M: Oh! Denise! Yes, of course. I remember that. That was a lot of fun.

W: Yeah, it was a blast. And I still have no idea what we were talking about in that scene!

Q: Which is correct according to the dialogue?
(a) The man used to be the woman's English teacher.
(b) The woman can't remember the man's name.
(c) Neither of them knows which book to read.
(d) They used to be in the same class together.

해석　여: 10학년 때 나와 함께 영어 수업 듣지 않았어?

남: 잘 모르겠는데. 네 얼굴이 아주 익숙하기는 하다. 이름이 뭐니?

여: Denise 야. Denise Gregory. 그리고 너는 Barry Winston 이야, 맞지?

남: 그래. 맞아, 나야. 네가 생각하기에 우리가 영어 수업을 같이 들은것 같니?

여: Bradley 선생님의 수업 말이야. 우린 로미오와 줄리엣의 장면을 같이 읽었어야 했어.

남: 아, Denise! 그래 물론이야! 나도 기억해. 그건 정말 재미있었지.

여: 그래, 재미있는 시간이었지. 그 장면에서 우리가 무엇을 이야기했는지 여전히 이해 못하겠어.

문제: 대화의 내용과 일치하는 것은?
(a) 남자는 여자의 영어선생님이었다.

(b) 여자는 남자의 이름을 기억할 수 없다.
(c) 두 사람 모두 어느 책을 읽었는지 알지 못한다.
(d) 두 사람은 같은 수업을 함께 들었었다.

해설　대화의 내용과 일치하는 것을 묻는 문제이다. 대화에서 여자는 남자와 영어수업에서 함께 로미오와 줄리엣을 읽었고 남자의 이름도 기억하고 있다고 이야기하고 있다. 따라서 대화와 일치하는 내용은 (d)이다.

어휘　blast n. 재미있는 시간, 신나는 경험
have no idea 알지 못하다

---

17. | 세부 사항 ★★☆ | 정답 (c)

script　M: How was your appointment with Dr. Garcia?

W: It went all right. I saw him yesterday morning.

M: Did he have anything to say about the headaches you've been having?

W: He said they might be caused by any number of reasons.

M: Did any of the reasons stand out to you?

W: Well, he said they might be caused by stress. That sounds about right to me.

Q: What did Dr. Garcia say about the woman's problem?
(a) Her headaches were causing her too much stress.
(b) The headache will be gone by tomorrow.
(c) Her pain might be the result of several different causes.
(d) She'll have to come back and see him again.

해석　남: Garcia 박사와의 약속은 어땠어요?

여: 괜찮았어요. 어제 아침에 만났어요.

남: 요즘 겪고 있는 두통에 대해 뭐라고 말했나요?

여: 그가 두통은 다양한 이유로 야기될 수 있다고 말했어요.

남: 당신에겐 뚜렷한 이유가 어떤 것이었는지 나왔나요?

여: 글쎄요. 선생님 말씀으로는 스트레스로 인해 일어난 것 같다고 하셨어요. 그 소리가 맞는 것 같아요.

문제: Garcia 박사가 여자의 증상에 대해 말한 것은?
(a) 그녀의 두통은 너무 많은 스트레스를 야기시키고 있었다.
(b) 두통은 내일쯤이면 사라질 것이다.
(c) 그녀의 고통은 몇 가지 다양한 원인으로 인한 것이다.
(d) 그녀는 돌아와서 그를 다시 만나야만 한다.

해설　대화의 내용과 일치하는 것을 묻는 문제이다. 대화를 통해 여자는 Garcia 박사와 두통에 관해 상담했음을 알

수 있다. 박사는 두통이 다양한 원인에 따른 것이지만,
특히 스트레스 때문에 생겼을 수도 있다고 이야기했다.
그러므로 두통이 다양한 원인에 기인한다는 (c)가 정답
이다. 스트레스가 두통의 확실한 원인은 아니므로 (a)
는 정답이 아니다.

어휘　headache n. 두통
　　　　stand out 두드러지다, 쉽게 눈에 뜨다

18.　　세부 사항 ★★☆　　　　　정답 (c)

script　W: Do you want to take the bus to the park this
　　　　afternoon?
　　　　M: No, I'm tired of sitting on the bus all day.
　　　　W: What would you rather do, catch a ride in a
　　　　taxi? Or take a train?
　　　　M: No, lately I've been thinking I need to get
　　　　some more exercise.
　　　　W: Well, how about we take a nice long walk to
　　　　the park today?
　　　　M: Yeah, that sounds really nice. Unless, of
　　　　course, you really want to take the bus or
　　　　the train.

Q: How does the man want to get to the park?
　　(a) Taxi
　　(b) Bus
　　(c) Walk
　　(d) Train

해석　여: 오늘 오후에 버스 타고 공원에 갈래?
　　　　남: 아니. 하루 종일 버스에 앉아 있는 데 질렸어.
　　　　여: 넌 무엇이 더 하고 싶은데? 택시 타는 거? 아니면
　　　　기차 타는 거?
　　　　남: 아니, 최근에 운동을 좀 더 해야겠다고 생각했었어.
　　　　여: 글쎄, 오늘 공원까지 오랜 시간 동안 멋지게 산책하
　　　　는 건 어떨까?
　　　　남: 그래, 그거 멋진 제안이야. 물론 네가 버스나 기차
　　　　를 타고 싶지 않았으면 하는 경우에 말이야.
　　　　문제: 남자가 공원에 가고자 하는 방법은?
　　　　　　(a) 택시
　　　　　　(b) 버스
　　　　　　(c) 도보
　　　　　　(d) 기차

해설　대화의 내용을 통하여 알 수 있는 세부 사항을 묻는 문
제이다. 대화에서 공원에 가는 방법에 대해 묻는 질문
에 남자는 운동을 더 해야겠다고 하고 있다. 따라서 탈
것 대신 걸어서 가고 싶다는 사실을 짐작할 수 있다. 대
화의 마지막 부분에서 산책을 제안했을 때 동의했으므
로 남자가 공원에 가고자 하는 방법은 (c)도보이다.

어휘　be tired of ~에 질리다, 싫증나다
　　　　catch a ride 타다

19.　　내용 일치 ★★★　　　　　정답 (a)

script　M: I want to take my friend out to dinner this
　　　　weekend. Do you have any suggestions?
　　　　W: Bartelli's down on Main Street has the most
　　　　fantastic cream sauce I've ever tasted.
　　　　M: Is that mostly Italian cuisine or is there a
　　　　wider selection?
　　　　W: There are a few American entrees, but it is
　　　　mostly Italian.
　　　　M: Well, my friend doesn't really like pasta
　　　　dishes. She's more of an Asian food fan.
　　　　W: I did just have a great dish at Peking Palace
　　　　last week.
　　　　M: Oh, I wanted to check that place out! It
　　　　sounded really good.
　　　　W: It was delicious. I think you should definitely
　　　　go there if your friend enjoys Chinese food.

**Q: Which is correct according to the
conversation?**
　　**(a) The man's friend wouldn't enjoy
　　　　Bartelli's.**
　　(b) Peking Palace is located on Main Street.
　　(c) The woman likes Bartelli's more than
　　　　Peking Palace.
　　(d) They both agree that Italian dishes are
　　　　fantastic.

해석　남: 이번 주에 제 친구를 저녁식사에 데리고 가고 싶은
　　　　데요. 추천할 만한 데 있나요?
　　　　여: Main Street 아래 쪽에 Bartelli 식당에 제가 맛본
　　　　것 중 가장 환상적인 크림 소스 메뉴가 있어요.
　　　　남: 대부분 이탈리아 음식인가요, 아니면 좀 더 다양한
　　　　선택메뉴가 있나요?
　　　　여: 미국식 전채요리가 일부 있지만 대부분은 이탈리아
　　　　식 메뉴예요.
　　　　남: 음, 제 친구가 파스타 요리를 사실 좋아하지 않거든
　　　　요. 그녀는 그보다 아시아 음식을 좋아해요.
　　　　여: 지난 주에 제가 Peking Palace에서 정말 훌륭한
　　　　식사를 했어요.
　　　　남: 아! 저도 그 식당을 가보고 싶었는데요! 정말 좋을
　　　　것 같네요.
　　　　여: 맛있었어요. 당신 친구가 중국 음식을 좋아한다면
　　　　꼭 그곳에 가봐야 한다고 생각해요.
　　　　문제: 대화의 내용과 일치하는 것은?
　　　　　　**(a) 남자의 친구는 Bartelli 레스토랑을 즐기지 않
　　　　　　을 것이다.**
　　　　　　(b) Peking Palace는 Main Street에 있다.
　　　　　　(c) 여자는 Peking Palace보다 Bartelli를 더 좋
　　　　　　아한다.
　　　　　　(d) 두 사람 모두 이탈리아 음식이 환상적이라고
　　　　　　생각한다.

해설 대화의 내용과 일치하는 내용을 묻는 질문이다. 남자의 친구는 아시아 음식을 좋아한다고 하였고, 여자는 맛있는 중국 음식을 먹을 수 있는 Peking Palace를 추천하고 있는 상황이다. 이에 대하여 남자는 그 식당에 가보고 싶었다고 하였으므로 대화의 내용과 일치하는 것은 (a)이다.

어휘 selection n. 선발, 선택 check out 확인하다

20. 세부 사항 ★★★ 　　　　정답 (c)

script W: Dad, what is that light in the hallway?

M: What light are you talking about?

W: It's kind of blue, and it looks like it's coming from John's room.

M: Oh, I put that there just to help him sleep through the night.

W: How can a light help someone sleep through the night?

M: It's not very bright but makes it so that he's not so afraid of the dark.

Q: What does the father say about the light?

(a) He doesn't know why Johnny needs it so badly.

(b) It is too bright for his daughter but not for his son.

(c) The light helps Johnny sleep well at night.

(d) He can't understand what light his daughter is talking about.

해석 여: 아빠, 복도의 저 불빛은 무엇이에요?

남: 무슨 불빛 말하는 거니?

여: 파란 색 같은 거요. John의 방에서 나오는 것처럼 보이는데요.

남: 아, John이 밤에 잠드는 데 도움 주려고 불을 거기에 켜두었단다.

여: 밤 새 잠 자는 데 어떻게 불이 도움이 될 수 있어요?

남: 아주 밝은 것은 아니지만 그 불빛 덕분에 John이 어둠을 너무 무서워하지 않는 거란다.

문제: 아빠는 불빛에 대해 뭐라고 설명하는가?

(a) 그는 Johnny가 불빛이 몹시 필요한 이유를 모른다.

(b) 불빛은 딸에게는 너무 밝지만 아들에게는 그렇지 않다.

(c) 불빛은 Johnny가 밤에 잠을 잘 자도록 도와준다.

(d) 그는 딸이 무슨 불빛을 이야기하는 지 이해하지 못한다.

해설 대화의 내용과 일치하는 것을 묻고 있다. 불빛의 용도

를 묻는 딸의 질문에 대한 아버지의 설명에 따르면 불빛이 John이 밤에 잠드는데 도움을 주도록 하는 것이라고 언급한다. 따라서 (c)가 정답이다.

어휘 hallway n. 복도

21. 추론 ★★☆ 　　　　정답 (b)

script M: I can't find Mr. Smith around anywhere. Have you seen him?

W: No, but I heard he left for his vacation early.

M: Oh, no. Do you have any idea how I might be able to reach him?

W: I'm sure he has his phone with him. Do you need to talk with him that badly?

M: I do. I left my jacket in his car after lunch yesterday and my car keys are in it.

W: Well, you can use my phone if it's that important.

Q: What will the man do immediately?

(a) Ask the woman to get his keys back

(b) Call Mr. Smith with the woman's phone

(c) Find Mr. Smith's car in the parking lot

(d) Look in his jacket again for his missing keys

해석 남: 어디에도 Smith씨를 찾을 수가 없는데요. 그를 보았나요?

여: 아니요, 그렇지만 그가 일찍 휴가를 떠났다는 소리는 들었어요.

남: 아, 안 되요. 그와 연락할 수 있는 방법을 알고 있나요?

여: 분명 그는 전화기를 가지고 있을 거예요. 그렇게 그하고 연락해야 할 필요가 있어요?

남: 네. 어제 점심 후에 그의 차에 재킷을 두고 나왔는데, 제 차 열쇠가 재킷 안에 있어요.

여: 음, 그렇게 중요한 일이라면 제 전화기를 사용해도 좋아요.

문제: 남자가 즉시 할 행동은 무엇인가?

(a) 여자에게 자신의 열쇠를 돌려달라고 요청한다.

(b) 여자의 전화로 Smith씨에게 전화한다.

(c) 주차장에서 Smith씨의 차를 찾는다.

(d) 잃어버린 열쇠를 찾기 위해 재킷을 다시 찾는다.

해설 대화를 듣고 남자의 다음행동을 추론하는 문제로, 마지막 대화를 주의 깊게 들어주면, 쉽게 풀 수 있는 유형이다. 마지막 대화문에서 여자가 남자에게 자신의 전화기를 사용하라고 제안했으므로, 남자는 여자의 전화기를 사용할 가능성이 가장 높다. 따라서 정답은 (b)이다.

22.   추론 ★★★   정답 (c)

script
W: Do you have time for a quick conversation with me?
M: Definitely. What is it that you want to talk about?
W: Specifically, your lack of efficiency with your work.
M: Oh, I didn't realize that there was a timeline I was meant to adhere to.
W: You know there is, and I have to say that you've fallen pretty far behind.

Q: What can be inferred about the man?
(a) He doesn't know how to do his job.
(b) He tries hard to make his boss happy.
(c) He doesn't work very quickly.
(d) He needs to turn in better work.

해석
여: 나와 잠깐 대화할 시간 있어요?
남: 그럼요. 어떤 일로 이야기하고 싶나요?
여: 특히, 당신 일에 있어 효율성 부족에 대해 이야기하고 싶어요.
남: 아, 제가 지켜야 하는 일정 있다는 것을 깨닫지 못했는데요.
여: 이제야 알았군요, 그리고 당신이 훨씬 뒤처져 있다는 말을 해야겠군요.
문제: 남자에 대해 추론할 수 있는 것은?
(a) 그는 자신의 일을 하는 방법에 대해 알지 못한다.
(b) 그는 자신의 상사를 기쁘게 하기 위해 열심히 노력한다.
(c) 그는 매우 빨리 일하지 않는다.
(d) 그는 더 나은 일로 전환할 필요가 있다.

해설 대화를 통해 남자에 대해 추론할 수 있는 것을 묻는 문제이다. 여자는 남자에게 "your lack of efficiency with your work"와 "you've fallen pretty far behind"라고 말하고 있으므로 여자는 남자가 느리게 일한다고 생각하고 있음을 짐작할 수 있다. 따라서 (c)의 내용을 추론할 수 있다.

어휘 efficiency n. 효율(성), 능률
adhere (to) ~에 들러붙다, 고수하다
timeline n. 시각표, 연대표
far behind 뒤처진, 미흡한

23.   추론 ★★☆   정답 (b)

script
M: Excuse me, is Murray working today?
W: I'm sorry, no. Murray isn't scheduled to work until tomorrow.
M: Oh, could you give him a message when you see him?
W: I sure can. But I might not be scheduled to work until the day after tomorrow.
M: Well, in that case maybe I should just wait and tell him myself.
W: OK. But if you change your mind, I'd happy to pass a note along to him.

Q: What can be inferred from the conversation?
(a) Murray won't get the message until the day after tomorrow.
(b) The man and the woman don't know each other very well.
(c) The woman isn't sure when she's scheduled to work.
(d) The man doesn't know how to give Murray the message.

해석
남: 실례합니다만, Murray가 오늘 일하고 있나요?
여: 죄송합니다만 그렇지 않아요. Murray는 내일까지 근무 일정이 잡혀있지 않은데요.
남: 아, 그를 보게 되면 메시지 좀 전해주겠어요?
여: 그러죠. 그렇지만 제가 내일 모레까지 근무일정이 없을 것 같아요.
남: 그렇다면, 제가 그냥 기다렸다가 직접 전해줘야겠군요.
여: 좋아요. 만약 마음이 바뀌신다면 그에게 메모를 전달해 드릴께요.
문제: 대화에서 추론할 수 있는 것은?
(a) Murray는 내일 모레까지 메시지를 받지 못할 것이다.
(b) 남자와 여자는 서로를 잘 알지 못한다.
(c) 여자는 일하도록 예정된 일정에 대해 확신하지 못한다.
(d) 남자는 Murray에게 어떻게 메시지를 전달할지 모른다.

해설 대화를 통해 추론할 수 있는 내용을 묻는 문제이다. 남자는 Murray에게 전해줄 메시지가 있고, 여자는 내일 모레까지 근무일정이 없는 상황이다. 남자의 "in that case maybe I should just wait and tell him myself."에 이은 여자의 "if you change your mind, I'd happy to pass a note along to him."이란 말을 통해 누가 메시지를 전할 지 확실하지 않음을 알 수 있다. 따라서 (b)가 정답이다.

어휘 be scheduled to ~할 예정이다
pass a note 메모를 주다

script　W: The stand-off between local police officers and an unidentified armed robber has finally come to an end this evening. A Premiere National Bank employee alerted the authorities to a robbery-in-progress early this afternoon, but when the police arrived, the thief had already fled on foot. According to eye-witnesses, the armed robber ran south down Front Street and holed up in a convenience store less than a mile away. It became apparent that he would not be able to outrun the authorities. And now, after several hours of negotiations, the thief has given himself up. No one has been reported injured from either the bank or the convenience store and the criminal was taken into custody without incident.

Q: Which is correct according to the news report?

(a) The thief was arrested after heading south from the store.

(b) The bank hostages saw the robber run into the convenience store.

(c) The police apprehended the criminal hours after the initial burglary.

(d) The thief wasn't wielding a weapon during the bank robbery.

해석　현지 경찰관들과 정체불명의 무장 강도간 교착상태가 결국 오늘 저녁에 끝났다. Premiere National Bank의 한 직원이 오늘 오후 일찍 경찰에게 강도사건이 진행 중이라고 신고했으나 경찰이 도착했을 때는 이미 강도가 달아난 후였다. 직접 목격한 사람에 따르면 무장 강도는 Front가 아래 남쪽으로 달아났으며 1마일도 안되게 떨어져 있는 편의점에 숨었다. 그가 경찰의 추격을 따돌릴 수 없음은 분명한 일이 되었다. 그리고 지금 몇 시간의 협상 끝에 강도는 자수했다. 은행이나 편의점에서 다친 사람은 보고되지 않았으며 범죄자는 사고 없이 유치장에 갇혔다.

문제: 뉴스 보도에 따라 내용과 일치하는 것은?

(a) 강도는 가게에서 남쪽으로 간 후에 체포되었다.

(b) 은행 인질들은 강도가 편의점으로 달려가는 것을 보았다.

(c) 경찰은 처음 절도사건이 있고 몇 시간 후에 그 범죄자를 잡았다.

(d) 강도는 은행 강도 중에 무기를 휘두르지 않았다.

해설　뉴스 보도와 일치하는 내용을 묻는 문제이다. 은행 무

장 강도의 체포 과정에 대해 이야기하고 있다. 강도가 몇 시간 후에 자수를 했다고 했으므로 (c)가 정답이 된다.

어휘　unidentified a. 정체불명의, 신원 미상의
stand-off n. 교착상태
alert v. 알리다, 경보를 발하다
flee v. 도망가다　　on foot 걸어서
hole up (장소에) 숨다
outrun v. 보다 더 멀리(빨리) 달리다
custody n. 보호(관리)권, 유치, 구류
hostage n. 인질
burglary n. 절도, 빈집 털이
apprehend v. 체포하다, 파악하다

script　M: The book you've written is a truly wonderful story and very original in its presentation. My only worry here is that the reader may become confused by the dialogue. Many great authors in the past, including Cormac McCarthy and James Joyce, have opted not to put quotation marks around characters' speeches, and they've still sold a great many books, but I'm not sure it's the best thing for you to do. For the most part, people don't like to work too hard at making sense of what they're reading. If you just write one more draft, making it a bit simpler to understand, I think you'll have written one of the best-selling novels of the year, if not the entire decade.

Q: What does the man think the writer should do?

(a) Follow in the footsteps of James Joyce.

(b) Write another draft with quotation marks.

(c) Force his readers to focus a bit harder.

(d) Make sense of what's he's been reading.

해석　당신이 쓴 책은 정말 멋진 이야기이며, 스토리 제시에 있어 정말 독창적입니다. 내 유일한 걱정은 독자들이 대화말로 인해 혼란스러워하지 않을까 하는 점입니다. Cormac McCarthy와 James Joyce를 포함하여 과거 많은 훌륭한 작가들이 등장인물의 대화 문장에 따옴표를 넣지 않았습니다. 여전히 이들의 책은 많이 판매되고 있지만 저는 당신이 같은 행동을 하는 것이 최선인지 확신할 수 없습니다. 대체로, 사람들은 자신들이 읽고 있는 내용을 이해하기 위해, 너무 큰 노력을 해야 하는 걸 좋아하지 않습니다. 만약 다시 한번 원고를 쓰실 경우 이해하기 쉽도록 좀더 단순하게 만든다면, 10년

내내는 아닐지라도 올해의 베스트 셀러 중 하나는 쓸
수 있을 것으로 생각합니다.

문제: 남자는 작가가 무엇을 해야 한다고 생각하나?
   (a) James Joyce의 발자취를 따라야 한다.
   **(b) 따옴표를 사용하여 또 다른 초안을 써야 한
   다.**
   (c) 독자들이 더 열심히 집중하도록 강조한다.
   (d) 그가 읽고 있는 것을 이해하라.

해설 담화를 통해 알 수 있는 글쓴이의 주장을 묻는 문제이
다. "I'm not sure it's the best thing for you to do"와
"making it a bit simpler to understand"라는 부분에
서, 따옴표를 쓰지 않은 유명작가들과 같은 행동을 하
지 말고 다른 초안을 쓸 때 독자들이 쉽게 이해할 수 있
도록 해달라고 조언하고 있다. 따라서 정답은 (b)이다.

어휘 original a. 독창적인   quotation marks 따옴표
make sense of 이해하다

---

26. 대의 파악 ★☆☆   정답 (d)

script W: Coaches and fans alike were stunned by
Andrea Gunderson's performance last
Sunday in the Tennis Open. Breaking
several records, including winning the
championship game in less than one
hour, Gunderson played the match of
her career. Gunderson, who wasn't even
predicted to make it past the first round in
the tournament, had the audience on its
feet when she scored the last point and
took the final set of the match. While she
may have come to the court last weekend
a virtual unknown, all eyes will certainly be
on Andrea Gunderson in the future as she
begins her ascent to stardom.

**Q: What is identified as the reason for
Andrea Gunderson's recent fame?**
(a) Reporting on the most exciting match of
the tournament
(b) Scoring the most points ever in a
championship game
(c) Making it past the first round of the
tournament
**(d) Breaking several records in the
contest**

해석 코치들과 팬들은 지난 일요일 Andrea Gunderson의
테니스 오픈 경기 결과에 똑같이 놀랐다. 한 시간도 채
되지 않아 챔피언십 경기의 승리를 포함하여 여러 번
의 기록 갱신을 달성한 Gunderson은 그녀의 커리어상
최고의 경기를 펼쳤다. 토너먼트 첫 번째 라운드를 돌

파조차 못할 것으로 예견되었던 Gunderson은 마지막
득점을 획득하고, 경기의 마지막 두 세트를 거머쥐었
을 때 관람객은 기립했다. 지난 주말 그녀는 사실상 무
명인 채 코트에 등장했지만, Andrea Gunderson이 스
타 반열에 오르기 시작함으로 써 모든 관객은 미래의
Andrea Gunderson에 확실히 주목하게 될 것이다.

문제: Andrea Gunderson의 최근 명성에 대한 이유로
   정의한 것은?
   (a) 토너먼트에서 가장 흥미진진한 시합을 기록한
   것
   (b) 챔피언십 경기에서 가장 많은 점수를 기록한
   것
   (c) 토너먼트의 첫 번째 라운드를 통과한 것
   (d) 그 대회에서 여러 번의 기록을 갱신한 것

해설 담화에서 Andrea Gunderson의 최근 명성에 대한 이
유로 언급된 것을 찾는 문제이다. 'Breaking several
records'와 함께 '경기 마지막에는 관람객들이 기
립하고 있었다'는 부분이 정답의 단서이다. 따라서
Gunderson을 유명하게 만든 이유로 가장 적절한 것은
(d)이다. Gunderson을 유명하게 한 가장 큰 이유로 토
너먼트의 첫 라운드 통과는 적절하지 않다.

어휘 be stunned by ~에 놀라다
play the match of one's career 경력에 절정에 다르다
make it past 난관을 돌파하다, 진출하다
have the audience on its feet 관중들이 기립해 있다
virtual a. 사실상의, 거의 ~ 와 다름없는
unknown a. 알려지지 않은
ascent n. 상승
stardom n. 스타의 반열

---

27. 내용 일치 ★★★   정답 (c)

script M: My opponent will say pretty much anything
he can to win this year's gubernatorial race.
He'll say that taxes will be lowered under
his control, that more high school students
will graduate than ever before, and that
unemployment rates will never be as low
as they will under his watch. He makes
promises left and right, but he never tells us
how he plans on fulfilling them. The plain
and simple truth is that he can't. My name
is Tom Miller, and as your governor of this
great state, I will never make a promise to
you that I can't keep. And that's a promise.

**Q: Which is correct according to the
speech?**
(a) The man promises that taxes will not be
lowered.

(b) The biggest issue of the race will concern unemployment rates.

(c) The man's opponent makes more promises than he can keep.

(d) Neither candidate is able to raise graduation rates.

해석 올 해의 주지사 선거에서 승리를 거두기 위해 나의 경쟁자는 최대한 많은 것을 이야기할 것입니다. 그는 세금을 조절하여 낮추리라 말할 것이며, 전의 어느 때보다 더 많은 고등학교 학생들이 학교를 졸업할 것이며, 자신이 관할하는 동안만큼 실업률이 낮아질 수는 없을 거라고 이야기할 것입니다. 그는 여기저기 약속을 하고 있지만 결코 어떻게 그 약속을 완수 할 것인지에 대한 계획은 우리에게 말하지 않습니다. 단순하면서도 뻔한 진실은, 그가 해내지 못할 것이라는 점입니다. 제 이름은 Tom Miller이며, 위대한 주의 주지사로서 지키지 못할 공약은 결코 하지 않을 것입니다. 그것이 저의 공약입니다.

문제: 담화문의 내용과 일치하는 것은?
   (a) 남자는 세금을 낮추지 않겠다고 약속한다.
   (b) 선거의 가장 큰 이슈는 실업률에 대한 관심이다.
   (c) 남자의 경쟁자는 자신이 지킬 수 있는 것보다 더 많은 약속을 한다.
   (d) 어떤 후보자도 졸업률을 높일 수 없다.

해설 담화문의 내용과 일치하는 것을 묻는 문제이다. 담화에서 주지사 선거 후보는 선거 경쟁자가 내세운 선거공약을 열거하고 있다. 연설 마지막에 'I will never make a promise to you that I can't keep.'라고 말함으로써 경쟁자가 지키지 못할 약속을 하고 있다고 주장하고 있으므로 일치하는 내용은 (c)이다.

어휘 gubernatorial a. (미국에서) 주지사의

---

28. 추론 ★★★ 정답 (a)

script W: If I only made movies to make people happy, I would never be able to live with myself. I'm sorry if it sounds egotistical, but what I do is create art. Art has never, in all of human history, been accepted by every person in its presence. Some people will like an object while others hate it. Books, music, paintings, statues, and movies shouldn't be loved by everyone. Above all, they should be loved by the people who created them. David Lynch and Jim Jarmusch don't make movies for the masses, they make them for themselves and the few film-goers who understand their views. To be lumped with so-called "unsuccessful" artists as those is

a compliment I accept gladly.

Q: What can be inferred about the speaker?
   (a) She doesn't care what other people think.
   (b) Her film had far more fans than critics.
   (c) Her past failures have made her ungrateful.
   (d) She creates art in a variety of mediums.

해석 만약 내가 사람들을 행복하게 하는 영화만을 만든다면, 나는 결코 살아갈 수 없을 것입니다. 내 말이 이기적으로 들렸다면 죄송합니다. 그렇지만 내가 하는 일은 예술을 창조하는 것입니다. 인류 역사를 통틀어, 예술이 있는 그대로 모든 사람에게 인정을 받았던 적은 단 한 번도 없었습니다. 어떤 이는 어떤 것을 좋아하지만 다른 이들은 그것을 싫어할 것입니다. 책과 음악, 그림과 동상, 그리고 영화란 모든 이들에 의해 사랑 받을 수는 없습니다. 무엇보다도 이러한 예술은 이를 창조한 사람들에 의해 사랑 받아야 합니다. David Lynch와 Jim Jarmusch는 일반 대중을 위해 영화를 만들지 않았습니다. 이들은 자기 자신을 위해, 그리고 자신의 관점을 이해하는 일부 영화관람객을 위해 영화를 만들었습니다. 그들처럼 일명 "성공하지 못한" 예술가들의 무리에 포함되는 것에 대해 나는 기꺼이 칭찬으로 받아들이겠습니다.

문제: 화자에 관해 추론할 수 있는 것은?
   (a) 그녀는 다른 사람들의 생각에 신경 쓰지 않는다.
   (b) 그녀의 영화는 비평가들보다는 팬을 훨씬 더 많이 가지고 있다.
   (c) 그녀의 과거 실패는 그녀를 감사할 줄 모르게 만들었다.
   (d) 그녀는 다양한 방식의 매체에서 예술을 창조한다.

해설 담화문으로부터 화자에 관해 추론할 수 있는 것을 묻는 문제이다. 화자는 'David Lynch and Jim Jarmusch don't make movies for the masses'라는 예와 함께 대중적으로 "성공하지 못한" 예술가 무리에 자신이 포함된 것에 대해 긍정적으로 받아들이겠다고 말하는 부분에서 (a)를 정답으로 추론할 수 있다.

어휘 egotistical (egotistic) a. 자기애가 강한
mass n. 덩어리, 무리, 일반 대중
be lumped with 불룩해 있다, 부풀어져 있다
compliment n. 칭찬, 찬사

---

29. 추론 ★★☆ 정답 (d)

script W: Shaped like a 40,000 km-long horseshoe, the so-called Pacific Ring of Fire is a region in the basin of the Pacific Ocean where a large number of earthquakes, volcanic eruptions, and other natural disasters take place. The dangerous nature of the Ring of Fire is nothing more than a result of plate tectonics and how crustal plates move, shift, and collide. Directly affecting the western coast of the Americas, the eastern coast of Asia and the South Pacific Islands, the Ring of Fire is responsible for an extraordinarily large portion of the world's natural catastrophes. Recent statistics show that 90% of the world's earthquakes – and 80% of the world's largest earthquakes – occur in the Ring of Fire.

Q: What will the speaker likely talk about next?
 (a) How she was personally affected by an earthquake as a teenager
 (b) Where the most tornados and flash floods in the world occur
 (c) Why so many earthquakes occur on the west coast of North America
 (d) How powerful the world's largest earthquakes can be

해석 4만 킬로미터 길이의 말발굽 모양으로 생긴 환태평양 지진대는 지진, 화산 폭발과 다른 자연 재해들이 수없이 일어나고 있는 태평양 해역의 분지 지역을 칭한다. 이 지진대의 위험한 자연환경은 판구조론의 결과이며 지각판이 움직이고 이동하고 부딪치는 방법일 뿐이다. 직접적으로 아메리카 대륙의 서부 해안과 아시아 동부 해안, 남 태평양 섬들에 영향을 미치는 이 지진대는 세계 자연 재해의 매우 거대한 부분을 차지하고 있다. 최근 통계를 보면 세계 지진의 90%, 그 중에서도 세계에서 가장 심각한 지진의 80%가 환태평양 지진대에서 발생하고 있다.

문제: 화자가 이어서 말할 수 있는 내용은 무엇인가?
 (a) 그녀가 개인적으로 10대 때 어떻게 지진의 영향을 받았는지
 (b) 세계에서 대부분의 폭풍과 갑작스런 홍수가 어디에서 발생하는지
 (c) 북아메리카의 서부 해안에 그렇게 많은 지진들이 발생하는 이유가 무엇인지
 (d) 세계에서 가장 큰 지진들이 얼마나 강력해 질 수 있는지

해설 담화의 내용을 듣고 이어지는 내용을 추론하는 문제이다. 마지막 'Recent statistics show that ~'라는 부분에서 세계에서 가장 심각한 지진의 80%가 환태평양 지진대에서 발생하고 있다고 설명하고 있으므로, 그 다음에 올 수 있는 내용으로는 (d)의 세계의 가장 큰 지진들이 얼마나 강력해 질 수 있는지가 적절하다.

어휘 horseshoe n. 편자, 말발굽

---

basin n. 대야, 유역, 분지
plate tectonics 판 구조론
nothing more than 단지, 겨우
crustal plates 지각 판
flash flood 갑작스런 홍수

30. 추론 ★★★　　　　　　　　　정답 (c)

script M: Germany's Fraunhofer Institute for Molecular Biology and Applied Ecology has discovered a new way to manufacture latex rubber. The rubber trees of the world have been plagued recently by a terrible fungus, but researchers have found a substitute. Scientists have known for ages that dandelion sap contains latex, but it was too hard to harvest because of the sap's gooey nature. Now, members of the Fraunhofer Institute have found a way to eliminate the enzyme that makes dandelion sap so difficult to work with. The dandelion, once nothing more than a pesky weed, is now able to manufacture 500% more usable latex than any other source.

Q: What can be inferred about the Fraunhofer Institute from the speech?
 (a) They will try to cure the world's rubber trees of fungus next.
 (b) They will expand beyond Germany after their successes.
 (c) They work to make advancements in the area of ecology.
 (d) They will manufacture more latex than any other institute.

해석 독일에서 분자생물학과 응용생태학을 연구하고 있는 Fraunhofer 연구소는 라텍스 고무를 생산하는 새로운 방법을 발견했다. 세계 고무나무는 최근 심각한 버섯균에 의해 병들어가고 있으나 연구원들은 그 대체용품을 찾았다. 과학자들은 민들레 수액에 라텍스가 포함되어 있다는 사실을 오랫동안 알고 있었으나 수액의 끈적거리는 성질 때문에 수확하기가 너무 어려웠다. 이제 Fraunhofer 연구소의 연구원들은 민들레 수액을 수확하기 어렵게 만드는 효소를 제거할 수 있는 방법을 발견했다. 한때 성가신 잡초에 불과했던 민들레를 통해 다른 어떤 원료보다 500% 더 많은 실용 라텍스를 생산할 수 있게 되었다.

문제: 담화에서 Fraunhofer 연구소에 대해 추론할 수 있는 것은?
 (a) 연구소는 이 다음에 세계 고무나무의 버섯균 병을 치료하도록 노력할 것이다.

(b) 연구소는 자신의 성공 이후 독일 그 이상으로 확장할 것이다.

(c) 연구소는 생태학 분야에서 진보를 이루기 위해 노력한다.

(d) 연구소는 다른 연구소들보다 더 많은 라텍스를 생산할 것이다.

해설 담화문을 듣고 추론할 수 있는 것을 묻는 문제이다. 주된 내용은 Fraunhofer 연구원들이 민들레 수액의 수확을 어렵게 했던 효소제거 방법을 발견했다는 것이다. 첫 문장의 'Fraunhofer Institute for Molecular Biology and Applied Ecology ~ has discovered a new way to manufacture latex rubber.'라는 설명을 통해 (c)를 정답으로 추론할 수 있다.

어휘 Molecular Biology 분자 생물학
Applied Ecology 응용 생태학
dandelion n. 민들레   sap n. 수액
gooey a. 부드럽고 끈적거리는   enzyme n. 효소
harvest v. 수확하다 n. 수확   pesky a. 성가신, 귀찮은
eliminate v. 없애다, 제거하다
weed n. 잡초

Part I ~ IV	1 (c)	2 (a)	3 (b)	4 (b)	5 (c)	6 (c)	7 (a)	8 (d)	9 (d)	10 (b)
	11 (d)	12 (b)	13 (c)	14 (c)	15 (c)	16 (b)	17 (b)	18 (c)	19 (c)	20 (a)
	21 (b)	22 (b)	23 (d)	24 (c)	25 (c)	26 (a)	27 (c)	28 (a)	29 (d)	30 (c)

1. 긍정 평서문 ★★☆   정답 (c)

script W: I'm sorry, but I didn't catch your name at the presentation this afternoon.

M: ___________________________

(a) Yes, I will be there.

(b) You still have time.

(c) It's Martin Long.

(d) You must be Jim.

해석 여: 죄송합니다만, 오늘 오후 발표에서 당신의 성함을 못 들었어요.

남: ___________________________

(a) 네, 그곳에 있을게요.

(b) 당신에게는 여전히 시간이 있어요.

(c) 저는 Martin Long입니다.

(d) 당신은 Jim이겠군요.

해설 평서문에 대한 응답을 고르는 문제이다. 여자가 '이름을 듣지 못했다'고 했으므로, 이름을 다시 알려주는 응답이 가장 적절하다. 따라서 자신의 이름을 다시 밝히는 응답 (c)가 가장 적절하다. (d)는 오히려 상대방의 이름을 이야기하고 있으므로 적절한 답이 아니다.

어휘 catch the name 이름을 듣다

2. 의문사 의문문 – How ★★☆   정답 (a)

script M: How often should I use this cream? The instructions weren't clear.

W: ___________________________

(a) You can use it either two or three times a day.

(b) Yes, that clears up my confusion. Thank you.

(c) You should leave it on your skin overnight.

(d) It will be ready no later than 5:00 on Thursday.

해석 남: 내가 얼마나 자주 이 크림을 사용해야 하나요? 설명서에는 분명히 나와있지 않아서요.

여: ___________________________

(a) 하루에 2번이나 3번 사용할 수 있어요.

(b) 그래요, 그것은 나의 혼란을 없애 주네요. 감사합니다.

(c) 당신의 피부에 밤새도록 바른 채 두어야 합니다.

(d) 목요일 5시 보다 더 늦게 준비되지는 않을 거예요.

해설 남자가 "How often"으로 크림의 사용회수를 묻고 있다. 따라서 이에 대한 적절한 응답으로 '하루에 두 번 또는 세 번'이라고 대답한 (a)가 가장 적절한 응답이다. 사용 횟수가 아니라 방법을 이야기하고 있는 (c)는 적절한 응답이 될 수 없으므로, 이를 답으로 고르지 않도록 주의하자.

어휘 instruction n. 지시, 사용법

3. 긍정 평서문 ★★☆   정답 (b)

script M: I don't mean to hurry you, but we need to be there in thirty minutes.

W: ___________________________

(a) Yes, I think that will be the fastest way.

(b) I'm sorry. I'm almost ready to leave.

(c) I didn't mean to rush your decision.

(d) I'm hoping that he will extend the deadline.

해석 남: 재촉하려는 건 아니지만, 우린 30분 안에 그 곳에 도착해야 해요.

여: ___________________________

(a) 그래요, 내가 생각하기에 그것이 가장 빠른 길일 것 같아요.

(b) 죄송해요. 저는 떠날 준비가 거의 다 되었어요.

(c) 저는 당신의 결정을 서두르게 할 의도는 아니었어요.

(d) 저는 그가 마감일을 연장했으면 좋겠어요.

해설 30분 안에 약속장소에 도착해야 한다는 남자의 말은 간접적으로 여자에게 준비를 서두르라는 의미이다. 따라서 떠날 준비가 다 되었다는 (b)가 적절한 응답이다. 빠른 길을 알려주는 (a)는 준비를 서두르라는 말에 대한 적절한 응답이 될 수 없다.

4.　| 선택의문문 ★★★ |　정답 (b)

script　W: Do you think that Maryann got fired, or did she quit?

M: ________________________

(a) We should congratulate her on her promotion.

(b) I'd prefer not to guess until I have more information.

(c) She was up late, so I'm sure she's just tired today.

(d) I agree completely. We'll talk to her about it right away.

해석　여: Maryann이 해고되었다고 생각하세요, 아니면 스스로 그만둔 건가요?

남: ________________________

(a) 우리는 그녀의 승진에 대해 축하해 주어야 해요.

(b) 더 많은 정보를 얻을 때까지 추측하지 않는게 좋아요.

(c) 그녀는 늦게까지 깨어있었으니, 오늘 피곤해하고 있다고 확신해요.

(d) 저는 완전히 동의해요. 지금 당장 그녀에게 그것에 대해 이야기해봐요.

해설　Maryann이 회사를 그만둔 이유에 대해 묻는 선택의문문이다. 선택의문문은 A 또는 B 둘 중에 하나가 정답 선택지로 주어지는 경우도 있지만, 주어진 문제의 경우처럼 제3의 응답이 정답 선택지로 주어지는 경우가 많다. 따라서 정확한 정보를 얻기까지는 둘 중의 무엇일지 추측하고 싶지 않다는 (b)가 가장 적절한 답이다. 승진한 것이 아니므로 (a)는 여자의 질문에 대한 응답으로 적절하지 않다.

어휘　quit v. 그만두다　　promotion n. 승진

5.　| 긍정평서문 ★★★ |　정답 (c)

script　M: If there are no other questions, I think we can end the meeting for now.

W: ________________________

(a) It sounds like this will be a very long meeting.

(b) Yes, I think that everybody is prepared to begin.

(c) Actually, there's one issue that I'd like to bring up.

(d) That's a good question, and I'll have to think about it.

해석　남: 더 이상의 질문이 없다면 지금 회의를 마치겠습

니다.

여: ________________________

(a) 그 말은 이번 회의가 매우 길어질 거라는 소리로 들리는군요.

(b) 그래요, 제가 생각하기에 모든 사람들이 시작할 준비가 되었어요.

(c) 사실은, 논의하고 싶은 안건이 하나 있습니다.

(d) 좋은 질문이군요, 그리고 그것에 대해 생각해 보겠습니다.

해설　더 이상의 질문이 없는 한 여기서 회의를 종료하겠다고 말하는 남자의 말에 적절하게 이어질 수 있는 응답을 골라야 한다. 따라서 논의하고 싶은 안건이 하나 더 있다는 (c)가 가장 적절한 답이다. (d)는 'question'을 반복적으로 사용하여 혼동을 주는 오답이다. (a)와 (b)는 회의가 끝날 시점에 나올만한 응답은 아니므로 정답이 될 수 없다.

어휘　bring something up (화제를) 꺼내다

6.　| 긍정 평서문 ★★☆ |　정답 (c)

script　M: I just read an amazing article on the Internet.

W: ________________________

(a) I'm sorry to hear that.

(b) You should be proud of it.

(c) Can you send me a link to it?

(d) Thanks for reading that for me.

해석　남: 인터넷에서 흥미로운 기사를 방금 읽었어요.

여: ________________________

(a) 그 소식을 들어 유감이에요.

(b) 당신은 그 점에 자랑스러워해야 해요.

(c) 저에게 그 기사의 링크를 보내줄 수 있나요?

(d) 저를 위해 그 기사를 읽어주어 감사합니다.

해설　남자가 여자에게 놀라운 기사를 읽었다고 말하고 있으므로, 여자는 그 기사를 자신도 읽었다고 말하거나, 그 기사가 어떤 내용인지 알려달라고 응답하는 것이 가장 자연스럽다. 따라서 주어진 문제에서는 인터넷 기사의 링크를 요청하는 선택지 (c)가 가장 적절하다. 여자를 위해 기사를 읽어준 것은 아니므로 (d)는 적절한 응답이 아니다.

어휘　article n. 기사　　amazing a. 놀라운

7.　| 긍정평서문 ★★★ |　정답 (a)

script　W: You remembered my birthday? You didn't have to get me anything.

M: ________________________

(a) It was my pleasure. Go ahead and open it.

(b) Today is your birthday? I had no idea.
(c) Sorry. I just didn't know what to get you.
(d) Thanks for the gift. I appreciate it.

해석 여: 내 생일을 기억했어? 나에게 아무것도 해줄 필요 없는데.

남: _______________

(a) 내가 좋아서 한 거야. 어서 풀어봐.
(b) 오늘이 너의 생일이야? 나는 몰랐어.
(c) 미안해. 너에게 무슨 선물을 줘야 할지 몰랐어.
(d) 선물 고마워. 감사해.

해설 여자는 자신의 생일을 기억해준 남자에게 생일 선물에 대한 감사를 표현하고 있는 상황이다. 따라서 풀어보라는 (a)가 가장 적절한 응답이다. (d)는 오히려 선물을 감사하는 여자가 해야 하는 말이므로 화자를 바꾸어 혼동을 일으키는 함정이다.

어휘 appreciate v. 감사하다, 감상하다

8. 일반의문문 ★☆☆   정답 (d)

script M: Was something wrong earlier this morning?

W: _______________

(a) Don't worry. I'm sure your presentation will go well.
(b) Yes, the weather is great this morning.
(c) I'm pretty sure that I'm going to get a raise.
(d) Yes, I had car trouble on the way to work.

해석 남: 오늘 아침 뭔가 잘못된 일이 있었나요?

여: _______________

(a) 걱정 말아요. 당신의 프레젠테이션은 잘 될 거라고 확신해요.
(b) 그래요, 오늘 아침엔 날씨가 화창하네요.
(c) 제가 봉급인상을 받게 될 거라고 매우 확신해요.
(d) 그래요, 일하러 오는 도중에 차에 문제가 있었어요.

해설 여자가 남자에게 아침에 발생한 문제에 대해 묻고 있으므로 출근길에 차에 문제가 생겼다는 (d)가 적절한 응답이다.

어휘 get a raise 급여를 인상 받다

9. 일반의문문 ★☆☆   정답 (d)

script M: Can you tell me what the price of a subway ticket is?

W: One ride will cost you three dollars.

M: How much more is a pass for the whole day?

W: _______________

(a) The subway is very safe.
(b) Yes, it will last all day.
(c) I'll just take one ride, please.
(d) That's an extra seven dollars.

해석 남: 지하철 표가 얼마인지 알려주시겠어요?

여: 1회 승차에 3달러 입니다.

남: 1일 통행권은 얼마나 더 내야 하나요?

여: _______________

(a) 지하철이 매우 안전해요.
(b) 그래요, 하루 종일 지속될 거예요.
(c) 그냥 1회 승차권만 주세요.
(d) 추가 7달러입니다.

해설 남자는 'How much'를 이용하여 1일 승차권에 대한 가격을 묻고 있으므로 추가로 7달러를 더 내라는 (d)가 가장 적절한 응답이다. (b)는 1일 승차권의 지속기간(How long)에 관한 응답으로 관련 있는 내용으로 혼동을 주는 오답이다.

어휘 pass n. 통행권

10. 긍정평서문 ★★★   정답 (b)

script W: Hi Michael. I'm so sorry that I'm late.

M: I was starting to worry that you wouldn't show up.

W: There was an accident on the freeway and traffic was moving really slowly.

M: _______________

(a) Don't worry. You're still a little early.
(b) Well, you can hardly be blamed for that.
(c) You should have told me before you left.
(d) Luckily, the accident wasn't serious.

해석 여: 안녕, Michael. 늦어서 너무 미안해.

남: 네가 나타나지 않을까봐 걱정하려던 중이었어.

여: 고속도로에서 사고가 있어서 차량들이 정말로 느리게 움직였어.

남: _______________

(a) 걱정하지마. 여전히 넌 약간 일찍 온걸.
(b) 글쎄, 그런 문제로 너를 탓할 수는 없지.
(c) 떠나기 전에 넌 나에게 이야기했어야 했어.
(d) 운 좋게도 사고는 심하지 않았어.

해설 여자가 약속에 늦은 이유를 이야기하고 있다. 여자의 늦은 이유를 듣고 남자가 할 수 있는 응답을 골라야 하는데, 사고가 나서 차가 막힌 것은 불가항력이라고 볼 수 있으므로 여자의 잘못이 아니라는 의미의 (b)가 가장 적절하다. 사고를 예측할 수 없으므로 미리 말했어야 한다는 (c)는 정답이 될 수 없다.

어휘 blame v. 나무라다, 책임 지우다

freeway n. 고속도로

11. 긍정평서문 ★☆☆　　정답 (d)

script
M: I think I might be lost. Can you help me?
W: I don't know the area very well, but I can try.
M: I'm trying to get to Mellon Arena from here.
W: ________________________________

(a) Yes, the arena is a popular place for tourists.
(b) You should get there in about ten minutes.
(c) Do you think you can help me look for it?
(d) Oh, it's actually just around the corner.

해석
남: 제가 길을 잃어버린 것 같은데요. 저를 도와주시겠어요?
여: 저도 이 지역을 잘 모르지만 노력해보죠.
남: 여기에서 Mellon 경기장으로 가려고 하는 중이에요.
여: ________________________________

(a) 그래요, 경기장은 여행객들에게 인기 많은 곳이지요.
(b) 약 10분 안에 도착해야 합니다.
(c) 당신이 나를 도와줄 수 있을 거라고 생각하세요?
(d) 아, 사실 바로 모퉁이를 돌면 있어요.

해설 여자는 '긍정평서문'으로 이야기하지만 내용상 길을 묻고 있다. 따라서 길을 안내하는 응답이 가장 적절하다. 따라서 Mellon 경기장의 위치를 물어보는 질문에 대한 여자의 대답으로 '바로 코너를 돌면 있다'라는 (d)가 정답이다. 나머지 선택지들은 길을 물어보는 질문에 대한 응답으로 부적절하다.

어휘 arena n. 경기장

12. 의문사 의문문 – How ★☆☆　　정답 (b)

script
W: You look like you're working really hard.
M: I had a lot of homework assigned at school today.
W: How are you getting through it?
M: ________________________________

(a) It was really easy if you ask me.
(b) I'm almost done, actually.
(c) I'm using the computer for research.
(d) I'm good today, how are you?

해석
여: 너 정말 열심히 공부하고 있는 것 같아 보이는 걸.
남: 오늘 학교에서 받은 숙제가 많이 있어요.

여: 잘 되어 가고 있니?
남: ________________________________

(a) 만약 물어보신다면, 정말 쉬웠어요.
(b) 사실 거의 다했어요.
(c) 조사를 위해 컴퓨터를 이용하고 있어요.
(d) 오늘 기분 좋아요, 당신은요?

해설 학교 숙제가 어떻게 진행되고 있는 지 묻는 질문이다. 숙제가 많았지만 사실은 거의 다했다고 말하는 (b)가 가장 적절하다. 숙제가 쉽다는 (a)는 진행하는 상황을 묻는 질문에 대한 대답으로 적절하지 않고 (c)는 숙제를 하는 방법에 대한 대답이므로 정답이 될 수 없다.

어휘 assign v. 할당하다, 부여하다
get through 진출하다, 써 버리다

13. 일반 의문문 ★★☆　　정답 (c)

script
M: Have you thought about where you want to work?
W: I'm planning to get a job as an animal curator.
M: I'm sorry? A curator?
W: ________________________________

(a) There's no reason to apologize.
(b) That does sound pretty interesting.
(c) It's like a manager at a zoo.
(d) I'm not sure what that means.

해석
남: 어디서 일하고 싶은 지 생각해 보았어?
여: 동물연구사로서의 직업을 구하려고 계획 중이야.
남: 뭐라고? 연구사?
여: ________________________________

(a) 사과할 이유는 없어.
(b) 그거 정말 재미있을 것 같아.
(c) 동물원에서 관리자 같은 거야.
(d) 난 그것이 무슨 의미인지 모르겠어.

해설 남자가 여자의 말에서 'a curator'라는 말의 뜻을 잘 못 알아들어서 다시 묻고 있다. 따라서 curator에 대해 다시 설명을 해주는 것이 가장 알맞은 응답이 될 것이다. 따라서 curator란 '동물원의 매니저와 같은 것'이라고 설명하는 (c)가 가장 적절하다. 남자의 "I'm sorry?"는 '뭐라고? 다시 말씀해주시겠어요?'의 의미이므로 (a)는 상황에 맞지 않는 대답이다.

어휘 curator n. 연구사, 큐레이터

14. 긍정평서문 ★★☆　　정답 (c)

script
W: Dale, do you have any plans for this Saturday?
M: I'm busy for the majority of the morning, why?

W: I have an extra ticket to a concert in the evening.

M: ____

    (a) I'm sorry that you got a speeding ticket.

    (b) Would you like my extra ticket?

    (c) Sure, I'd love to go with you.

    (d) Sorry, but I'm busy in the morning.

해석 여: Dale, 이번 주 토요일에 무슨 계획이 있나요?
남: 그날 아침 대부분은 바쁠 거예요, 왜요?
여: 저녁에 하는 콘서트 티켓 남는 것이 있어서요.
남: ____

    (a) 속도위반 딱지를 받아서 유감스럽네요.

    (b) 제가 가진 여분의 티켓을 원하세요?

    (c) 물론이죠, 당신과 같이 가고 싶어요.

    (d) 미안하지만 아침에는 바빠요.

해설 평서문이지만 '여분의 티켓이 있다'라는 말을 통해 남자에게 콘서트에 같이 가자고 간접적으로 제안하고 있다. 따라서 제안을 수락하거나 정중하게 거절하는 응답이 가장 적절할 것이다. 따라서 함께 가고 싶다고 제안을 수락하는 (c)가 가장 적절하다. 여분의 티켓을 가지고 있는 것은 여자이므로 (b)는 적절한 응답이 될 수 없고, 저녁에 있는 콘서트이므로 (d)는 정답이 아니다.

어휘 majority n. 대부분, 대다수   extra a. 여분의, 잉여의

---

15. | 의문사 의문문 – What ★★★ | 정답 (c)

script M: Did something happen today at work?

W: Yes, I had a really bad day overall.

M: Was it really so bad? What went wrong?

W: ____

    (a) Yes, this is all wrong.

    (b) That doesn't sound so bad.

    (c) I caused a computer failure.

    (d) I'm not sure what the problem is.

해석 남: 오늘 근무 중에 무슨 일이 일어났나요?
여: 네, 전반적으로 정말로 나쁜 날이었어요.
남: 정말 그렇게 나빴어요? 무엇이 잘못 되었나요?
여: ____

    (a) 그래요, 그 일은 모두 잘못되었어요.

    (b) 그것은 그렇게 나쁜 것 같지 않은데요.

    (c) 제가 컴퓨터를 고장냈어요.

    (d) 무슨 문제인지 모르겠는데요.

해설 일진이 좋지 않았다는 여자에게 무엇이 문제였는지를 묻고 있으므로, 구체적으로 그것에 대한 이유를 밝히는 내용이 가장 적절한 응답이 될 수 있다. 따라서 주어진 대화에서는 컴퓨터 고장을 일으켰다고, 문제의 원인을 밝히는 (c)가 적절하다. 남자 질문에 나온 'bad'와 'wrong'을 반복적으로 언급한 (a)와 (b)는 적절한 응답이 될 수 없으므로 정답으로 고르지 않도록

주의하자. 참고로 두 개의 의문문으로 이루어진 질문은 두 번째 질문에 초점을 맞추어 응답하면 된다는 것을 기억하자.

어휘 at work 근무 중에, 회사에서   overall a. 전반적인

---

16. | 대의 파악 ★☆☆ | 정답 (b)

script M: Sam's Pharmacy, can I help you?

W: Hi, I just wanted to call to see what your hours are.

M: We'll be closing today at 9:00.

W: Actually, I wanted to figure out when you open tomorrow.

M: Oh, we open every weekday at 8:00 in the morning.

W: Great, I'll be by then. Thanks.

Q: What is the purpose of the woman's call?

    (a) To ask about medicine

    (b) To learn when a store opens

    (c) To place an order

    (d) To see if a product is in stock

해석 남: Sam 약국입니다. 무엇을 도와 드릴까요?
여: 안녕하세요, 영업시간이 언제인지 물어보고 싶어서 전화했어요.
남: 오늘 9시에 문을 닫습니다.
여: 사실, 내일 문을 언제 여는지 알고 싶은데요.
남: 아, 평일에는 매일 아침 8시에 문을 열어요.
여: 좋군요. 그럼 그때 가겠습니다. 감사합니다.

문제: 여자가 전화를 건 목적은?

    (a) 약에 대해 묻기 위해

    (b) 가게가 언제 여는지 알기 위해

    (c) 주문하기 위해

    (d) 상품이 재고가 있는 지 알기 위해

해설 대화에서 여자가 전화를 건 목적에 대해 묻고 있다. 여자의 첫 번째 말에서 '영업 시간이 언제인지 알고 싶어서 전화했다'고 명백하게 언급하였다. 따라서 주어진 보기 중에서 정답은 (b)이다.

---

17. | 대의 파악 ★★☆ | 정답 (b)

script M: Hi. I'll just need to see your ID, passport, and customs declaration.

W: I have all of those rights here.

M: And what is your country of origin, please?

W: I'm coming from China.

M: And are you here for business or pleasure?

W: Pleasure. I'm here to see the Eiffel Tower.

Q: **What is the woman doing in this conversation?**

(a) Visiting the Eiffel tower

(b) Passing through customs

(c) Getting on an airplane

(d) Renewing a passport

해석 남: 안녕하세요. 신분증과 여권, 세관신고서를 확인해야 합니다.

여: 여기 모두 가지고 있어요.

남: 출신 국가가 어디인가요?

여: 저는 중국에서 왔습니다.

남: 출장 오신 건가요 아니면 관광차 오셨나요?

여: 관광차 왔어요. 에펠 타워를 보러 왔죠.

문제: 대화에서 여자가 하고 있는 것은?

(a) 에펠 타워를 방문하기

(b) 세관 통과하기

(c) 비행기에 탑승하기

(d) 여권 갱신하기

해설 대화에서 여자가 하고 있는 것을 묻는 문제이다. 남자의 첫 번째 대화문을 통해 여자는 세관 신고 중임을 알 수 있다. 따라서 (b)가 정답이다. 대화 내용상 비행기에서 내린 것이므로 (c)는 정답이 아니고 (a)는 여행 계획이지 현재 하는 것이 아니므로 정답이 될 수 없다.

어휘 customs declaration 세관 신고서
country of origin 원산지, 출생지

---

18. 대의파악 ★☆☆   **정답 (c)**

script M: Hi, I was told that there's a post office around here.

W: I beg your pardon?

M: I'm looking for the post office. Do you know where it is?

W: I'm from out of town, so I'm not the right person to ask.

M: No problem. I'll keep looking.

W: I'm sorry that I couldn't be of more help.

Q: **What is the man doing in the conversation?**

(a) Leading a tour

(b) Meeting new people

(c) Asking for directions

(d) Mailing some letters

해석 남: 안녕하세요. 여기 근처에 우체국이 있다고 들었는데요.

여: 다시 말씀해주시겠어요?

남: 우체국을 찾고 있는데요. 어디에 있는지 아시나요?

여: 저도 도시 밖에서 와서, 길을 물어볼 만한 사람이 아니에요.

남: 괜찮습니다. 계속 찾아보겠습니다.

여: 도움이 되지 못해 미안합니다.

문제: 대화에서 남자가 하고 있는 것은?

(a) 여행객 안내하기

(b) 새로운 사람들 만나기

(c) 길을 물어보기

(d) 편지를 보내기

해설 대화의 주제를 묻는 문제이다. 대화의 내용을 보면, 남자는 여자에게 우체국으로 가는 길을 묻고 있는 상황이므로 (c)가 정답이다. 편지를 부치기 위해 우체국을 찾고 있는지는 알 수 없으므로 (d)는 정답이 될 수 없다.

어휘 I beg your pardon? 다시 말씀해주시겠어요?

---

19. 대의파악 ★★☆   **정답 (c)**

script W: The Horizon Parks Services is glad to have you here today to show our appreciation for your hard work.

M: It's my pleasure. I'm glad to help the city.

W: We'd like to dedicate this new park to you, Mr. Lee.

M: Thank you very much. This is a great honor.

W: In addition, this plaque will be displayed to remind everyone of your generosity.

M: Thank you in turn for your generosity, Ms. Halifax.

Q: **What is the woman doing in the conversation?**

(a) Asking for volunteers

(b) Praising an employee

(c) Dedicating a park

(d) Receiving an award

해석 여: Horizon Parks Services는 오늘 당신의 노고에 감사함을 전하기 위해 이곳에 당신을 모실 수 있어 기쁘게 생각합니다.

남: 별말씀을요. 이 도시를 도울 수 있어 기쁩니다.

여: 이 선생님, 당신께 이번 새 공원을 헌정하고 싶습니다.

남: 정말 감사합니다. 정말 영광입니다.

여: 그뿐 아니라, 이 명판은 모든 이에게 이 선생님의 아낌없는 헌신을 상기시킬 수 있도록 전시될 것입니다.

남: Halifax씨, 오히려 당신의 환대에 제가 감사 드립니다.

문제: 대화에서 여자가 하고 있는 것은?

(a) 자원봉사자를 찾고 있다.

(b) 직원을 칭찬하고 있다.

(c) 공원을 헌정하고 있다.

(d) 상을 받고 있다.

해설 대의 파악 문제로 주어진 대화에서 여자가 지금 무엇

을 하고 있는 지 묻고 있다. 여자의 두 번째 대화문에서 여자는 남자에게 감사를 표하며 그 고마움을 표하기 위해 공원을 헌정하고 있음을 알 수 있으므로 (c)가 정답이다.

어휘 plaque n. 명판, 치태
display v. 전시하다, 진열하다
generosity n. 관대함
in turn 차례로, 결국
volunteer n. 자원 봉사자
dedicate v. 헌정하다, 공헌하다

---

20. 대의 파악 ★★☆   정답 (a)

script M: I'm curious to hear if there's been any progress on a new office.
W: We're about to make the final decision, and it seems promising.
M: That's great news. Has a location been selected yet?
W: Not yet, but we're hoping to purchase a floor in the Overton Building.
M: If this does happen, when would we be required to move?
W: We would likely move to the new office before the end of the year.

Q: What are the speakers talking about?
(a) Relocating to a new office
(b) Transferring to a different city
(c) Starting a new job
(d) Constructing a new branch

해석 남: 새 사무실의 진행사항이 어떤지 듣고 싶습니다.
여: 우리는 마지막 결정을 막 내리려고 하고 있고, 그것은 조짐이 좋아요.
남: 좋은 소식이군요. 이미 위치가 선정되었나요?
여: 아직 아니지만, Overton 빌딩에 한 층을 구입하기를 바라고 있어요.
남: 만약 그렇게 된다면 언제 이사가야 하나요?
여: 아마도 올 연말이 되기 전에 새 사무실로 이사가게 될 것 같아요.
문제: 화자들이 이야기하고 있는 것은?
(a) 새로운 사무실로 이전하는 것
(b) 다른 도시로 전근 가는 것
(c) 새로운 직업을 시작하는 것
(d) 새로운 지점을 개설하는 것

해설 대화의 주제를 묻는 질문이다. 남자는 '새 사무실의 진행 사항이 어떠한지 듣고 싶다'고 하면서 대화를 시작하고 있다. 이어지는 여자의 응답에서 세부적인 내용이 이어지고 있으므로 주제로 '새로운 사무실로 이전하는 것'의 (a)가 적절하다.

어휘 promising a. 조짐이 좋은, 유망한

---

21. 대의 파악 ★☆☆   정답 (b)

script W: I'm surprised to see you today Kerry. Weren't you supposed to be on vacation?
M: Yes, but I unfortunately had to cancel it.
W: I'm sorry to hear that. What happened?
M: My flight was canceled. So I'm going to reschedule the vacation for next month.
W: That happened to me a while back too, but it was for a business trip. I couldn't get another flight for two weeks.
M: These things seem to be happening much more frequently lately.

Q: What are the speakers talking about?
(a) Plans for an upcoming vacation
(b) Flights that have been canceled
(c) How to find the best airline prices
(d) Why the man canceled a business trip

해석 여: Kerry, 오늘 당신을 보다니 놀랍네요. 휴가 중 아니었나요?
남: 맞아요. 하지만 아쉽게도 취소해야만 했어요.
여: 유감스러운 소식이네요. 무슨 일이 있었나요?
남: 비행이 취소되었어요. 그래서 다음 달로 휴가 일정을 다시 정할 거예요.
여: 그런 일은 나에게도 역시 있었던 일이에요, 하지만 그건 출장 때문이었지요. 전 2주 동안 그 다음 비행을 잡지 못했어요.
남: 최근 이런 일들이 훨씬 더 빈번하게 일어나는 것 같아요.
문제: 화자들이 이야기하고 있는 것은?
(a) 다가오는 휴가에 대한 계획
(b) 취소된 비행
(c) 최고의 항공 가격을 찾는 방법
(d) 남자가 출장 여행을 취소한 이유

해설 대화의 주제를 묻는 질문이다. 남자의 첫 번째 말에서 '휴가를 취소했다'고 하였고, 이에 대한 이유로 '비행이 취소되었기 때문'이라는 내용이 이어지고 있다. 따라서 비행 취소 건에 대한 이야기이므로 (b)가 정답이다. 남자는 개인 휴가이므로 출장 취소 이유를 말하는 (d)는 정답이 아니다.

---

22. 세부 사항 ★★☆   정답 (b)

script M: Excuse me, waitress?
W: Yes, what can I do for you?
M: Well, it's about the television over by the bar.

W: Oh, is it too loud? I'd be glad to turn it down for you.

M: Actually, that's not it. I'm hoping that you can change the channel to a news station.

W: Absolutely. I'll do that right away.

Q: What is the man asking for?

(a) He wants a different meal.

(b) He wants to watch a different channel.

(c) He wants another patron to be quiet.

(d) He wants a television to be turned off.

해석   남: 실례합니다.

여: 네, 무엇을 도와 드릴까요?

남: 바 근처에 텔레비전에 관한 이야기인데요.

여: 아, 너무 시끄러우신가요? 소리를 줄여드리겠습니다.

남: 사실은 그것이 아니라 뉴스 방송으로 채널을 변경해 주실 수 있을까 해서요.

여: 그럼요. 바로 해드리겠습니다.

문제: 남자가 요청하고 있는 것은?

(a) 그는 다른 요리를 원한다.

(b) 그는 다른 채널 보기를 원한다.

(c) 그는 다른 손님이 조용해 주기를 원한다.

(d) 그는 텔레비전을 꺼주기를 원한다.

해설   세부정보를 파악하는 문제로 대화에서 남자가 요청하고 있는 것이 무엇인지를 묻고 있다. 남자의 세 번째 대화문 'I'm hoping that you can change the channel to a news station' 에서 남자는 다른 채널을 보고 싶어한다는 것을 알 수 있다. 따라서 정답은 (b)이다.

어휘   turn down 볼륨(소리)을 낮추다, 거절하다

patron n. 후원자, 고객

23.   대의 파악 ★★★   정답 (d)

script   W: Hi, I'm calling to speak with John Bonham, please.

M: This is him.

W: Hi, Mr. Bonham. I'm calling from Westlake Medical Center.

M: Is everything all right?

W: We have an employee of yours here who asked us to call you. Mr. Mike Baker.

M: Yes, is he OK? What has happened?

W: He'll be fine, but he had to have his appendix removed, and he won't be in for a few days.

M: Well, please send him my best wishes, and thank you for calling.

Q: Why is the woman calling the man?

(a) To ask him to come to the hospital

(b) To ask for time off from her job

(c) To give an update about a medical procedure

(d) To provide information about an employee

해석   여: 안녕하세요, John Bonham씨와 통화할 수 있을까요?

남: 접니다.

여: 안녕하세요, Bonham씨. 여기는 Westlake Medical Center입니다.

남: 무슨 일 때문에 그러시나요?

여: 여기 Bonham씨 직원 중 한 분이 당신에게 전화를 걸어달라고 요청하셨어요. Mike Baker씨요.

남: 네, 그 사람 괜찮아요? 무슨 일 있었나요?

여: 그 분은 괜찮으세요. 하지만 맹장을 제거해야만 했고 며칠 동안은 일하시지 못할 거예요.

남: 네, 행운을 빈다고 전해줘요. 그리고 전화 주셔서 감사합니다.

문제: 여자가 남자에게 전화를 건 이유는?

(a) 남자에게 병원으로 와줄 것을 요청하려고

(b) 그녀의 직장에 휴가를 요청하려고

(c) 의학 방식에 관한 최신 소식을 전하려고

(d) 직원에 대한 정보를 전달하려고

해설   대화에서 여자가 전화한 이유에 대해 묻고 있다. 대화의 내용상 전화를 건 여자는 한 병원의 간호사이고, 남자는 여자의 병원에 맹장수술로 입원한 한 남자의 직장 상사 또는 고용주임을 알 수 있다. 대화에서 여자가 'We have an employee of yours here who asked us to call you.'로 보아 직원에 관한 소식을 전하기 위해 전화했음을 알 수 있다. 따라서 (d)가 정답이다.

어휘   appendix n. 맹장, 충수   be in 종사하다, 관여하다

give an update 최신 소식을 전하다

24.   대의 파악 ★★★   정답 (c)

script   M: Due to declining county income, employees will have their work week cut by one day, county manager Joe Hays announced Thursday. Because of state budget shortfalls, the county is not being reimbursed for many costs normally paid for by the state, forcing the county to make the cuts. Under the plan, employees in each department will work only four days each week instead of five, Hays said. Half the employees in each department will have Mondays off and the other half will not work on Fridays so they can have three-day weekends. "I hope the state will restore

all funding soon so we can get everyone
back to work full time as soon as possible,"
Hays said. "We thought it was better to do
it this way instead of laying off any county
workers." Additional details are on the
county web site.

Q: What is the announcement about?
   (a) Job cuts in state government
   (b) Financial shortfalls in state government
   **(c) Fewer work hours for county
       employees**
   (d) Reduction of the county workforce

해석   남: 주 의회 관리자 Joe Hays는 군의 수입 축소로 인하
여, 직원들의 주당 근무 시간을 하루 줄이기로 했다
고 목요일에 발표했다. 주 예산 삭감으로 인해 군은
일반적으로 주에 의해 지불되어 온 많은 비용을 변
제 받지 못함에 따라, 이러한 근무시간 축소를 감행
할 수 밖에 없었다. Hays씨는 그 정책하에서는 각
부서의 직원들은 매 주에 5일이 아닌 4일만 근무하
게 될 것이라고 이야기했다. 각 부서의 절반의 직원
들은 월요일에 쉬고, 다른 절반의 직원들은 금요일
에 근무를 하지 않기 때문에, 3일간의 주말을 가질
수 있다. "나는 우리 주가 모든 기금을 곧 회복하여
모든 이들이 가능한 한 빨리 풀 타임 근무로 복귀할
수 있게 되기를 희망합니다"라고 Hays씨는 말했
다. "우리는 주 의회 직원을 해고하는 대신 이러한
방식으로 하는 것이 더 낫다고 생각했습니다." 그
외 자세한 사항은 주 웹사이트에 게재되어 있다.

문제: 담화는 무엇에 관한 이야기인가?
   (a) 주 정부에서의 일자리 감축
   (b) 주 정부의 재정 감축
   (c) 주 직원들의 근무시간 축소
   (d) 주 인력의 축소

해설   담화의 주제를 묻는 문제이다. 담화의 서두에서 '주 의
회 직원들의 주당 근무시간 단축소식'을 전하고 이후
상세한 내용을 덧붙이고 있다. 그러므로 정답은 (c)이
다. 'state budget shortfalls' 이라는 표현으로 인해 (b)
를 고르지 않도록 주의한다.

어휘   county n. 주, 자치주   work week 주당 근무 시간
reimburse v. 배상(변제)하다

---

25.   대의 파악 ★☆☆   정답 (c)

script   W: Very often, we hold on to things that we
   don't need simply because we wonder
   if we will ever need them in the future.
   However, it's important to ask yourself why
   you're holding on to each specific item. For
   instance, in what scenario might you ever

need it? In many cases, you won't be able
to think of a single reason that you need
it. In these cases, throw the item away. In
addition, you might even want to get rid of
items that you will only use once or twice.
In this case, ask yourself if you can justify
the space that the items take up.

Q: What advice is the speaker giving?
   (a) Only collect valuable items.
   (b) Learn to organize items in your house.
   **(c) Don't keep things that you don't
       need.**
   (d) Don't be afraid to try new things.

해석   여: 매우 자주 우리는 우리가 필요하지 않은 것들을 미
래에 그것이 필요로 할 때를 대비한다는 단순한 이
유 때문에 버리지 않고 가지고 있다. 그러나 스스
로에게 각각의 특정한 물품을 왜 보유하는지 묻는
일은 중요하다. 예를 들어, 어느 상황에서 그것이
필요할까? 많은 경우, 그것이 필요한 단 한가지의
이유도 생각해내지 못할 것이다. 이러한 경우 그 물
건을 갖다 버리도록 하라. 게다가, 단지 한 두 번 사
용 하게 될 물건들도 버리는 것이 좋다. 이러한 경
우 그 물건이 차지할 공간이 정당한 지 스스로에게
자문해보도록 하라.

문제: 화자는 어떤 조언을 하고 있나?
   (a) 귀중품만을 수집하라.
   (b) 집에 있는 물품들을 정리하는 것에 대해 배워
      라.
   (c) 필요하지 않는 것을 보관하지 말아라.
   (d) 새로운 것을 시도하기를 두려워하지 마라.

해설   대화에서 화자가 하고 있는 조언이 무엇인지에 대해 묻
는 질문이다. 화자는 'It's important to ask yourself
why you're holding on to each specific item.'라며,
이유가 충분하지 않으면 'throw the item away'라고
말하고 있으므로 정답은 (c)이다. 필요 없는 물건을 치
우라는 말은 가치 있는 물건만 수집하라는 의미는 아니
므로 (a)를 정답으로 선택하지 않도록 한다.

어휘   justify v. 정당화시키다, 옳음을 보여 주다
hold on to 고수하다, 고집하다
valuable a. 소중한, 귀중한

---

26.   대의 파악 ★☆☆   정답 (a)

script   M: Known for its amazing mountain views, the
   town of Redcliffe is a perfect destination
   for any tourist. Great shops and beautiful
   architecture line the mountainsides, showing
   off the natural beauty of the area rather than
   hiding it. Just outside of the town, you can

find dozens of hiking trails, three ski resorts, and plenty more for the nature enthusiast.

Q: What is the main focus of this advertisement?
(a) Redcliffe has plenty of natural beauty.
(b) It is best to visit Redcliffe in the winter.
(c) Redcliffe is known for low property prices.
(d) The shops are the main draw of Redcliffe.

해석   남: 멋진 산의 풍경으로 유명한 Redcliffe 마을은 여행자들을 위한 완벽한 목적지입니다. 훌륭한 가게들과 아름다운 건축들이 산비탈을 따라 있으며 이는 이 장소를 감추기 보다 자연의 미를 드러내어 줍니다. 마을의 바로 외곽에서 여러분은 수십 개의 하이킹 코스들과 3개의 스키 리조트 그리고 자연의 열성 팬을 위한 엄청 많은 것들을 발견할 수 있습니다.

문제: 이 광고의 요점은 무엇인가?
(a) Redcliffe는 많은 자연의 아름다움을 간직하고 있다.
(b) Redcliffe는 겨울에 방문하는 것이 제일 좋다.
(c) Redcliffe는 낮은 부동산 가격으로 유명하다.
(d) Redcliffe의 주된 매력은 가게들이다.

해설   광고의 요점을 묻는 문제이다. 내용으로 보아 Redcliffe의 여행 정보를 제공함으로써 관광객을 유치하기 위한 광고임을 짐작할 수 있다. 'amazing mountain views'와 'natural beauty of the area rather'라는 말을 통해 (a)가 가장 적절하다는 것을 알수 있다.

어휘   mountainside n. 산비탈   enthusiast n. 열광적인 팬
show off 자랑하다, 드러내다
trail n. 자국, 자취
property price 부동산 가격

---

27.   `주제 찾기 ★★☆`   정답 (c)

script   W: Quitting smoking is a struggle for many people, but a new device may assist people with this difficult process. It's called the electric cigarette, and it delivers the same amount of nicotine to the body as a regular cigarette, but without all of the harmful additives. In fact, the cigarette doesn't even use tobacco, so it doesn't contain the chemicals that are sprayed on tobacco plants.

Q: What is the topic of the talk?
(a) Why many people want to quit smoking
(b) Why cigarettes are dangerous
(c) A new method to quit smoking
(d) The reason that it is hard to stop smoking

해석   여: 금연은 많은 사람들에게 힘겨운 일이지만 새로운 장치들이 이러한 어려운 과정을 도와줄 수 있다. 전자 담배라고 불리는 것이 그것인데, 이는 일반 담배처럼 우리의 몸에 같은 양의 니코틴을 전달하지만 해로운 첨가물질이 하나도 없다. 사실 이 담배는 담배 잎조차 사용하지 않고 그로 인해 담배 식물 위에 뿌리는 화학물질이 포함되어 있지 않다.

문제: 담화의 주제는 무엇인가?
(a) 많은 사람들이 담배를 끊고 싶어하는 이유
(b) 담배가 위험한 이유
(c) 금연을 하는 새로운 방법
(d) 금연이 어려운 이유

해설   담화의 주제를 묻는 문제이다. 담화문의 첫 번째 문장에서 글의 주제가 드러나 있다. 금연을 돕는 새로운 장치 중 하나로 전자 담배를 소개하면서 같은 양의 니코틴을 전달하면서도 해로운 첨가물질은 없다고 설명하고 있다. 따라서 담화의 주제로 (c)가 적절하다.

어휘   additive n. 첨가물, 첨가제   tobacco n. 담배
chemical n. 화학 물질

---

28.   `대의 파악 ★☆☆`   정답 (a)

script   M: Does it seem like everybody is a specialist these days that only works on engines, brakes or air conditioners? Tired of driving all over town looking for the right place to get your car fixed? Then come on down to Joe's Garage, 5511 Central Avenue. We can fix it all, from bumper to bumper, and at a lower cost to you. Just like in the good old days, our mechanics know the total car and make sure it all works before it leaves our facility. Our goal is to save you time and money with our one-stop repair shop. That's Joe's Garage, 5511 Central Avenue, just two blocks west of Highway 30.

Q: What is being advertised?
(a) The car repair shop
(b) The auto parts store
(c) The auto insurance
(d) Car dealerships

해석   남: 요즘 아무나 엔진과 브레이크 또는 에어컨을 다루는 전문가들처럼 보이시나요? 차를 고칠 적당한 장소를 찾기 위해 온 도시를 운전하는 데 지겨워지셨나요? 그렇다면 Central Avenue 5511에 있

는 Joe's 정비소를 방문하세요. 우리는 차의 처음부터 끝까지 좀더 저렴한 가격으로 모든 것을 고칠 수 있습니다. 왕년에 좋았던 그때에 그랬던 것처럼 우리의 정비사들은 차의 모든 것을 알고, 우리의 시설을 떠나기 전까지 모든 기능이 잘 돌아가도록 만들어줍니다. 저희의 목표는 저희의 원스톱 통합 수리점을 통해 손님의 시간과 돈을 아낄 수 있도록 하는 것입니다. 30번 고속도로에서 서쪽으로 2블록 떨어진 곳에 있는 5511 Central Avenue에 있는 Joe's 정비소가 바로 그곳입니다.

문제: 광고되고 있는 것은 무엇인가?
    (a) 자동차 수리센터
    (b) 자동차 부품가게
    (c) 자동차 보험
    (d) 자동차 대리점

해설 담화의 주제를 묻는 문제로 무엇에 관한 광고인지 묻고 있다. 'We can fix it all, from bumper to bumper'와 'our mechanics know the total car'를 통해 자동차 수리를 하는 곳임을 짐작할 수 있다. 따라서 (a)가 정답이다. 자동차 부품 판매에 관한 내용은 언급되지 않았으므로 (b)는 정답으로 적절하지 않다.

---

29.   **주제 찾기 ★★☆**   **정답 (d)**

script W: While Victorian novelist Charles Dickens was known for many elements of his fantastic writing style, perhaps none is more appreciated in the modern world than his ability to create unique, believable characters. Very often, these great characters were based on people that Dickens really knew. For example, it is likely that the very memorable Little Eml'y in David Copperfield was inspired by a girl named Lucy Stroughill, who Dickens knew in his childhood.

Q: What is the main topic of the talk?
    (a) Why Dickens chose to write about real people
    (b) Why Dickens is respected for his writing style
    (c) How Dickens became a popular Victorian novelist
    (d) How Dickens found inspiration for his characters

해석 여: 빅토리아 시대의 소설가 Charles Dickens는 자신의 환상적인 글쓰기 스타일의 많은 요소들로 유명하지만 아마 그의 독창적이면서도 그럴듯한 등장인물들을 만들어 낸 능력보다 더 많이 인정 받

는 것은 없을것이다. 종종 이 위대한 등장인물들은 Dickens가 실제로 알 던 사람들을 기초로 하였다. 예를 들어 David Copperfield에 등장하는 그 전설적인 Little Eml'y는 Dickens가 어린 시절 알았던 Lucy Stroughill이라는 한 여자아이에게서 영감을 얻었다.

문제: 담화의 주제는 무엇인가?
    (a) Dickens가 실존 인물에 대해 글을 쓰기로 한 이유
    (b) Dickens가 자신의 글 쓰는 스타일로 인해 존경 받는 이유
    (c) Dickens가 유명한 빅토리아 시대의 소설가가 된 방법
    (d) Dickens가 소설 속 등장인물에 대한 영감을 얻은 방법

해설 담화의 주제를 묻는 질문이다. 담화문 중반부의 'these great characters were based on people that Dickens really knew'라는 문장에서 Charles Dickens가 캐릭터를 창조해내는 방법을 소개하는 글임을 알 수 있다. Little Eml'y의 예를 들어 구체적으로 설명하고 있으므로 글의 주제로 (d)가 적절하다. 실존 인물에 대해 글을 쓰기로 한 이유에 대한 언급은 없으므로 (a)를 정답으로 선택하지 않도록 주의한다.

어휘 believable a. 그럴듯한
appreciate v. 인정하다, 감상하다

---

30.   **내용 일치 ★☆☆**   **정답 (c)**

script M: A tornado warning has been issued for the counties of Hornstock and Hope Spring. We advise that all citizens in these counties seek shelter immediately, either in a designated shelter area or a safe part of your house. Do not attempt to drive or travel outside. Please stay tuned to this station to hear further updates on this tornado.

Q: Which is correct according to the announcement?
    (a) A tornado has caused damage in Hornstock County.
    (b) The roads have been closed due to a tornado.
    (c) Citizens should go to a safe part of the house.
    (d) The station will be updating every five minutes.

해석 남: 태풍 주의보가 Hornstock과 Hope Spring군 지역에 발령되었습니다. 이 군들 지역의 모든 주민들은 즉각 지정된 은신처 또는 주택의 안전한 장소로 피

신처를 찾으시기 바랍니다. 외부로의 운전이나 여행은 삼가하십시오. 이 방송에 채널을 고정시키시고, 이번 태풍에 관해 앞으로 갱신될 소식에 귀 기울여 주시기 바랍니다.

문제: 발표의 내용과 일치하는 것은 무엇인가?

    (a) 태풍이 Hornstock County에 피해를 유발시켰다.

    (b) 도로들이 태풍으로 인해 폐쇄되었다.

    (c) 시민들은 주택의 안전한 곳으로 이동해야 한다.

    (d) 방송은 매 5분마다 갱신될 예정이다.

해설 발표의 내용과 일치하는 것을 묻는 문제이다. 내용으로 보아 태풍 주의보를 알리는 뉴스임을 알 수 있으며, 태풍에 대한 주의사항을 알려주고 있다. 후반부에 'all citizens in these counties seek shelter immediately'라고 말하고 있으므로 정답은 (c)이다.

어휘 designated shelter 지정된 은신처
stay tuned to ~에 방송 채널을 고정하다

Part I ~ IV	1 (b)	2 (d)	3 (b)	4 (d)	5 (b)	6 (c)	7 (d)	8 (b)	9 (b)	10 (d)
	11 (a)	12 (a)	13 (d)	14 (d)	15 (c)	16 (a)	17 (c)	18 (b)	19 (a)	20 (d)
	21 (c)	22 (b)	23 (a)	24 (b)	25 (b)	26 (c)	27 (a)	28 (c)	29 (d)	30 (b)

1. **의문사 의문문 – What ★☆☆**　　　정답 (b)

script　W: What's the total on this order?

M: _______________________________

(a) I need five orders in total.

(b) It's $59.08 with tax.

(c) Yes, that is correct.

(d) Thanks for your business.

해석　여: 이번 주문의 총합이 얼마인가요?

남: _______________________________

(a) 저는 총 5개의 주문이 필요합니다.

(b) 세금을 포함하여 59.08달러 입니다.

(c) 그래요, 맞습니다.

(d) 거래해 주셔서 감사합니다.

해설　의문사 의문문으로 주문 금액의 총합을 묻고 있으므로 금액을 밝힌 (b)가 가장 적절하다. 'this order'에 대한 총 금액을 묻고 있으므로 전체 몇 개의 주문을 묻는 것이 아니므로 (a)를 정답으로 고르지 않도록 주의한다.

어휘　total a. 총, 전체의 n. 합계, 총액

2. **긍정평서문 ★★☆**　　　정답 (d)

script　M: Sorry to interrupt, but I have some bad news about Connor.

W: _______________________________

(a) That is very bad news indeed.

(b) Connor is a great employee.

(c) We can't interrupt the meeting.

(d) Oh no, I hope it's nothing serious.

해석　남: 방해해서 죄송합니다만, Connor에 관해 안 좋은 소식이 있어요.

여: _______________________________

(a) 사실 정말 나쁜 소식이군요.

(b) Connor는 훌륭한 직원이에요.

(c) 우리는 회의를 방해할 수 없어요.

(d) 오, 안돼요. 심각한 일은 아니길 바래요.

해설　평서문으로 여자는 동료에 대한 좋지 않은 소식이 있다고 이야기하고 있으므로, 위로나 걱정하는 응답이 정답 선택지로 등장할 가능성이 높다. 주어진 문제에서는 위로나 걱정의 의미를 갖는 (d)가 가장 적절한 응답이다. 아직 소식을 듣지 않은 것이므로 (a)는 적절하지 않고, 'Connor'의 반복된 사용으로 혼동을 주는 (b)를 선택하지 않도록 주의한다.

어휘　interrupt v. 방해하다

3. **긍정평서문 ★★☆**　　　정답 (b)

script　M: Mom, I think I lost my favorite hat over the weekend.

W: _______________________________

(a) Well, I'm glad that you found it.

(b) I can help you look for it.

(c) Yes, it seems that you're right.

(d) I don't know where I put it.

해석　남: 엄마, 주말에 제가 좋아하는 모자를 잃어버린 것 같은데요.

여: _______________________________

(a) 글쎄, 네가 그것을 찾았다니 기쁘구나.

(b) 찾는 것을 도와줄게.

(c) 그래, 네가 맞는 것 같구나.

(d) 내가 그것을 어디에 두었는지 모르겠구나.

해설　평서문에 대한 적절한 응답을 고르는 문제이다. 모자를 잃어버렸다고 말하는 아들에 대한 엄마의 적절한 응답을 찾아야 하므로 '찾는 것을 도와주겠다'는 (b)가 정답이다. 참고로 평서문의 경우 정형화된 답보다는 다양한 간접응답이 정답 선택지로 등장할 수 있기 때문에, 선택지를 모두 주의 깊게 들으면서 정답이 될 수 없는 것을 지워 나가는 소거법을 적용하는 것이 좋다.

4. **긍정평서문 ★★★**　　　정답 (d)

script　W: I really wish we had a cafeteria here so we didn't have to leave for a lunch.

M: _______________________________

(a) I hope that you're right about that.

(b) I was thinking about leaving in five minutes.

(c) I'm surprised you don't like the
cafeteria's food.

**(d) Maybe you should suggest that to the
manager.**

해석 여: 여기에 카페테리아가 있음 좋겠어요. 점심 먹으러
다른 곳에 가지 않아도 되게요.

남: ______________________________

(a) 당신이 그 점에 옳기를 바래요.

(b) 나는 5분 후에 떠날까 생각 중이에요.

(c) 나는 당신이 카페테리아 음식을 싫어한다니 놀
랍네요.

**(d) 아마도 매니저에게 그 의견을 전해야 할 것 같
은데요.**

해설 평서문에 대한 적절한 응답을 고르는 문제로 '카페테리
아가 있었으면 한다'는 여자의 바람을 들은 남자의 대
답으로 적절한 응답을 골라야 한다. 이런 유형의 문제
는 정형화된 응답을 기대하기 보다는 소거법을 적용하
는 것이 바람직하다. 따라서 '관리자에게 그 의견을 제
안해보라'는 (d)가 남자의 대답으로 가장 적절하다.

어휘 cafeteria n. 간이식당, 매점

5. 긍정평서문 ★★☆   정답 (b)

script M: There's nothing wrong with taking a day off
if you need it.

W: ______________________________

(a) I didn't mean to do anything wrong.

(b) Thanks, but I just need a short break.

(c) Yes, I do think I need your help.

(d) That seems like too many to me.

해석 남: 필요하다면, 하루 휴가 내도 괜찮아요.

여: ______________________________

(a) 저는 일을 잘못 되게 하려고 하지 않았어요.

(b) 고맙습니다만, 짧은 휴식이 필요할 뿐이에요.

(c) 그래요, 당신의 도움이 필요할 것 같아요.

(d) 그것은 저에게 너무 많은 것처럼 보이는데요.

해설 평서문의 형태지만, 남자가 여자에게 하루 휴가를 내라
고 제안을 하고 있는 상황이다. 따라서 이에 적절한 여
자의 응답으로는 남자의 제안을 수락하거나, 정중하게
거절하는 응답이 올 수 있다. 따라서 '고맙지만 잠깐 휴
식을 취하고 싶을 뿐'이라는 (b)가 정답으로 가장 적절
하다.

어휘 take a day off 하루 휴가를 내다

6. 일반의문문 ★★★   정답 (c)

script W: Do you think you would have done the
same thing in my position?

M: ______________________________

(a) I'll probably ask him for a raise next
month.

(b) I'll think about your offer and let you
know tomorrow.

**(c) Don't worry. I'm sure you made the
right call.**

(d) I would rather have a different position
at the firm.

해석 여: 제 입장이었다면 당신도 같은 일을 했을 거라 생각
하세요?

남: ______________________________

(a) 다음달에 아마 그에게 연봉인상을 요청할거예
요.

(b) 당신의 제안에 대해 생각해보고 내일 알려줄게
요.

**(c) 걱정하지 말아요, 당신은 올바른 결정을 하신
거예요.**

(d) 그 회사의 다른 직위를 가지면 좋겠어요.

해설 일반 의문문으로 여자는 자신의 입장에서 어떤 행동을
했을지 남자에게 의견을 묻고 있다. 여자가 남자에게
자신이 한 결정이 어땠는지 가정법을 이용해서 간접적
으로 의견을 구하고 있으므로, 남자의 응답으로는 여자
가 한 일에 대한 자신의 의견이나 입장을 밝히는 응답
이 올 수 있다. 따라서 '올바른 결정을 했다'는 내용의
(c)가 가장 적절한 응답이다.

어휘 make a call 결정하다, 전화 걸다

position n. 입장, 위치, 직위

7. 긍정평서문 ★★☆   정답 (d)

script M: You were a great help during this project.

W: ______________________________

(a) Sorry I couldn't help you.

(b) That's very nice of you to say.

(c) When do you think it will be done?

(d) I'm glad that you think it is good.

해석 남: 이번 프로젝트 기간에 큰 도움이 되었습니다.

여: ______________________________

(a) 당신을 도와 드리지 못해 죄송해요.

(b) 그렇게 말해주니 감사해요.

(c) 그것이 언제 끝날 거라 생각하세요?

(d) 당신이 그것을 좋게 생각해줘서 기뻐요.

해설 평서문으로 칭찬이나 감사에 대한 적절한 응답을 고르
는 문제이다. 선택지 중에서 감사에 대한 가장 적절한
응답은 '도움이 된다고 말해주어 감사하다'는 내용의
(d)이다.

8. 긍정평서문 ★☆☆　　　　　　정답 (b)

script W: I'm not getting along with one of my
　　　coworkers.
　　M: I'm sorry to hear that. What's the problem?
　　W: I'm just sick and tired of her constant
　　　criticism.
　　M:＿＿＿＿＿＿＿＿＿＿＿＿＿＿＿＿＿＿
　　　(a) You should think about seeing a doctor.
　　　**(b) I think you need to talk to her about
　　　it.**
　　　(c) I thought we were getting along just fine.
　　　(d) I'm sorry, I'll try to be nicer to her.

해석 여: 내 동료들 중 한 사람하고 잘 지내지 못하고 있어
　　　요.
　　남: 유감스럽네요. 무슨 문제가 있나요?
　　여: 계속해서 불평불만을 이야기하는 데 완전히 질렸어
　　　요.
　　남: ＿＿＿＿＿＿＿＿＿＿＿＿＿＿＿＿＿＿
　　　(a) 병원에 가보는 걸 고려해 보세요.
　　　**(b) 당신이 그녀에게 그 문제에 대해 이야기할 필요
　　　가 있다고 생각해요.**
　　　(c) 전 우리가 아주 잘 지내고 있었다고 생각했어
　　　요.
　　　(d) 미안합니다. 그녀에게 더 잘해주려고 노력할게
　　　요.

해설 평서문에 대한 적절한 응답을 고르는 문제이다. 동료의
끊임없는 불평에 질렸다는 여자의 불만을 듣고, 남자가
해줄 수 있는 응답을 찾아야 한다. 보통 상대의 불평 불
만이나 고민을 듣는 경우에는 그 고민을 해결해줄 수
있는 조언이나 충고를 해주는 것이 일반적이다. 따라서
그 문제에 대해 '당사자와 이야기해보라'고 조언하는
(b)가 정답으로 가장 적절하다.

어휘 get along with ~와 잘 지내다
sick and tired of ~에 완전히 질린
constant a. 끊임없는, 지속적인
criticism n. 비판, 불평, 불만

9. 일반의문문 ★★☆　　　　　　정답 (b)

script M: Is everything OK?
　　W: Not really. I think my car was stolen from
　　　the parking lot.
　　M: That's terrible. Did you call the police?
　　W: ＿＿＿＿＿＿＿＿＿＿＿＿＿＿＿＿＿
　　　(a) No, I took the bus to work today.
　　　**(b) I actually just got off the phone with
　　　them.**
　　　(c) Thanks for your offer, but I'll be fine.
　　　(d) He's a member of the police department.

해석 남: 아무 문제 없으시죠?
　　여: 사실은 그렇지 않아요. 주차장에서 내 차를 도난 당
　　　한 것 같아요.
　　남: 끔찍한 일이네요. 경찰에 전화했어요?
　　여: ＿＿＿＿＿＿＿＿＿＿＿＿＿＿＿＿＿
　　　(a) 아니요, 오늘 회사에 버스 타고 갔어요.
　　　(b) 실제로 나는 경찰과 막 통화를 끝냈어요.
　　　(c) 제안해주셔서 감사합니다만 저는 괜찮을 거예
　　　요.
　　　(d) 그는 경찰부서의 일원입니다.

해설 일반의문문으로 '차량을 도난 당했다'고 말하는 여자에
게 남자는 경찰에게 도난 신고를 했는지 묻고 있는 상
황이다. 따라서 경찰서에 신고여부를 밝히는 응답이 오
는 것이 가장 적절하다. 그러므로 '방금 통화를 했다'는
내용의 (b)가 정답이다.

어휘 get off the phone 통화하다

10. 의문사 의문문 – How long ★★☆ 정답 (d)

script W: Do you know if Martin is still planning to join
　　　us for dinner?
　　M: I thought so, but I'm surprised that he's not
　　　here yet.
　　W: Well, how long should we wait for him?
　　M: ＿＿＿＿＿＿＿＿＿＿＿＿＿＿＿＿＿
　　　(a) He only had to wait for a few minutes.
　　　(b) I'm not really interested in having dinner.
　　　(c) Why don't you ask him that question?
　　　(d) I think we should go ahead and order.

해석 여: Martin이 여전히 우리와 저녁식사를 함께 할 계획
　　　인지 알고 있어?
　　남: 그럴 거라 생각했는데, 아직 그가 이곳에 오지 않았
　　　다는 게 놀라워.
　　여: 글쎄, 우리가 그를 얼마나 기다려야 하는 거야?
　　남: ＿＿＿＿＿＿＿＿＿＿＿＿＿＿＿＿＿
　　　(a) 그는 겨우 몇 분 동안만 기다려야 했어.
　　　(b) 나는 정말로 저녁 먹는 데 관심 없어.
　　　(c) 그에게 그 질문을 해보는 게 어때?
　　　(d) 나는 우리가 어서 주문해야 한다고 생각하는데.

해설 의문사 'how long'으로 시작하는 의문문에 대한 답변
을 고르는 문제이다. 기간으로 응답하는 경우가 보통이
지만, 주어진 문제의 경우처럼, 제 3의 간접응답이 정
답 선택지로 주어지는 경우도 있으므로, 선택지를 끝까
지 주의 깊게 듣고, 소거법을 적용하는 것이 좋다. 선택
지 중에서는 Martin이 오지 않을 거라 생각해서, '그냥
저녁식사를 먼저 주문하자'는 간접응답 (d)가 가장 적
절한 응답이다.

11. 긍정평서문 ★★☆ 정답 (a)

script
W: You're here very early, Mr. Kerns.
M: I'm sorry? My appointment is for 3:00.
W: Oh no. My calendar lists your appointment at 4:00.
M: _______________

(a) I suppose I can come back then if necessary.
(b) I'm sorry, but I couldn't find the right street.
(c) I know I'm late, but do you have time to see me?
(d) I need to cancel my appointment for tomorrow.

해석
여: 일찍 오셨네요. Kerns씨.
남: 네? 제 약속은 3시인데요.
여: 오, 아닌데요. 제 달력에는 당신과의 약속이 4시로 되어 있는데요.
남: _______________

(a) 필요하다면 그 시간에 다시 돌아올 수 있을 것 같은데요.
(b) 미안하지만 바른 길을 찾을 수가 없었어요.
(c) 내가 늦은 건 알지만 저를 만나 줄 시간이 있나요?
(d) 나는 내일 약속을 취소할 필요가 있어요.

해설 남자는 여자와의 약속시간을 잘못 알고 1시간 일찍 찾아온 상황이다. 여자가 약속시간은 4시라고 상기시켜주고 있으므로, 일반적으로 "그냥 기다리겠다" 또는 "1시간 뒤에 다시 찾아오겠다"는 응답을 예상해 볼 수 있다. 따라서 '약속시간에 다시 오겠다'는 (a)가 정답이다. 선택지 (d)는 마지막 대화문에 등장한 단어 'appointment'를 재등장시켜 오답을 유도한 오답 함정이므로 주의한다.

어휘 list v. (리스트, 목록) 작성하다, 열거하다

12. 긍정평서문 ★★☆ 정답 (a)

script
M: Thanks so much for inviting me over, but I should head out.
W: Yes, it is starting to get late. I'm glad you could make it.
M: Me too, and I hope we can do this again soon.
W: _______________

(a) Next weekend might be a good time.
(b) It's not too late to have some dinner.
(c) I don't think that's a good idea.
(d) It was nice to meet you as well.

해석
남: 초대해주셔서 감사합니다만, 가봐야겠습니다.
여: 네, 시간이 늦었네요. 와주셔서 감사합니다.
남: 네, 저도요. 조만간 이런 기회가 다시 있길 바랍니다.
여: _______________

(a) 다음주 주말이 좋겠네요.
(b) 저녁 식사를 하기에 너무 늦진 않았어요.
(c) 그건 좋은 생각이 아닌것 같아요.
(d) 저도 당신을 만나서 좋았습니다.

해설 남자는 여자에게 '초대에 대한 감사'를 표현하고 있는 상황이다. 남자가 '조만간 다시 이런 식으로 서로를 초대해서 만났으면 좋겠다'고 말하고 있으므로, 여러 가지 간접응답이 가능하지만, 구체적인 약속 날짜나 시간을 밝히는 응답이 정답 선택지로 등장할 가능성이 높다. 따라서 선택지 중에서는 '다음 주말이 좋겠다'는 내용의 (a)가 적절한 응답이다.

어휘 head v. 가다, ~로 향하다
make it 제시간에 해 내다, 성공하다

13. 평서문 ★★★ 정답 (d)

script
W: Are you feeling OK today?
M: I think I'm coming down with something.
W: There's a really bad flu going around.
M: _______________

(a) Can I get some medicine for it?
(b) You're right. I'll try to go around it.
(c) Well, I hope you don't have the flu.
(d) Maybe I should go home just to be safe.

해석
여: 오늘 몸은 좀 괜찮아요?
남: 아무래도 무슨 병이 걸리려나 봐요.
여: 아주 심한 독감이 유행 중이에요.
남: _______________

(a) 약을 좀 얻을 수 있을까요?
(b) 맞아요, 그것을 돌아보도록 할게요.
(c) 글쎄, 당신이 독감에 걸리지 않기를 바랄게요.
(d) 안전상 집으로 가야겠어요.

해설 대화의 내용을 보면 남자는 감기 기운이 있다고 하였고, 이에 대하여 여자는 '독감이 유행 중'이라고 이야기하고 있다. 여자의 말에 대한 남자의 대답으로 '집으로 가야겠다'는 (d)가 가장 적절하다. (b)는 질문지에 등장한 어휘 'go around'를 재언급하여 혼동을 일으키는 전형적인 오답 선택지이다.

어휘 come down with something 병이 걸리다
go around 유행 중이다

14. 긍정평서문 ★★★ 정답 (d)

script
M: I'm really sorry, but I think I'll have to cancel

our meeting today.

W: That's too bad. Is everything OK?

M: Yes, but I think I should stay in the office today.

W: _______________________

   (a) I think I'll be too busy to attend.

   (b) I should have asked him before.

   (c) Hopefully the meeting won't take long.

   (d) Let me know if you change your mind.

해석 남: 정말 미안하지만 오늘 우리 회의를 취소해야 할 것 같아요.

여: 이런. 괜찮은 건가요?

남: 네, 그렇지만 오늘 사무실에 머물러야 할것 같아요.

여: _______________________

   (a) 저는 너무 바빠서 참석할 수 없을 것 같아요.

   (b) 저는 그 전에 그에게 물어보았어야 해요.

   (c) 회의가 오래 지속되지 않길 바랍니다.

   (d) 마음이 바뀌면 알려주세요.

해설 남자는 '오늘 회의를 취소해야만 할 것 같다'는 이야기로 대화를 시작하고 있다. 따라서 이에 이어지는 내용으로는 회의에 참석하기로 되어있던 여자가 일정을 다시 묻거나 자신의 상황을 이야기하는 내용이 오는 것이 적절하다. 따라서 '마음이 바뀌면 알려달라'는 (d)가 가장 적절하다.

어휘 cancel v. 취소하다

---

15. 평서문 – 충고 ★★   정답 (c)

script W: I can't decide what to do about my coworker. He's always late.

M: Have you tried talking to the manager about him?

W: I haven't. But I don't want to get him in trouble.

M: _______________________

   (a) The manager can help you with that.

   (b) I don't think it'll cause you any trouble.

   (c) I think you have to do something.

   (d) He sounds like a very nice person.

해석 여: 내 동료를 어떻게 해야 할지 결정할 수 없어요. 그는 항상 지각이에요.

남: 그에 대해 매니저와 이야기해 보셨나요?

여: 아니요. 하지만 그를 곤란하게 만들고 싶진 않아요.

남: _______________________

   (a) 매니저는 그 문제에 대해 당신을 도울 수 있을 거예요.

   (b) 그것이 당신에게 문제를 일으킬 것 같지는 않네요.

   (c) 당신이 뭔가 조치를 취해야 한다고 생각해요.

   (d) 그는 매우 좋은 사람 같이 들리네요.

해설 대화에서 남자와 여자는 '항상 지각하는 여자의 동료'에 대하여 이야기하고 있다. 여자의 두 번째 말에서 매니저에게 문제를 상의하고 싶지 않다고 말하고 있으므로 (a)는 남자의 대답으로 옳지 않다. 따라서 선택지 중에서는 '무언가 조치를 취해야 한다'고 충고하는 내용의 (c)가 가장 적절한 응답이다.

어휘 get ~ in trouble 곤란하게 만들다, 곤경에 빠뜨리다

---

16. 세부 사항 ★★★   정답 (a)

script M: Have you already made a selection for your dessert?

W: I'm leaning toward the ice cream sundae, but I'd like to hear your recommendation.

M: Well, everything is so good here. The pies are pretty amazing. So is the cheesecake.

W: Yes, I was considering a slice of cherry pie.

M: Sadly, we're out of that today, but the apple pie is just as good, if not better.

W: I generally don't like apple pie. I guess that settles it, then.

M: Great, I'll have your order out to you in just a few minutes.

Q: What is the woman going to have for dessert?

   (a) An ice cream sundae

   (b) Apple pie

   (c) Cheesecake

   (d) Cherry pie

해석 남: 디저트 류를 이미 정해두셨나요?

여: 아이스크림 선디로 마음이 기울고 있지만, 당신의 추천을 듣고 싶은데요.

남: 글쎄요. 모든 것이 이곳에는 너무 좋아서요. 파이가 꽤 놀라울 정도예요. 치즈케이크도 마찬가지로 훌륭해요.

여: 그렇군요. 체리 파이 한 조각을 먹을까 하는데요.

남: 아쉽게도 오늘은 그것이 다 떨어졌군요. 그렇지만 더 나은 게 없다면 애플파이도 마찬가지로 훌륭하답니다.

여: 제가 애플파이는 좋아하지 않아서요. 그럼 결정된 거네요.

남: 좋습니다. 곧 주문하신 것을 가져다 드리겠습니다.

문제: 여자는 디저트로 무엇을 먹을 것인가?

   (a) 아이스크림 선디

   (b) 애플파이

   (c) 치즈케이크

   (d) 체리파이

해설 식당에서 벌어지는 남녀의 대화를 듣고 세부정보를 파

악하는 문제이다. 대화에서 남자와 여자는 '여자가 디 저트로 무엇을 먹을 지'에 대하여 이야기하고 있다. 여자는 애플파이는 좋아하지 않고, 체리파이는 좋아하 지만, 체리파이는 다 떨어졌고, 치즈케이크에 대해서는 어떤 언급도 하지 않았으므로 'I'm leaning toward the ice cream sundae'라는 처음의 말을 통해 (a)의 아이스크림 선디를 디저트로 결정할 것임을 알 수 있다.

어휘 selection n. 선정, 선택

lean toward (마음이) 기울다, 기울어지다

recommendation n. 추천, 권고

17. 　세부 사항 ★★★　　　　　정답 (c)

script M: Good morning. I'm sorry I'm so late, but I have an appointment with Ms. Martin.

W: You must be Harold. We've been expecting you.

M: I really do apologize. I got stuck in some really bad traffic.

W: I understand. Unfortunately, Ms. Martin had to leave the office.

M: Oh no. She wasn't angry, was she?

W: Not at all, but she had a plane to catch, so she couldn't wait for you.

M: I see. Hopefully we'll be able to reschedule the meeting soon.

W: I can look at her schedule now for you if you'd like.

Q: Why can't Ms. Martin keep the appointment?

(a) She is stuck in traffic.

(b) She had to go to another appointment.

(c) She has left for the airport.

(d) She forgot to call to reschedule.

해석 남: 좋은 아침입니다. 너무 늦어서 죄송합니다만 Martin 씨와 약속이 있는데요.

여: Harold씨군요. 기다리고 있었습니다.

남: 정말 죄송합니다. 정말 심각한 교통 체증이 있었습니다.

여: 이해합니다. 안타깝게도 Martin씨는 사무실을 떠나야 했어요.

남: 오, 안돼요. 화가 난 거죠. 그렇죠?

여: 전혀 그렇지 않아요. 하지만 비행기를 타야 해서, 기다릴 수 없었던 거예요.

남: 알겠습니다. 곧 미팅을 다시 잡을 수 있길 바랍니다.

여: 원하신다면 지금 그녀의 일정을 봐 줄 수 있습니다.

문제: Martin씨가 약속을 지킬 수 없는 이유는?

(a) 교통체증에 막혀있다.

(b) 다른 약속에 가야 했다.

(c) 공항으로 가기위해 떠났다.

(d) 다시 일정을 잡기 위해 전화하는 것을 잊었다.

해설 남녀의 대화를 듣고 세부정보를 파악하는 문제이다. 남자는 Martin씨와의 약속에 늦었으며 여자는 Martin씨가 약속을 지킬 수 없었던 이유를 'she had a plane to catch, so she couldn't wait for you.' 라고 이야기하고 있다. 따라서 Martin씨는 비행기를 타기 위해 공항에 갔음을 알 수 있으므로 정답은 (c)이다.

어휘 get stuck in traffic 길이 막히다

reschedule v. 일정을 변경하다

18. 　내용 일치 ★★★　　　　　정답 (b)

script W: So, Evan, I was asked to go to a play on Friday night.

M: That sounds fun! What are you going to see?

W: It's a brand new play for a local playwright. I forget the name. But I have a request of you.

M: Sure, what do you need?

W: Well, I need someone to watch my little sister during that time, because my parents will be gone too.

M: I would be glad to do that for you.

Q: What is correct according to the conversation?

(a) The man doesn't want to go to the play.

(b) The man will babysit the woman's sister.

(c) The man and woman will go to the play together.

(d) The woman's sister is performing in a play.

해석 여: 자, Evan, 나 금요일 밤 경기에 가자는 제안을 받았어.

남: 재미있겠는걸! 무엇을 보러 갈 예정인데?

여: 현지 극작가가 쓴 새로운 연극이라는데, 이름을 잊어버렸어. 그렇지만 너한테 부탁이 하나 있어.

남: 그래, 해봐. 뭐가 필요한데?

여: 음, 그 시간 동안 내 여동생을 봐줄 수 있는 사람을 찾고 있어. 부모님 또한 외출하시거든.

남: 그럼 내가 해줄게.

문제: 대화의 내용과 일치하는 것은?

(a) 남자는 연극을 보러 가고 싶어하지 않는다.

(b) 남자는 여자의 동생을 봐줄 것이다.

(c) 남자와 여자는 연극을 같이 보러 갈것이다.

(d) 여자의 여동생은 연극에 출연한다.

 대화의 내용과 일치하는 것을 묻는 문제이다. 대화에서 '외출하는 동안 자신의 여동생을 봐줄 사람이 필요하다'는 여자의 말에 남자는 'I would be glad to do that for you.'라고 말하고 있으므로 (b)가 정답이다.

어휘 local a. 현지의, 지역의   playwright n. 극작가, 각본가
brand new 완전 새 것인, 완전 새로운

---

19. 내용 일치 ★★☆   정답 (a)

script M: So, how many of the schools that you applied to have you heard back from?
W: Just one, and I got accepted. But I applied to seven, and it's making me nervous.
M: Well, how do you feel about the school you got in to?
W: It seems like a great school, but it's very expensive. And it's not my top choice anyway.
M: Didn't they offer you some sort of scholarship?
W: Not yet. I probably won't hear anything about that until I've heard from the other schools.

Q: Which is correct according to the conversation?
(a) The woman has received a decision from only one school.
(b) The man is surprised that she doesn't like the school.
(c) The woman was offered a very good scholarship.
(d) The woman got into her preferred school.

해석 남: 그래, 지원한 학교 중 몇 개의 학교에서 회신을 받았어?
여: 딱 한 군데에서 회신했는데 입학 허가를 받았어. 그렇지만 7군데나 지원했는데 그 점이 날 긴장하게 만들고 있어.
남: 입학 허가를 받은 학교에 대한 너의 소감은 어때?
여: 훌륭한 학교 같아 보이긴 한데, 너무 비싸. 어찌되었던 내가 가장 바라는 선택은 아니야.
남: 거기에서 장학금 같은 것을 제공하지 않는데?
여: 아직은 아니야. 다른 학교에서 회신을 받을 때까지는 아마도 그것에 대해 어떤 것도 듣지 못할 것 같아.
문제: 대화의 내용과 일치하는 것은?
(a) 여자는 오직 1개의 학교로부터 결정을 받았다.
(b) 남자는 여자가 그 학교를 좋아하지 않아 놀라고 있다.

(c) 여자는 매우 좋은 장학금을 제안 받았다.
(d) 여자는 선호하는 학교에 들어갔다.

해설 대화의 내용과 일치하지 않는 것을 묻는 문제이다. 'Just one, and I got accepted.'이라는 말을 통해 내용과 일치하는 것은 (a)다. 장학금에 대한 내용은 아직 듣지 못했으므로 (c)는 정답이 아니고, 회신 받은 학교가 최선의 선택사항은 아니므로 (d)는 내용과 다르다.

어휘 hear back 회신하다
get accepted 입학 허가를 받다

---

20. 추론 ★★★   정답 (d)

script M: I'm sorry, but you look awfully familiar. Do we know each other?
W: I don't believe so. I'm Danielle Cohen.
M: Oh, yes, of course! I've seen your photo many times on Mr. Cohen's desk!
W: Yes, that's me. Then you must be an employee of his?
M: Yes, that's right. I'm Donald Oren.
W: Yes, he has mentioned you before. It's nice to put a face to the name.
M: And it's a pleasure to finally meet you as well.

Q: What can be inferred from the conversation?
(a) Mr. Oren is Mr. Cohen's boss.
(b) Mr. Oren doesn't know Mr. Cohen.
(c) They work at the same company.
(d) The speakers have never met before.

해석 남: 미안하지만 너무 낯이 익어요. 우리 서로 아는 사이인가요?
여: 아닌 것 같은데요. 저는 Danielle Cohen입니다.
남: 아, 맞아요! Cohen씨 책상에서 당신의 사진을 여러 번 보았어요!
여: 네, 저 맞아요. 그 때 그 사람의 직원이신가 보군요?
남: 네 맞습니다. 저는 Donald Oren입니다.
여: 네, 전에 그 사람이 당신에 대해 말한 적이 있어요. 이름만 듣다가 만나게 되니 반갑습니다.
남: 마침내 당신을 만나게 되어 저도 역시 기쁩니다.
문제: 대화에서 추론할 수 있는 것은?
(a) Oren씨는 Cohen의 상사이다..
(b) Oren씨는 Cohen을 알지 못한다.
(c) 그들은 같은 회사에서 일하고 있다.
(d) 화자들은 전에 만난 적이 없다.

해설 대화에서 추론할 수 있는 사실을 묻는 문제이다. 남자의 말 'I've seen your photo many times on Mr. Cohen's desk' 과 여자의 말 'It's nice to put a face to that name'을 통해 실제로 만난 것은 이번이 처음이

라는 것을 추론할 수 있다. 그러므로 정답은 (d)이다.

어휘   mention v. 언급하다, 이야기하다
put a face to the name 이름만 듣다가 만나게 되다

---

21.   추론 ★☆☆   정답 (c)

script   M: Hey, good to see you, Sarah. What brings you here?
W: Well, I got a really tough paper assigned to me yesterday, so I figured I'd get started on it.
M: I'm in a similar situation, but my paper is due in three days. I need to find a few more sources.
W: Well don't let me distract you. I think I need to look through some magazine articles.
M: Well, good luck finding what you need.

Q: Where is the conversation probably taking place?
(a) In a grocery store
(b) At a cafe
(c) In a library
(d) In a classroom

해석   남: 만나서 반가워, Sarah. 무슨 일로 이곳에 왔어?
여: 어제 정말 힘든 과제물을 받아서, 시작해 볼까 생각해서.
남: 나도 비슷한 상황이야. 하지만 내 과제물은 3일 후 마감이라서. 좀 더 많은 참고자료를 확인할 필요가 있어.
여: 나한테 신경 쓰지마. 난 잡지 기사를 살펴보려고 해.
남: 필요한 것을 찾을 수 있도록 행운을 빌게.
문제: 대화는 어디에서 이루어지고 있는가?
(a) 식료품 가게에서
(b) 카페에서
(c) 도서관에서
(d) 교실에서

해설   대화가 이루어지고 있는 장소에 대한 질문이다. 여자의 'I need to look through some magazine articles'라는 말에서 대화가 도서관에서 이루어지고 있음을 추론할 수 있다. 따라서 정답은 (c)이다.

---

22.   추론 ★★★   정답 (b)

script   W: Wow, you're here really early.
M: Really? I thought you told me to be here at 6:00.
W: Oh, did you not get my email? I wanted to go an hour later.

M: Oh, I didn't have a chance to check before I left.
W: It's no problem. I just wanted to do some housework before I left.
M: Well, as long as I'm here, why don't I help you out with it?

Q: What can be inferred from the conversation?
(a) The woman does not want the man's help.
(b) The man was supposed to arrive at 7:00.
(c) The woman had forgotten about the plans.
(d) The man lost track of the time.

해석   여: 어머나, 여기 정말 일찍 왔네요.
남: 그래요? 나는 당신이 여기에 6시에 오라고 한 것 같은데요.
여: 아, 제 이메일 받지 못했나요? 제가 한 시간 더 늦게 오길 원했는데요.
남: 내가 떠나기 전에 확인할 기회가 없었어요.
여: 괜찮아요. 떠나기 전에 집안 일을 좀 하고 싶었을 뿐이에요.
남: 제가 여기에 있는 동안, 집안 일을 제가 좀 도와 줄까요?
문제: 대화에서 추론할 수 있는 것은?
(a) 여자는 남자의 도움을 바라지 않는다.
(b) 남자는 7시에 도착해야 했다.
(c) 여자는 계획에 대해 잊었다.
(d) 남자는 시간 가는 지 몰랐다.

해설   대화를 통해 추론할 수 있는 사실을 묻는 문제이다. 'I wanted to go an hour later.'라는 여자의 말에서 여자가 약속을 1시간 미루고자 했음을 알 수 있다. 그러므로 '남자는 7시에 도착해야 했다'는 (b)가 정답으로 가장 적절하다.

어휘   housework n. 집안일, 가사
lose track of the time 시간 가는 것을 모르다

---

23.   세부 사항 ★☆☆   정답 (a)

script   W: Working people know that it can be extremely hard to find time to exercise, but planning out an exercise schedule is easier than it seems. Perhaps the best time to exercise is early in the morning, though this may mean going to bed and getting up earlier. However, it's a great way to start the day, and it will leave you energized throughout the day.

**Q: What is the best time for working people
to exercise?**

(a) Early in the morning

(b) In the afternoon

(c) Right before bed

(d) At various times throughout the day

해석 여: 일하는 사람들은 운동할 시간을 찾는 것이 매우 어렵다는 사실을 알고 있다. 그러나 운동 일정을 잡는 것은 생각보다 더 쉬운 일이다. 좀 더 일찍 잠자리에 들고, 기상하는 것을 의미할지도 모르지만 운동을 하기 위한 가장 최적의 시간은 아침 일찍이다. 그러나 이것은 하루를 시작하는 좋은 방법이기도 하며 하루 종일 기운이 넘치도록 만들어줄 것이다.

문제: 일하는 사람들이 운동하기 가장 좋은 시간은 언제인가?

(a) 아침 일찍

(b) 오후에

(c) 잠자리 들기 직전

(d) 하루 종일 다양한 시간에

해설 담화문을 듣고 세부정보를 파악하는 문제이다. 'Perhaps the best time to exercise is early in the morning'라고 언급한 부분에서 일하는 사람들에게 가장 좋은 운동시간은 '아침 일찍'이라고 명시적으로 이야기하고 있다. 따라서 (a)가 정답이다.

어휘 extremely adv. 극도로

---

24. **세부 사항 ★★☆**　　　　　**정답 (b)**

script M: For the Yoruba culture of West Africa,
naming a child is no simple task. The
Yoruba believe that names hold great power
to influence who a person will eventually
become. Names are often chosen based
on the history of a family. For instance,
if a family has been traditionally hunters,
then a name will be given whose meaning
relates to being a skilled hunter. Naming
ceremonies are also carried out where
family members can give their own names
to a baby. Because of this, Yoruba people
can have around ten or even twenty names.

**Q: What is the purpose of naming traditions
for the Yoruba people?**

(a) To give a child one perfect name

(b) To influence a person's future

(c) To celebrate a new birth

(d) To help hunts become successful

해석 남: 서아프리카의 Yoruba 문화에서는 아이의 이름을 짓는 일은 단순하지 않은 과업이다. Yoruba 족은 한 사

람이 결국 무엇이 될지에 영향을 미치는 거대한 힘을 이름이 가지고 있다고 믿는다. 이름들은 종종 한 가족의 역사를 기초로 하여 결정되기도 한다. 예를 들어, 어떤 가족이 전통적으로 사냥꾼이었다면 숙련된 사냥꾼이 되는 데 관계가 있는 의미를 이름에 부여할 것이다. 이름을 짓는 의식 또한 가족 구성원들이 각자 자신의 이름들을 한 아이에게 주는 곳에서 이루어진다. 이 때문에 Yoruba 족들은 약 10개에서 20개 정도의 이름을 가질 수 있다.

문제: Yoruba 사람들이 이름 짓는 전통의 목적은 무엇인가?

(a) 아이에게 하나의 완벽한 이름을 지어주기 위해

(b) 사람의 미래에 영향을 미치기 위해

(c) 새로운 탄생을 축하하기 위해

(d) 사냥이 성공하기를 도우려고

해설 담화문을 듣고 세부정보를 파악하는 문제이다. 담화 서두에 'names hold great power to influence who a person will eventually become'라고 설명하고 있다. 따라서 이름이 한 사람의 인생에 영향을 미치게 하기 위한 것이라는 내용의 (b)가 정답이다.

어휘 traditionally adv. 전통적으로　　skilled a. 숙련된
ceremony n. 의식, 행사　　carry out 수행(이행)하다

---

25. **세부 사항 ★★★**　　　　　**정답 (b)**

script W: Starting next fall, Tungsten University will
begin requiring that all employees of the
university wear identification badges on
the outside of their clothing at all times. All
identification badges will contain a photo,
the person's position and information
related to the buildings that a person is
allowed access to. Faculty will also have ID
badges, though they will only list the name,
position, and photograph of the employee.
Temporary workers will get a badge without
a name or photograph.

**Q: What is contained on all the new ID
badges?**

(a) Which building a person can enter

(b) The employee's position

(c) The name of the employee

(d) A photograph of the employee

해석 여: 다음 가을부터 Tungsten 대학은 모든 교직원들이 자신의 옷 바깥쪽에 항상 신분증을 착용할 것을 요청할 것입니다. 모든 신분증에는 사진과 직위, 출입이 허용된 건물들에 관한 정보를 포함할 것입니다. 교수단 또한 ID 명찰을 착용하게 될 것입니다. 하지만 여기에는

이름과 직위, 직원의 사진만 부착될 것 입니다. 임시직원의 경우 이름이나 사진 없이 신분증을 받게 될 것입니다.

문제: 모든 새 신분증에는 어떤 내용이 포함되어 있는가?
(a) 들어갈 수 있는 건물 내용
(b) 직원의 직위
(c) 직원의 이름
(d) 직원의 사진

해설 담화문을 듣고 세부정보를 파악하는 문제이다. 모든 새 신분증에 공통적으로 포함되는 것이 무엇인지 찾아야 한다. 교직원, 교수단, 임시 직원 모두의 신분증에 공통적으로 표시되는 내용은 (b)직원의 직위이다.

어휘 identification badge 사원 명찰, 신분증
faculty n. 능력, 학부, 교수단

---

26. 내용 일치 ★☆☆   정답 (c)

script M: The effects of Hurricane Ida upon El Salvador continue to get worse this week as the death toll from flooding continues to rise. The country's government has confirmed the deaths of 144 people thus far, and the number of people displaced is far greater. Heavy rains continue to add to the rising water levels, and worries of additional mudslides continue to grow. The town of San Vicente was partially buried by mudslides, and experts worry that more mudslides are possible.

Q: Which is correct about the flooding in El Salvador?
(a) It is causing mudslides in other countries.
(b) It has left 144 people without homes.
(c) It has left a town buried under mud.
(d) It is beginning to get better.

해석 남: 홍수로 인한 사망자수를 지속적으로 증가시키면서 허리케인 Ida가 El Salvador에 미치는 영향은 금주에 더욱 악화되고 있습니다. 정부는 지금까지 144명의 사망자 수를 확인하고 이재민 수는 훨씬 더 많다고 발표했습니다. 폭우는 불어나는 수위를 지속적으로 높이고 있으며 추가의 토사유출에 대한 우려가 커져가고 있습니다. San Vicente 마을은 일부 이류에 의해 묻혔으며 전문가들은 더 많은 토사유출의 가능성을 우려하고 있습니다.

문제: El Salvador에 발생한 홍수에 관해 일치하는 것은?
(a) 다른 나라에서도 토사유출을 일으키고 있다.
(b) 144명이 집을 잃었다.
(c) 진흙 아래 한 마을이 묻혀있다.
(d) 상황이 나아지기 시작했다.

해설 담화의 내용과 일치하는 것을 묻는 문제이다. 'The town of San Vicente was partially buried by mudslides'라고 했으므로 담화문과 일치하는 내용은 (c)이다. 담화문의 첫 번째 문장 'The effects of Hurricane ~ continue to get worse~ '에서 사망자수가 늘어나면서, 허리케인의 피해가 더 심각해지고 있다고 언급되었으므로, (a)는 담화문의 내용과 정반대의 내용이다.

어휘 death toll 사망자 수   additional a. 추가의
displace v. 대신(대체)하다, 피신하다
water level 수위
mudslide n. 이류, 진흙더미

---

27. 내용 일치 ★☆☆   정답 (a)

script W: A Norwegian journalist who was taken prisoner in Afghanistan last month was freed today according to a representative in the Norwegian government. The journalist had been captured while filming a documentary, but the exact circumstances of his capture have not been released. The Norwegian government had been communicating with its embassy in Kabul and other unnamed people to secure his release. Additional information is expected during a press conference later today.

Q: Which is correct according to the news report?
(a) Norway has an embassy in the city of Kabul.
(b) The journalist's captors believed that he was a spy.
(c) Attempts to rescue a journalist in Kabul failed.
(d) The journalist did not know why he was captured.

해석 여: 노르웨이의 정부대변인에 따르면, 지난달 아프가니스탄에서 포로로 잡힌 한 노르웨이 기자가 오늘 풀려났다고 합니다. 이 기자는 다큐멘터리를 찍는 중에 잡혔으나 그의 체포에 관한 정확한 정황은 알려지지 않았습니다. 노르웨이 정부는 기자의 석방을 위해 Kabul에 있는 대사관과 익명의 사람들과 지속적으로 연락을 취해왔습니다. 추가 정보는 오늘 늦게 기자 회견에서 밝혀질 것입니다.

문제: 뉴스 보도의 내용과 일치하는 것은 무엇인가?

(a) **노르웨이는 Kabul 시에 대사관이 있다.**

(b) 기자를 잡은 사람들은 그가 스파이라고 믿었다.

(c) Kabul에 있던 기자를 구출하려는 시도는 실패했다.

(d) 기자는 자신이 붙잡힌 이유에 대해 알지 못했다.

해설 뉴스 보도문을 듣고 보도문의 내용과 일치하는 것을 고르는 문제이다. 뉴스 보도문의 하반부의 'The Norwegian government had been communicating with its embassy in Kabul'부분에서 알 수 있듯이 '노르웨이 대사관이 Kabul 시에 있다'는 내용의 (a)가 뉴스 보도문과 일치한다.

어휘 be taken prisoner 포로로 잡히다
capture v. 생포하다, 체포하다
embassy n. 대사관
secure v. 확보하다, 획득하다
unnamed a. 이름이 밝혀지지 않은
press conference 기자 회견

28. 추론 ★★☆   정답 (c)

script M: The devastating effects of a tsunami are often talked about, but where do these destructive forces come from? Surprisingly, they often originate with another very destructive force: earthquakes. Earthquakes can happen relatively frequently in the ocean, and often humans do not notice them. However, if a particularly strong earthquake occurs in the ocean, the energy generated by the movement of tectonic plates can cause very large and fast-moving waves. When these waves reach land, the damage can be extreme.

Q: What conclusions can be reached from the talk?

(a) An underwater earthquake is usually not dangerous.

(b) Tsunami damages ocean habitats greatly.

(c) Not all ocean earthquakes cause tsunamis.

(d) Scientists don't know what causes some tsunamis.

해석 남: 쓰나미의 엄청난 영향에 대해 종종 이야기되고 있지만 이 파괴적인 힘은 어디서 나오는 것일까요? 쓰나미는 놀랍게도 또 다른 파괴적인 힘인 지진에서 기원하고 있습니다. 지진은 해안에서 비교적 자

주 발생할 수 있으며 사람들은 자주 이 지진을 인지하지 못합니다. 그렇지만 만약 특히 강력한 지진이 해안에서 발생하는 경우 판구조들의 이동에 의해 야기된 에너지가 매우 크고 빠르게 움직이는 파도를 일으킬 수 있습니다. 이러한 파도가 육지에 닿게 되면 그 피해는 극에 달할 수 있습니다.

문제: 담화로부터 내릴 수 있는 결론은 무엇인가?

(a) 수중 지진은 일반적으로 위험하지 않다.

(b) 쓰나미는 바다 서식지를 크게 훼손한다.

(c) 모든 해양 지진이 쓰나미를 일으키는 것은 아니다.

(d) 과학자들은 무엇이 쓰나미를 일으키는 지 알지 못한다.

해설 담화를 통해 추론할 수 있는 내용을 고르는 문제이다. 담화문을 통해 해저에서 일어난 '특별히' 강한 지진으로 인한 파도가 육지에 닿을 경우 그 피해가 극도로 클 수 있다라고 말하고 있으므로 강하지 않은 해양 지진인 경우 쓰나미를 일으키지 않는다는 사실을 추론할 수 있다. 따라서 정답은 (c)이다.

어휘 devastating a. 대단히 파괴적인, 엄청나게 충격적인
originate with ~에서 비롯되다, 유래하다
tectonic plate 판구조, 지각 판

29. 추론 ★★★   정답 (d)

script W: There are some researchers out there who believe that global warming has reached such a critical level that polar bear populations are beyond saving. However, I don't believe that this is the case. Some predictions suggest that there will still be ice in the Arctic Ocean until 2100, though it will continue to disappear at an alarming rate in the near future. And while the loss of ice may encourage more human activity in the area, we must discourage it, leaving the habitat to the polar bears so that they might have a chance to survive.

Q: Which of the following does the speaker imply?

(a) Humans travel too much in the Arctic Ocean.

(b) The polar bear will be extinct by 2100.

(c) We should research new ways to stop global warming.

(d) Human activity could destroy polar bear habitats.

해석 여: 지구 온난화는 북극곰을 보호할 수 없는 심각한 수준에 이르렀다고 믿는 일부 연구원들이 있다. 그렇

지만 나는 그렇다고 믿지 않는다. 몇몇 예언에 따르면 비록 가까운 미래에 놀라운 속도로 지속적으로 사라지긴 하겠지만, 2100년까지는 북극해의 얼음이 여전히 존재할 거라고 한다. 빙하의 소실은 이 지역에 좀 더 인간의 활동을 부추길 수도 있지만 북극곰들에게 서식지를 남겨둠으로써 이들이 생존할 수 있는 기회를 가질 수 있도록 우리는 그것을 막아야 한다.

문제: 다음 중 화자가 암시하는 것은?
 (a) 인간들은 북극해에 많이 여행한다.
 (b) 2100 전에 북극곰은 멸종할 것이다.
 (c) 우리는 지구 온난화를 멈추기 위한 새로운 방법들을 연구해야 한다.
 (d) 인간의 행위는 북극곰 서식지를 파괴할 수 있다.

해설 담화문을 듣고 작가의 의도가 무엇인지 추론하는 문제이다. 화자의 'while the loss of ice may encourage more human activity ~'라는 부분에서 이 지역에서의 인간활동을 막음으로써 북극곰의 서식지를 보호해야 한다고 이야기하고 있다. 따라서 '인간활동이 북극곰의 서식지를 파괴할 수 있다'는 내용의 (d)를 작가의 의도로 추론할 수 있다.

어휘 critical a. 비판적인, 중요한, 위태로운
prediction n. 예측, 예견 the Arctic Ocean 북극해
at an alarming rate 무서운 속도로, 급속도로
encourage v. 부추기다, 조장하다

---

30. 추론 ★★★   정답 (b)

script M: Based on the most recent market research, it appears that a shift in our strategy is warranted. While we have been previously targeting the 13-17 age group with our music players, the numbers from last year suggest that those in their 20s are far more likely to purchase our product. If we focus on ways to get our message directly to that age group, I believe that we'll see a great increase in sales.

Q: What does the speaker mainly suggest?
(a) Advertising the product more often
(b) Targeting a different age group
(c) Selling the product in new places
(d) Doing more research into market trends

해석 남: 가장 최근 시장 조사를 토대로 우리의 전략에의 변화가 인정된 것 같습니다. 이전에 우리의 뮤직 플레이어는 13세에서 17세 연령대를 목표 고객으로 해왔지만, 작년의 판매 수치로 볼 때, 20대가 우리 제품을 구입할 가능성이 훨씬 더 높다는 것을 알 수

있습니다. 만약 우리의 메시지를 이 연령대 그룹에 직접적으로 전달할 수 있는 방법들을 찾는다면 판매가 크게 증가할 거라 믿습니다.

문제: 화자가 주로 주장하는 것은?
 (a) 상품 광고를 더 자주 하는 것
 (b) 다른 연령 그룹을 대상으로 하는 것
 (c) 새로운 지역에서 상품을 판매하는 것
 (d) 사장 트랜드에 관해 더 많은 조사를 하는 것

해설 담화문을 통해 화자의 주장이 무엇인지 추론하는 문제이다. 화자는 자사의 뮤직플레이어가 13세에서 17세의 연령층을 주요 타깃으로 해왔지만, 작년 판매수치로 볼 때, 오히려 20대가 자사의 제품을 구입할 가능성이 훨씬 높아진 사실을 언급하면서, 20대에게 어필할 수 있는 방법들을 찾는데, 초점을 맞추자고(focus on ways to get our message directly to that age group) 주장하고 있다. 따라서 다른 연령대 그룹을 주요 타깃으로 하자는 내용의 (b)가 정답이다.

어휘 strategy n. 계획, 전략
shift n. 변화 v. 옮기다, 이동하다

Part I ~ IV	1 (c)	2 (b)	3 (c)	4 (d)	5 (b)	6 (c)	7 (a)	8 (d)	9 (c)	10 (c)
	11 (b)	12 (a)	13 (b)	14 (b)	15 (d)	16 (a)	17 (d)	18 (c)	19 (a)	20 (c)
	21 (c)	22 (c)	23 (a)	24 (c)	25 (b)	26 (d)	27 (b)	28 (d)	29 (d)	30 (a)

1. 의문사 의문문 – When ★★☆　　정답 (c)

script M: When does the number forty-two bus arrive?

W: ______________________

(a) You can catch it at the second gate.

(b) Sometimes they drive in early.

(c) It will be here in ten minutes.

(d) It's two dollars for a round-trip.

해석 남: 42번 버스 언제 도착하나요?

여: ______________________

(a) 2번째 게이트에서 탈 수 있어요.

(b) 때때로 그들은 일찍 운전합니다.

(c) 그것은 10분 후에 여기에 올 거예요.

(d) 그것은 왕복 2달러입니다.

해설 의문사 의문문으로 'when'을 사용하여 버스 도착시간을 묻는 질문이다. 따라서 '10분 안에 도착한다'는 (c)가 정답이다. (b)와 (d)는 'drive in', 'a round-trip'과 같은 관련 어휘를 언급하여 혼동을 일으키는 오답이므로 주의하자.

어휘 arrive v. 도착하다　round-trip 왕복(요금)

2. 의문사 의문문 – What ★★★　　정답 (b)

script W: What's on the agenda for the staff meeting today?

M: ______________________

(a) It's scheduled for this afternoon.

(b) We're talking about fund-raising.

(c) Good luck finding a seat at the table.

(d) No, it's just a list of items we'll cover.

해석 여: 오늘 직원 회의의 안건이 무엇입니까?

남: ______________________

(a) 오늘 오후에 예정되어 있습니다.

(b) 기금모금에 대해 이야기할 것입니다.

(c) 테이블에 자리를 찾을 수 있도록 행운을 빌어요.

(d) 아니요, 그것은 우리가 취급할 물품의 목록일 뿐이에요.

해설 '의문사 what'으로 시작하는 의문문에 대한 응답을 고르는 문제이다. 안건이 무엇인지 묻고 있으므로, 이에 대하여 구체적으로 밝히는 응답이 오는 것이 적절하다. 따라서 '기금 모금에 대한 이야기를 할 것'이라는 (b)가 가장 적절하다.

어휘 agenda n. 의제, 안건　staff meeting 직원 회의

3. 일반의문문 ★☆☆　　정답 (c)

script M: Does the Human Resources department have a job opening?

W: ______________________

(a) They'll be closing in an hour.

(b) Jim is in charge of HR department.

(c) I think I heard that there is one.

(d) Of course I'll do it for you.

해석 남: 인사부는 공석이 있나요?

여: ______________________

(a) 그들은 1시간 후에 문을 닫을 거예요.

(b) Jim이 인사부를 담당하고 있습니다.

(c) 거기에 한자리 공석이 있다고 들은 것 같습니다.

(d) 물론, 당신을 위해 제가 그것을 할게요.

해설 일반 의문문에 대한 응답을 고르는 문제로 인사부의 공석 여부를 묻는 질문이다. 따라서 공석 여부를 밝히는 응답이나, 제3의 간접 응답들이 정답 선택지로 등장할 가능성이 높다. 주어진 문제에서는 '한 자리가 있다고 들었다'는 내용의 (c)가 가장 적절한 응답이다.

어휘 Human Resources department 인사부
job opening 공석

4. 일반의문문 ★★☆　　정답 (d)

script W: Do you want to grab some pizza for dinner tonight?

M: ______________________

(a) Dinner would work better for me.

(b) I would really love to see that.

(c) Only if we can't find a pizza parlor.

(d) I could definitely go for that.

해석　여: 오늘 저녁 식사로 피자 먹으러 갈래요?

　　　남: ＿＿＿＿＿＿＿＿＿＿＿＿＿＿

　　　(a) 저는 저녁이 더 좋아요.

　　　(b) 그것을 정말로 보고 싶어요.

　　　(c) 우리가 피자집을 찾을 수 없다면요.

　　　(d) 저는 찬성이에요.

해설　'조동사 do'로 시작되는 일반의문문에 대한 응답을 고르는 문제이다. 대화에서 여자는 남자에게 저녁식사를 제안하고 있으므로, 제안을 수락하거나 거절하는 응답이 오는 것이 적절하다. 따라서 '적극적으로 동의한다'는 내용의 (d)가 정답이다.

어휘　definitely adv. 틀림없이, 분명히

　　　go for that 찬성하다

5.　의문사 의문문 – How ★☆☆　　　정답 (b)

script　M: How can I make the budget report easier to understand?

　　　W: ＿＿＿＿＿＿＿＿＿＿＿＿＿＿

　　　(a) Writing is no simple task.

　　　(b) Try to use more basic language.

　　　(c) Make your mark on the readers.

　　　(d) Flip it over and try it then.

해석　남: 어떻게 하면 예산 보고서를 더 쉽게 이해하도록 만들 수 있을까요?

　　　여: ＿＿＿＿＿＿＿＿＿＿＿＿＿＿

　　　(a) 글쓰기란 단순한 업무가 아니에요.

　　　(b) 좀 더 기본적인 언어를 사용해 보도록 하세요.

　　　(c) 글을 읽는 사람에게 이름을 떨쳐보아요.

　　　(d) 뒤집어서 그 다음에 시도해 보아요.

해설　주어진 문제는 '의문사 how' 의문문으로 예산 보고서 이해를 쉽게 할 수 있는 '방법'을 묻고 있다. 따라서 이에 대한 구체적인 방법을 제시하는 응답이 오는 것이 적절하다. 선택지 중에서는 좀더 기본적인 언어를 사용하라는 (b)가 가장 적절한 응답이다.

어휘　budget n. 예산, 비용

　　　make a mark on 이름을 떨치다, 인상을 남기다

　　　flip over 뒤집다

6.　일반 의문문 ★★★　　　정답 (c)

script　W: Did you finish the crossword puzzle from yesterday's newspaper?

　　　M: ＿＿＿＿＿＿＿＿＿＿＿＿＿＿

　　　(a) The feature article was an interesting one.

　　　(b) I read every word from front to back.

(c) It was just way too hard for me.

(d) A solution always presents itself.

해석　여: 어제 신문에 난 십자풀이 끝냈어요?

　　　남: ＿＿＿＿＿＿＿＿＿＿＿＿＿＿

　　　(a) 그 특집기사는 흥미로웠어요.

　　　(b) 나는 처음에서 뒤까지 모든 단어를 읽었어요.

　　　(c) 그것은 그저 나에게 너무 어려울 뿐이에요.

　　　(d) 해결책은 항상 그 자신을 드러내고 있어요.

해설　'조동사 did'로 시작하는 일반 의문문에 대한 응답을 고르는 문제이다. 여자가 남자에게 십자풀이를 끝냈는지 질문하고 있으므로, 끝냈는지 못 끝냈는지 밝히는 직접 응답이나, 다양한 간접응답들이 정답선택지로 등장할 수 있다. 주어진 문제의 경우 '너무 어려웠다'는 내용의 간접응답 (c)가 정답으로 가장 적절하다. '너무 어려웠다'는 말은 '끝내지 못했다'는 직접응답과 일맥상통한다고 볼 수 있기 때문이다.

어휘　crossword puzzle 십자풀이　　way too 아주 많이

7.　일반 의문문 ★★☆　　　정답 (a)

script　M: Do I have to be present at this quarter's board meeting?

　　　W: ＿＿＿＿＿＿＿＿＿＿＿＿＿＿

　　　(a) No, I'll just tell you what happens.

　　　(b) No, I won't be able to make it.

　　　(c) No, you need at least a dollar.

　　　(d) No, one gift is more than enough.

해석　남: 이번 분기의 임원회의에 내가 참석해야 하나요?

　　　여: ＿＿＿＿＿＿＿＿＿＿＿＿＿＿

　　　(a) 아니요, 무슨 일이 있는 지 바로 이야기 해줄게요.

　　　(b) 아니요, 저는 갈 수 없을 것 같아요.

　　　(c) 아니요, 당신은 최소 1달러가 필요해요.

　　　(d) 아니요, 선물 하나면 충분해요.

해설　여자가 남자에게 자신이 회의에 참석해야 하는 지 묻고 있다. 따라서 참석해야 하는지, 하지 않아도 되는지의 여부를 밝히는 응답이 가장 적절한 응답일 것이다. 선택지 모두 No로 시작되므로, 뒤에 나오는 내용으로 적절한 응답을 골라야 한다. '무슨 일이 있는지 바로 말해주겠다'는 내용의 (a)가 No라는 응답과 가장 논리적이고 자연스럽게 연결된다. 따라서 정답은 (a)이다.

어휘　board meeting 임원회의

8.　의문사 의문문 – Where ★★★　　　정답 (d)

script　W: Where did you take your client for lunch this afternoon?

　　　M: ＿＿＿＿＿＿＿＿＿＿＿＿＿＿

　　　(a) My client is a big buyer.

(b) I'm going for a jog at the park today.

(c) Thanks for asking, but I already ate.

(d) The Italian place down the street.

해석 여: 오늘 오후 점심식사로 의뢰인을 어디로 데려갔나요?

남: ____________________

(a) 내 의뢰인은 거대 구매자예요.

(b) 나는 오늘 공원으로 조깅하러 갈 거예요.

(c) 물어봐 주셔서 감사합니다만, 저는 이미 먹었어요.

(d) 거리 아래에 있는 이탈리아 레스토랑이요.

해설 '의문사 where'를 이용하여 점심 먹은 장소에 대해 묻는 여자의 질문에 가장 적절한 응답으로 고르는 문제이다. 따라서 이탈리아 식당이라고 장소를 구체적으로 밝히는 (d)가 정답이다.

어휘 client n. 고객, 의뢰인

9. 긍정평서문 ★★☆ 정답 (c)

script M: It was a pleasure to meet you, Robin.

W: The pleasure was all mine, Jeff.

M: We should do this again sometime.

W: ____________________

(a) Thanks, Robin.

(b) I can't make it.

(c) I'd absolutely love to.

(d) I don't have a watch.

해석 남: Robin, 만나서 반가웠어요.

여: Jeff, 저 또한 너무 반가웠어요.

남: 언젠가 또 이런 자리를 만들어야겠어요.

여: ____________________

(a) 감사합니다, Robin.

(b) 제때에 할 수 없을 것 같습니다.

(c) 저야 아주 좋죠.

(d) 시계가 없습니다.

해설 평서문이지만, 남자가 여자에게 다시 만나자고 제안을 하고 있는 상황이다. 따라서 제안을 수락하거나, 정중히 거절하는 응답이 오는 것이 자연스럽다. 따라서 제안을 적극 수락하는 내용의 (c)가 정답이다.

10. 긍정평서문 ★★★ 정답 (c)

script W: Do you have that report ready?

M: I sure do. Let me grab it for you.

W: Time is of the essence.

M: ____________________

(a) I'll look at the clock.

(b) I can finish it by noon.

(c) I'll be very quick.

(d) That is a lovely perfume.

해석 여: 리포트 준비 되었어요?

남: 그럼요. 당신을 위해 가져올게요.

여: 시간이 중요해요.

남: ____________________

(a) 제가 시간을 볼게요.

(b) 12시까지는 그것을 끝낼 수 있어요.

(c) 신속히 할게요.

(d) 그것은 사랑스러운 향수입니다.

해설 긍정 평서문으로 이어지는 여자의 말에 적절한 응답을 고르는 문제이다. 주어진 대화에서 여자가 말한 '시간이 중요하다'는 '빨리 가져다 달라'는 의미이다. 따라서 '신속히 하겠다'는 (c)가 가장 적절한 응답이다.

어휘 grab for 잡아 채다, 빼앗다

of the essence 절대적으로 필요한, 중요한

11. 긍정평서문 ★★★ 정답 (b)

script M: Have you heard the good news?

W: No, what's going on?

M: I've been promoted to the assistant manager position.

W: ____________________

(a) The promotion is only for this week.

(b) Your hard work finally paid off.

(c) I really hope you get it. Good luck.

(d) Yes, I have been listening to that.

해석 남: 그 좋은 소식 들었어요?

여: 아뇨, 무슨 일인데요?

남: 제가 대리로 승진되었어요!

여: ____________________

(a) 승진은 이번 주 동안에만 있어요.

(b) 열심히 일한 것이 결국 보답을 받았군요.

(c) 정말 당신이 그것을 획득하길 바래요. 행운을 빌어요.

(d) 그래요, 그것을 듣고 있어요.

해설 대화의 내용에서 남자가 여자에게 자신의 승진 소식을 전하고 있는 상황이다. 이처럼 자신의 기쁜 소식을 전하는 상대에게 가장 적절한 응답으로 축하, 칭찬, 격려의 내용이 오는 것이 적절하다. 따라서 남자를 격려해 주는 응답인 (b)가 정답이 된다.

어휘 assistant manager 대리

12. 긍정평서문 ★★☆ 정답 (a)

script W: How do you think you did on the midterm exam?

M: Not too bad, I hope. The essay portion gave me some trouble. How about you?

W: Great, I think. I knew all the multiple choice
  questions right away.

M: _______________________

  (a) Good for you. Those were hard.
  (b) Well, hopefully you'll do better next time.
  (c) It's a wonder I don't have the best grade
    in the class.
  (d) Life is just funny that way, I guess.

해석 여: 중간고사 시험 어떻게 보았어?

남: 너무 나쁘지 않기를 바라고 있어. 에세이 부분에서
   약간 문제가 있었어. 넌 어때?

여: 난 좋은 것 같아. 나는 모든 선다형 문제들을 바로
   알겠더라고.

남: _______________________

  (a) 잘되었구나! 그것들은 어렵던데.
  (b) 다음에는 더 잘하길 바랄게.
  (c) 내가 그 수업에서 최고의 등급을 얻지 못하는
    것은 이상한 일이야.
  (d) 삶은 그렇게 재미있는 거야.

해설 평서문에 적절한 응답을 고르는 문제이다. 마지막 대
화문에서 여자는 남자에게 객관식 문제들이 쉬워서 시
험을 잘 봤다고 이야기하고 있다. 따라서 부러워하거
나, 축하하는 표현이 가장 적절한 응답이 된다. 따라서
축하해주고, 자신에게는 어려웠다는 내용의 (a)가 가장
적절한 응답이다.

어휘 essay n. 논술

multiple choice questions 선다형 문제

---

13. 긍정평서문 ★★★　　　　　　　정답 (b)

script M: I'd like to have this shirt and these slacks
  dry-cleaned, please.

W: OK, that'll be four dollars for the shirt and
  eight for the pants.

M: Wait a minute. My friend told me it was a lot
  cheaper here.

W: _______________________

  (a) You're right. It's eight for the shirt and
    four for the slacks.
  **(b) I'm sorry, but your friend must have
    been mistaken.**
  (c) It's probably just fine the way it is. But I'll
    take a look.
  (d) Not a problem. I'll just make it fifteen
    dollars total.

해석 남: 이 셔츠랑 바지를 드라이 클리닝하고 싶은데요.

여: 네, 셔츠는 4달러이고, 바지는 8달러입니다.

남: 잠시만요. 내 친구는 여기가 훨씬 더 싸다고 말했는
   데요.

여: _______________________

  (a) 맞아요. 셔츠가 8달러이고, 바지는 4달러입니다.
  **(b) 죄송하지만, 당신의 친구가 착각하신 것 같은데
    요.**
  (c) 아마 그 상태 그대로 괜찮을 거예요. 그러나 한
    번 살펴볼게요.
  (d) 문제없어요. 총 15달러에 할게요.

해설 대화에서 남자는 가게 점원인 여자에게 친구에게 들은
것보다 드라이 클리닝 가격이 비싸다고 말하고 있다.
따라서 남자에게 이유를 해명하는 것이 가장 일반적인
응답일 것이다. 선택지 중에서 그 이유를 해명하는 응
답은 (b)밖에 없다. (b)의 '친구가 착각하신 것 같다'는
말은 '친구가 잘못 알고 있다'는 의미이다.

어휘 slacks n. 바지

---

14. 긍정평서문 ★★☆　　　　　　　정답 (b)

script M: Where did you buy that dress?

W: At the mall, why?

M: My wife has been looking for something just
  like that.

W: _______________________

  (a) She should try wearing a dress.
  (b) I think it would look lovely on her.
  (c) Would you like to pay with cash?
  (d) How much did you spend on it?

해석 남: 그 드레스 어디서 샀어요?

여: 쇼핑몰에서요. 왜요?

남: 내 아내가 그런 것을 찾고 있던 중이었거든요.

여: _______________________

  (a) 그녀는 드레스를 입어봐야 해요.
  **(b) 내가 생각하기에 그녀에게 잘 어울릴 것 같아
    요.**
  (c) 현금으로 계산하시겠어요?
  (d) 얼마주고 구입하셨나요?

해설 평서문에 적절한 응답을 고르는 문제이다. 평서문에 대
한 응답은 정형화된 응답이 없으므로, 섣불리 응답을
예상하기 보다는 선택지 모두를 주의 깊게 듣고 소거법
을 적용 해야 한다. 주어진 대화에서 남자는 여자가 입
고 있는 드레스를 자신의 아내도 찾고 있었다고 말하고
있다. 선택지 중에서 '남자의 부인에게도 잘 어울릴 것
같다'는 내용의 (b)가 가장 적절한 응답이다.

어휘 look for 찾다

---

15. 의문사 의문문 – What ★★☆　　　　정답 (d)

script W: I want to join a gym, but I don't know which
  one.

M: My gym is offering a special for new
  members right now.

W: Really? What is it?

M: ____________________

    (a) Fifty-percent off any entrée.

    (b) A place with great exercise equipment.

    (c) Pretty laid back, you know?

    (d) The first month is free.

해석   여: 체육관에 등록하고 싶은데요, 어디로 갈지 모르겠어요.

    남: 우리 체육관은 지금 신규 회원에게 특별서비스를 제공하고 있습니다.

    여: 정말이요? 무엇인데요?

    남: ____________________

    (a) 입장료 50퍼센트 할인이요.

    (b) 훌륭한 운동 기구를 갖춘 장소입니다.

    (c) 꽤 한가롭고 평온해요, 아시다시피.

    (d) 첫 번째 달은 무료입니다.

해설   대화에서 여자가 남자에게 체육관의 신입회원 특별서비스가 무엇인지 남자에게 묻고 있다. 따라서 신규회원을 위한 특별 서비스가 무엇인지 구체적으로 밝히는 내용을 정답으로 고르면 된다. 주어진 문제의 경우 '첫 달이 무료'라는 서비스의 내용을 이야기한 (d)가 가장 적절하다.

어휘   entrée n. 입장권, 주요요리

---

16.   **내용 일치 ★★☆**   **정답 (a)**

script   W: Where should we go to lunch?

    M: I don't know. What are you in the mood for?

    W: Anything but hamburgers. I've had too many of those this week.

    M: Getting sick of them?

    W: In a big way. How about pasta?

    M: Sounds good to me.

    Q: Which is correct according to the dialogue?

    (a) They are planning their lunch.

    (b) The woman never eats hamburgers.

    (c) The man is worried about the woman's health.

    (d) They can't agree on what to eat for lunch.

해석   여: 우리 어디로 점심 먹으러 갈래?

    남: 모르겠는데. 뭐 먹고 싶은데?

    여: 햄버거 빼곤 아무거나. 이번 주에 햄버거를 너무 많이 먹었거든.

    남: 질린 거야?

    여: 완전히! 파스타 어때?

    남: 난 좋아.

    문제: 대화의 내용과 일치하는 것은?

    (a) 그들은 점심을 먹을 것이다.

    (b) 여자는 절대로 햄버거를 먹지 않는다.

    (c) 남자는 여자의 건강에 대해 걱정하고 있다.

    (d) 그들은 점심에 무엇을 먹을지 의견을 일치하지 못한다.

해설   대화의 내용과 일치하는 것을 고르는 문제이다. 남자와 여자의 대화 처음에 'Where should we go to lunch?'라는 말과 함께 점심에 무엇을 먹을지 이야기하고 있다. 대화의 마지막 부분에서 파스타를 먹으러 가기로 합의했으므로 대화의 내용과 일치하는 것으로 '점심을 먹을 것이다'는 내용의 (a)가 정답이다.

어휘   in a big way 대대적으로, 굉장히, 완전히

---

17.   **추론 ★★★**   **정답 (d)**

script   M: I used to play the guitar.

    W: Were you very good?

    M: I was in a band. I was OK. The band wasn't.

    W: Oh, no. Why wasn't the band any good?

    M: A lot of reasons. Mostly, it was because they just didn't practice enough.

    W: I wish I could have seen you play, no matter how bad the band was.

    Q: What can be inferred from the dialogue?

    (a) The man wants to join the woman's band.

    (b) The woman doesn't play the guitar anymore.

    (c) The man wishes he could play the piano instead of the guitar.

    (d) The man took music more seriously than the rest of the band.

해석   남: 나는 기타를 치곤 했었어.

    여: 잘 쳤어?

    남: 밴드의 일원이었는걸. 괜찮았어. 밴드는 그렇지 않았지만.

    여: 어머나. 왜 그 밴드가 괜찮지 않았다는 거야?

    남: 많은 이유가 있지. 대부분은 충분히 연습을 하지 않았기 때문이었어.

    여: 밴드가 얼마나 형편없었던지 간에, 네가 연주하는 것을 볼 수 있었더라면 좋을텐데.

    문제: 대화에서 추론할 수 있는 것은?

    (a) 남자는 여자의 밴드에 들어가고 싶어한다.

    (b) 여자는 기타를 더 이상 연주하지 않는다.

    (c) 남자는 기타 대신 피아노를 연주할 수 있기를 바란다.

    (d) 남자는 밴드의 다른 사람들보다 더 진지하게 음악을 받아들였다.

해설   대화를 듣고 추론을 하는 문제이다. 대화 중 'they just

didn't practice enough.'라는 말을 통해 자신과는 달리 밴드의 다른 멤버들은 음악을 진지하게 받아들이지 않았다는 점을 추론할 수 있다. 따라서 정답은 (d)이다.

어휘 mostly adv. 주로, 일반적으로

---

18. `내용 일치 ★★☆`   정답 (c)

script M: Why do you need a secretary?

W: I just need someone to handle my calls and take messages.

M: Any other reason?

W: I think those are enough reasons. Why?

M: It's just that we can't really afford to hire anyone else right now.

W: But I'm too busy to take all those calls.

M: That's what an answering machine is for. You can listen to the messages when you have time.

W: That's the problem. I don't have time.

Q: Which is correct according to the dialogue?

(a) The man doesn't need a secretary for himself.

(b) The company has enough money for another employee.

(c) The woman is too busy to answer her own phone.

(d) The man will handle the phone calls until they hire someone.

해석 남: 왜 비서가 필요하죠?

여: 나는 단지 내 전화를 처리해주고 메시지를 받아줄 사람이 필요할 뿐이에요.

남: 다른 이유는요?

여: 그 정도면 충분한 이유가 될 텐데요. 왜요?

남: 지금 당장 새로운 사람을 뽑을 만한 여력이 정말 없다는 거예요.

여: 그렇지만 그 모든 전화를 처리하기엔 저는 너무 바빠요.

남: 그런 일 때문에 자동응답기가 있는 거예요. 시간이 있을 때 메시지를 들을 수 있어요.

여: 그게 문제에요. 내가 시간이 없다는 거요.

문제: 대화의 내용과 일치하는 것은?

(a) 남자는 자기 자신을 위한 비서가 필요하지 않다.

(b) 회사는 또 한 명의 직원을 감당하기에 충분한 돈이 있다.

(c) 여자는 너무 바빠서 자신의 전화를 받을 수가 없다.

(d) 남자는 누군가를 고용할 때까지 전화를 처리

할 것이다.

해설 대화의 내용과 일치하는 것을 묻는 문제이다. 대화에서 남자는 비서를 고용하고 싶어하는 여자에게 비서 대신 자동응답기를 사용해보라고 권하고 있고, 여자는 너무 바빠서 전화 메시지를 들을 시간 조차 없다고 말하고 있는 상황이다. 따라서 '너무 바빠서 자신의 전화조차 받을 수 없다'는 내용의 (c)가 대화의 내용과 일치한다.

어휘 afford v. 감당하다, 여유가 되다
answering machine 자동 응답기

---

19. `내용일치 ★★★`   정답 (a)

script W: My name is Heather. What's yours?

M: Jeffrey. I'm glad to meet you, Heather.

W: And you as well.

M: Tell me, what do you do for a living?

W: I'm an accountant.

M: Oh, you must be very good with numbers?

W: Yes. I've always loved mathematics.

M: I could never get very interested in adding and subtracting.

W: It's a whole lot more than just that. Math is fascinating!

Q: Which is correct according to the dialogue?

(a) The woman is good at her job.

(b) The man has always loved mathematics.

(c) They've known each other for a long time.

(d) They are both accountants.

해석 여: 제 이름은 Heather입니다. 당신의 이름은 무엇인가요?

남: Jeffrey에요. 만나서 반갑습니다, Heather씨.

여: 네, 저도 반갑습니다.

남: 직업이 무엇인가요?

여: 회계사입니다.

남: 오, 숫자를 잘 다루시겠군요.

여: 네, 항상 수학을 좋아했어요.

남: 저는 덧셈과 뺄셈에 전혀 흥미가 없었지요.

여: 수학에는 그보다는 더 많은 것들이 있는데요. 수학은 흥미로워요!

문제: 대화의 내용과 일치하는 것은?

(a) 여자는 자신의 일을 잘 한다.

(b) 남자는 항상 수학을 좋아해왔다.

(c) 그들은 오랜 시간 동안 서로를 알아왔다.

(d) 그들은 둘 다 회계사이다.

해설 대화의 내용과 일치하는 것을 고르는 문제이다. 대화의 내용상 남자와 여자는 처음 만났고, 여자가 회계사이기 때문에 수학에 관해 이야기하고 있다. 남자의 'you

must be very good with numbers?'라는 질문에 여
자는 '네'라고 대답했으므로 (a)가 대화의 내용과 일치
한다. 수학을 좋아한 사람은 남자가 아니라 여자이며,
남자가 회계사라는 사실은 대화에 나와있지 않으므로,
(b)와 (d)는 답이 될 수 없다.

어휘 be good with ~을 잘 다루다 add v. 더하다
subtract v. 빼다

---

20. 추론 ★★★ 정답 (c)

script W: Do you think I look OK in this dress?
M: OK? I think you look terrific.
W: Thank you.
M: How about me? Do you think this suit fits
me well?
W: It's perfect. You look very nice.
M: Thank you. When should we leave for the
party?
W: In a couple of minutes. We don't want to be
too late.
M: I don't want to be late at all.

**Q: Which can be inferred according to the
dialogue?**
(a) The man and woman have never met.
(b) The woman doesn't like the man's suit.
(c) They are about to leave for the party.
(d) The man doesn't mind being late.

해석 여: 이 드레스 저에게 잘 어울리나요?
남: 잘 어울리냐고요? 너무 환상적이에요!
여: 고맙습니다.
남: 저는 어때요? 이 양복이 저한테 잘 어울리나요?
여: 완벽해요. 정말 멋있어 보여요!
남: 고마워요. 파티로 언제 출발해야 하나요?
여: 몇 분 후에요. 너무 늦고 싶지 않아요.
남: 저는 전혀 늦고 싶지 않아요.

문제: 대화에서 추론할 수 있는 것은?
(a) 남자와 여자는 결코 만난 적이 없다.
(b) 여자는 남자의 양복을 좋아하지 않는다.
(c) 그들은 파티로 막 가려고 한다.
(d) 남자는 늦는 것을 꺼리지 않는다.

해설 대화를 통해 추론할 수 있는 내용을 묻는 문제이다. 대
화에서 남자와 여자는 파티에 갈 준비를 하고 있으며
여자의 'In a couple of minutes. We don't want to
be too late.'라는 말을 통해 곧 파티에 갈 것이라는 (c)
의 내용을 추론할 수 있다.

어휘 terrific a. 환상적인, 멋진   fit v. 맞다, 잘 어울리다

---

21. 추론 ★★★ 정답 (c)

script M: Why are you limping like that? Is everything
all right?
W: I twisted my ankle yesterday afternoon at
the park.
M: Oh, I'm sorry. How did you twist it?
W: I was playing tennis and accidentally
stepped on one of the balls.
M: That sounds painful. Does it hurt very bad?
W: A bit, but not nearly as bad as it did
yesterday.
M: Are you planning on going to see a doctor
to have it checked out?
W: No. I really don't think it's that serious.

**Q: What can be inferred according to the
dialogue?**
(a) The woman will have a professional look
at her ankle.
(b) The woman had hurt her ankle once in
the past.
**(c) The woman believes the injury is
healing well.**
(d) The man was there when the woman
hurt her ankle.

해석 남: 왜 그렇게 절뚝거리는 거야? 괜찮아?
여: 어제 오후에 공원에서 발목이 삐끗했어.
남: 오, 안됐구나. 어떻게 삐게 된 거야?
여: 테니스를 하고 있었는데 우연히 공 하나를 밟게 되
었어.
남: 고통스러워 보이는걸. 심하게 아픈 거니?
여: 약간. 그렇지만 어제만큼 심하지는 않아.
남: 다리를 확인해보기 위해 병원에 가볼 계획이니?
여: 아니. 그 정도로 심각한 것 같지는 않아.

문제: 대화에서 추론할 수 있는 것은?
(a) 여자는 발목을 전문가에게 살펴보게 할 것이다.
(b) 여자는 과거에도 한번 발목이 다친 적이 있다.
(c) 여자는 부상이 잘 낫고 있다고 믿는다.
(d) 남자는 여자가 발목을 다쳤을 때 그 자리에
있었다.

해설 대화를 통해 추론할 수 있는 내용을 묻는 문제이다.
대화에서 남자와 여자는 여자의 발목 부상에 대해 이
야기하고 있다. 여자는 'not nearly as bad as it did
yesterday'라고 하며, 'I really don't think it's that
serious'라고 말하고 있으므로 '자신의 부상이 잘 나을
거라고 믿고 있다'는 (c)의 내용을 추측할 수 있다.

어휘 limp v. 다리를 절다, 절뚝거리다
step on ~ 위를 밟다   twist v. 삐다, 뒤틀리다

22.

script W: How much is a small cup of coffee?

M: One sixty.

W: Does that include free refills?

M: Yes, ma'am.

W: What if I add a donut to the order?

M: All the pastries are two fifty apiece.

W: I'll just get the coffee, then.

Q: What can be inferred about the woman?

(a) She usually doesn't drink coffee.

(b) She wants cream or sugar in her coffee.

(c) She can't afford both the coffee and the donut.

(d) She'll come back later for pastries.

해석 여: 작은 컵으로 커피 한잔 얼마인가요?

남: 1달러 60센트요.

여: 무료 리필이 포함되어 있나요?

남: 네, 그렇습니다.

여: 제가 주문에 도넛 하나 추가하면요?

남: 모든 페이스트리가 개당 2달러 50센트입니다.

여: 그러면 커피만 주세요.

문제: 대화에서 여자에 관해 추론할 수 있는 것은?

(a) 그녀는 보통 커피를 마시지 않는다.

(b) 그녀는 커피에 크림이나 설탕을 넣길 원한다.

(c) 그녀는 커피와 도넛 둘 다 살만한 돈이 없다.

(d) 그녀는 페이스트리를 먹기 위해 나중에 돌아올 것이다.

해설 대화를 통해 추론할 수 있는 내용을 묻는 문제이다. 대화에서 여자는 남자에게 빵의 가격을 물어본 뒤 커피만 주문했다. 특히 'I'll just get the coffee, then'라는 표현에서 커피와 도넛을 둘 다 먹을 만한 돈이 없는 것으로 추측할 수 있다. 따라서 대화에서 추론할 수 있는 것은 (c)이다.

어휘 apiece adv. 각각, 하나에

23.

script M: I want to get a new computer.

W: What's wrong with the one you have now?

M: It's old. I want something faster and with a lot more special features.

W: They're pretty expensive. Can you afford to get a new one?

M: Yes, I can. I've been saving up for the past several months.

Q: Which can be inferred from the dialogue?

(a) The man thinks his computer runs too slowly.

(b) The woman knows more about computers.

(c) The woman will make the final decision.

(d) The man recently bought a new computer.

해석 남: 새 컴퓨터를 갖고 싶어요.

여: 지금 가지고 있는 것에 무슨 문제 있나요?

남: 낡았어요. 좀 더 빠르고 더 많은 특별한 기능이 있는 것을 원해요.

여: 아주 비싼데요. 새로운 컴퓨터를 살만한 여유가 있나요?

남: 네, 그래요. 지난 몇 달 동안 저축해왔거든요.

문제: 대화에서 추론할 수 있는 것은?

(a) 남자는 컴퓨터가 너무 느리다고 생각한다.

(b) 여자는 컴퓨터에 대해 더 많은 것을 알고 있다.

(c) 여자는 최후 결정을 내릴 것이다.

(d) 남자는 최근 새로운 컴퓨터를 샀다.

해설 대화를 통해 추론할 수 있는 것을 묻는 문제이다. 대화에서 남자와 여자는 남자가 가진 성능이 좋지 않은 컴퓨터에 대해 이야기하고 있다. 컴퓨터에 무슨 문제가 있는지 물어보는 여자에게 'I want something faster'라고 말하는 것으로 보아 (a)의 내용을 추론할 수 있다.

어휘 feature n. 기능, 특징

24.

script M: A lot of people assume that comic books are silly pictures just for kids. In truth, a great many comic books deal with subject matters that are only suitable for adults. Some titles even explore certain philosophical and metaphysical notions of human existence that children wouldn't even comprehend. If people took the time to better understand the medium, then comic books might not be treated so disparagingly.

Q: Which of the following best summarizes the talk?

(a) People know more about comic books than they think.

(b) All comic book titles are created for child audiences.

(c) Many comic books can be enjoyed by adults.

(d) There's no place for philosophy in comic books.

해석 남: 많은 사람들은 만화책들이란 아이들만을 위한 우스꽝스러운 그림들로 생각하고 있다. 사실 훌륭한 많은 만화책들이 어른들에게만 맞는 주제를 다루고 있다. 일부 만화의 경우 심지어 아이들이 이해할 수 없는 인간 존재에 관한 어떤 철학적이면서도 형이상학적인 관념들을 다룬다. 만약 사람들이 시간을 내어 이 매체를 더 잘 이해하게 된다면 만화책은 그렇게 폄하하며 취급되지는 않을 수도 있다.

문제: 담화를 가장 잘 요약한 것은?
(a) 사람들은 자신들이 생각하는 것보다 만화 책에 대해 더 많은 것을 알고 있다.
(b) 모든 만화책의 제목은 어린이 독자를 위해 만들어졌다.
(c) 많은 만화책들은 어른들에게도 즐거움을 줄 수 있다.
(d) 만화책에는 철학적인 부분이 없다.

해설 담화의 내용을 가장 잘 요약하고 있는 것을 묻는 문제이다. 많은 만화들이 'deal with subject matters that are only suitable for adults'라고 설명하고 있으며 심지어 일부 만화의 경우 'children wouldn't even comprehend.'라고 말하고 있으므로 담화를 가장 잘 요약한 내용은 (c)이다.

어휘 suitable for ~에게 어울리는, 적합한
notion n. 개념, 관념　　explore v. 답사(탐험)하다
philosophical a. 철학의　　metaphysical a. 형이상학적
disparagingly adv. 깔보듯이, 폄하하듯이

25. 　내용 일치 ★★☆　　　　정답 (b)

script W: The animal kingdom is a fascinating world of strange and beautiful creatures. What we know about the animals of our planet is vastly outweighed by what we don't. For instance, it may be common knowledge that the cheetah is the fastest animal on land, reaching top speeds of approximately 70 miles per hour. However, not many people are familiar with some other particularly fast creatures. For instance, the hawk moth can fly up to 33 miles per hour and the spiny-tailed iguana can run up to 21 miles per hour, making it the fastest reptile on the planet.

Q: Which of the following is true according to the speech?
(a) Most people don't know which animal is the fastest on land.
(b) The spiny-tailed iguana is faster than any other reptile.
(c) We know a lot more about hawk moths than cheetahs.
(d) There are many animals just as fast as the cheetah.

해석 여: 동물의 왕국은 이상하면서도 아름다운 창조물들의 놀라운 세계이다. 우리가 지구상의 동물들에 관해 알고 있는 것보다 우리가 알지 못하는 것이 훨씬 더 많다. 예를 들어, 시속 약 70마일의 최고 속도로 달리는 치타가 육지에서 가장 빠른 동물로 보통 알려져 있다. 그러나 매우 빠른 다른 동물들이 있다는 사실을 알고 있는 사람이 많지 않다. 일례로 박각시는 최고 시속 33마일의 속도로 날 수 있으며 가시꼬리이구아나는 최고 시속 21마일의 속도로 달릴 수 있는데, 지구상에서 가장 빠른 파충류이다.

문제: 담화의 내용과 일치하는 것은?
(a) 대다수의 사람들은 육지에서 어떤 동물이 가장 빠른지 알지 못한다.
(b) 가시꼬리이구아나는 어떤 다른 파충류보다 빠르다.
(c) 우리는 치타보다 박각시에 대해 더 많이 알고 있다.
(d) 치타만큼 빠른 많은 동물들이 있다.

해설 담화문의 내용과 일치하는 것을 묻는 문제이다. 화자는 가시꼬리이구아나가 'making it the fastest reptile on the planet'라고 설명하고 있으므로 (b)가 정답이다.

어휘 outweigh v. ~보다 더 크다(대단하다)
particularly adv. 특히, 특별히
hawk moth 박각시(나비목 박각시과의 곤충)

26. 　내용 일치 ★☆☆　　　　정답 (d)

script M: Making pancakes is a truly easy endeavor. Once you have all of your ingredients prepared, you will first sift together the flour, sugar, salt, and baking powder. Next, add the milk and eggs you whisked together in a separate bowl. Pour in the melted butter and mix thoroughly. Finally, cook a quarter of a cup of the batter on a hot, greased and griddle until it's a little dry around the edges and golden brown in the center. Now enjoy!

Q: Which is correct according to the instructions?
(a) Mix the milk and the flour before adding the eggs.
(b) Some ingredients are difficult to prepare.
(c) A quarter cup of batter will serve four people.
(d) The batter is cooked directly on the

griddle.

해석 남: 팬케이크를 만드는 것은 매우 쉬운 일입니다. 일단 모든 재료가 준비되었다면 먼저 밀가루, 설탕, 소금, 베이킹 파우더를 함께 섞습니다. 그 다음, 다른 그릇에 함께 부어서 휘저은 우유와 계란을 붓습니다. 녹인 버터를 부어서, 완전히 섞습니다. 마지막으로 반죽 4분의 1컵을 기름을 칠한 뜨거운 프라이팬위에 부어서, 가장자리가 약간 마르고, 가운데가 황갈색이 될 때까지 익힙니다. 자, 이제 즐기세요!

문제: 지시문의 내용과 일치하는 것은?
   (a) 계란을 더하기 전에 밀가루와 우유를 섞어라.
   (b) 일부 내용물은 준비하기가 쉽지 않다.
   (c) 반죽 1/4컵은 4인분이 될 것이다.
   (d) 반죽은 프라이팬에 직접 요리한다.

해설 지시문의 내용과 일치하는 것을 묻는 문제이다. 지시문은 팬케이크를 만드는 방법에 대해 설명하고 있고, 마지막 부분에서 'cook a quarter of a cup of the batter on a hot, greased griddle'라고 설명하고 있으므로 내용과 일치하는 것은 (d)이다.

어휘 sift v. 체로치다

endeavor n. 노력, 시도   griddle n. (요리용) 번철
separate a. 분리된, 별개의 v. 분리시키다
greased a. 기름 칠한
batter v. 두드리다(때리다) n. 반죽, 튀김옷

27. 내용 일치 ★☆☆   정답 (b)

script W: We have with us today a very special guest. Pelé was one of the greatest soccer players in the history of the sport. He first joined a professional club at the age of fifteen. The following year he became a member of the Brazillian national team at sixteen, and with them he won his first World Cup championship at the age of just seventeen. Later in his career, Pelé became known as "The King of Football" or simply "The King." Ladies and gentlemen, here is, "The King"!

Q: Which of the following is true according to the announcement?
(a) Pelé was the most talented American soccer player in history.
(b) Pelé was only seventeen when he won his first World Cup.
(c) Pelé joined the national team at fifteen years of age.
(d) Pelé was a member of the national team before he joined the professional club.

해석 여: 오늘 특별한 손님이 함께 했습니다. Pelé는 스포츠

역사 상 가장 위대한 축구 선수 중 한 분이었습니다. 그는 15살의 나이에 프로 팀에 처음으로 입단하였습니다. 그 다음해 16세에 브라질 국가대표 팀의 일원이 되었고 이들과 함께 단 17세의 나이에 그는 첫 월드컵 챔피언십을 거머쥐었습니다. 그 이후 선수생활을 하면서, Pelé는 "축구의 황제", 또는 간단히 "황제"라고 알려지게 되었습니다. 신사 숙녀 여러분, "황제"께서 나오십니다.

문제: 소개문의 내용과 일치하는 것은?
   (a) Pelé는 역사상 가장 재능 있는 미국 축구 선수이었다.
   (b) Pelé는 그의 첫 월드컵 승리를 얻었을 때 겨우 17살이었다.
   (c) Pelé는 15살의 나이로 국가대표팀에 입단했다.
   (d) Pelé는 프로축구단에 입단하기 전 국가대표 선수였다.

해설 소개문의 내용과 일치하는 것을 묻는 문제이다. 소개문에 따르면 'won his first World Cup championship at the age of just seventeen'라고 설명하고 있으므로 소개문과 일치하는 내용은 (b)이다.

어휘 professional a. 직업의, 전문적인

28. 대의 파악 ★★☆   정답 (d)

script M: Asthma is a very common condition in this day and age. Some people only rarely experience the symptoms of asthma, while others have to live with the nighttime coughing and shortness of breath every day of their lives. Studies have shown that maternal cigarette smoking and high traffic pollution are major causes of the disease. In this day and age, where pollutants and airborne toxins are ever-present and oftentimes invisible to the naked eye, it is of the utmost important to have yourself examined by a doctor to see if you may be suffering from asthma. While there is medication that can be used to treat asthma, it remains a very serious danger to both newborns and adults alike.

Q: What is the main point of the talk?
(a) It's a blessing in disguise.
(b) Don't count your chickens before they're hatched.
(c) Let sleeping dogs lie.
(d) Better safe than sorry.

해석 천식은 요즘 시대에 일반적인 질환이다. 어떤 사람들은

아주 드물게 천식 증상을 경험하지만 어떤 사람들은 일상생활을 하면서 야간기침과 숨가쁨 증상을 겪으며 살아가야만 한다. 연구에 따르면 어머니의 담배 흡연과 심한 차량 공해가 주된 질병의 원인이라고 한다. 오늘날, 공해물질과 공기중에 떠 다니는 독소들이 항상 존재하며, 육안으로 보이지 않기 때문에 천식을 앓고 있는지 의사에게 검사를 받는 것이 매우 중요한 일이다. 천식을 치료하는 데 사용될 수 있는 의약품이 있긴 하지만 천식은 신생아와 성인들 모두에게 똑같이 매우 심각한 위험으로 남아있다.

문제: 담화의 주제는 무엇인가?
 (a) 전화위복
 (b) 김칫국부터 마시지 마라.
 (c) 긁어 부스럼
 (d) 나중에 후회하는 것보다 조심하는 것이 낫다.

해설 담화문의 주제를 묻는 문제이다. 내용은 소수의 사람들에게만 발병하는 천식이 여전히 위험한 질병이라고 소개하고 있다. 특히 설명문의 마지막에 'it is of the utmost important to have yourself examined by a doctor to see if you may be suffering from asthma.'라고 강조하고 있으므로 담화의 주제로 적절한 것은 (d)이다.

어휘 asthma n. 천식 shortness of breath 숨이 가쁨
maternal a. 어머니다운, 어머니의
pollutant n. 오염 물질, 오염원
airborne a. 비행 중인, 하늘에 떠 있는
toxin n. 독소 ever-present a. 늘 상존하는
naked eye 육안

---

29. 내용 일치 ★★★ 정답 (d)

script W: And now for some breaking news: there has apparently been a rather serious accident on Highway 7. Three cars and a large truck have collided at top speeds just a few minutes ago. There's no word yet on the cause of the accident, but surely the stormy weather we're currently having must have had something to do with it. So far, no severe injuries have been reported. Let's just hope it stays that way. We'll keep you updated on the latest developments.

Q: Which of the following is correct according to the report?
(a) All three drivers have been reported unhurt.
(b) The weather was not a factor in the accident.
(c) The accident happened the previous evening.
(d) The reporter doesn't know what caused the accident.

해석 여: 속보입니다. 7번 고속도로에서 다소 심각한 사고가 발생하였습니다. 전속력으로 달리던 3대의 자동차와 1대의 거대한 트럭이 몇 분 전에 충돌하였습니다. 아직 사고의 원인에 관한 소식은 없지만 현재 겪고 있는 폭풍과 분명 관계가 있는 것으로 보입니다. 지금까지 심각한 부상자가 있다는 보고는 없습니다. 그저 이 상태가 지속되길 바랄뿐입니다. 최신의 소식이 오는대로 계속 알려드리겠습니다.

문제: 뉴스 보도의 내용과 일치하는 것은?
 (a) 3명 운전사들 모두 다치지 않은 것으로 보도되었다.
 (b) 날씨는 사고의 원인이 아니었다.
 (c) 사고는 전날 저녁에 일어났다.
 (d) 기자는 사건의 원인을 알지 못한다.

해설 뉴스 보도의 내용과 일치하는 것을 묻는 문제이다. 뉴스는 'breaking news'로서, 지금 막 발생한 자동차 사고에 대해 보도하고 있다. 기자는 'There's no word yet on the cause of the accident'라고 설명하고 있으므로 뉴스 보도와 일치하는 내용은 (d)이다.

어휘 at top speeds 전속력으로, 최고 속도로
have something to do with ~와 관계가 있다
development n. 새로이 전개된 사건(국면), 개발, 발달

---

30. 제목 찾기 ★★★ 정답 (a)

script W: Officials are worried about increased violence on school busses in our city. Statistics show an increased number of incidents this year, but the school district thinks it might have a solution. Thanks to donations from several local businesses, cameras are being installed on all districted busses this week. The cameras will be set up in such a way that they start taping the passengers as soon as the bus is in motion. This will allow the driver to concentrate on driving and not have to worry about protecting passengers from each other. While some parents believe this might be a violation of privacy rights, the director of transportation believes it is more important to ensure the safety of all students on the bus.

Q: What is the best title of the talk?
(a) School Bus Violence Protection
(b) Student Behavior in High Schools

(c) Spying on Student Bus Riders
(d) Car Safety for Children

해석 여: 공무원들은 우리 시의 스쿨 버스안에서 폭력사건이
증가하는 것에 대해 염려하고 있습니다. 통계에 따
르면 올해 사건의 수가 증가한 것으로 나타났지만,
학교 당국은 해결책을 가지고 있다고 생각하고 있
습니다. 여러 현지 업체에서 제공한 기부금 덕분에
카메라들이 이번주에 모든 지역 버스들에 장착될
것입니다. 카메라는 버스가 시동이 걸리자 마자 승
객들을 녹화하기 시작하도록 설치될 것입니다. 이
는 운전사가 운전하는데 집중하고 승객들을 각자
서로로부터 보호하는 데 신경 쓰지 않아도 되도록
할 것입니다. 일부 학부모들은 사생활권의 침해라
고 생각하고 있으나 교통 국장은 버스에서의 모든
학생들의 안전을 확보하는 것이 더 중요한 일이라
고 믿고 있습니다.

문제: 담화의 가장 적절한 제목은?
(a) 스쿨버스 폭력 예방
(b) 고등학교 내 학생들의 행동
(c) 버스를 타는 학생들에 대한 감시
(d) 아이들을 위한 자동차 안전

해설 스쿨버스에 대한 짧은 담화문을 듣고 제목을 고르는 문
제이다. 스쿨 버스 내 폭력사태가 증가되고 있어 스쿨
버스 내 카메라를 장착할 거라는 소식을 알리고 있다.
담화문 마지막에 사생활 침해권 보다 폭력으로부터의
학생의 안전확보가 더 중요하다고 말하고 있으므로 담
화문의 가장 적절한 제목은 (a) 스쿨 버스 내 폭력사건
의 예방이다.

어휘 official n. 공무원(관리), 임원 a. 공무(직무)상의
district n. 지구(지역), 구역
install v. 설치하다, 장착하다

Part I ~ IV									
1 (c)	2 (c)	3 (d)	4 (c)	5 (a)	6 (a)	7 (c)	8 (d)	9 (c)	10 (c)
11 (a)	12 (c)	13 (c)	14 (b)	15 (b)	16 (c)	17 (b)	18 (c)	19 (d)	20 (b)
21 (c)	22 (b)	23 (c)	24 (c)	25 (d)	26 (a)	27 (d)	28 (a)	29 (a)	30 (b)

---

1. 일반의문문 ★★☆   정답 (c)

script M: Have they fixed the vending machines yet?
W: ___________________________________

   (a) The store is open. Do you need anything?
   (b) I had a candy bar. But it wasn't good.
   (c) Just this morning. It is working fine now.
   (d) I'm almost there. Where are you?

해석   남: 그들은 이미 자판기를 수리했나요?
여: ___________________________________

   (a) 가게가 열렸어요. 필요한 것 있으세요?
   (b) 저는 캔디 바를 먹었어요. 하지만 맛있지는 않았어요.
   (c) 바로 오늘 아침에요. 지금은 잘 작동되고 있어요.
   (d) 저는 거의 다 왔어요. 당신은 어디에 있어요?

해설   일반의문문으로 남자가 여자에게 자판기 고장 수리 여부를 묻고 있으므로 자판기의 수리여부나 작동상태를 밝히는 응답이 오는 것이 적절하다. 'It is working fine now'라는 말은 자판기가 고쳐졌다는 직접적인 응답과 같은 의미이기 때문에 자판기가 수리되었음을 간접적으로 언급하고 있는 (c)가 정답이다.

어휘   vending machine 자판기

---

2. 의문사 의문문 – What ★★★   정답 (c)

script W: What should I prepare for my performance evaluation?
M: ___________________________________

   (a) Something light would be nice.
   (b) Maybe a little bit more than I thought.
   (c) You don't need to bring anything.
   (d) Nothing is going on here that I know of.

해석   여: 제 업무평가를 위해 무엇을 준비해야 할까요?
남: ___________________________________

   (a) 가벼운 것이 좋을 것 같은데요.
   (b) 아마도 제 생각했던 것보다는 더 많은 듯해요.
   (c) 아무 것도 가져올 필요 없어요.
   (d) 제가 알기론 여기서 아무 일도 없어요.

해설   의문사 what 의문문으로, 여자가 업무 평가를 받기 위해 무엇을 준비해야 하는지 묻고 있다. 따라서 준비물이 무엇이며, 어떤 것을 준비해야 하는지를 알려주는 응답이 가장 일반적인 응답이다. 따라서, 아무것도 준비할 것이 없다는 (c)가 답으로 가장 적절하다.

어휘   performance evaluation 성능평가, 실적평가
know of ~에 대해 알다

---

3. 일반의문문 ★☆☆   정답 (d)

script M: Did you receive the memo about the new policy regarding office supplies?
W: ___________________________________

   (a) No, I wasn't there when it happened.
   (b) I think there should have been more.
   (c) Right, but they won't supply that.
   (d) Yes, everything was pretty clear.

해석   남: 사무용품 관련 새 정책에 대한 메모를 받았나요?
여: ___________________________________

   (a) 아니요, 그 일이 일어났을 때 저는 그곳에 없었어요.
   (b) 저는 더 많은 것이 있었어야 한다고 생각해요.
   (c) 좋아요. 그러나 그것을 공급하지는 않을 거예요.
   (d) 그래요, 모든 내용이 매우 명확했어요.

해설   조동사 did로 시작하는 일반의문문이다. 남자가 여자에게 새로운 정책에 관한 메모를 받았는지 묻고 있으므로, 메모 수신 여부에 관한 응답이 오는 것이 적절하다. 따라서 'Yes'로 응답한 후에 '모든 것이 매우 명확했다'고 이야기 하고 있는 (d)가 정답이다.

어휘   policy n. 정치, 정책   office supplies 사무용품

---

4. 일반의문문 ★☆☆   정답 (c)

script W: Have you heard any rumors about downsizing at this branch?

M: _______________________________________

    (a) I heard it, but it wasn't loud.

    (b) I probably can't, but I'll check.

    (c) I have, but I don't believe them.

    (d) I saw the branch, but it wasn't down.

해석 여: 우리 지점을 구조 조정할 거라는 소문을 들었어요?

    남: _______________________________________

    (a) 들었지만 소리가 크지는 않았어요.

    (b) 아마 못할 거예요, 하지만 확인은 할게요.

    (c) 들었어요, 하지만 믿지 않아요.

    (d) 그 나뭇가지를 보았지만, 떨어지진 않았어요.

해설 조동사 have로 시작하는 일반의문문에 적절한 응답을 고르는 문제이다. 여자는 지점에 감원 계획에 대한 소문을 들었는지 묻고 있다. 따라서 '들었지만 믿지 않는다'는 (c)가 남자의 대답으로 가장 적절하다.

어휘 branch n. 지점, 분점

downsize v. 구조 조정하다, 감원하다

---

5.   **의문사 의문문 – How ★★☆**   **정답 (a)**

script M: How do I set up direct deposit for my pay checks?

    W: _______________________________________

    (a) You can do it easily online.

    (b) They don't accept credit cards.

    (c) I talked to the banker directly.

    (d) Be a little bit more productive.

해석 남: 급여 자동이체 입금 신청은 어떻게 하나요?

    여: _______________________________________

    (a) 온라인으로 쉽게 할 수 있어요.

    (b) 그들은 신용카드를 받지 않아요.

    (c) 나는 그 은행원에게 직접 이야기했어요.

    (d) 약간만 더 생산적이 되어보세요.

해설 의문사 how 의문문으로, 남자가 급여 자동이체 계좌 입금 신청을 하는 방법에 대해 묻고 있다. 따라서 이에 대한 응답으로 세부적인 방법을 알려주는 내용이 오는 것이 자연스럽다. 따라서 주어진 선택지 중에서 '온라인으로 가능하다'는 (a)가 적절한 응답이다.

어휘 pay check 월급   direct deposit (급여의) 계좌 입금

set up 제공하다, 대주다

---

6.   **의문사 의문문 – What ★★★☆**   **정답 (a)**

script W: In what way is this a better healthcare plan than our last one?

    M: _______________________________________

    (a) To be honest, it really isn't.

    (b) The key is plenty of exercise.

    (c) The best is yet to come.

    (d) It's easier if you make a plan.

해석 여: 이것은 어떤 점에서 지난 번 의료보험보다 더 나은가요?

    남: _______________________________________

    (a) 솔직히 실제로는 그렇지 않아요.

    (b) 핵심은 많은 운동이지요.

    (c) 가장 좋은 것은 아직 오지 않았어요.

    (d) 만약 계획을 세운다면, 더 쉬울 거예요.

해설 의문사 what의문문으로 여자가 남자에게 지난 번의 것과 비교하여 이번 의료보험의 나은 점이 무엇인지 묻고 있다. 따라서 구체적으로 나은 점이 무엇인지 밝히는 직접응답 또는 다양한 간접응답이 가능하다. 주어진 문제의 경우 '솔직히 더 좋지 않다'는 (a)가 적절하다.

어휘 healthcare plan 의료계획

---

7.   **일반의문문 ★★☆**   **정답 (c)**

script M: Does your company offer holiday bonuses?

    W: _______________________________________

    (a) I'll be going home for the holidays.

    (b) You can get one if you come early.

    (c) They do give us a little extra money.

    (d) We'll make it if we really try.

해석 남: 당신의 회사에서는 휴가 보너스를 제공하나요?

    여: _______________________________________

    (a) 휴가 동안 집에 갈 거예요.

    (b) 일찍 온다면 하나 얻을 수 있을 거예요.

    (c) 약간의 여분의 돈을 우리에게 줄 거예요.

    (d) 우리가 정말 노력한다면 해낼 거예요.

해설 조동사 does로 시작되는 일반의문문으로, 남자가 여자의 회사에서 휴가 보너스를 제공하는지 묻고 있다. 따라서 휴가 보너스의 지급여부나 휴가보너스의 내역이 무엇인지 밝히는 응답이 적절하다. 따라서 '약간의 돈을 더 준다'는 (c)가 가장 적절한 응답이다.

어휘 offer v. 제공하다

---

8.   **일반의문문 ★★☆**   **정답 (d)**

script M: My girlfriend is a really great actress.

    W: Is she working on a show right now?

    M: As a matter of fact, she is. Would you like to see it this weekend?

    W: _______________________________________

    (a) I don't know. Is he any good?

    (b) I can't, but I'll go this weekend.

    (c) It'll happen sooner or later.

    (d) I'll have to check my calendar.

해석 남: 내 여자친구는 정말 훌륭한 배우예요.

    여: 그녀는 지금 쇼에 출연하나요?

남: 사실, 그래요. 이번 주말에 보러 갈래요?
여: ______________________________
(a) 모르겠어요. 그는 잘하나요?
(b) 안돼요, 하지만 이번 주말에 갈게요.
(c) 조만간 일어날 것 같아요.
(d) 달력을 확인해봐야 해요.

해설 대화에서 남자는 여자에게 연극 보러 가자고 제안하고 있다. 여자의 응답으로 제안을 수락하거나 거절하는 표현이 응답으로 적절하다. 따라서 '일정을 확인해봐야 한다'는 내용의 (d)가 가능한 간접응답이다.

어휘 as a matter of fact 사실은

---

9. 긍정평서문 ★★☆   정답 (c)

script W: My mom's in the hospital. Something to do with her kidneys.
M: That's terrible. If there's anything I can do, just let me know.
W: That's sweet of you to say. I appreciate your concern.
M: ______________________________
(a) I wasn't trying to be funny.
(b) I'll definitely be there.
(c) Anything for a friend.
(d) Nothing will stop my mom.

해석 여: 엄마가 지금 병원에 계셔. 신장에 무슨 문제가 있나 봐.
남: 안됐다. 내가 할 수 있는 일이 있다면, 바로 알려줘.
여: 정말 사려깊구나. 신경 써줘서 고마워.
남: ______________________________
(a) 나는 웃기려고 한 건 아니었어.
(b) 거기에 꼭 갈게.
(c) 친구를 위해서라면 뭐든지.
(d) 아무것도 우리 엄마를 멈출 수 없어.

해설 대화에서 여자는 남자에게 자신의 가족 일에 신경 써줘서 고맙다고 말하고 있다. 따라서 감사에 대한 응답을 고르면 된다. 주어진 문제에서는 '친구를 위한 거라면 뭐든지 할 거다'라는 (c)가 가장 적절하다.

어휘 kidney n. 신장, 콩팥

---

10. 긍정평서문 ★★☆   정답 (c)

script M: Did everything go all right yesterday?
W: Definitely. The computer class was very helpful.
M: I thought you were spending the day at the office, taking safety training session.
W: ______________________________
(a) Yes, and it was very useful for all of us who went.
(b) I thought safety was more important than email.
(c) It was cancelled, so I had a choice of three different sessions.
(d) No, it didn't cost me a thing to go. It was free.

해석 남: 어제 모든 것이 괜찮았나요?
여: 그럼요. 컴퓨터 수업은 매우 유익했어요.
남: 나는 당신이 사무실 안전 교육 연수를 받느라 하루를 보내고 있을 거라 생각했어요.
여: ______________________________
(a) 그래요, 그리고 참석한 우리 모두에게는 매우 유용했어요.
(b) 나는 안전이 이메일보다 더 중요하다고 생각했어요.
(c) 그것은 취소되었어요, 그래서 3개의 다른 과정을 선택했어요.
(d) 아니요, 그것은 돈이 하나도 안 들었어요. 무료였어요.

해설 대화에서 남자는 여자가 사무실 안전교육 연수를 받고 있을 거라 생각했다고 이야기하고 있다. 따라서 대화의 흐름에 '취소되었다'는 (c)가 적절하다.

어휘 training session 연수과정, 교육과정
cost me a thing to go 돈이 안 들다

---

11. 일반의문문 ★☆☆   정답 (a)

script W: Dr. Fielding's office. How may I help you?
M: I'm not feeling well and I'd like to see the doctor.
W: Do you have an appointment for today?
M: ______________________________
(a) Well, I wasn't expecting to be sick.
(b) I'll just get the doctor for you right now.
(c) No, I wanted to see the doctor first.
(d) I might not, but I'll go home and check.

해석 여: Fielding 박사의 사무실입니다. 무엇을 도와드릴까요?
남: 몸이 좋지 않은데요. 의사 선생님을 뵙고 싶어요.
여: 오늘 약속이 있으신가요?
남: ______________________________
(a) 글쎄요, 아프게 될지 몰랐거든요.
(b) 지금 당장 당신을 위해 의사 선생님을 모셔올게요.
(c) 아니요, 저는 우선 의사 선생님을 만나고 싶었어요.
(d) 그렇지는 않을 수도 있지만, 집에 가서 확인할게요.

해설 대화에서 여자는 남자에게 의사와의 약속을 했는지 묻

고 있다. 따라서 약속 여부를 밝히는 응답이 와야 하는
데, 주어진 문제의 선택지에서는 '아플지 몰랐다'는 말
이 '사전 약속이 없었다'는 의미와 같다고 볼 수 있으므
로 (a)가 정답이다.

어휘 appointment n. 약속

---

12. 의문사 의문문 – Where ★☆☆　　　정답 (c)

script M: You speak with a bit of an accent, don't
you?
W: Yes. I've lost most of it, but you can still
hear it when I say certain words.
M: Where are you originally from?
W: _______________________________
(a) My brother's is even thicker.
(b) Europe is a fairly big continent.
(c) A small town in Wales.
(d) I haven't been back home in ages.

해석 남: 사투리 억양이 약간 있으시네요, 그렇죠?
여: 네, 거의 다 없어졌지만 제가 특정한 단어를 말할
때 여전히 그렇게 들리실 거예요.
남: 원래 어디 출신이신가요?
여: _______________________________
(a) 내 남동생은 훨씬 더 심해요.
(b) 유럽은 아주 큰 대륙이지요.
(c) Wales의 아주 작은 마을이요.
(d) 저는 고향에 다녀온 지 아주 오래되었어요.

해설 대화에서 남자는 여자의 출신지를 묻고 있다. 장소를
묻고 있으므로, 'Wales의 작은 마을에서 왔다'고 장소
를 밝힌 (c)가 가장 적절한 응답이다.

---

13. 의문사 의문문 – Why ★★☆　　　정답 (c)

script W: Do you get reception on your cell phone
way out here?
M: Not all the time. It's kind of sporadic.
W: Why do you think it's so hard to make a call
out here?
M: _______________________________
(a) Let me think. I'll be the judge of that.
(b) I think it's a lot softer than you think.
**(c) It's probably because we're in a pretty
deep valley.**
(d) I bet I could build one if I really wanted
to.

해석 여: 여기서 핸드폰 통화 신호가 잡히나요?
남: 항상 그런 것은 아니고, 이따금씩 그래요.
여: 여기서 외부로 전화 통화하기가 그렇게 힘든 이유
가 뭐라고 생각하세요?

남: _______________________________
(a) 생각해볼게요. 그건 제가 판단할게요.
(b) 당신이 생각하는 것 보다 그것이 훨씬 더 부드
러운 것 같아요.
**(c) 우리가 매우 깊은 골짜기에 있기 때문일 거예
요.**
(d) 만약 내가 진짜로 원한다면 하나는 만들어 낼
수 있을 거라고 장담해요.

해설 대화에서 여자는 핸드폰 통화 신호가 잘 잡히지 않는
이유를 남자에게 묻고 있으므로, 그 이유를 설명하는
응답이 오는 것이 적절하다. 따라서 정답으로 '매우 깊
은 골짜기에 있기 때문'이라는 (c)가 가장 적절하다.

어휘 get reception on the cell phone 핸드폰 주파수가 잡히
다
way out here 여기까지, 여기서
sporadic a. 산발적인, 이따금 발생하는

---

14. 일반의문문 ★★☆　　　정답 (b)

script M: That was a pretty close soccer game
yesterday.
W: You bet. It came right down to the wire.
M: So you saw it, too?
W: _______________________________
(a) I hope I can make it next time.
(b) Every last minute of it.
(c) I won't be there this time.
(d) I'd say it's a pretty even match.

해석 남: 어제 매우 막상막하한 축구 경기였어.
여: 맞아. 최후까지 갔어.
남: 그럼 너도 봤다는 얘기구나?
여: _______________________________
(a) 다음에는 내가 해낼 수 있으면 좋겠어.
(b) 경기 마지막 순간까지 모두 봤어.
(c) 이번에는 거기에 없을 거야.
(d) 정말 막상막하의 경기라고 할 수 있지.

해설 대화에서 남자는 여자에게 어젯밤 열린 경기의 관람여
부를 묻고 있다. 따라서 '경기 마지막 끝까지(보았다)'
라는 (b)가 가장 적절한 응답이다.

어휘 close a. 가까운, 거의 ~할 것 같은
get right down to the wire 최후의 순간까지 가다, 오다
even match 대등한 경기, 막상막하의 경기

---

15. 감정평서문 ★★☆　　　정답 (b)

script W: Hi, Joe. I just wanted to let you know that I'm
going to be a little late to work today.
M: That's fine, Joan. Is everything OK?
W: Yeah, I just couldn't find my car keys for the

longest time.

M: ___________________________

    (a) Records were made to be broken.

    (b) It happens to the best of us.

    (c) Why don't they try helping?

    (d) I'll be free in ten minutes.

해석 여: 안녕, Joe. 오늘 출근이 약간 늦을 것 같아서 알려 주려고.

남: 괜찮아, Joan. 별일 없어?

여: 응. 한참 동안 자동차 열쇠를 못 찾았을 뿐이야.

남: ___________________________

    (a) 기록은 깨어지기 마련이야.

    (b) 그런 일은 우리 대부분에게 일어나는 거야.

    (c) 그들은 왜 도우려고 하지 않을까?

    (d) 10분 후에는 시간이 괜찮아.

해설 대화의 내용을 보면 여자는 남자에게 직장에 지각하는 이유를 밝히고 있고, 남자는 괜찮다고 하는 상황이다. 따라서 여자의 지각에 대한 해명에 대한 응답으로 '그런 일은 우리 대부분에게 일어난다'는 (b)가 가장 적절하다.

---

16. **내용 일치 ★★☆** **정답 (c)**

script M: How early should we arrive at the airport? A couple of hours before our flight?

W: That depends. How long does it take to get through the ticket line?

M: Probably less than a half hour. And maybe fifteen to get through security.

W: But it could be a lot longer for both, right?

M: It could be more than an hour in each line.

W: Well, let's get there two and a half hours before our flight. Just to be safe.

M: Sounds good. Can you be ready to leave in forty-five minutes?

W: I can be ready in ten minutes.

Q: Which is correct according to the dialogue?

    (a) They're going to be late for their flight.

    (b) They disagree on when they should leave.

    (c) They aren't sure how long the lines will be.

    (d) The woman won't be ready to leave in time.

해석 남: 얼마나 일찍 공항에 도착해야 할까요? 비행 한두 시간 전에?

여: 상황에 따라 달라요. 티켓 끊는 줄을 통과하려면 얼마나 걸릴까요?

남: 아마 30분도 안 걸릴 거예요. 보안 검색을 통과하려

면 아마 15분쯤 걸리고요.

여: 그렇지만 둘 다 훨씬 더 걸릴 수도 있잖아요, 그렇지요?

남: 각 줄에서 1시간이 넘게 걸릴 수도 있어요.

여: 음, 비행기 이륙 2시간 반 전에는 도착하도록 합시다. 만일에 대비해서요.

남: 좋은 생각이에요. 45분 후에 출발할 준비 되겠어요?

여: 10분후면 준비될거예요.

문제: 대화의 내용과 일치하는 것은?

    (a) 그들은 비행기에 늦을 것이다.

    (b) 그들은 언제 떠나야 하는 지에 서로 의견이 다르다.

    (c) 그들은 얼마나 오랫동안 그 길이 진행될지 확신하지 못한다.

    (d) 여자는 제시간에 떠날 준비가 되지 않을 것이다.

해설 대화의 내용과 일치하는 내용을 묻는 문제이다. 대화에서 두 사람은 공항에서 비행기가 출발하기 전까지 얼마나 시간이 걸릴 지 이야기하고 있다. 남자는 'it could be a lot longer for both, right?'라고 말하고 있으며, '안전하게' 2시간 반 전에 도착해 있자는 여자의 말을 통해 공항에서 얼마나 오래 걸릴지 정확히 예측하지 못하고 있음을 알 수 있다. 따라서 내용과 일치하는 것은 (c)이다.

어휘 get through 통과하다 security n. 보안, 경비, 안보

---

17. **추론 ★★★** **정답 (b)**

script W: Can you read the directions to me while I drive?

M: Sure. Make a left at Fountain Street.

W: I've already done that. What's next?

M: Two miles down the road is a service station. Turn right at the next light.

W: The next light from here? Or the next light from there?

M: The next light after the service station.

W: OK, and after that?

M: It's a straight shot to the house. Less than a mile.

Q: What can be inferred according to the dialogue?

    (a) The man has been to the house before.

    (b) The man is in the passenger seat of the car.

    (c) The next light is where they should turn right.

    (d) The woman missed the Fountain Street

turn.

해석　여: 내가 운전하는 동안 내게 지리를 읽어주겠어요?

남: 그럼요. Fountain Street에서 우회전하세요.

여: 그건 이미 했어요. 그 다음은요?

남: 길 아래 2마일쯤에 휴게소가 있어요. 그 다음 신호등에서 우회전하세요.

여: 여기서 다음 신호등이요? 아니면 저기서 다음 신호등이요?

남: 휴게소 지나 다음 신호등에서요.

여: 네, 그리고 그 다음은요?

남: 집까지 직진이에요. 1마일도 채 안 걸려요.

문제: 대화에서 추론할 수 있는 것은?

(a) 남자는 전에 그 집에 가 본적이 있다.

(b) 남자는 자동차의 조수석에 있다.

(c) 다음 신호등은 그들이 우회전 해야 하는 곳이다.

(d) 여자는 Fountain Street에서의 방향 바꾸는 것을 놓쳤다.

해설　대화를 통해 추론할 수 있는 사실을 묻는 문제이다. 대화에서 여자는 운전을 하고, 남자는 옆에서 여자에게 방향을 알려주고 있다. 따라서 차의 보조석에 남자가 앉아있다는 사실을 추측할 수 있으므로 정답은 (b)이다.

어휘　service station 고속도로 휴게소
straight adv. 똑바로, 곧장, 직진으로

18.　내용 일치 ★★☆　　　정답 (c)

script　M: Hello, I'd like to make a complaint.

W: OK. What seems to be the problem?

M: The bed in my room was unmade when I arrived and the television was turned on.

W: Well, that certainly is a problem. Would you like to switch rooms?

M: Yes. Preferably to one that's clean.

W: Right away, sir. I apologize for the inconvenience.

M: It's not your fault. But thank you for the apology.

Q: Which is correct according to the dialogue?

(a) The man is running late for an appointment.

(b) The woman is angry with the man's complaint.

(c) The man wants his new room to be clean.

(d) The man wants a TV that works.

해석　남: 안녕하세요. 불만신고를 하고 싶은데요.

여: 네, 무슨 문제가 있으신가요?

남: 제가 도착했을 때 제 방 침대가 정리되어 있지 않았고, 텔레비전은 켜져 있었습니다.

여: 음, 분명한 문제군요. 방을 바꾸고 싶으신가요?

남: 네, 깨끗한 방이면 좋겠네요.

여: 지금 바로 옮겨드리겠습니다, 손님. 불편하게 해드려서 죄송합니다.

남: 당신 잘못은 아니지만 사과는 감사합니다.

문제: 대화의 내용과 일치하는 것은?

(a) 남자는 약속에 늦었다.

(b) 여자는 남자의 불평에 화가 났다.

(c) 남자는 새 방이 청소 되기를 바라고 있다.

(d) 남자는 작동되는 TV를 원한다.

해설　대화의 내용과 일치하는 내용을 묻는 문제이다. 대화 중 남자는 방의 청결하지 못함에 대해 여자에게 불평하고 있으며 여자가 'Would you like to switch rooms?'라고 물었을 때 'Yes'라고 답하였으므로 남자가 '새 방으로 옮겨줄 것을 원한다'는 (c)가 대화의 내용과 일치한다.

어휘　make a complaint 불평(신고, 항의)하다
unmade a. 정돈되지 않은
inconvenience n. 불편함

19.　추론 ★★★　　　정답 (d)

script　W: Do you think I should apply for the management position?

M: Well, do you want the job?

W: It would be nice to have a pay raise, but I'm not very good at supervising people.

M: Does the job involve a lot of supervising?

W: Unfortunately, yes.

M: Personally, I think you'd be great.

W: Thank you for saying so.

M: But, ultimately, you need to do what will make you happy.

Q: What can be inferred according to the dialogue?

(a) The woman accepted the promotion.

(b) The man thinks she should take the job.

(c) The man thinks her pay raise isn't enough.

(d) The woman is worried about the job duties.

해석　여: 제가 관리직에 지원해야 한다고 생각하나요?

남: 글쎄요, 그 일자리를 원해요?

여: 봉급인상을 받는 건 좋은 일이겠지만, 사람들을 감독하는 일을 잘하지 못하거든요.

남: 그 일에 감독하는 일이 많이 포함되어 있나요?

여: 불행하게도, 그래요.
남: 개인적으로, 당신이 잘 할 것 같은데요.
여: 그렇게 말해주니 감사합니다.
남: 그렇지만 궁극적으로는 당신이 행복할 만한 일을 해야 해요.
문제: 대화에서 추론할 수 있는 것은?
(a) 여자는 승진을 받아들였다.
(b) 남자는 여자가 그 일을 잡아야 한다고 생각한다.
(c) 남자는 여자의 봉급 인상이 충분하지 않다고 생각한다.
(d) 여자는 직무에 대해 걱정하고 있다.

해설 대화를 통해 추론할 수 있는 것을 묻는 문제이다. 여자는 관리직 지원에 대해 고민하고 있는데 'I'm not very good at supervising people'라는 말을 통해 업무에 대해 걱정하고 있다는 것을 알 수 있다. 따라서 (d)가 내용과 일치한다.

어휘 apply for 지원하다　　management position 관리직
supervise v. 감독(지휘, 지도)하다
ultimately adv. 궁극적으로

20.　내용 일치 ★★☆　　　　정답 (b)

script M: What movie do you want to see tonight?
W: Well, I don't know. That depends. What's playing?
M: The new thriller and that romantic comedy we wanted to see.
W: Oh, they both look good to me. Which would you prefer?
M: It doesn't matter to me. The thriller plays at seven-fifteen.
W: OK. And when does the other one start?
M: If I remember right, that one plays at seven-fifty.
W: Well, it's seven-ten now, so we should probably go see the romantic comedy.

Q: Which is correct according to the dialogue?
(a) The woman prefers the thriller movie.
(b) They're going to the seven-fifty movie.
(c) The comedy movie plays earlier than the thriller.
(d) They've already missed one movie.

해석 남: 오늘밤에 무슨 영화 보러 가고 싶어요?
여: 모르겠어요. 영화에 따라 다른걸요. 무슨 영화가 상영 중인데요?
남: 새로운 스릴러 영화와 우리가 보고 싶어했던 로맨

틱 코미디 영화요.
여: 아, 저에겐 둘 다 괜찮아 보이는데요. 어느 쪽이 더 좋아요?
남: 전 상관없어요. 스릴러 영화는 7시 15분에 상영 되요.
여: 좋아요. 그러면 다른 건 언제 시작하나요?
남: 내 기억이 맞는다면, 다른 하나는 7시 50분에 상영해요.
여: 음, 지금 7시 10분이니까, 로맨틱 코미디 영화를 보는 게 좋겠네요.

문제: 대화의 내용과 일치하는 것은?
(a) 여자는 스릴러 영화를 더 좋아한다.
(b) 그들은 7시 50분 영화를 보러 갈 것이다.
(c) 코미디 영화는 스릴러 영화보다 더 일찍 상영한다.
(d) 그들은 이미 영화 하나를 놓쳤다.

해설 대화의 내용과 일치하는 것을 고르는 문제이다. 남자와 여자는 영화 상영시간에 대해 이야기하고 있다. 여자의 마지막 말에서 'it's seven-ten now, so we should probably go see the romantic comedy.'라고 했으므로 로맨틱 코미디의 상영시간인 '7시 50분에 영화를 보러 간다'는 (b)가 정답이다.

어휘 play v. (영화) 상영하다

21.　추론 ★★☆　　　　정답 (c)

script W: Do you have to travel a lot because of your job?
M: Yes. I have to go to conferences all over the country. Sometimes I go abroad.
W: Do you have a favorite place that you've visited?
M: Last summer I had to go to Boston to attend a sales seminar and I fell in love with the city.
W: I grew up near Boston! Did you have time to go sightseeing?
M: I did. The seminar was two full days, but I stayed over the weekend to spend some free time there.
W: I used to love going to Faneuil Hall and looking around. Did you know it was built way back in 1742?
M: I think I read that somewhere. I didn't go there, but if I ever make it back to Boston I'll be sure to check it out.

Q: What can be inferred from the dialogue?
(a) She likes to visit old churches whenever she travels.

(b) The man recently got a new job in
Boston.

**(c) She spent some time in Boston when
she was growing up.**

(d) The man was too busy to go sightseeing
in Boston.

해석 여: 직업 때문에 여행을 많이 해야 하나요?

남: 네. 회의에 참석하느라 전국을 돌아다녀야 하거든
요. 가끔은 해외에도 나가고요.

여: 방문했던 곳 중 가장 좋아하는 장소가 있나요?

남: 지난 여름, 영업 세미나에 참석하고자 보스턴에 갔
어야 했는데, 그 도시와 사랑에 빠졌죠.

여: 전 보스턴 근처에서 살았어요. 관광할 시간이 있었
나요?

남: 그랬어요. 세미나는 이틀 동안이었지만 주말 동안
머무르면서 그곳에서 여가시간을 보냈어요.

여: 저는 Faneuil Hall에 가서 구경하는 것을 좋아했어
요. 그곳이 먼 옛날인 1742년에 지어졌다는 거 아세
요?

남: 어딘가에서 읽었던 것 같아요. 거기에 가보지 않았
지만, 만약 보스턴에 돌아갈 기회가 있다면 그곳에
꼭 가볼게요.

문제: 대화에서 추론할 수 있는 것은?

(a) 그녀는 여행할 때마다 오래된 교회를 방문하
길 좋아한다.

(b) 남자는 최근에 보스턴에 새 직장을 얻었다.

(c) 여자는 어릴 때 보스턴에서 시간을 보냈다.

(d) 남자는 너무 바빠서 보스턴에서 관광할 시간
이 없었다.

해설 대화를 통해 추론할 수 있는 사실을 묻는 문제이다. 대
화에서 남자와 여자는 보스턴에 대해 이야기하고 있다.
여자는 'I grew up near Boston'이라는 말과 함께 '보
스턴에 있는 Faneuil Hall에 가기를 좋아했다'라는 말
을 하고 있으므로 '자랄 때 보스턴에서 보냈다'는 (c)의
내용을 추론할 수 있다.

어휘 conference n. 회의

go sightseeing 관광하다, 유람하다

---

22. 추론 ★★★　　　　　　　정답 (b)

script M: If I bought us tickets to the U2 concert,
would you go with me?

W: I would love to! I have all their albums, but
I've never seen them live.

M: That's good news, because I already bought
the tickets!

W: Thank you so much. When is it?

M: Next Friday at the arena. It starts at eight.
When should I pick you up?

W: Next Friday? Oh, no! I can't go. I'll be out of

town with my family that whole weekend.

M: Really? That's too bad. I thought we would
have a lot of fun. Well, maybe next time.

Q: What can be inferred from the dialogue?

(a) The woman is glad she can't go to the
concert.

**(b) The man assumed the woman would
want to go.**

(c) The man will pick the woman up early
for the concert.

(d) The woman will be sure to tell the man
how the concert went.

해석 남: 제가 U2 콘서트 티켓을 산다면, 같이 갈래요?

여: 정말 가고 싶어요! 저는 U2의 모든 앨범을 가지고
있지만 그들이 라이브 공연하는 것을 본 적이 없어
요.

남: 그거 좋은 소식이군요. 왜냐하면 이미 티켓을 샀거
든요!

여: 너무 고마워요! 언제인데요?

남: 다음주 금요일 경기장에서요. 8시에 시작해요. 언
제 데리러 갈까요?

여: 다음주 금요일이요? 오, 안돼요! 저 못가요. 그 주
주말 내내 가족들하고 교외로 나갈 거거든요.

남: 정말이요? 정말 아쉽네요. 우리가 많이 즐길 수 있
을거라고 생각했는데요. 다음에 함께 가죠, 뭐.

문제: 대화에서 추론할 수 있는 것은?

(a) 여자는 콘서트에 갈 수 없어 기뻐한다.

(b) 남자는 여자가 가고 싶어할 거라 생각했다.

(c) 남자는 콘서트를 위해 여자를 일찍 데리러 갈
것이다.

(d) 여자는 콘서트가 어떻게 진행되었는지 남자
에게 분명 말해줄 것이다.

해설 대화를 통해 추론할 수 있는 사실을 묻는 문제이다. 대
화에서 남자와 여자는 U2 공연에 대하여 이야기하고
있다. 남자는 'I already bought the tickets'라고 말하
며 여자에게 콘서트에 함께 가자고 말하기 전 이미 티
켓을 구매해둔 상태였으므로 '여자가 가고 싶어할 것을
예상했다'는 (b)가 추론의 내용으로 적절하다.

어휘 assume v. 생각하다, 추측하다

pick someone up ~를 태우러 가다

---

23. 내용 일치 ★★☆　　　　　　　정답 (c)

script W: Not many people are aware of just how
socially and technologically advanced the
ancient Roman Empire used to be. The
subsequent dark eras of bubonic plague
and basic feudalism make it difficult to
believe that any previous society could be

so sophisticated. In truth, however, ancient Rome boasted such achievements as fountains with fresh drinking water, theaters, gymnasiums, libraries, marketplaces, and even a functional sewer system.

Q: Which is correct about the ancient Roman culture according to the speech?

(a) The ancient Romans employed a basic form of feudalism.

(b) Romans used to be the most advanced people in the world.

(c) Ancient Romans were more sophisticated than most people know.

(d) The bubonic plague brought an end to the ancient Roman Empire.

해석 여: 고대 로마 제국이 얼마나 사회적으로나 기술적으로 진보되었었는지 아는 사람은 많지 않다. 뒤이은 흑사병과 기본 봉건제도의 암흑기가 사람들로 하여금 이전의 사회가 아주 발전되었을 수도 있다는 걸 믿기 어렵게 만들었다. 그러나 사실 고대 로마는 신선한 식수원이 나오는 분수나, 극장, 체육관, 도서관, 시장 그리고 심지어 기능적 하수도 시설같은 업적들을 뽐내었다.

문제: 담화의 내용에 따라 고대 로마 문화에 대한 내용으로 사실인 것은?

(a) 고대 로마인들은 기본적인 형태의 봉건제도를 취했다.

(b) 로마인들은 세계에서 가장 진보된 사람들이었다.

(c) 고대 로마인들은 대다수의 사람들이 아는 것보다 더 세련됐었다.

(d) 림프절 페스트는 고대 로마 제국의 종말을 이끌었다.

해설 담화의 내용과 일치하는 내용을 묻는 문제이다. 'Not many people are aware of just ~'라는 부분에서 로마제국은 대부분의 사람들이 알고 있는 것보다 더 진보된 사회였다고 설명하고 있으므로 담화의 내용과 일치하는 것은 (c)이다.

어휘 subsequent a. 그 다음의, 차후의
bubonic plague 림프절 페스트
feudalism n. 봉건제도
sophisticated a. 세련된, 교양 있는
achievement n. 업적, 달성, 성취
functional a. 기능 위주의, 실용적인
sewer system 하수 시설

24. 내용 일치 ★★☆ 정답 (c)

script M: To enter this year's playwriting competition,

you must send in a full-length manuscript by June 30. Accompanying your play should be a completed entry form, a check or money order in the amount of $22, and a self-addressed stamped envelope. While we cannot guarantee the timely return of your manuscripts, we will be sending out postcards to every contestant confirming the receipt of each script by July 15. Late entries will be accepted until August 1 with a fee of $37. Finalists will be chosen and contacted by October 1, and the grand prize winner will be announced at the annual playwriting conference on October 10.

Q: Which is correct according to the statement?

(a) No entries will be accepted after July 15.

(b) Finalists will be notified by self-addressed stamped envelopes.

(c) It is more expensive for a late entry than for one before June 30.

(d) Contestants will not have their manuscripts returned to them.

해석 남: 올해의 극작가 대회에 참가하기 위해서는 6월 30일까지 전체 원고를 제출해야 합니다. 본인의 원고와 함께 작성이 완료된 신청서, 22달러에 해당하는 수표 또는 우편환, 그리고 본인의 주소와 우표가 붙여진 봉투를 동봉하여 보내주십시오. 시간에 맞게 원고의 반환을 보장할 수 없지만, 7월 15일까지 모든 참가자에게 각 원고의 수령을 확인하는 우편엽서를 보낼 것입니다. 그 이후의 참여는 8월 1일까지 37달러의 참가비와 함께 접수될 예정입니다. 입상자들은 10월 1일까지 선정하여 연락할 것이며, 대상 수상자는 매년 열리는 10월 10일 극작가 회의에서 공표될 것입니다.

문제: 안내문의 내용과 일치하는 것은?

(a) 응모자는 7월 15일 이후에 접수할 수 없다.

(b) 입상자는 본인의 주소와 함께 우표가 붙여진 봉투에 의해 통지될 것이다.

(c) 6월 30일 이전의 낸 접수보다 늦은 접수는 더 비싸다.

(d) 참가자들은 제출한 원고를 반환 받지 못할 것이다.

해설 안내문의 내용과 일치하는 내용을 묻는 문제이다. 내용에 따르면 6월 30일까지 보냈을 경우 참가비는 22달러인데 반해, 6월 30일 이후부터 8월 1일까지 보냈을 경우에는 37달러의 참가비를 내야 한다. 따라서 내용과 일치하는 것은 (c)이다.

어휘 full-length a. 전신이 다 보이는, 단축 본이 아닌
manuscript n. 원고

money order 우편환(= postal order)
contestant n. 참가자
finalist n. 결승전 출전자
receipt n. 수령증, 영수증

25. 내용 일치 ★★★　　　　정답 (d)

script M: In Sweden, as in many other European countries, people used to drive their cars in the left-hand lanes. In 1965, the Swedish government decided to convert to right-lane driving. The conversion was done on a weekday at 5:00p.m and all drivers stopped their cars and switched lanes. The reason it took place at this specific time was to prevent accidents caused by sleepy early morning drivers who might have forgotten that the new system was being enforced on that day.

Q: Which of the following is correct according to the statement?

(a) Swedish people drove on the right side of the road before the 1965 conversion.

(b) There were no traffic accidents in Sweden on the day of the conversion.

(c) After 1965, early morning drivers had to be more careful while driving.

(d) The Swedish government tried to make the conversion as safe as possible.

해석 남: 유럽의 많은 나라들과 같이 스웨덴에서 사람들은 왼쪽 차선에서 자동차를 운전했었습니다. 1965년에 스웨덴 정부는 오른쪽 차선 운행으로 변경하기로 결정하였습니다. 이러한 전환은 평일 오후 5시에 이루어졌고, 모든 운전자들은 자신의 차를 멈추고 차선을 변경했습니다. 이렇게 특정 시간에 변경을 시행한 이유는 잠이 덜 깬 새벽 운전자들이 새로운 제도가 그날 시행된다는 사실을 깜박 잊어버리고 유발시킬 수도 있는 사고를 예방하고자 함이었습니다.

문제: 담화의 내용과 일치하는 것은?

(a) 스웨덴 사람들은 1965년의 변경 이전에는 도로의 오른쪽으로 운전했다.

(b) 스웨덴에서는 변경이 있었던 그날 어떠한 교통사고도 없었다.

(c) 1965년 이후 이른 아침 운전사들은 운전하는 동안 좀 더 주의해야 했다.

(d) 스웨덴 정부는 가능한 한 안전하게 변경을 하려고 노력했다.

해설 담화의 내용과 일치하는 내용을 묻는 문제이다. 담화는 스웨덴이 차선변경 시스템을 적용할 때 사고방지를 위해 오후에 감행했다는 이야기를 하고 있다. 따라서 안전상의 이유로 오후의 차선 변경 적용을 했으므로 내용과 일치하는 것은 (d)이다.

어휘 conversion n. 전환, 변경　　left-hand 왼쪽
lane n. 도로, 차선

26. 내용 일치 ★★☆　　　　정답 (a)

script W: While as many as two thousand scientists and researchers currently reside on the continent of Antarctica, there have been no international conflicts there. The reason for this is the Antarctica Treaty, which was signed and put into effect in 1959. The treaty makes promise that no military action or mineral mining will ever take place on the continent. Because of the Antarctica Treaty, the environment remains wholly protected and international scientific cooperation is promoted and celebrated. To date, forty-six countries have signed the treaty.

Q: Which of the following is true of Antarctica according to the statement?

(a) There are thousands of temporary residents.

(b) Only the military permanently resides there.

(c) The Antarctica Treaty promotes mineral mining.

(d) Before 1959, there were serious military conflicts.

해석 여: 2천 명의 과학자와 연구자들이 현재 남극 대륙에 거주하고 있지만 그곳에서는 어떠한 국제적 분쟁도 존재하지 않았다. 그 이유는 남극 조약 때문이며, 이것은 1959년 체결되어 발효되었습니다. 이 조약은 어떠한 군사적 행위나 광물질 채취가 이 대륙에서 이루어지지 않을 것을 약속하고 있습니다. 남극협약 때문에 환경은 완전히 보호되어져 왔고, 국제적인 과학적 협력이 장려되고 이뤄지고 있습니다. 지금까지, 46개 국가들이 이 협약에 서명하였습니다.

문제: 담화에 따르면 남극에 관하여 사실인 것은 무엇인가?

(a) 그곳에는 수천 명의 임시 거주민들이 있다.

(b) 오직 군인들만이 그곳에 영구적으로 거주한다.

(c) 남극협약은 광물질 채광을 장려한다.

(d) 1959년 전에는 심각한 군사적 갈등이 존재했다.

해설 담화의 내용과 일치하는 내용을 묻는 문제이다. 담화에서 남극이 평화와 생태 보호를 유지할 수 있는 이유는 남극조약 때문이라고 말하고 있다. 담화문 도입부에 'two thousand scientists and researchers currently reside on the continent of Antarctica'라고 설명한 것과 같이 현재 과학적 연구를 목적으로 수천 명이 거주하고 있다는 것을 알 수 있으므로 남극에 대해 사실인 것은 (a)이다.

어휘 reside on 거주하다 conflict n. 갈등, 분쟁
treaty n. 협약, 조약
put into effect 효력을 발휘하다, 시행(발효)하다
promote v. 장려하다, 승진하다

27. 내용 일치 ★★☆   정답 (d)

script M: This week only, Super Foods Supermarket is having a special on all canned goods! Canned vegetables such as corn, string beans, and spinach are fifty percent off. Canned fruits like peaches, pineapples, and pears are forty percent off. Canned soup is fifteen percent off and when you buy one can of chili you get the second can for free! Come to Super Foods Supermarket for the very best deals in canned foods you'll ever find!

Q: Which of the following is true about the advertisement?
(a) All canned food is more than fifty percent off.
(b) Pineapples are half of their original price.
(c) Chili is twice as expensive as other soups.
(d) Peaches and pears are both less than half off.

해석 남: 이번 주 동안에만 Super Foods Supermarket에서 모든 캔 식품에 특별 할인을 하고 있습니다. 옥수수, 줄기 콩, 시금치 같은 야채 캔은 50% 할인을 합니다. 복숭아, 파인애플, 배와 같은 과일 캔은 40% 할인합니다. 스프 캔은 15% 할인되고 칠리 캔 하나를 사시면 2번째 캔은 무료입니다! Super Foods Supermarket으로 오셔서 여러분이 발견하게 될 가장 저렴한 가격의 캔 식품들을 구입하세요.

문제: 광고의 내용으로 사실인 것은?
(a) 모든 캔 음식은 50%이상 할인이다.
(b) 파인애플은 정가의 50%이다.
(c) 칠리는 다른 스프의 2배 비싸다.
(d) 복숭아와 배는 둘 다 50% 이하로 할인된다.

해설 광고의 내용과 일치하는 내용을 묻는 문제이다. 광고의 중반에서 'peaches, pineapples, and pears are forty percent off' 라고 말하고 있으므로 복숭아와 배를 포함한 과일 캔은 40% 할인된 가격에 판매되고 있음을 알 수 있다. 따라서 광고의 내용과 일치하는 것은 (d)이다.

어휘 string beans 줄기콩 spinach n. 시금치

28. 내용 일치 ★★☆   정답 (a)

script W: In local news, the Jefferson High School basketball team has officially been eliminated from the state championships. Though they beat the Johnsonville Jaguars last week by a landslide, they lost their most recent game against the Jackson Brown Bears by less than ten points. But while their hopes for a trophy this year have been dashed, they are already looking forward to a winning season next year. Congratulations to the Jefferson Cougars on a fantastic season. And good luck to them next season.

Q: Which of the following is true according to the report?
(a) The Jaguars were eliminated before the Cougars.
(b) Johnsonville will play Jackson after beating Jefferson.
(c) The Brown Bears are national champs.
(d) The Jackson Cougars lost their last game.

해석 여: 지역 뉴스입니다. Jefferson High School 농구 팀은 공식적으로 주 챔피언 대회에서 탈락하였습니다. 선수들은 Johnsonville Jaguars과의 지난주 경기에서 큰 점수차로 승리했음에도 Jackson Brown Bears과의 가장 최근 경기에서는 10점 이하의 점수차로 패배했습니다. 올해 우승컵에 대한 이들의 희망이 무너졌지만, 이들은 벌써 내년 시즌 우승을 고대하고 있습니다. 환상적인 시즌을 보여준 Jefferson Cougars 팀, 축하 드립니다! 다음 시즌에도 행운이 있길 바랍니다.

문제: 보도의 내용과 일치하는 것은?
(a) Jaguars 팀은 Cougars 팀 이전에 탈락했다.
(b) Johnsonville은 Jefferson을 물리친 후 Jackson과 경기할 것이다.
(c) Brown Bears는 국가 챔피언이다.
(d) Jackson Cougars는 그들의 마지막 경기에서 졌다.

해설 뉴스의 내용과 일치하는 내용을 묻는 문제이다. 보도

앞부분에 'they beat the Johnsonville Jaguars'라고
말한 부분에서 Jaguars팀은 Jefferson Cougars팀에
게 졌으므로 Jefferson의 탈락 이전에 떨어졌다는 사
실을 알 수 있다. 그러므로 내용과 일치하는 것은 (a)
이다.

어휘 eliminate v. 없애다, 제거(삭제)하다
     beat(win) by a landslide 크게 승리하다

---

29. 대의 파악 ★★☆   정답 (a)

script M: It is very important that you not keep
        anything on or too near the furnace. Make
        sure you only turn it on when necessary and
        don't leave it on for more than three hours
        at a time. When you leave the house, be
        sure the dial is turned to the "off" position. If
        you smell gas coming from the furnace, turn
        it off immediately and call the number on the
        back of this card for professional service. If
        you have any questions or concerns, please
        don't hesitate to call.

     Q: Which of the following is the purpose of
        the talk?
        **(a) To inform the consumer of the
            furnace's dangers**
        (b) To promote the usefulness of the
            product
        (c) To eliminate misconceptions about the
            furnace
        (d) To provide emergency instructions for
            broken devices

해석 남: 보일러 위나 또는 너무 가까이에 아무것도 놓지 않
        도록 하는 것이 매우 중요합니다. 필요할 때만 전원
        을 켜도록 하시고, 한번에 3시간 이상 지속적으로
        켜 두지 않도록 합니다. 외출하실 때는 전원 다이얼
        이 "꺼짐"에 위치하는 지 확인하세요. 만일 보일러
        에서 새어 나오는 가스 냄새를 맡았다면, 즉시 전원
        을 끄시고 이 카드 뒤에 적힌 전화번호로 전화하여
        전문가의 서비스를 요청하세요. 기타 문의 사항이
        있으면 주저 마시고 저에게 연락 주십시오.

     문제: 다음 중 담화의 목적은 무엇인가?
        (a) 보일러의 위험성을 소비자에게 알려주기 위해
        (b) 상품의 유용함을 홍보하기 위해
        (c) 보일러에 관한 잘못된 인식을 없애기 위해
        (d) 고장 난 제품에 대한 비상 시 지시사항을 제
            공하기 위해

해설 담화의 목적을 묻는 문제이다. 보일러를 안전하게 사용
     하기 위한 지침을 이야기하고 있다. 보일러 사용시 안
     전사고를 예방하기 위한 각종 주의사항들을 설명하고

있으므로, 이 글의 목적으로 적절한 것은 (a)이다.

어휘 furnace n. 용광로, 보일러

---

30. 내용 일치 ★★☆   정답 (b)

script W: The largest airplane in the world is the
        Antonov An-225, which was built specifically
        to haul oversized cargo. Designed for the
        Soviet Union's space program in 1988, the
        aircraft can carry loads of up to 550,000
        pounds internally or 440,000 pounds on top
        of the outer fuselage. The An-225, which
        has been used to transport space shuttles,
        is 84 meters long and 88.4 meters wide.

     Q: What is true about An-225 according to
        the statement?
        (a) It was built in the Soviet Union.
        **(b) Its wingspan is more than 88 meters
            wide.**
        (c) It was built at the end of the twenty-first
            century.
        (d) It can carry more than 500,000 pounds
            on the outer fuselage.

해석 여: 세계에서 가장 큰 비행기 Antonov An-225는 특별
        히 특대의 화물을 수송하기 위해 만들어졌다. 소비
        에트 연방의 우주 프로그램을 위해 1988년에 제작
        된 이 항공기는 내부적으로 550,000 파운드까지 짐
        을 싣거나, 또는 외부 동체의 상단에 440,000 파운
        드까지 짐을 실을 수 있다. 우주 왕복선을 운송하기
        위해서 사용되었던 An-225는 길이가 84미터 넓이
        가 88.4 미터이다.

     문제: 담화에 따르면 An-225에 대해 사실인 것은?
        (a) 소비에트 연방에서 만들었다.
        (b) 날개 폭이 88미터 넓이보다 넓다.
        (c) 21세기 말에 만들어졌다.
        (d) 외부 동체에 500,000 파운드 이상 실을 수 있
            다.

해설 담화의 내용과 일치하는 내용을 묻는 문제이다. 세계
     최대 비행기인 Antonov An-225에 관한 이야기이다.
     담화문 끝부분에 비행기의 크기를 '~ 84 meters long
     and 88.4 meters wide'로 언급하였으므로 '폭이 88미
     터보다 넓다'는 (b)가 정답이다.

어휘 haul v. 끌다, n. 많은 양
     oversized a. 특대의, 너무 큰
     cargo n. 화물   aircraft n. 항공기
     fuselage n. 기체(동체)

Part I ~ IV	1 (d)	2 (a)	3 (b)	4 (b)	5 (a)	6 (c)	7 (b)	8 (a)	9 (b)	10 (c)
	11 (a)	12 (c)	13 (a)	14 (a)	15 (c)	16 (b)	17 (c)	18 (b)	19 (d)	20 (c)
	21 (c)	22 (b)	23 (c)	24 (b)	25 (a)	26 (d)	27 (a)	28 (b)	29 (c)	30 (d)

1. 의문사 의문문 – What ★★☆　　　정답 (d)

script　M: What was the best part of your cross-country trip?

　　W: ____________________

　　(a) It is a long way to drive for only one person.
　　(b) The cost of gasoline was too high in many places.
　　(c) The roads were not as good as I expected.
　　(d) I learned quite a bit about regional influences.

해석　남: 국토 횡단 여행의 가장 좋은 부분은 무엇이었나요?

　　여: ____________________

　　(a) 한 사람이 운전하기에는 너무 긴 길이에요.
　　(b) 가솔린의 가격이 많은 지역에서 너무 비쌌어요.
　　(c) 길들이 내가 기대한 것만큼 좋지 않았어요.
　　(d) 지역적 영향에 대해 많은 것을 배웠어요.

해설　의문사 의문문으로 what을 이용하여 남자는 국토 횡단 여행의 좋은 점에 대해 묻고 있다. 이에 대한 여자의 대답으로 '지역적 영향에 관해 배울 수 있다'고 말한 (d)가 가장 적절하다.

어휘　quite a bit 꽤

2. 일반 의문문 ★☆☆　　　정답 (a)

script　W: Has the prom committee completed the decorations for the dance?

　　M: ____________________

　　(a) No, they haven't even decided on the theme or the colors.
　　(b) The dance will be on May 24th, but the site has not been selected.
　　(c) Yes, dinner will be served in the dining hall before the dance.
　　(d) Unfortunately, tickets are going to cost at least 25 dollars per person.

해석　여: 무도회 위원회는 댄스를 위한 장식을 완료하였나

요?

　　남: ____________________

　　(a) 아니요, 그들은 테마나 색에 대한 결정조차 못 했어요.
　　(b) 무도회는 5월 24일에 열릴 거예요, 하지만 장소는 선정되지 않았어요.
　　(c) 그래요, 저녁은 무도회 전에 식당에서 제공될 거예요.
　　(d) 안타깝게도 티켓값이 최소 개인당 25달러가 될 거예요.

해설　일반의문문으로 여자는 무도회 장식이 끝났는지 남자에게 묻고 있다. 따라서 이것에 대한 직접응답으로 무도회 장식이 끝난 것에 대한 내용이나 이와 관련한 간접 응답 모두 올 수 있다. 주어진 선택지 중에서 '주제나 색에 대해서 조차 결정이 안됐다'는 (a)가 정답이다.

어휘　prom n. (특히 미국에서 고등학교의) 무도회
committee n. 위원회　　dining hall 식당

3. 일반 의문문 ★★☆　　　정답 (b)

script　M: Did your team start working on the group project yet?

　　W: ____________________

　　(a) Great. I'd love to get started.
　　(b) No, we're going to get started tonight.
　　(c) I really enjoy working with others.
　　(d) I'll start to study tomorrow evening.

해석　남: 당신의 팀은 그룹 프로젝트에 대한 작업을 이미 시작했나요?

　　여: ____________________

　　(a) 좋아요. 저는 시작하고 싶어요.
　　(b) 아니요, 우리는 오늘밤에 시작할 예정입니다.
　　(c) 저는 정말 그들하고 함께 일하는 것이 즐거워요.
　　(d) 저는 내일 저녁에 공부를 시작할 거예요.

해설　일반의문문으로 남자는 그룹 프로젝트를 시작했는지에 대해 묻고 있다. 따라서 이에 대한 답으로 '오늘 밤에 시작할 것이다'는 (b)가 적절하다.

4. | 일반 의문문 ★★★ | 정답 (b)

script W: Is that the new suit that you're going to wear to homecoming?

M: __________________

(a) I'm glad that you finally could afford to buy a new suit.

(b) You're right. There's a really good deal at the clothing store.

(c) I bought it last summer at a sale. What do you think?

(d) I don't think it really suits me. Thanks anyway.

해석 여: 이게 동창회에 입고 갈 새 양복인가요?

남: __________________

(a) 당신이 새로운 양복을 살만한 돈이 마침내 생겨서 기뻐요.

(b) 당신 말이 맞아요. 옷 가게에서 정말 좋은 거래를 했어요.

(c) 나는 지난 여름 세일 때 이것을 샀어요. 어떻게 생각해요?

(d) 나는 이 옷이 나에게 정말 어울린다고 생각하지 않아요. 어찌되었든 감사해요.

해설 일반의문문으로 여자는 남자의 새 양복이 동창회 때 입고 갈 옷인지 묻고 있다. 따라서 이에 대한 남자의 대답으로 긍정의 말과 함께 '정말 싸게 주고 샀다'고 말한 (b)가 가장 적절하다.

어휘 homecoming n. (고교, 대학 졸업생들이 연 1회 갖는) 동창회

---

5. | 일반 의문문 ★★☆ | 정답 (a)

script M: Would you like to go to someplace fancy for dinner?

W: __________________

(a) Sure, it's a celebration, so cost is no object.

(b) No, they haven't sent a bill to me yet.

(c) Why not? I'd prefer a lesser one if possible.

(d) Well, I expect that dinner will be served by seven.

해석 남: 저녁 먹으러 어디 고급스러운 곳으로 갈까?

여: __________________

(a) 그래, 축하할 일이니까 비용은 얼마든지 들어도 괜찮아.

(b) 아니, 그들은 나에게 아직 청구서를 보내지 않았어.

(c) 왜 안되겠어? 가능하다면 양이 더 적은 게 좋겠어.

(d) 글쎄, 7시쯤 저녁이 준비되길 기대하고 있는데.

해설 일반의문문으로 남자는 괜찮은 곳으로 저녁 먹으러 가자고 여자에게 제안하고 있다. 이에 대한 여자의 대답으로 '축하할 일이니까 가격은 상관없다'고 말하는 (a)가 적절하다.

어휘 celebration n. 기념행사, 축하할 일
fancy a. 값비싼, 고급의

---

6. | 일반 의문문 ★★☆ | 정답 (c)

script M: Would you like to have another drink?

W: __________________

(a) You should be able to find it in the cabinet.

(b) No, I'll just drink it from the bottle.

(c) No, thank you, one is plenty for me.

(d) Yes, I think the first one is the best.

해석 남: 음료 한잔 더 마시겠어요?

여: __________________

(a) 캐비닛에서 그것을 찾을 수 있어야 해요.

(b) 아니요, 그냥 병째 마실 거예요.

(c) 아니요, 감사합니다만 한 잔이면 저에게는 충분해요.

(d) 네, 제가 생각하기에 첫 번째 것이 가장 좋았던 것 같아요.

해설 일반의문문으로 음료를 더 권하는 남자에 대한 대답을 찾아야 한다. 따라서 여자의 대답으로 '한 잔이면 충분하다'는 (c)가 가장 적절하다.

어휘 cabinet n. 장식장, 내각

---

7. | 긍정평서문 ★☆☆ | 정답 (b)

script W: Are you OK? You look like you're really worn down today.

M: __________________

(a) I had a great time at the class reunion this weekend.

(b) Well, I am feeling a little under the weather.

(c) I know. I really want to throw away this pair of shoes.

(d) Yes, he's fired up after his team won the football game.

해석 여: 괜찮아요? 오늘 정말 지쳐 보여요.

남: __________________

(a) 이번 주말에 동창회에서 즐거운 시간을 보냈어요.

(b) 글쎄요, 몸 상태가 좀 안 좋은 것 같아요.

(c) 알아요. 정말 이 신발 던져버리고 싶어요.

(d) 그래요, 그의 팀이 축구 경기에서 승리한 후에
　　몹시 흥분했어요.

해설　긍정평서문으로 여자는 지쳐 보이는 남자동료에게 안
　　부를 묻고 있다. 이에 대한 적절한 대답은 '몸이 좋지
　　않다'는 (b)이다.

어휘　worn down 몹시 지쳐 보이는, 해진, 닳은
　　class reunion 동창회
　　be fired up 몹시 흥분하다, 격분하다

8. 　일반 의문문 ★★☆　　　　정답 (a)

script　M: Can I get you something to drink to help
　　　you cool off?
　　W: ________________________________

　　　(a) Some iced tea would be nice.
　　　(b) Yes, I had some hot chocolate earlier.
　　　(c) No, I don't like that flavor.
　　　(d) Sorry, I don't have anything.

해석　남: 열 좀 식히실 수 있도록 내가 마실 것 좀 가져다 줄
　　　까요?
　　　여: ________________________________

　　　(a) 아이스 티면 좋겠네요.
　　　(b) 그래요. 뜨거운 초콜릿을 좀 전에 마셨어요.
　　　(c) 아니요. 저는 그 맛을 좋아하지 않아요.
　　　(d) 미안해요. 아무것도 가지고 있지 않아요.

해설　일반의문문으로 남자는 여자에게 마실 것을 권하고 있
　　는 상황이다. 따라서 이에 대한 여자의 대답으로 긍정
　　의 의미를 포함하는 '아이스 티가 좋겠다'는 (a)가 적절
　　하다.

어휘　cool off 시원해지다, 차분해지다

9. 　긍정평서문 ★★☆　　　　정답 (b)

script　W: Are you sure he said to meet on the corner
　　　of Fifth and Central?
　　　M: Yes, he said he would meet us outside of
　　　this restaurant.
　　　W: He could have gone inside to get out of this
　　　wind.
　　　M: ________________________________

　　　(a) Yes, it is supposed to be very windy and
　　　　cold.
　　　(b) That's true, so maybe we should
　　　　check inside.
　　　(c) Not really. I anticipate that he will be
　　　　arriving alone.
　　　(d) Go straight on this street until you see
　　　　the restaurant.

해석　여: 5번가와 Central가 모퉁이에서 그가 만나자고 한

거 확실하나요?
　　남: 그래요. 그는 이 레스토랑 밖에서 만나자고 했어요.
　　여: 그는 이런 바람을 피하기 위해서 실내에 들어가 있
　　　을 수도 있어요.
　　남: ________________________________

　　　(a) 그래요, 매우 바람이 불고 추울 거라고 생각해
　　　　요.
　　　(b) 사실이에요, 그러니 실내를 확인해봐야 할 것
　　　　같아요.
　　　(c) 사실은 그렇지 않아요. 저는 그가 혼자 올 거라
　　　　고 생각하는데요.
　　　(d) 그 레스토랑을 보게 될 때까지 이 길을 곧장 직
　　　　진하세요.

해설　남자와 여자는 레스토랑 앞에서 다른 사람을 기다리고
　　있다. 바람이 심하여 기다리는 남자가 실내에 있을 거
　　라고 말하는 여자에 대한 남자의 적절한 응답을 골라야
　　한다. 따라서 '실내를 확인해보자'는 (b)가 정답으로 적
　　절하다.

어휘　be supposed to ~하기로 되어 있다
　　anticipate v. 기대하다, 예상하다

10. 　일반 의문문 ★★☆　　　　정답 (c)

script　W: I can't believe how much stuff is going to be
　　　on the test tomorrow.
　　　M: I know. The review sheet that we got went
　　　into great detail.
　　　W: Do you think you can get ready in time?
　　　M: ________________________________

　　　(a) You didn't give enough time to get
　　　　ready.
　　　(b) I'm glad that we've studied so hard
　　　　already.
　　　(c) I don't know if I can get it all
　　　　memorized.
　　　(d) I'm impressed that you did all that in
　　　　class.

해석　여: 내일 테스트할 물건이 얼마나 많은지 믿을 수가 없
　　　어요.
　　　남: 알아요. 우리가 가져온 보고서에 자세히 설명되어
　　　있어요.
　　　여: 당신이 제시간에 준비할 수 있을 것 같아요?
　　　남: ________________________________

　　　(a) 당신은 준비하는 데 충분한 시간을 주지 않았어
　　　　요.
　　　(b) 우리가 이미 열심히 공부해서 기뻐요.
　　　(c) 그 모든 것을 암기할 수 있을 지 모르겠는데요.
　　　(d) 수업 중에 그 모든 것을 했다니 감동받았어요.

해설　남자와 여자는 내일 있을 테스트의 준비에 대해 이야기
　　하고 있다. '제 시간에 준비가 될 것 같은지'를 묻는 여

자에 대한 적절한 남자의 응답으로 보고서에 자세히 설
명되어 있지만 '모든 것을 다 외울 수 있을 지 모르겠
다'는 (c)가 적절하다.

어휘 review sheet 보고서
go into detail 자세히 이야기하다, 자세히 설명하다

11. 대의 파악 ★★☆   정답 (a)

script M: Are you planning on coming to the
Christmas party next week?
W: Maybe for a little while, but I can't stay very
long.
M: How come?
W: _______________________________________

**(a) My sister is flying in for the holidays,
and I have to pick her up at the
airport.**
(b) I am in charge of the refreshments and
will be in the kitchen all night long.
(c) Despite what my office calendar says, I
have nothing better to do that night.
(d) I found it really easy, actually. The
spending limit for the gifts took the
pressure off.

해설 남: 다음주에 있을 크리스마스 파티에 갈 계획인가요?
여: 아마 잠깐 동안은 있을 거예요. 하지만 오래 머무르
진 못해요.
남: 왜요?
여: _______________________________________
**(a) 제 여동생이 휴가로 비행기 타고 올 거예요. 그
래서 공항으로 데리러 가야 해요.**
(b) 저는 간이 스낵을 담당하고 있어요. 그래서 그
날 밤 내내 주방에 있을 거예요.
(c) 사무실 달력에 써있기는 해도, 그날 밤 더 나은
일을 할 것이 없어요.
(d) 사실 저는 그것이 정말 쉽다는 걸 알았어요. 선
물에 대한 지출 한도가 마음의 부담을 덜어주었
어요.

해설 대화에서 남자는 다음 주에 있을 크리스마스 파티에서
오래 머물지는 못할 거라는 여자에게 그 이유를 묻고
있는 상황이다. 따라서 이에 적절한 여자의 대답으로
'여동생을 공항으로 마중 나가야 하기 때문'이라고 세
부적인 이유를 밝히고 있는 (a)가 적절하다.

어휘 in charge of ~담당의, ~을 책임지고 있는
take the pressure off 마음의 부담(압박감)을 덜다, 마음
이 가벼워지다
spending limit 지출 한도

12. 일반 의문문 ★★☆   정답 (c)

script W: Don't you have a coat with you? I can loan
you mine.
M: No, I'm all right. I didn't even bring a coat to
the office today.
W: Didn't you see the weather forecast that
predicted snow?
M: _______________________________________

(a) Yes, I can't believe that it is so warm for
this time of year.
(b) The wind has really picked up since we
started our walk.
**(c) No, I didn't get a chance before I
came to work.**
(d) Just a minute. Let me grab my coat from
the office.

해석 여: 코트 안 가지고 왔어요? 내 것을 빌려줄 수 있어요.
남: 아니에요. 괜찮아요. 오늘 사무실에도 코트를 안 가
져갔는걸요.
여: 눈이 올 거라고 한 일기 예보를 보지 않았어요?
남: _______________________________________
(a) 네, 한 해 중 이 맘때쯤에 그렇게 따뜻하다는 걸
믿을 수 없어요.
(b) 우리 산책이 시작된 후부터 바람이 정말 세졌어
요.
(c) 아니요, 일하러 나오기 전에 기회가 없었어요.
(d) 잠깐만요. 사무실에서 코트 좀 가져올게요.

해설 대화의 내용을 보면 남자는 날씨가 추움에도 불구하고
코트를 입고 오지 않았다. 여자는 이러한 남자에게 일
기예보를 보고 오지 않았는지 묻고 있으므로, 이에 대
한 남자의 대답으로 '(일기 예보를 볼) 기회가 없었다'
는 (c)가 적절하다.

어휘 weather forecast 날씨 예보
wind picks up 바람이 세지다

13. 긍정평서문 ★★☆   정답 (a)

script W: You look like you can't find something. Can
I help you?
M: Yes. The cans of vegetables used to be on
aisle seven, but I don't see them now.
W: We got some different brands in last week,
so we moved some things to aisle eight.
M: _______________________________________

**(a) That makes sense. Thank you very
much for your assistance.**
(b) So that means the corn and beans are
on aisle seven, right?
(c) Since I'm right handed, it should make

them easy to find.

(d) I guess I'll have to buy vegetables in a
bag from now on.

해석　여: 당신 무언가 찾지 못하는 것처럼 보이는데요. 도와
줄까요?

남: 네. 야채 캔들이 7번 통로에 있었는데요, 지금은 찾
을 수가 없어요.

여: 지난 주에 다른 상품들이 들어와서, 일부 제품은 8
번 통로로 옮겼습니다.

남: ______________________________

(a) 이해가 되는군요. 도와주셔서 너무 감사합니다.

(b) 그럼 그 말은 7번 복도에 옥수수와 콩들이 있다
는 의미이군요.

(c) 제가 오른손잡이니까 그들이 쉽게 찾도록 할거
예요.

(d) 지금부터 야채를 한 봉지 사야만 할 것 같은데
요.

해설　대화에서 여자는 야채 캔을 찾고 있는 남자에게 진열
장소가 변경되었음을 알려주고 있다. '일부 제품의 진
열대가 8번 통로로 옮겨졌다'는 여자의 말에 대한 남자
의 답변으로 감사를 표현하는 (a)가 적절하다.

어휘　aisle n. 통로

make sense 이해가 되다, 의미가 통하다

14.　일반 의문문 ★★☆　　　　　정답 (a)

script　W: Since I don't have any appointments this
afternoon, I'm going to go home early.

M: But Dr. Harrison, didn't you schedule a
meeting here for 2 p.m.?

W: I completely forgot. Could you reschedule
that to tomorrow?

M: ______________________________

(a) No, you are completely booked all
day.

(b) The master schedule says you were
unavailable.

(c) No, it was planned as an all-day
conference.

(d) Actually, I was planning to go home
early.

해석　여: 오후에 아무 약속도 없으니 오늘은 집에 일찍 갈 예
정이에요.

남: 그렇지만, Harrison 박사님, 오후 2시에 여기서 회
의 있으신 거 아니셨어요?

여: 완전히 잊고 있었네요. 내일로 일정을 변경해줄 수
있나요?

남: ______________________________

(a) 안돼요. 하루 종일 완전히 예약이 잡혀 있어요.

(b) 기본 스케줄에는 당신은 시간이 불가능하다고

써있네요.

(c) 아니요, 하루 종일 회의가 계획되어 있었어요.

(d) 사실은, 집에 일찍 갈 계획이었어요.

해설　여자의 일정에 대해 이야기하고 있는 상황이다. 여자가
'내일로 약속을 변경해달라'고 요청하고 있으므로 이에
대하여 가능한지가 언급되어야 한다. 따라서 '(내일은)
하루 종일 약속이 잡혀 있다'는 (a)가 '내일로 약속 변
경이 어렵다'는 의미이므로 적절한 답변이다.

어휘　reschedule v. 일정을 변경하다

master schedule 기본 일정

unavailable a. 손에 넣을 수 없는, 획득할 수 없는

15.　의문사 의문문 – Why ★★★　　　정답 (c)

script　M: Is it true that the school is going to start
early this year?

W: Yes, from what I hear some may start in the
first week of August.

M: Why are they cutting the end of summer
vacation so short?

W: ______________________________

(a) I don't know about you, but my time off
flew by.

(b) Thanks. I had a great time on my
summer break.

(c) The superintendent says it will help
reduce energy costs.

(d) Yeah, they seemed too short to me
already.

해석　남: 그 학교가 올해에 일찍 시작할 거라는 게 사실인가
요?

여: 맞아요, 내가 들은 바로는 8월 첫 주에 시작할 거래
요.

남: 그들은 왜 여름 방학을 그렇게 짧게 끝낼 거래요?

여: ______________________________

(a) 당신에 대해 모르지만, 제 휴일은 빠르게 지났
어요.

(b) 감사합니다. 이번 여름 휴가에 저는 즐겁게 보
냈어요.

(c) 관리자가 말하길 에너지 비용 절감을 위한 거래
요.

(d) 네, 그것들은 이미 저에게는 너무 짧은 것 같아
요.

해설　대화에서 남자와 여자는 단축된 여름 방학에 대해 이야
기하고 있다. 남자는 여름방학 단축의 이유에 대해 여
자에게 묻고 있으므로 이에 대한 대답으로 '에너지 비
용 절감 차원에서'라는 (c)가 적절하다.

어휘　time off 휴가, 휴일

fly by 순식간에 지나가다, 빠르게 흐르다

superintendent n. 관리자, 감독관

16. | 내용일치 ★★☆ | 정답 (b)

script
M: Hello Maria. My name is Alex. Do you remember me from the panel group at the workshop?

W: Yes, I do. I was very impressed with what you had to say during the discussion.

M: Well, thank you. I wanted to tell you I liked the ideas you presented as well.

W: Thank you too. It's nice to know my preparation was appreciated by someone.

M: I would like to talk to you some more. Would you like to join me for dinner tonight?

W: Only if we can talk about something other than the panel. What time should we meet?

Q: What is the man's purpose in starting the conversation?

(a) He wants to introduce himself to the woman.

(b) He wants to have dinner with the woman.

(c) He wants to criticize the woman's presentation.

(d) He wants to talk about the panel discussion.

해석
남: 안녕하세요, Maria. 제 이름은 Alex입니다. 워크샵 때 패널 그룹에 있던 저를 기억하시나요?

여: 그럼요. 그 토론에서 당신이 말해야 했던 내용에 깊은 감동을 받았어요.

남: 아, 감사합니다. 저도 당신이 제시했던 아이디어가 마음에 들었다는 말씀을 드리고 싶습니다.

여: 저도 감사해요. 제가 준비한 것이 누군가에게 감동을 주었다는 사실을 안다는 건 좋은 일이에요.

남: 당신과 조금 더 얘기 하고 싶어요. 오늘 저녁 함께 하시겠어요?

여: 그 패널 외의 다른 것에 대해 이야기할 수 있다면요. 언제 만날까요?

문제: 대화에서 남자가 대화를 시작한 목적은?
(a) 그는 여자에게 자신을 소개하고 싶어 한다.
(b) 그는 여자와 함께 저녁을 먹고 싶어 한다.
(c) 그는 여자의 발표를 비판하고 싶어 한다.
(d) 그는 패널 토론에 대해 이야기하고 싶어 한다.

해설
대화의 주제를 묻는 문제이다. 남자의 저녁 식사 제안에 대해 여자는 '패널 이외의 이야기를 나눌 수 있다면'이라고 말하고 있으므로 남자와 여자는 저녁 식사 때 패널 토론에 대한 이야기는 하지 않을 것으로 예상할 수 있다. 따라서 남자의 목적으로 적절한 것은 (b)이다.

어휘
panel n. 패널 (특정 주제나 문제에 대한 토론을 하는 사람들)

preparation n. 준비, 대비(하는 과정, 일)

17. | 대의 파악 ★★☆ | 정답 (c)

script
M: Pardon me, stewardess.

W: Yes, how can I help you?

M: My neck is bothering me. Do you think you can find a pillow for me?

W: Weren't there a couple of them in the overhead compartment?

M: No. I think the other passengers got them before I got aboard.

W: I'm sorry about that. We should have some extras in the back of the plane.

Q: What is the man mainly doing?

(a) Complaining about the lack of a pillow

(b) Being rude to the flight attendant

(c) Seeking a pillow for his neck pain

(d) Blaming other passengers for taking his pillow

해석
남: 실례합니다, 승무원 님.

여: 네, 무엇을 도와 드릴까요?

남: 제 목이 아파서 그러는데요. 제게 베개를 찾아 주시겠어요?

여: 짐칸에 몇 개 있지 않나요?

남: 아니요. 제 생각에는 제가 타기 전에 다른 승객들이 가져간 것 같은데요.

여: 죄송합니다. 비행기 뒤편에 여분이 있을거에요.

문제: 대화에서 남자가 주로 하고 있는 것은?
(a) 베개의 부족에 대해 불평하기
(b) 항공 승무원에게 무례하게 굴기
(c) 목의 고통을 덜기 위한 베개 요청하기
(d) 베개를 가져간 다른 승객들을 비난하기

해설
대화의 전반적인 상황을 묻는 문제이다. 남자는 목이 아파서 승무원에게 베개를 요청하고 있다. 따라서 이와 같은 내용을 담고 있는 (c)가 정답이다.

어휘
overhead compartment (기차, 비행기 등의) 짐칸

18. | 내용 일치 ★★☆ | 정답 (b)

script
W: How are your classes going?

M: Pretty well, except for my math class.

W: What's the problem with math?

M: I am really struggling with trigonometry.

W: My mom used to be a math tutor. I'll bet she could help you out.

M: Would you ask her? If I don't get some help, I might flunk the class.

Q: What is true according to the conversation?

(a) The woman is giving the man a math

lesson.

   (b) The man is having trouble following the class.

   (c) The man wants to become a math teacher like his mom.

   (d) The woman wants to become friends with the man.

해석
여: 수업은 어떻게 되어가고 있니?
남: 수학 수업만 제외하면 매우 잘 되고 있어.
여: 수학에 무슨 문제가 있는데?
남: 삼각법 때문에 정말 고전하고 있어.
여: 우리 엄마는 수학 강사였어. 아마 엄마가 너를 도와 줄 수 있을 것 같은데.
남: 엄마에게 여쭤봐 줄래? 만약 어떤 도움을 받지 못 한다면 낙제할거 같아.

문제: 대화의 내용과 일치하는 것은?
   (a) 여자는 남자에게 수학 수업을 해줄 것이다.
   (b) 남자는 수업을 따라 가는데 어려움을 겪고 있다.
   (c) 남자는 그의 엄마와 같은 수학 선생님이 되고 싶어한다.
   (d) 여자는 남자와 친구로 지내고 싶어한다.

해설
대화의 내용과 일치하는 것을 묻는 문제이다. 대화에서 'I am really struggling with trigonometry'라는 말을 통해 남자가 수학 수업에서 어려움을 겪고 있음을 알 수 있다. 따라서 내용과 일치하는 것은 (b)이다.

어휘
trigonometry n. 삼각법
flunk v. 낙제하다, (시험에) 떨어지다

---

19.   대의 파악 ★★☆   정답 (d)

script
M: I'm going to the snack bar. Can I get you something?
W: No thanks. Everything they sell is loaded with sugar.
M: Are you trying to cut down on sweets for some kind of diet?
W: Didn't you know that I have diabetes? Too much sugar can make me sick.
M: Even just one candy bar or soda?
W: It could cause a major reaction that would put me in the hospital.

Q: What is the conversation about?
   (a) Sugar content in snack food
   (b) The man's preferences in beverages
   (c) The man's overall eating habits
   (d) How sugar can harm the woman

해석
남: 간이 식당에 갈 거예요. 뭐 사다 줄까요?
여: 아니 괜찮아요. 거기서 파는 거엔 모두 설탕이 잔뜩 들어 있어요.
남: 당신, 다이어트 같은 거 하려고 단 음식을 줄이고 있어요?
여: 저 당뇨 있는 거 모르셨어요? 지나친 당은 저를 아 프게 할 수 있어요.
남: 사탕이나 탄산 음료 하나도요?
여: 그런 것이 저를 입원하게 만드는 큰 반응을 유발시 킬수도 있어요.

문제: 대화의 주제는 무엇인가?
   (a) 과자에 들어 있는 당 성분
   (b) 음료수에 대한 남자의 선호도
   (c) 남자의 전반적인 식습관
   (d) 설탕이 여자에게 미치는 해로움

해설
대화의 주제를 묻는 문제이다. 대화에서 여자는 'Too much sugar can make me sick'와 'It could cause a major reaction that would put me in the hospital'라 고 말한 바와 같이 당뇨가 있는 자신에게는 단 것이 매 우 위험할 수 있다고 남자에게 설명하고 있다. 따라서 대화의 주제로 (d)가 적절하다.

어휘
snack bar 간이식당
be loaded with ~가 충분히(많이) 있는
cut down 줄이다   major a. 주요한, 중대한
reaction n. 반응   snack food 과자

---

20.   대의 파악 ★★☆   정답 (c)

script
W: Have you seen Heather around campus this month?
M: No, I think she's still back at home with her mother.
W: I didn't know she had gone home. What happened?
M: Her mother fell and broke her hip. She needed in-home care.
W: I didn't know that. Is she going to be able to graduate with our class?
M: I don't know if she is going to make up the work she missed in time.

Q: What are the speakers mainly talking about?
   (a) The woman's graduation ceremony
   (b) The man's distant relative
   (c) The classmate's mother
   (d) The classmate's health problem

해석
여: 이번 달에 캠퍼스에서 Heather를 본 적 있어?
남: 아니, 내가 생각하기에는 여전히 엄마랑 함께 집에 있는것 같아.
여: 그녀가 집에 갔는지는 몰랐는걸. 무슨 일이 있었 어?

남: 어머니가 넘어지셔서, 엉덩이가 부러지셨거든. 어머니는 가정내 보살핌이 필요하셨거든.

여: 그런 사실을 몰랐네. 우리 과목을 졸업할 수 있을까?

남: Heather가 제 때에 놓친 수업을 보충할 수 있는 지 모르겠어.

문제: 대화에서 주로 이야기하고 있는 것은?

    (a) 여자의 졸업식

    (b) 남자의 멀리 있는 친척

    (c) 학급 친구의 어머니

    (d) 학급 친구의 건강 문제

해설 대화의 주제를 묻는 문제이다. 남자와 여자는 어머니의 건강 문제로 인해 결석하고 있는 반 친구에 대해 이야기하고 있다. 'she's still back at home with her mother'이 학급 친구가 결석한 이유이므로, 대화의 주제로는 (c)가 적절하다.

어휘 in-home 가정 내, 가정 용   make up 보충하다

---

21.   주제 찾기 ★★☆   정답 (c)

script M: Wow, this chili is good. Can you give me the recipe?

W: I'm sorry, I can't. It's a family secret that has been passed down for several generations.

M: C'mon, you know you can trust me. I won't tell anybody.

W: I'm just kidding you. I'll be glad to give you a copy.

M: It's really spicy. What gives it that extra kick?

W: It's a mixture of herbs and spices. Here, let me copy the recipe for you.

Q: What is the main topic of the conversation?

    (a) The man's secret herbs and spices

    (b) The woman's favorite food

    (c) The woman's chili recipe

    (d) The man's family traditions

해석 남: 와! 이 칠리 정말 맛있네요. 조리법을 가르쳐 줄 수 있어요?

여: 미안해요, 그럴 수 없어요. 이건 몇 세대에 걸쳐 내려온 우리 가족의 비밀이에요.

남: 아 왜이래요. 나를 믿을 수 있다는 거 알잖아요. 아무한테도 말하지 않을게요.

여: 농담했어요. 기꺼이 복사본을 드릴게요.

남: 요리가 정말 매워요. 추가적인 효과로 무엇을 더한 거예요?

여: 허브와 양념을 섞었어요. 여기요, 조리법을 복사해서 드릴게요.

문제: 대화의 주제는 무엇인가?

    (a) 남자의 비밀 허브와 양념

    (b) 여자가 좋아하는 음식

    (c) 여자의 칠리 조리법

    (d) 남자의 가족 전통

해설 대화의 주제를 묻는 문제이다. 대화의 처음에 'Can you give me the recipe?'라고 말한 바와 같이 남자는 여자에게 칠리 요리법에 대해 묻고 있다. 따라서 대화의 주제로 (c)가 적절하다.

어휘 recipe n. 조리법   extra a. 여분의, 추가의
kick n. 강한 효과, 차기
mixture n. 혼합물, 혼합체
spice n. 양념, 향신료

---

22.   내용 일치 ★★★   정답 (b)

script W: What are you doing next Saturday afternoon?

M: Nothing special. Why do you ask?

W: I've got an extra ticket to the football game. Would you like to come?

M: That sounds like fun. What time does the game start?

W: Not until 7 p.m., but we can meet at the stadium early to have some food.

M: Can I bring anything?

W: Nope, we've got it all covered. Would you like to ride with us?

M: No, I have some errands to run first and I'll just meet you there.

Q: Which is correct according to the conversation?

    (a) The man tells the woman that he is going to be late to the game.

    (b) The man has other things to do before attending the game.

    (c) The man is going to share transportation with the woman.

    (d) The man wants to sell the extra ticket to the woman.

해석 여: 다음주 토요일 오후에 뭐 할거예요?

남: 특별한 일은 없어요. 왜 물으세요?

여: 축구 경기의 티켓이 한 장 남았는데요. 가실래요?

남: 재미있겠네요. 경기가 몇 시에 시작하나요?

여: 오후 7시까진 시작하지 않아요, 하지만 우리는 음식을 먹기 위해 체육관에서 일찍 만날 거예요.

남: 제가 뭐 가져갈 게 있나요?

여: 아니요. 우리가 모두 지불했어요. 저희와 같이 타고 가실래요?

남: 아니요, 우선 해야 할 일들이 있어서요. 그곳에서

바로 만날게요.

문제: 대화의 내용과 일치하는 것은?
    (a) 남자는 여자에게 경기에 늦게 갈 거라고 말한다.
    (b) 남자는 경기에 가기 전에 해야 할 다른 일이 있다.
    (c) 남자는 여자와 함께 타고 갈 것이다.
    (d) 남자는 여자에게 여분의 티켓을 사고 싶어한다.

해설 대화의 내용과 일치하는 것을 묻는 문제이다. 남자와 여자는 축구경기 참석에 대해 이야기하고 있다. 남자의 마지막 말에서 'I have some errands to run first and I'll just meet you there'라고 한 것으로 보아 남자는 '경기 전에 해야 할 일이 있다'는 (b)가 대화의 내용과 일치한다.

어휘 stadium n. 경기장　errand n. 심부름, 일
transportation n. 수송(운송)

---

23. 내용 일치 ★★☆　　　　정답 (c)

script M: I heard you're going on a big trip next week.
W: Yes, I'm going to take my parents on an ocean cruise to Hawaii.
M: That sounds like fun. Have you ever been on a cruise before?
W: A few years ago I went on an 11-day voyage in the Caribbean Sea.
M: I've never taken a cruise. What's it like?
W: It's amazing. They really spoil you.
M: Give me an example of what you mean.
W: Well, the stewards turn down your bed and put a mint on the pillow!

Q: Which is correct according to the conversation?
(a) The man's parents live in Hawaii.
(b) The man has been on several voyages.
(c) The woman has taken a cruise before.
(d) The woman wants to go to the Caribbean Sea.

해석 남: 다음 주에 긴 여행을 갈 거라고 들었어요.
여: 네, Hawaii로 부모님과 함께 유람선 여행을 갈 거예요.
남: 그거 재미있겠네요. 유람선 여행을 전에도 가본 적 있나요?
여: 몇 년 전에 11일 동안 카리브 해 여행을 갔었어요.
남: 저는 한번도 유람선 여행을 가본적이 없는데요. 어떤가요?
여: 놀라워요. 유람선 여행은 당신을 완전히 망쳐놓을 거예요.

남: 당신이 뜻하는 것이 무엇인지 한 가지 예를 들어주세요.
여: 음, 남자 승무원들이 침대를 정리해 주고 친절을 베풀어줬어요!

문제: 대화의 내용과 일치하는 것은?
    (a) 남자의 부모는 Hawaii에 살고 있다.
    (b) 남자는 여러 번의 항해를 갔다 왔다.
    (c) 여자는 전에 유람선 여행을 해봤다.
    (d) 여자는 카리브 해로 가고 싶어한다.

해설 대화의 내용과 일치하는 것을 묻는 문제이다. 여자와 남자는 여자의 유람선 여행에 대해서 이야기하고 있다. 여자는 'A few years ago I went on an 11-day voyage in the Caribbean Sea'라고 말하고 있으므로 대화의 내용과 일치하는 것은 (c)이다.

어휘 cruise n. 유람선 여행 v. 유람선 여행하다
voyage n. 여행, 항해 v. 여행하다
turn down 낮추다

---

24. 주제 찾기 ★★☆　　　　정답 (b)

script M: The latest novel from Jack Fenter takes the reader on an incredible ride. The basis of a plot involves teenager Lance Shurson, who finds a book in his attic that was written all about his life, both past and future. Then he embarks on a quest to find out the origin of this book. Fenter's novel manages to keep all of the answers hidden until the very end, making it an exciting read from start to finish.

Q: What kind of book is this review about?
(a) A biography
(b) A mystery
(c) A young children's book
(d) A history book

해석 남: Jack Fenter가 가장 최근에 쓴 소설은 독자로 하여금 믿기 힘든 여행을 하게 한다. 줄거리의 근간은 10대 소년 Lance Shurson에 관한 것인데, 이 소년은 다락방에서 자신의 인생에 대한 과거와 미래가 모두 적혀 있는 책을 발견하게 된다. 그 이후 그는 이 책의 기원을 밝히기 위해 탐구를 시작한다. Fenter의 소설은 처음부터 마지막까지 글을 흥미진진하게 만들기 위하여 맨 끝 머리에 이를 때까지 그 모든 답을 잘 숨겨 놓고 있다.

문제: 담화는 어떤 종류의 책에 대한 리뷰인가?
    (a) 자서전
    (b) 미스터리
    (c) 어린 아이들을 위한 책
    (d) 역사 책

해설 담화에 소개된 책의 종류를 묻는 문제이다. 담화는

Jack Fenter의 소설을 소개하고 있는데, 줄거리에 대
하여 'finds a book in his attic that was written all
about his life, both past and future'라는 설명을 통해
책이 '미스테리'한 내용을 다루고 있다는 것을 알 수 있
다. 따라서 책의 종류는 (b)이다.

어휘 basis n. 근거, 이유　　　　take on a ride 타다
incredible a. 믿을 수 없는, 믿기 힘든
embarks on 착수하다, 시작하다
quest n. 탐구, 탐색

25. 　주제 찾기 ★★☆　　　　　정답 (a)

script M: Many cities, states, and countries have
enforced laws in the past that may seem
ridiculous to us today. While most, if not
all, of these outdated policies have been
forgotten over the years, some of them
have never been officially repealed. For
instance, no one really cares if you do more
than two things at a time anymore. These
days it's called multi-tasking and is looked
upon as the most efficient way to operate.
However, in the town of Marion, Oregon, it
is still officially illegal to walk backwards on
a city street while eating a doughnut.

　Q: **What is the best title of the talk?**
　(a) **Strange and Obsolete Laws and
　　　Customs**
　(b) How to Eat Your Breakfast Backwards
　(c) Multi-Tasking Through the Ages
　(d) The Future of Oregon Law

해석 남: 과거에 많은 도시와, 주, 그리고 나라들은 오늘날의
사람들에게는 말도 안되는 법을 강요해왔다. 이렇게 시
대에 뒤떨어지는 정치 중 전부는 아니지만 대다수의 것
들이 시간이 지남에 따라 잊혀져 왔으나, 이들 중 일부
는 공식적으로 전혀 폐지되지 않았다. 예를 들어 당신
이 한번에 2가지 이상의 일을 한다는 것에 아무도 신경
쓰지 않는다. 요즘음, 그것은 멀티-태스킹(다중 작업)
이라고 불리며 이는 운용을 위한 가장 효율적인 방식이
라고 여겨지고 있다. 그러나 Oregon 주 Marion의 한
마을에서는 도넛을 먹으면서 시의 거리를 거꾸로 걸어
다니는 것이 여전히 공식적으로는 불법이다.

　문제: 담화의 제목으로 적절한 것은?
　(a) **이상하고 구식인 법과 관습**
　(b) 아침식사를 거꾸로 먹는 방법
　(c) 대대로 이어오는 멀티-태스킹
　(d) Oregon 주 법의 미래

해설 담화의 제목을 묻는 문제이다. 담화에서 예전에는 많

은 이상한 법이 있었으나 거의 다 사라졌다고 이야기
하고 있다. 하지만 'some of them have never been
officially repealed'라는 설명과 함께 Oregon 주의 구
식 법이 여전히 남아있다는 말을 하고 있으므로, 담화
의 제목으로는 '구식 법과 관습'이라는 (a)가 적절하다.

어휘 ridiculous a. 웃기는, 말도 안 되는
outdated a. 구식의
repeal v. 폐지하다
multi-tasking a. 다중 작업, 다중 처리(동시에 여러 가지
일을 하는 것)
walk backward 거꾸로 걷다
obsolete a. 더 이상 쓸모가 없는, 구식의

26. 　주제 찾기 ★★☆　　　　　정답 (d)

script M: Juan Alvarez, who signed a $5 million
contract with the Rams last week, may
be lost for the season after sustaining a
knee injury in Sunday's game against the
Netters. Alvarez, who has been the team's
starting goalie for the past four years, went
down in the second half of the Rams' 3-1
loss. Dr. Joe Thompson, who serves as the
Rams' team physician, said X-rays show
that Alvarez has two torn tendons that will
require surgery. Dr. Thompson said the
normal recovery time for such an operation
is four to six weeks, which could keep the
goalie sidelined for the rest of the regular
season.

　Q: **What is the best title for this talk?**
　(a) Rams Eliminated From Playoffs
　(b) Netters Goalie Signs Big Contract
　(c) Rams Beat Netters in Key Matchup
　(d) **Rams Goalie Sidelined by Knee Injury**

해석 남: 지난 주말 Rams와 5백만 달러의 계약에 서명한
Juan Alvarez는 Netters와의 일요일 경기 때 무릎 부
상을 당한 이후 시즌 기간에 출전하지 못할 수도 있다.
지난 4년 동안 팀의 주전 골키퍼였던 Alvarez는 Rams
가 3:1로 지고 있던 후반부에 무너지고 말았다. Rams
팀 담당의인 Joe Thompson 박사는 X-ray 결과,
Alvarez는 수술을 요하는 2개의 힘줄 파열이라는 소견
을 발표했다. Thompson 박사는 이러한 수술의 일반적
인 회복기는 4주에서 6주이며 이는 시즌 나머지 기간에
출전을 못하게 만들 수 있다고 밝혔다.

　문제: 담화의 제목으로 적절한 것은?
　(a) Rams, 플레이 오프에서 탈락하다
　(b) Netters의 골키퍼가 큰 계약에 서명하다
　(c) Rams, 키 매치업에서 Netter를 이기다

(d) 무릎 부상으로 출전이 불가능해진 Rams의
골키퍼

해설 담화의 제목을 묻는 문제이다. 담화의 중 후반부 'Dr. Joe Thompson, who serves ~'의 설명에서부터 Rams의 골키퍼가 힘줄 파열로 인해 남은 시즌 출전이 어렵다고 이야기하고 있다. 따라서 담화의 제목으로 '골키퍼가 무릎 부상으로 출전이 불가능 해졌다는 (d)가 적절하다.

어휘 sustain v. 살아가게 하다, 계속(지속)시키다
starting goalie 주전 골키퍼
second half 후반부, 후반기
tendon n. 힘줄, 건　sideline v. 출전을 못 하게 하다

27.　대의 파악 ★★☆　　　정답 (a)

script W: John F. Kennedy overcame great personal illness and injury to become one of the most popular presidents in U.S. history. In addition to normal childhood diseases, Kennedy suffered from Addison's Disease, which made it harder for him to recover from ill health than most people. He severely injured his back when his boat was attacked during World War II and nearly died when the incision from a spinal operation became infected. He was given Last Rites by a priest three times. Despite all these personal health issues, Kennedy was one of the country's most popular presidents in the 20th century.

Q: What is the main focus of the talk?
(a) Why John F. Kennedy was a popular president
(b) What makes a great politician
(c) The overall health of John F. Kennedy
(d) The effect of Addison's Disease on human health

해석 여: John F. Kennedy는 개인적으로 심각한 질병과 부상을 극복하고 미국 역사상 가장 인기 있는 대통령 중 한 사람이 되었다. Kennedy는 어린 시절에 일반적인 병뿐만 아니라 Addison병으로 고통 받았는데, 이것은 대부분의 사람들보다 좋지 않은 건강상태에서 그가 회복하는 것을 더 어렵게 만들었다. 그는 제2차 세계대전 기간 동안 그의 보트가 침략을 받았을 때 등을 심하게 다쳤고 척추 수술 절개 시 감염으로 인하여 거의 죽을 뻔했다. 그는 신부님에 의해 3번이나 종부성사를 받았다. 이 모든 개인적인 건강 문제에도 불구하고 Kennedy는 20세기 국가에서 가장 인기 있는 대통령 중 한 사람

이 되었다.
문제: 담화의 주된 초점은 무엇인가?
(a) John F. Kennedy는 인기 있는 대통령이었다.
(b) 무엇이 위대한 정치인을 만드는가
(c) John F. Kennedy의 전반적인 건강 상태
(d) 인간의 건강에 Addison 병이 미치는 영향

해설 담화의 주제를 묻는 문제이다. 담화에서는 John F. Kennedy가 무수한 질병과 부상을 겪고도 미국의 가장 인기 있는 대통령 중 한 사람이 되었다는 이야기를 하고 있다. 특히 첫 부분의 'John F. Kennedy overcame great personal illness~'의 내용을 마지막 'Despite all these personal health issues ~'라는 부분으로 다시 한번 언급함으로써 담화의 주제인 'John F. Kennedy가 겪은 질병과 부상'을 강조하고 있다. 따라서 (a)가 정답이다.

어휘 personal a. 개인의　illness n. 병, 아픔
spinal a. 척추의　incision n. 절개
operation n. 수술
Last Rites 종부(병자) 성사

28.　대의 파악 ★★★　　　정답 (b)

script M: Nearly every aspect of human life is in some way affected by the movement of the planet around the sun. Biologically, there are many effects, such as the typical wake and sleep cycle that depends upon whether it is light or dark outside. Furthermore, there are many elements of culture that would not be present otherwise. For one, the popular fashion accessories of hats and sunglasses would likely not exist, as without a sun, there would be no need to protect the eyes from it. Sunbathing is also a popular activity in warmer months that is entirely dependent upon the sun's rays.

Q: What is the main idea of the lecture?
(a) Humans change their behavior due to the sun's position.
(b) The sun has a great effect on human life and culture.
(c) Without sunlight, human life would never have begun.
(d) Sunlight can be both beneficial and harmful to humans.

해석 남: 인간 삶에 대한 거의 모든 양상들은 어떤 식으로든 태양 주위를 돌고 있는 행성의 움직임에 영향을 받는다. 외부에 빛이 있거나 어둠이 있는 지에 의해 결정되는 기상과 취침의 전형적인 사이클 같이 생물학적으로

영향을 미치는 것이 많이 있다. 반면 존재하지 않을 문화의 요소들도 많다. 예를 들어 인기 있는 패션 액세서리인 모자와 선글라스는 태양이 없이는 눈을 보호할 필요가 없으므로, 세상에 존재하지 않을 것 같다. 일광욕 또한 더운 달에 인기 있는 행위인데, 이는 태양광선에 의해 전적으로 결정되는 일이기도 하다.

문제: 강의의 주제는 무엇인가?
    (a) 인간들은 태양의 위치 때문에 자신의 행위를 변화시킨다.
    (b) 태양은 인간의 삶과 문화에 큰 영향을 미친다.
    (c) 태양광선이 없다면 인간의 삶은 결코 시작하지 않았을 것이다.
    (d) 태양광선은 인간에게 이롭기도 하고 해롭기도 하다.

해설 강의의 주제를 묻는 문제이다. 'Nearly every aspect of human life is in some way affected by the movement of the planet around the sun'라는 서두의 설명에서와 같이 인간 삶의 많은 측면들이 태양에 의해 영향을 받는다고 설명하고 있다. 따라서 강의의 주제는 '인간 삶과 문화에 많은 영향을 미치는 태양'이라는 (b)가 적절하다.

어휘 aspect n. 측면, 양상
depend upon 믿다, 신뢰하다, ~에 의해 결정되다
otherwise adv. (만약) 그렇지 않으면, (~와는) 다르게

---

29. **세부 사항 ★★☆**　　　　**정답 (c)**

script M: Welcome to the standardized patient program. We thank you so much for volunteering for us today. What we do is offer medical students an opportunity to practice treating patients before they have to do it in the real world. You will be given a certain set of symptoms and a specific personal background that you will have to pretend is your own. The students will ask you questions and examine you in the hopes that they will learn more about the diagnosis process and, more importantly, how to interact with patients in their care. Without people like you, the medical profession would suffer greatly. Thank you so much for being here to help teach and inform a new wave of medical practitioners.

Q: What does the program offer to medical students?
(a) An opportunity to grow as a medical practitioner
(b) The chance to examine a seriously ill patient
(c) Lessons in medical volunteerism
(d) How to perform surgical procedures

해석 남: 표준화된 환자 프로그램에 참석하신 것을 환영합니다. 오늘 자발적으로 지원해주신 여러분께 많은 감사를 드립니다. 저희가 하고자 하는 일은 의대 학생들이 실전에 직접 나서기 전에 환자를 치료할 수 있는 연습기회를 제공하고자 함입니다. 여러분들은 자신의 것이라고 연기해야 하는 특정한 개인적 배경과 몇 가지 증상들이 주어질 것입니다. 학생들은 여러분에게 질문을 하고 자신들이 진단 프로세스에 대해 더 많은 것을 배울 거라는 희망을 품고 여러분을 진찰하게 될 것입니다. 여러분과 같은 분들이 없다면 의학계는 크게 어려움을 겪을 것입니다. 의학계 전문 종사자들의 새로운 물결에 대한 정보를 가르치고 알리는 데 도움을 주시기 위해 이 자리에 참석하신 여러분께 깊은 감사 말씀드립니다.

문제: 의대생들에게 제공하는 프로그램은 무엇인가?
    (a) 의학 전문 종사자로써 성장할 수 있는 기회
    (b) 심하게 아픈 환자를 진찰할 수 있는 기회
    (c) 의학적 자원봉사 교육
    (d) 수술 과정을 수행하는 방법

해설 담화의 내용과 일치하는 것을 묻는 문제이다. 담화는 'standardized patient program'에 참여한 사람들에게 프로그램 과정을 설명하는 내용이다. 화자는 'volunteering'에 대한 감사를 거듭 강조하고 있으므로 참여자들은 자원 봉사자들임을 알 수 있다. 따라서 의과대학생들은 진행하는 프로그램은 '자원봉사자들이 참여한 의학교육'이므로 정답은 (c)이다.

어휘 standardized a. 표준화 된　patient n. 환자
medical profession 의학계
practitioner n. 전문직 종사자, 의사, 변호사
volunteerism n. 자원 봉사

---

30. **내용 일치 ★★☆**　　　　**정답 (d)**

script M: Need a good job? Come and join the team at Prestige Auto Sales! We have three positions open in our used car department. No experience necessary – we will train you, and we offer the best benefits in the business. You'll receive a competitive salary and be eligible for a health plan including vision and dental, two-week vacation after one year, and optional retirement packages. Flexible working hours are available, and only two weekends per month are required. To apply, please fax a resume to 555-9876 or send by email to manager@prestigeautosales.com.

Q: Which of the following is NOT a benefit of the position being advertised?

(a) Free training

(b) flexible working hours

(c) Health care plan

(d) Employee discount

해석 남: 직장이 필요하신가요? Prestige Auto Sales에 오셔서 팀에 합류하세요. 우리는 중고차 부서에 3가지 포지션의 공석이 있습니다. 경험은 필요하지 않습니다. 우리가 여러분을 교육할 것이며 업계에서 최고의 혜택을 제공할 것입니다. 여러분은 최고 수준의 급여, 안과와 치과 진료를 포함한 의료 보험, 일년에 2주간의 휴가 및 선택적인 퇴직금 제도를 받을 수 있습니다. 유동적인 근무시간이 가능하며 매달 2주의 주말 근무가 요구됩니다. 지원을 원하시면 555-9876의 번호로 팩스를 넣어주시거나 manager@prestigeautosales.com.로 이메일을 보내주시기 바랍니다.

문제: 광고된 직업의 혜택이 아닌 것은?

(a) 무료 교육

(b) 유동적인 근무시간

(c) 의료 보험

(d) 직원 할인

해설 주어진 담화의 내용과 일치하지 않는 것을 묻는 문제이다. 본문의 'we will train you~'라는 부분을 시작으로 직업에 대한 혜택을 설명하고 있다. 본문에서 '직원에 대한 할인'은 언급하고 있지 않으므로 혜택이 아닌 것은 (d)이다.

어휘 competitive salary 높은 급여, 최고 수준의 봉급
retirement package 퇴직금 제도
flexible a. 유동적인, 융통성 있는

Part I ~ IV	1 (d)	2 (a)	3 (c)	4 (b)	5 (b)	6 (c)	7 (b)	8 (c)	9 (c)	10 (c)
	11 (b)	12 (b)	13 (a)	14 (c)	15 (c)	16 (c)	17 (c)	18 (c)	19 (b)	20 (b)
	21 (a)	22 (b)	23 (b)	24 (c)	25 (b)	26 (c)	27 (b)	28 (b)	29 (a)	30 (a)

1.   긍정 평서문 ★★★   정답 (d)

script W: That is a beautiful home they have. It must have cost them a pretty penny.

M: ______________________

(a) They've had their eyes on this property for a long time.

(b) Their real estate agent made a small commission.

(c) They don't have much money, so they can't afford it.

(d) They inherited a fortune, so cost wasn't an issue to them.

해석 여: 저기 그들이 소유한 아름다운 집이네요. 비싼 돈을 지불했을 게 틀림없어요.

남: ______________________

(a) 그들은 오랫동안 이 동산에 주시해왔어요.

(b) 그들의 부동산 중개업자는 적은 수수료를 받았어요.

(c) 그들은 많은 돈이 없었기 때문에 그 집을 살 수 없어요.

(d) 그들은 재산을 상속받았기 때문에 가격은 그들에게 주요한 문제가 아니었어요.

해설 긍정평서문으로 여자는 아름다운 집을 보고, 소유자들이 많은 돈을 지불했을 거라고 말하고 있다. 이에 대한 남자의 대답으로 '유산으로 인해 돈은 문제가 되지 않았다'는 (d)가 적절하다.

어휘 property n. 재산, 소유물, 부동산
real estate n. 부동산
commission n. 수수료   inherit v. 상속받다

2.   의문사 의문문 – How long ★☆☆ 정답 (a)

script M: I hear you are taking a cruise. How long are you going to be gone?

W: ______________________

(a) For three weeks.

(b) Last Wednesday.

(c) Last month.

(d) It's our first time.

해석 남: 유람선 여행을 간다고 들었는데요. 얼마간 가실 거예요?

여: ______________________

(a) 3주 동안이요.

(b) 지난 주 수요일이요.

(c) 지난 달이요.

(d) 이번이 우리의 첫 번째 여행이에요.

해설 의문사 의문문으로, 남자는 여자에게 유람선 여행을 얼마 동안 갈 것인지 묻고 있다. '진행형'의 형태로 미래 시제의 상황을 묻고 있으므로 과거의 기간을 이야기하고 있는 (b)와 (c)는 적절하지 않다. '기간'을 나타내는 전치사 'for'를 이용하여 '3주 동안'이라고 말한 (a)가 여자의 대답으로 적절하다.

3.   의문사 의문문 – What ★★☆   정답 (c)

script W: What time does our plane leave for California next week?

M: ______________________

(a) Are you going to drive to the airport, or do you want me to give you a ride?

(b) I'll meet you at the gate so we can check in together.

(c) I can't remember the exact time, but I know it is in the afternoon.

(d) Remember, you can only take two pieces of luggage.

해석 여: 다음 주 캘리포니아 행 비행기가 몇 시에 출발이지요?

남: ______________________

(a) 공항으로 운전하고 갈 거예요, 아니면 제가 태워드릴까요?

(b) 탑승구에서 만나면 같이 수속을 밟을 수 있어요.

(c) 제가 정확한 시간을 기억할 수는 없지만 오후인 걸로 알고 있어요.

(d) 2개의 짐만 가지고 갈 수 있다는 거 기억하세요.

해설 의문사 의문문으로 여자는 비행기 출발 시간을 묻고 있

다. 남자의 답으로 '정확하지는 않지만 오후'라고 말한
(c)가 정답이다.

어휘 luggage n. 가방, 짐

4. 　일반 의문문 ★☆☆　　　　　정답 (b)

script W: Have you been given an estimate on the
　　　remodeling job?
　　M: ______________________________________
　　　(a) Right. We're renovating the bathroom
　　　　　and the kitchen.
　　　(b) Yes, but I'm afraid the final cost is
　　　　　over my budget.
　　　(c) I have. Hopefully before the end of the
　　　　　summer.
　　　(d) He's running late, but I'm expecting him
　　　　　to arrive soon.

해석 여: 리모델링 일에 관한 견적을 받았나요?
　　남: ______________________________________
　　　(a) 맞아요. 욕실과 부엌을 보수하고 있어요.
　　　(b) 네, 하지만 최종 비용이 제 예산을 넘을까 걱정
　　　　　이네요.
　　　(c) 그런 적 있어요. 여름이 끝나기 전이길 바래요.
　　　(d) 그는 늦을 거예요. 그렇지만 그가 곧 도착할 거
　　　　　라고 생각해요.

해설 일반의문문으로 여자는 남자에게 리모델링 견적을 받
　　았는지 묻고 있다. 이 질문에 대한 남자의 대답으로 '견
　　적을 받았고, 예산을 넘길까봐 걱정이다'라는 내용의
　　(b)가 적절하다.

어휘 give an estimate 견적을 내다
　　renovate v. 개조(보수)하다
　　budget n. 예산, 비용

5. 　긍정 평서문 ★★☆　　　　　정답 (b)

script W: I was scheduled to go to the dentist
　　　this morning, but the appointment was
　　　cancelled.
　　M: ______________________________________
　　　(a) Did you brush your teeth this morning?
　　　(b) Did he give you a reason for the
　　　　　schedule change?
　　　(c) Are you sure you are going to be able to
　　　　　reschedule it?
　　　(d) He filled my cavity last time I saw him.

해석 여: 저는 오늘 아침에 치과에 갈 예정이었지만, 약속이
　　　취소되었어요.
　　남: ______________________________________
　　　(a) 오늘 아침에 치아를 닦았나요?

　　　(b) 그는 일정이 변경된 이유를 당신에게 전달했나
　　　　　요?
　　　(c) 일정을 다시 잡을 수 있을 거라고 확신하세요?
　　　(d) 그는 마지막으로 보았을 때 제 충치를 때웠어
　　　　　요.

해설 긍정평서문으로, 여자는 남자에게 자신의 치과 약속이
　　취소되었다고 이야기하고 있다. 이에 대한 남자의 대답
　　으로 '치과 의사가 약속을 취소한 이유를 전달했는지'
　　묻는 (b)가 적절하다.

어휘 cavity n. 충치

6. 　의문사 의문문 – What ★☆☆　　정답 (c)

script W: What happened to the electric can opener?
　　M: ______________________________________
　　　(a) I already opened those the day before
　　　　　yesterday.
　　　(b) I moved all the cans from the cupboard
　　　　　to the pantry.
　　　(c) It was broken, so I threw it in the
　　　　　trash can.
　　　(d) I bought a new one at Home Outfitters.

해석 여: 전자 통조림 따개에 무슨 문제 있어요?
　　남: ______________________________________
　　　(a) 저는 이미 그저께 그것들을 열었어요.
　　　(b) 저는 선반에서 식료품 저장실로 통조림들을 모
　　　　　두 옮겼어요.
　　　(c) 그것은 망가졌어요. 그래서 쓰레기통에 던져버
　　　　　렸어요.
　　　(d) 저는 Home Outfitters에서 새로운 것을 하나 구
　　　　　입했어요.

해설 의문사 의문문으로 여자는 통조림 따개에 문제가 생겼
　　는지 남자에게 묻고 있다. 따라서 '망가져서 버렸다'는
　　(c)가 남자의 대답으로 가장 적절하다.

어휘 pantry n. 식료품 저장실　　　trash can 쓰레기통

7. 　긍정 평서문 ★★☆　　　　　정답 (b)

script W: I didn't think you were due back from
　　　vacation until next week.
　　M: ______________________________________
　　　(a) Yes, we had a wonderful trip to the cabin
　　　　　in the mountains.
　　　(b) No, we only had reservations at the
　　　　　resort for one week.
　　　(c) Sure, it would be great if you and your
　　　　　family joined us.
　　　(d) Well, you know that you're always
　　　　　welcome to come along.

해석 여: 당신이 다음 주까지 휴가에서 돌아오지 않는다고 생각했어요.

남: ______________________________

   (a) 맞아요. 우리는 산 속에 있는 오두막으로 환상적인 여행을 했어요.

   (b) 아니요. 우리는 일주일간 리조트를 예약했을 뿐이에요.

   (c) 물론이지요. 만약 당신과 가족이 우리와 함께 갔으면 좋았을 거예요.

   (d) 글쎄요. 언제든지 당신이 함께 간다면 환영이라는 거 알잖아요.

해설 긍정평서문으로 휴가에서 일찍 돌아올 줄 몰랐다는 여자의 말에 대한 알맞은 대답을 고르는 문제이다. (b)에서 '일주일 휴가만 예약했었다'는 말은 처음부터 휴가는 '일주일 예정'이었다는 의미이다. 따라서 (b)가 정답으로 가장 적절하다.

어휘 due a. ~하기로 되어 있는, ~을 받을 자격이 있는
cabin n. 객실, 선실, 오두막집

---

8. 일반 의문문 ★☆☆　　　　정답 (c)

script W: John. I need to ask you a big favor.

M: What is it? I'll be happy to help.

W: Could you go pick up my prescription?

M: ______________________________

   (a) No thanks, I don't need any more pills this week.

   (b) The doctor said he could see you next week.

   (c) No problem. Can I get you anything else?

   (d) Thanks, I'd love to have one to take home.

해석 여: John. 당신의 큰 도움이 필요해요.

남: 무엇인데요? 도울 수 있다면 저야 행복하죠.

여: 제 처방전을 받으러 가 주실 수 있어요?

남: ______________________________

   (a) 고맙지만 괜찮습니다. 이번 주에 약은 더 필요하지 않아요.

   (b) 의사가 말하길 다음 주에 당신을 만날 수 있다고 했어요.

   (c) 문제없어요. 다른 거 뭐 필요하신 거 있으세요?

   (d) 감사합니다, 집으로 하나 가져가고 싶어요.

해설 일반의문문으로 여자는 남자에게 자신의 처방전을 받아 달라고 부탁하고 있다. 여자의 부탁에 대한 남자의 답으로 '더 필요한 것은 없는지'라고 묻는 (c)가 적절하다.

어휘 prescription n. 처방전

9. 긍정 평서문 ★★☆　　　　정답 (c)

script M: Hurry up or we'll be late for the start of the concert.

W: What's the rush? Don't we have plenty of time?

M: No, the tickets say it is scheduled to start at 7 p.m., and it's already 6:30.

W: ______________________________

   (a) Great. It's only a 45-minute drive.

   (b) They shut the doors so there are no disruptions.

   (c) I thought it would start at 7:30. I have to hurry.

   (d) That's true. The last performance started on time.

해석 남: 서두르세요, 안 그러면 콘서트에 늦을 것 같아요.

여: 왜 그렇게 서두르세요? 시간이 많이 있지 않나요?

남: 아니요, 티켓에 보면 저녁 7시에 시작한다고 하네요. 그리고 벌써 시간이 6시 30분이에요.

여: ______________________________

   (a) 좋아요. 차로 겨우 45분 거리예요.

   (b) 그들은 문을 닫아서 방해될 것이 없어요.

   (c) 저는 7시 30분에 시작될 거라고 생각했어요. 서둘러야겠네요.

   (d) 사실이에요. 마지막 공연은 제 시간에 시작되었어요.

해설 긍정평서문으로, 남자는 여자에게 서둘러야 하는 이유로 '공연이 7시에 시작된다'고 말하고 있다. 따라서 남자의 재촉에 대한 여자의 대답으로 '공연시작 시간을 잘못 알고 있었다'는 (c)가 적절하다.

어휘 disruption n. 혼란, 방해, 중단
be scheduled to ~하기로 되어있다

---

10. 일반 의문문 ★★☆　　　　정답 (c)

script W: When did you and your family arrive in the United States?

M: We all came over in early 2002.

W: Did you have difficulty because of the added security measures?

M: ______________________________

   (a) No, it wasn't a long visit to this country.

   (b) I should be allowed to go back home soon.

   (c) Yes, we had to show additional papers to get in.

   (d) Yes, it was just a short time later that we came in.

해석 여: 당신과 당신의 가족은 미국으로 언제 떠났어요?

남: 우리는 2002년 초반에 건너왔어요.
여: 추가된 안전 조치들 때문에 어려움은 없었나요?
남: ____
(a) 아니요, 이 나라에 장기간 방문은 아니었어요.
(b) 저는 곧 집으로 돌아가도록 허용되어야 합니다.
**(c) 그래요, 입국하는 데 추가된 서류들을 보여줘야
했어요.**
(d) 그래요, 들어가는 것은 그저 잠깐 후였어요.

해설 일반의문문으로 여자는 '보안경비 강화로 인해 어려움
이 없었는지'에 대하여 남자에게 묻고 있다. 이에 대한
남자의 대답으로 'Yes'와 함께 '입국 시 서류가 추가되
었다'고 말한 (c)가 적절하다.

어휘 security measure 경계 조처, 안전 조치
get in 도착하다, 안으로 들어가다

11.   긍정평서문 ★★★   정답 (b)

script W: Thanks for helping me rearrange the
furniture. It's so heavy. I couldn't have done
it alone.
M: You do have some big pieces. I was happy
I could help you finish the job today.
W: I'd like to show my appreciation by buying
you dinner.
M: ____
(a) I have been there once, but I didn't care
for the food at all.
**(b) I'll have to take a rain check. I already
have plans tonight.**
(c) Sure, I'll help you with the couch if you
can just grab the other end.
(d) So are you planning on moving into your
new house next week?

해석 여: 가구 재배치를 도와주셔서 감사해요. 너무 무거워
서 혼자 끝낼 수가 없었을 거예요.
남: 가구들이 정말 크군요. 오늘 작업을 끝낼 수 있도록
제가 당신을 도와주게 되어 기뻐요.
여: 저녁 사는 것으로 제 감사의 마음을 보여주고 싶은
데요.
남: ____
(a) 그곳에 한번 가보았는데요, 전혀 거기 음식을
좋아하지 않았어요.
**(b) 다음으로 미뤄야겠는데요. 저는 오늘 밤 이미
계획이 있어요.**
(c) 물론이에요. 당신이 의자 다른 쪽 끝을 잡을 수
있다면 도울 수 있어요.
(d) 그러면 다음 주에 새집으로 이사할 예정이세
요?

해설 긍정평서문으로 여자는 자신의 가구배치를 도와준 남
자에게 '저녁을 사겠다'고 제안하고 있다. 식사 제안에

대한 남자의 대답으로 '선약이 있으니 다음으로 미루
자'는 (b)가 적절하다.

어휘 appreciation n. 감탄, 감사
take a rain check 다음으로 미루다, 다음을 기약하다

12.   의문사 의문문 – Where ★★☆   정답 (b)

script M: Do you want to stick around and watch the
game on TV?
W: I'd love to, but I have to leave now or I'll be
late.
M: Where are you going this evening?
W: ____
(a) Maybe next time, but I'd better get going
pretty soon.
**(b) I'm meeting my brother to discuss
some family matters.**
(c) Thanks, but I had to go to a concert
downtown.
(d) I'll see you there, if you can make it on
time.

해석 남: 가지 말고 TV로 경기 관람할래요?
여: 그러고 싶어요, 하지만 지금 떠나지 않으면 늦게 될
거예요.
남: 오늘 저녁에 어디 가는데요?
여: ____
(a) 다음 기회요, 하지만 곧 가는 게 좋을 것 같아
요.
**(b) 저는 가족문제를 논의하기 위해 남동생을 만날
거예요.**
(c) 감사합니다만, 콘서트 보러 시내에 가야만 했어
요.
(d) 만약 제시간에 오실 수 있으면 거기서 뵙겠습니
다.

해설 의문사 의문문으로 남자는 '여자에게 저녁에 어디로 가
는지' 묻고 있다. 따라서 '가족 문제를 논의하기 위해서
간다'고 하는 (b)가 대화의 흐름상 가장 자연스럽다.

어휘 stick around 가지 않고 있다(머무르다)

13.   의문사 의문문 – When ★★★   정답 (a)

script W: The electricity keeps going off for a few
minutes at a time.
M: That's strange. Do you think there is a short
in the wiring?
W: Could be. When was the last time this
house had an inspection?
M: ____
**(a) Records show 65 inspections by the
previous homeowners.**

(b) The city has not changed its electrical
code in more than 30 years.
(c) It hasn't been looked at since my parents
bought it 20 years ago.
(d) The circuit breaker was installed by my
uncle back in the 1950s.

해석 여: 전기가 한 번에 몇 분 동안 계속해서 꺼져요.

남: 이상한 일이네요. 전선이 끊긴 곳이 있을 것 같나
요?

여: 그럴 수도 있어요. 마지막으로 집을 점검한 것이 언
제인가요?

남: ____________________

**(a) 기록을 보면 이전 집주인들에 의해 65번의 검사
를 했네요.**

(b) 그 도시는 30년 이상 전자 부호를 바꾸지 않았
어요.

(c) 제 부모님이 20년 전에 구입하신 이후 점검을
받은 적이 없어요.

(d) 전기 자동 차단기는 1950년 대에 삼촌이 설치하
셨어요.

해설 의문사 의문문으로 when을 이용하여 여자는 '마지막
으로 주택 점검을 받은 때가 언제인지'를 묻고 있다. 따
라서 이전 집주인들이 65번의 검사를 받은 기록이 있다
고 대답하는 (a)가 대화의 흐름상 가장 적절하다.

어휘 inspection n. 사찰, 점검, 검사
electrical a. 전기의, 전기를 이용하는
code n. 암호, 부호
circuit breaker 전기 자동 차단기

14.   일반 의문문 ★★☆   정답 (c)

script W: My back still hurts. I'm afraid I won't be able
to return to work until the first of the year.
M: I'm sorry to hear that, but I'm afraid the
insurance doesn't cover your back injury.
W: Oh, no. Is there anything you can do to help
me get the coverage?
M: ____________________
(a) You should consider doing that if you
can.
(b) You might see if your supervisor will
terminate it.
**(c) Let me look into it and see what I can
do.**
(d) Under the rules, you might get it done
next summer.

해석 여: 등이 여전히 아파요. 1월 1일까지 직장으로 복귀할
수 없을까 걱정이에요.

남: 그 말을 듣게 되어 유감이에요. 그렇지만 당신의 허
리부상이 보험처리가 될지 염려스러운데요.

여: 안돼요. 보험 보장을 받을 수 있도록 도와줄 수 있
는 일이 없나요?

남: ____________________

(a) 할 수 있다면 그것을 하도록 고려해봐야 합니
다.

(b) 당신의 상사가 그것을 만료시킬 것인지 확인해
볼 수 있습니다.

**(c) 제가 살펴보고 할 수 있는 것이 무엇인지 확인
할게요.**

(d) 원칙하에 당신은 다음 여름에 그것을 끝내야 할
거예요..

해설 일반의문문으로 여자는 자신의 부상이 보험처리가 될
수 있을 지 남자에게 물어보고 있다. 따라서 여자의 보
험처리 여부에 대한 남자의 대답으로 '확인해 보겠다'
는 (c)가 정답으로 적절하다.

어휘 insurance n. 보험   cover v. 다루다, 포함시키다
coverage n. 보다(방송), 범위, (보험) 보장
terminate v. 끝나다, 종료되다

15.   일반 의문문 ★★★   정답 (c)

script W: Have you made your travel plans for your
trip to Little Rock?
M: Yes, I'll be flying to Memphis where I'll get a
rental car.
W: Isn't that going to cost you a lot of money?
M: ____________________
(a) The reservation will be made under the
name "Black."
(b) Yes, but I had to cancel everything at
the last minute.
**(c) Since some work is involved, the
company will pay half.**
(d) No. If you stop and look at it, it's really
not that large.

해석 여: Little Rock으로 여행 계획을 세우셨어요?

남: 네, Memphis로 비행기를 타고 가서 그곳에서 렌터
카를 빌릴 거예요.

여: 그러면 돈이 많이 들지 않을까요?

남: ____________________

(a) 예약은 "Black"이라는 이름으로 할 거예요.

(b) 네, 그렇지만 마지막 순간에 모든 것을 취소해
야 했어요.

**(c) 업무가 일부 포함되어 있기 때문에, 회사가 반
을 지급할 거예요.**

(d) 아니요. 만약 멈춰서 그것을 본다면 정말로 그
렇게 크지는 않아요.

해설 일반의문문으로 여자는 남자에게 '여행경비가 많이 들
지 않는지'를 묻고 있는 상황이다. 따라서 여자의 질문
에 대한 남자의 적절한 대답은 '회사에서 경비의 반을

지불할 것'이라는 내용의 (c)이다.

16. 내용 일치 ★☆☆　　　　　　정답 (c)

script W: What's the most unusual place you have ever visited?

M: My family visited Carlsbad Caverns National Park when I was a kid.

W: What makes it so unusual?

M: Well, for one thing, there are bats flying around inside the caves.

W: Bats? Yuck. Don't they carry a lot of diseases?

M: So they say. But they are afraid of people and don't attack.

W: That may be true, but I would be afraid to get anywhere close to them.

Q: Which is correct according to the conversation?

(a) The woman is planning a trip to a cave.

(b) The woman is not afraid of bats.

(c) The man has visited Carlsbad Caverns.

(d) Bat attacks are very common in the wild.

해석 여: 당신이 방문해 본 곳 중 가장 특이한 장소는 어딘가요?

남: 저희 가족들은 제가 어린 아이였을 때, Carlsbad Caverns 국립 공원을 방문했었어요.

여: 무엇이 그렇게 특이했나요?

남: 글쎄요, 하나 예를 들면 동굴들 안에 날아다니는 박쥐들이 있어요.

여: 박쥐요? 박쥐들은 많은 병을 옮기지 않나요?

남: 그렇게 말하긴 하지요. 그렇지만 박쥐들은 사람들을 두려워하고 공격하지 않아요.

여: 그것은 사실일지도 모르겠지만 박쥐들을 가까이하면 저는 겁날 것 같아요.

문제: 대화의 내용과 일치하는 것은?

(a) 여자는 동굴로의 여행을 계획 중이다.

(b) 여자는 박쥐를 겁내지 않는다.

(c) 남자는 Carlsbad Caverns를 방문한 적이 있다.

(d) 박쥐들의 공격은 야생에서 매우 흔한 일이다.

해설 대화의 내용과 일치하는 것을 묻는 문제이다. 여자와 남자는 '남자가 한 가장 특별한 여행'에 대하여 이야기하고 있다. 대화의 첫 부분에서 'My family visited Carlsbad Caverns National Park when I was a kid' 라는 말을 시작으로 남자는 계속해서 자신의 여행 경험을 이야기하므로, 대화의 내용과 일치하는 것은 (c)이다.

어휘 unusual a. 특이한, 범상치 않은

17. 내용일치 ★★☆　　　　　　정답 (c)

script W: What medicine do you use when you get a sore throat?

M: Believe it or not, I do what Grandma taught me. I gargle with salt water.

W: Really? Something that simple really works?

M: Well, it always worked pretty well on me.

W: Even with all the advances in modern medicine, home cures work best sometimes.

Q: Which is correct according to the conversation?

(a) The woman is afraid she is getting a sore throat.

(b) The woman is asking the man for some salt water.

(c) The man uses a remedy that his Grandma taught him.

(d) The woman has a strong opinion about throat medication.

해석 여: 목 감기 걸렸을 때 어떤 약을 복용하나요?

남: 믿거나 말거나 저는 할머니가 제게 가르쳐준 것을 해요. 소금물로 입안을 가시는 거죠.

여: 정말이요? 그 단순한 것이 정말 효과가 있나요?

남: 그것은 저에게 항상 꽤 좋은 효과가 있어요.

여: 현대 의학에서의 모든 진보와 함께 가정의학은 때때로 최고의 효과를 내지요.

문제: 대화의 내용과 일치하는 것은?

(a) 여자는 그녀가 목 감기에 걸릴 것을 걱정하고 있다.

(b) 여자는 소금물을 남자에게 요청하고 있다.

(c) 남자는 그의 할머니가 가르쳐 준 치료법을 사용하고 있다.

(d) 여자는 목구멍 약물 치료에 대한 강한 의견을 가지고 있다.

해설 대화의 내용과 일치하는 것을 묻는 문제이다. 남자와 여자는 남자가 목 감기에 걸렸을 때 사용하는 소금물 치료법에 대하여 이야기하고 있다. 남자는 'I do what Grandma taught me'라는 말을 통해 할머니가 가르쳐 준 치료법으로 목 감기를 치료하고 있다고 말하고 있으므로 내용과 일치하는 것은 (c)이다.

어휘 sore throat 목 감기　　gargle v. 입안을 가시다
modern medicine 현대 의학
remedy n. 처리방안, 해결책
medication n. 약물(치료)

18. 추론 ★★☆　　　　　　　　　　정답 (c)

script　W: You look really tired this morning.

M: I am. My neighbors had a party last night and kept the music going until 3 a.m.

W: Let me get you a cup of coffee. That might give you some energy.

M: I'll pass. Any time I drink coffee, I get sick to my stomach.

W: How about some other drink that has caffeine in it?

M: You know what? A cup of hot tea might do the trick.

Q: What can be inferred from the conversation?

(a) The woman is the man's neighbor.

(b) The woman is very tired.

(c) The man prefers tea to coffee.

(d) The man drinks coffee every morning.

해석　여: 당신 오늘 아침에 무척 피곤해 보였어요.

남: 그래요. 이웃들이 지난 밤에 파티를 했는데 음악을 새벽 3시까지 계속해서 틀어놓았어요.

여: 제가 커피 한잔 가져다 드릴게요. 커피가 약간의 에너지를 줄 거예요.

남: 저는 그냥 넘어갈게요. 커피를 마실 때마다 배가 아파져요.

여: 카페인이 들어있는 다른 음료는 어떨까요?

남: 그거 알아요? 뜨거운 한 잔의 차가 효과가 있어요.

문제: 대화에서 추론할 수 있는 것은?

(a) 여자는 남자의 이웃이다.

(b) 여자는 매우 피곤하다.

(c) 남자는 커피보다 차를 선호한다.

(d) 남자는 매일 아침 커피를 마신다.

해설　대화를 통해 추론할 수 있는 내용을 묻는 문제이다. 대화에서 남자와 여자는 남자가 마실 음료에 대해 이야기하고 있다. '커피 말고 다른 음료를 가져다 주겠다'는 여자에게 남자는 'A cup of hot tea might do the trick'라는 말하고 있으므로 커피보다 뜨거운 차를 마시겠다는 의도임을 알 수 있다. 따라서 내용으로 추론할 수 있는 것은 (c)이다.

어휘　do the trick 성공하다, 효험이 있다

19. 추론 ★★★　　　　　　　　　　정답 (b)

script　W: It looks like the trees in your back yard are really growing.

M: Yes, I think I will have a lot of fruit to pick this year.

W: What kind of trees are those, anyway?

M: I've got some apple, plum, cherry and peach trees.

W: Are you going to put nets over them to keep the birds out?

M: No, I just pick what I need. Would you like to have some fruit?

W: That would be great! Fresh fruit always tastes better than what you get at the store.

M: I hear you. I'll go get the ladder so I can get you some now.

Q: What can be inferred from the conversation?

(a) The woman is afraid to climb a ladder.

(b) A lot of fruit is growing in the man's yard.

(c) The woman never buys fruit at the store.

(d) The tree branches are blocking the view.

해석　여: 당신네 뒤뜰 나무들은 매우 잘 자라고 있는 것 같아요.

남: 그래요. 올해 많은 과일을 수확할 수 있을 거라 생각해요.

여: 그건 그렇고, 무슨 종류의 나무들이죠?

남: 사과, 자두, 체리와 복숭아 나무들이 있어요.

여: 새들을 쫓아 내기 위한 그물을 나무 주위에 덮을 예정인가요?

남: 아니오, 저는 단지 제가 필요한 것만 따거든요. 과일 좀 가져가실래요?

여: 그거 정말 좋군요! 신선한 과일은 가게에서 사는 것보다 항상 더 나은 맛이 낫거든요.

남: 나도 그래요. 사다리를 가져올 테니 지금 몇 개 드릴게요.

문제: 대화에서 추론할 수 있는 것은?

(a) 여자는 사다리에 올라가는 것을 두려워 한다.

(b) 많은 과일이 남자의 마당에서 자라고 있다.

(c) 여자는 결코 가게에서 과일을 사지 않는다.

(d) 나무 가지들이 시야를 막고 있다.

해설　대화를 통해 추론할 수 있는 내용을 묻는 문제이다. 여자와 남자는 남자의 마당에서 잘 자라고 있는 과일 나무에 대해 이야기하고 있다. 남자는 'I've got some apple, plum, cherry and peach trees'라는 말을 통해 여러 그루의 과일나무를 키우고 있다는 사실을 알 수 있다. 이미 여자의 말을 통해 나무가 잘 자라고 있다는 것을 이야기했으므로 대화에서 추론할 수 있는 내용은 (b)이다.

어휘　plum n. 자두　put over 씌우다

20. 추론 ★★☆　　　　　　　　　　정답 (b)

script　W: Pardon me, sir. I'm looking for the new

movie theatre in the Washington Mall, and
I'm lost.

M: I know where that is. Let me give you some
directions.

W: Thank you very much. I would appreciate
that.

M: This road right here is Grande. Go west a
couple of blocks until you get to the stoplight
and turn left.

W: OK, left at the light. What is that street
called?

M: That is Arco Highway. Follow it about four
miles through town and you will see the mall
on the left.

W: Where is the theatre?

M: It's on the back side. You'll see the big
marquee above the entrance. You can't
miss it.

W: Thank you for the directions.

**Q: What can be inferred from the
conversation?**
(a) The woman is a movie reviewer.
**(b) The woman has never been to the
theater.**
(c) The man is driving on Arco Highway.
(d) The man goes to the movies often.

해석 여: 실례합니다. 저는 Washington Mall에 있는 새 영
화관을 찾고 있는데요, 길을 잃었어요.

남: 제가 그곳이 어디인지 알고 있어요. 제가 몇 가지
안내를 해드릴게요.

여: 정말 감사합니다. 그래 주시면 고마울 것 같아요.

남: 바로 여기 이 길은 Grande예요. 신호등이 나올 때
까지 2 블록 정도 서쪽으로 가시고, 그 다음에 좌회
전 하세요.

여: 알겠습니다. 신호등에서 왼쪽으로요. 그 거리는 뭐
라고 부르죠?

남: 그 길은 Arco Highway예요. 마을을 통과하여 4 마
일 정도 이어지고 있는데, 왼쪽에 보면 쇼핑몰을 보
실 수 있을 거예요.

여: 극장이 어디인가요?

남: 극장은 뒤쪽에 있어요. 입구 위에 거대한 차양을 보
실 수 있어요. 틀림없이 찾으실 수 있어요.

여: 길을 알려주셔서 감사합니다.

문제: 대화에서 추론할 수 있는 것은?
(a) 여자는 영화 논평가이다.
(b) 여자는 그 극장에 가본적이 없다.
(c) 남자는 Arco Highway에서 운전 중이다.
(d) 남자는 종종 영화를 보러 간다.

해설 대화를 통해 추론할 수 있는 내용을 묻는 문제이다. 'I'm
looking for the new movie theatre in the Washington

Mall, and I'm lost.'라는 여자의 말을 통해 새 영화관을
찾던 중 길을 잃었음을 알 수 있다. 따라서 여자는 그
극장에 처음 찾아가는 것임을 추론할 수 있으므로 (b)
가 정답이다.

어휘 stoplight n. 정지 신호등, 빨간 불
marquee n. 대형 천막, 차양
go to the movies 영화 보러 가다

21.   내용 일치 ★★☆   정답 (a)

script W: Hello, Jim. This is Pam.

M: What's up? Is everything OK?

W: Well, I've got a flat tire!

M: Where are you? Do you want me to pick
you up?

W: Actually, can you please tell the boss that
I'm going to be late?

M: No problem. Are you sure you don't need
any help?

W: I'm pretty sure I can handle it. See you
when I get there.

M: OK. Just call me back if you need anything.

**Q: What is true according to the
conversation?**
**(a) The woman asks the man to talk to
the boss.**
(b) The woman wants the man to change
her tire.
(c) The woman is ahead of schedule this
morning.
(d) The woman will take the day off from
work.

해석 여: 안녕, Jim. Pam이에요.

남: 어떻게 지내요? 별일 없죠?

여: 글쎄, 나 타이어가 펑크 났어요.

남: 어디 있는데요? 제가 데리러 갈까요?

여: 사실은요, 상사에게 제가 늦을 거라고 말씀해주시
겠어요?

남: 그럼요. 아무 도움 필요하지 않은 거 확실해요?

여: 제가 처리할 수 있다고 확신해요. 도착하면 봐요.

남: 그래요. 도움이 필요하면 언제든지 바로 전화해요.

문제: 대화의 내용과 일치하는 것은?
**(a) 여자는 상사에게 말해달라고 남자에게 부탁
한다.**
(b) 여자는 남자가 타이어를 교체해주기를 바란
다.
(c) 여자는 오늘 아침 일정보다 일찍 온다.
(d) 여자는 그날 휴가를 낼 것이다.

해설 대화의 내용과 일치하는 것을 묻는 문제이다. 여자는

전화로 남자에게 자동차 타이어의 펑크 때문에 'tell the boss that I'm going to be late'라고 부탁하고 있는 상황이다. 따라서 내용과 일치하는 답은 (a)이다.

어휘 get a flat tire 타이어에 펑크 나다
ahead of schedule 스케줄보다 이른, 일정보다 빠른
take the day off from work 휴가를 내다

22. 　내용 일치 ★★☆　　　　　정답 (b)

script M: What's going on?

W: I'm taking a break. I'm starting to get a headache.

M: Do you want some aspirin?

W: No. I think it is being caused by eye strain from looking at the computer screen for so long.

M: You need to get an anti-glare screen. I used to get headaches all the time until I got one.

W: Really? Did it really work?

M: It sure did. You might want to check it out.

Q: Which is correct according to the conversation?

(a) The woman asks to borrow the man's computer.

(b) The man advises the woman to try a new screen.

(c) The man suffers from constant headaches.

(d) The woman thinks the man broke her computer.

해석 남: 무슨 일이에요?

여: 잠깐 휴식을 취하고 있어요. 두통이 오기 시작했거든요.

남: 아스피린 필요해요?

여: 아니요, 컴퓨터 스크린을 너무 오래 보고 있어서 눈의 피로에 의해 유발된 두통 같아요.

남: 눈부심 방지 모니터를 써야겠네요. 저도 그 모니터를 구입하기 전까지 항상 두통이 있었어요.

여: 정말이요? 그것이 정말 효과가 있었어요?

남: 그럼요. 당신이 직접 확인해 보고 싶을 거예요.

문제: 대화의 내용과 일치하는 것은?

(a) 여자는 남자의 컴퓨터를 빌려달라고 요청한다.

(b) 남자는 여자에게 새로운 모니터를 사도록 조언한다.

(c) 남자는 지속적인 두통을 겪고 있다.

(d) 여자는 남자가 자신의 컴퓨터를 망가뜨렸다고 생각한다.

해설 대화의 내용과 일치하는 것을 묻는 문제이다. 대화에서 남자와 여자는 눈의 피로에 대하여 이야기하고 있다.

남자는 'You need to get an anti-glare screen'이라는 말을 통해 여자에게 새로운 모니터를 사도록 조언을 하고 있으므로 내용과 일치하는 정답은 (b)이다.

어휘 eye strain 눈의 피로
anti-glare screen 눈부심 방지 화면

23. 　내용 일치 ★★★　　　　　정답 (b)

script W: Researchers at Children's Hospital say that the number of expectant mothers who are smoking cigarettes during their pregnancy is on the rise for the first time in nearly 40 years. Dr. Barry Lopez, chief of obstetrics at the hospital, revealed the statistics as part of a study that has been conducted since warning labels were first put on cigarette packaging in the 1960s. After reaching its highest level in the early 1970s, the number of smoking mothers has decreased from 45 percent to a low of six percent last year. The statistics for this year show eight percent of mothers who gave birth at Children's Hospital smoked at least once a month during their pregnancy.

Q: Which is correct according to the passage?

(a) More than half of expectant mothers smoked sometime during their pregnancy.

(b) The number of expectant mothers who smoked reached an all-time low last year.

(c) Researchers at Children's Hospital first began to track smoking mothers in the 1970s.

(d) The number of expectant mothers who smoked is expected to increase next year.

해석 여: Children's Hospital 연구원들은 임신기간 중에 흡연을 한 임산부들의 수가 지난 약 40년 만에 처음으로 증가했다고 밝혔다. 이 병원의 산부인과 과장인 Barry Lopez 박사는 1960년대 담배 포장에 처음으로 적힌 경고 문구가 적힌 이후 계속 진행되었던 한 연구의 부분으로 이러한 통계수치를 밝힌 것이다. 1970년대 초반 가장 높은 수치를 기록한 이후 흡연하는 임산부의 수는 45%에서 지난해 6%까지 낮아진 것을 보였다. 올해 이 수치는 Children's Hospital에서 출산을 한 산모의 8%가 임신기간 최소 한 달에 한번은 담배를 피운 것을 보여주고 있다.

문제: 담화의 내용과 일치하는 것은?
(a) 임산부의 절반 이상이 임신 기간에 종종 담배를 피웠다.
(b) 흡연하는 임산부의 수가 지난 해 가장 낮은 수치를 기록했다.
(c) Children's Hospital 연구원들은 1970년대 흡연하는 산모를 처음으로 추적하기 시작했다.
(d) 흡연하는 임산부의 수는 내년에 증가할 것으로 예상되고 있다.

해설 담화의 내용과 일치하는 것을 묻는 문제이다. 담화의 하반부에 화자는 'the number of smoking mothers has decreased from 45 percent to a low of six percent last year'라는 말을 통해 흡연 임산부가 최고 45%에서 작년에 최저 6%를 기록했다고 이야기하고 있으므로 내용과 일치하는 것은 (b)이다.

어휘 expectant mother 임산부
obstetrics n. 산부인과(학)
cigarette packaging 담배 포장

24. 내용 일치 ★★★ 정답 (c)

script M: The Big Green Mile is a volunteer program in which city residents and groups assist in the maintenance and care of a one-mile stretch of road within the community. Individuals or volunteer groups such as service clubs and scouting organizations pick a section of road where they pick up trash and provide landscaping in the medians and along the side of the road. More than 50 organizations have chosen to help make our city better by participating in the program. For more information on the program, call the city's volunteer desk at 555-1234 or go to the city web site at www.centerville.gov/volunteers/biggreenmile.

Q: Which of the following is correct about the Big Green Mile program?
(a) Volunteers must attend monthly meetings about the program.
(b) Volunteers are responsible for fixing the road they select.
(c) Volunteers are able to choose which area they want to help in.
(d) Only groups and organizations can participate in the program.

해석 남: Big Green Mile은 도시 거주민들과 단체들이 지역사회 내 도로의 1마일 확장을 유지 및 보호하는 데 도움을 주는 자원봉사 프로그램입니다. 개인

별 또는 서비스 클럽이나 스카우트 조직과 같은 봉사 단체들은 도로의 구획을 선택하여 쓰레기를 줍고 길 중간이나 길가를 따라 조경하는 일을 하고 있습니다. 50개 이상의 단체들이 프로그램 참여를 통해 우리 도시를 더 좋게 만들기로 선택하셨습니다. 프로그램에 대한 정보를 더 원하신다면 시의 자원봉사 데스크인 555-1234로 전화 걸어주시거나 시 웹사이트 www.centerville.gov/volunteers/biggreenmile을 방문해주시기 바랍니다.

문제: Big Green Mile 프로그램의 내용과 일치하는 것은?
(a) 자원봉사자들은 프로그램에 관한 월간 회의에 참여해야 한다.
(b) 자원봉사자들은 자신이 선택한 도시를 정비해야 한다.
(c) 자원봉사자들은 어느 구역에서 돕고자 원하는 지 선택할 수 있다.
(d) 오직 그룹이나 단체만이 이 프로그램에 참여할 수 있다.

해설 담화의 내용과 일치하는 것을 묻는 문제이다. 담화는 자원봉사 프로그램인 Big Green Mile의 성격과 내용을 설명하고 있다. Big Green Mile은 자발적 참여를 통해 도로의 구획을 선택하여 유지 보수하는 프로그램으로서 담화 중간에 'pick a section of road'라는 말을 통해 자신이 자원봉사를 하고자 하는 구역을 선택하여 봉사를 할 수 있다고 이야기하고 있다. 따라서 내용과 일치하는 (c)가 정답이다.

어휘 assist v. 돕다, 도움이 되다   maintenance n. 유지
landscape v. 조경을 하다
median n.중앙 값, 중앙선
be responsible for 책임이 있다

25. 내용 일치 ★★★ 정답 (b)

script W: Trying to make plans for your next family vacation? Our Grand Canyon tour may be just what you're looking for. Come with us on a four-night, five-day excursion on what has been called "America's greatest natural resource." Our package includes lodging at the North Rim Inn, breakfast and lunch meals and a trip to the bottom of the canyon on a team of mules. See breathtaking sites along the trail that leads to the Colorado River camp, then return to the top by helicopter. River raft rides are optional and cost extra. Only a few spots remain so make your reservations today at Friendly Travel Agency, 4406 State Street.

Q: **What is correct according to the advertisement?**

(a) The package includes five nights at the North Rim Inn.

(b) A mule-ride tour is included in the package.

(c) Reservations should be made at the agency in person.

(d) A river raft tour is available free of charge.

해석 여: 다음 가족 여행으로 어떤 계획을 짜고 계신가요? 저희 Grand Canyon 여행사는 여러분 자신이 찾고 있던 바로 그것입니다. 저희와 함께 "미국에서 가장 위대한 천연 자원"이라고 불려져 왔던 이 장소에서 4박5일 간 여행 하세요. 저희 패키지 여행에는 North Rim Inn의 숙박, 아침과 점심 식사, 그리고 한 팀의 노새를 타고 협곡 밑바탕으로의 여행을 포함하고 있습니다. Colorado River 캠프장으로 이어지는 오솔길을 따라 숨막히는 절경을 확인하시고 나서 헬리콥터를 타고 정상으로 되돌아가보세요. 강에서의 뗏목 타기는 옵션으로 별도의 비용이 추가됩니다. 자리가 얼마 남지 않았으므로 오늘 4406 State Street에 있는 Friendly Travel Agency에서 예약하세요.

문제: 광고의 내용과 일치하는 것은?

(a) 패키지 여행은 North Rim Inn에서의 5박을 포함한다.

(b) 노새 타기 여행은 패키지에 포함되어 있다.

(c) 예약은 직접 대리점에서 해야 한다.

(d) 강 뗏목 타기는 무료로 이용 가능하다.

해설 담화의 내용과 일치하는 것을 묻는 문제이다. 'Our package includes~'라는 부분을 시작으로 패키지 여행에 포함되어 있는 내용을 소개하고 있으며 여기에서 'on a team of mules'라고 언급하고 있으므로 광고의 내용과 일치하는 정답은 (b)이다.

어휘
excursion n. 여행, 외도	lodging n. 숙소, 하숙
mule n. 노새	canyon n. 협곡
breathtaking a. 숨이 막히는	trail n. 자취, 오솔길

26. | 내용 일치 ★☆☆ | 정답 (c)

script M: Have you ever wanted to learn how to fly fish? The River City Senior Fishing Club invites you to attend their free clinic next Saturday being offered at the City Senior Center. Come learn the techniques and skills needed to participate in this family-friendly outdoor activity. Amateur anglers from around the area will be available to provide individual instruction and show you how to make your own flies. All equipment is provided and no experience is necessary. For more information call the Senior Center front desk at 555-2468. There is only room for 50 participants, so reserve your spot today!

Q: **What is correct according to the advertisement?**

(a) The class will be offered every month until next summer.

(b) Students must supply their own rod and reel.

(c) The class has limited enrollment.

(d) The class is best suited for experienced fishermen.

해석 남: 제물 낚시하는 방법을 배워보고 싶었던 적 없으신가요? River City Senior Fishing Club에서는 다음 주 토요일 City Senior Center에서 제공하는 무료 강습에 여러분을 초대합니다. 오셔서 이 가족친화적인 야외활동에 참여하는 데 필요한 기술과 기법을 배워보세요. 이 지역 주변에서 아마추어 낚시꾼들은 개별 강습을 제공받으실 수 있으며 자신의 미끼를 만드는 방법을 보여드립니다. 모든 장비는 제공되며 경험이 없으신 분들이 와야 합니다. 더 많은 정보를 원하시면 Senior Center의 안내 데스크 555-2468로 전화 걸어주세요. 50명의 참여자들을 위한 공간밖에는 없으므로 오늘 본인의 좌석을 예약해주십시오.

문제: 광고의 내용과 일치하는 것은?

(a) 수업은 다음 여름까지 매달 진행될 것이다.

(b) 학생들은 자신의 낚싯대와 얼레를 준비해야 한다.

(c) 수업은 등록이 한정되어 있다.

(d) 수업은 경험 있는 낚시꾼에게 가장 적합하다.

해설 광고의 내용과 일치하는 것을 묻는 문제이다. 광고는 순수 아마추어 낚시꾼들을 위한 무료 낚시 강습에 관한 내용이다. 광고 마지막에 'There is only room for 50 participants'라고 설명하고 있으므로 '인원제한이 있다'는 (c)가 광고 내용과 일치한다.

어휘
family-friendly 가족 친화적인, 가족이 하기 쉬운	
angler n. 낚시꾼	fly n. 제물낚시
rod n. (fishing rod) 낚싯대	reel n. 릴, 얼레

27. | 추론 ★★★ | 정답 (b)

script W: The National Weather Service has issued a winter storm warning for the northern third of the state for all areas north of Interstate 20, effective immediately. Heavy snows have blanketed the area, leaving six to 18 inches on the ground and making travel extremely dangerous. Winds gusting from 40 to 70 miles per hour have created dangerous drifts in many areas. State police report that highways 16, 63, 78 and 115 are snow packed and icy, and may have to be closed in the next three hours because snow scraper trucks cannot reach the area.

Q: What can be inferred from this weather report?

(a) A blizzard is expected to hit the area in the next three hours.

(b) Travelers should wait until the storm clears before driving.

(c) The southern part of the state has strong winds right now.

(d) The residents were not given any winter storm warning.

해석 여: 지금 이 시간 이후로, National Weather Service 는 20번 주간도로 북부 전 지역 중 북쪽 1/3에 대하여 겨울 폭풍 경보를 발행했습니다. 폭설이 이 지역을 뒤덮고 있으며 지표 위 6에서 18인치의 양으로 쌓여 여행을 극도로 위험하게 만들고 있습니다. 시속 40에서 70 마일까지 몰아치는 바람은 많은 지역에 위험스러운 표류를 만들고 있습니다. 주 경찰은 16번, 63번, 78번과 115번 고속도로가 눈과 얼음으로 뒤덮여있으며 제설작업을 위한 트럭들이 이 지역에 도착할 수 없기 때문에 앞으로 3시간 안에 도로들이 폐쇄될 거라고 보도하였습니다.

문제: 날씨 보도에서 추론할 수 있는 것은?

(a) 눈보라는 이후 3시간 동안 이 지역을 강타할 것으로 예상된다.

(b) 여행객들은 폭설이 가시기 전까지 운전하는 것을 기다려야 한다.

(c) 주의 남부지역은 지금 강한 바람이 불고 있다.

(d) 거주민들은 겨울 폭풍 경고를 받지 못했다.

해설 뉴스를 통해 추론할 수 있는 내용을 묻는 문제이다. 뉴스에서 'making travel extremely dangerous'라는 말과 함께, 도로가 앞으로 3시간 안에 폐쇄될 것이라고 보도하고 있으므로, 여행객들의 운전이 어렵고 위험하다는 사실을 짐작할 수 있다. 따라서 날씨보도를 통해 추론할 수 있는 내용은 (b)이다.

어휘 interstate n. 주간도로(주와 주 사이에 난 도로)
icy a. 얼음같이 찬, 얼음에 뒤덮인
snow scraper truck 제설 트럭
blizzard n. 눈보라

28. **추론 ★★★** 정답 (b)

script M: As part of its ongoing conservation efforts, the City Water Board urges homeowners to perform a "Winter Sprinkler Check" in the next two weeks. Because of the cooler weather, automatic sprinkler systems can be cut back to about once a week until March. Homeowners should check all visible sprinkler heads and valves for leaks that can be caused by frozen pipes and monitor their water bills for increased usage, which could be the sign of a problem. For other conservation tips, please visit our website at www.savewater.org.

Q: What can be inferred from the announcement?

(a) Water usage on landscaping is very expensive.

(b) Homeowners can save more water in the winter.

(c) All sprinkler systems will break during the winter.

(d) Homeowners who waste water will be fined.

해석 남: 계속 진행되고 있는 보존 노력의 일환으로 시청 수도국 위원회는 향후 2주일 간 주택 소유자들에게 "Winter Sprinkler Check"을 시행하도록 종용하고 있습니다. 더 서늘한 날씨 때문에 자동 스프링클러 시스템들이 3월까지 일주일에 한번 정도로 축소될 수 있습니다. 주택 소유자들은 눈에 띄는 모든 스프링클러 헤드와 밸브에 얼린 파이프 때문에 유발될 수 있는 새는 곳이 없는 지 확인하고, 증가된 물 사용이 문제의 신호가 될 수 있으므로 수도세를 관찰해야 합니다. 다른 보호 팁을 보시려면 저희 웹사이트 www.savewater.org를 방문해주십시오.

문제: 공지 사항에서 추론할 수 있는 것은?

(a) 조경에 쓰이는 물 사용은 너무 비싸다.

(b) 주택 소유자들은 겨울에 더 많은 물을 절약할 수 있다.

(c) 모든 스프링클러 시스템들은 겨울 기간 동안 고장 날 것이다.

(d) 물을 낭비하는 주택 소유자들은 벌금형을 받을 것이다.

해설 담화를 통해 추론할 수 있는 내용을 묻는 문제이다. 발표 내용에 따르면 시청 수도국에서 주택 소유자들에게 3월까지 스프링클러의 사용을 제한하고, 물 낭비를 유도할 수 있는 다양한 시설 확인을 하도록 종용하고 있다. 이러한 "Winter Sprinkler Check"의 목적은 'conservation efforts'를 목적으로 하고 있으므로 물 사용을 줄이기 위함이라는 (b)의 내용을 추론할 수 있다.

어휘 ongoing a. 계속 진행중인
conservation n. (자연환경) 보호
City Water Board 시청 수도국 위원회
leak n. 새는 곳 v. 새다
monitor v. 모니터(감시)하다

29.

script W: Retirement seems like a distant worry for most young people. The government pension system is getting smaller as more people are withdrawing from it, meaning people need to start planning for their future earlier than ever. Spiraling health care costs and inflation, along with a longer lifespan, mean a person will need to save that much more to ensure they have enough money to enjoy their "golden years" without financial worries.

Q: What will the speaker likely talk about next?
(a) Savings plans tailored to younger people
(b) Tax incentives for personal investment
(c) Family plans for health insurance
(d) Housing options for senior citizens

해석 여: 대다수의 젊은 사람들에게 은퇴라는 것은 걱정하기엔 먼 이야기처럼 보일 것입니다. 정부의 연금 시스템은 더 많은 사람들이 연금을 인출하고 있는 만큼 점차 더욱 축소되고 있으며 이는 사람들이 자신의 미래 계획을 전보다 훨씬 일찍 시작해야 할 필요가 있다는 것을 의미합니다. 수명이 더 길어짐에 따라 건강보험료와 인플레이션이 급증하면서 사람들은 재정적인 걱정 없이 자신의 "노후 생활"을 즐길 수 있을 만큼 충분한 돈을 보유하기 위해 훨씬 많은 돈을 저축해야 할 것이다.

문제: 화자가 이어서 말할 수 있는 내용은 무엇인가?
(a) 저축 계획은 더 젊은 사람들에게 맞춰져 있다.
(b) 개인적 투자를 위한 조세 감면
(c) 건강 보험을 위한 가족 계획
(d) 노년층을 위한 주택 선택권

해설 담화를 통해 추론할 수 있는 내용을 묻는 문제이다. 대화는 노후 생활을 위해 훨씬 일찍부터 더 많은 돈을 저축해야 한다는 말을 하고 있다. 특히 마지막 부분에서 'a person will need to save that much more'라는 말을 통해 이 다음에 나올법한 내용으로 '많은 돈을 저축할 수 있는 방법'이 적절할 것이다. 따라서 정답은 (a)

이다.

어휘 retirement n. 은퇴(퇴직), 은퇴생활
pension n. 연금
lifespan n. 수명
spiral v. 급증(급등)하다, 나선형으로 움직이다

30.

script M: Like many teenage boys, Bill Gates and Steve Jobs liked to tinker with gadgets, machines and motors. After years of work using spare parts they found in their parents' garages, the two friends built a computer unlike anything that had ever been seen before. Unlike computers built by corporate giants, the model made by Gates and Jobs was smaller in size and was cheap enough so individuals could purchase one. The duo nearly went broke trying to produce and promote their early line, which was called Apple. But after years of hard work, Apple computers eventually grabbed a large share of the market and revolutionized personal computing.

Q: What can be inferred from the talk?
(a) Gates and Jobs were among the early pioneers of personal computers.
(b) The first computers were not successful because they were too expensive.
(c) Gates and Jobs were an instant success with their invention.
(d) The new computer included the first Internet connections.

해석 남: 다른 10대 소년들과 마찬가지로 Bill Gates와 Steve Jobs는 어설픈 도구와 기계, 그리고 모터를 이용하여 물건 고치기를 좋아했다. 부모님 차고에서 발견한 예비 부품들을 이용하여 수년간 작업한 끝에 이 두 친구들은 전에 보았던 그 어떤 것과도 다른 컴퓨터를 만들었다. 대기업에서 만들었던 컴퓨터와는 달리 Gates와 Jobs가 만든 이 모델은 크기 면에서 더 작았고 개인들이 구입할 수 있을 만큼 저렴했다. Apple이라고 불린 그들의 초기 라인을 생산하고 증진시키기 위해 노력하면서 이 두 사람은 거의 파산했다. 그렇지만 수년간의 고된 작업 끝에 Apple 컴퓨터는 결국 시장에서 큰 몫을 차지하게 되었으며 개인 컴퓨터 시장을 개혁했다.

문제: 담화로부터 추론할 수 있는 것은?
(a) Gates와 Jobs는 개인 컴퓨터 업계의 초기 선구자들이다.

(b) 첫번째 컴퓨터는 너무 비싸서 성공하지 못했
　　다.
(c) Gates와 Jobs는 자신의 개발품을 가지고 즉
　　각적으로 성공을 거두었다.
(d) 새로운 컴퓨터는 처음 인터넷에 연결을 포함
　　하고 있었다.

해설　담화를 통해 추론할 수 있는 내용을 묻는 문제이다. 담
화에서 어린 Bill Gates와 Steve Jobs의 고된 작업 끝
에 결국 'revolutionized personal computing.'라는 결
과를 거두었다고 설명하고 있다. 따라서 Gates와 Jobs
가 '컴퓨터 업계의 선구자'가 되었다는 (a)의 내용을 추
론할 수 있다.

어휘　tinker v. 어설프게 고치다, 손보다
　　　　gadget n. (작고 유용한) 도구, 장치
　　　　spare part 예비 부품
　　　　go broke 파산하다

Part I ~ IV	1 (c)	2 (a)	3 (b)	4 (c)	5 (b)	6 (c)	7 (a)	8 (c)	9 (a)	10 (b)
	11 (c)	12 (b)	13 (a)	14 (c)	15 (b)	16 (a)	17 (d)	18 (b)	19 (c)	20 (d)
	21 (a)	22 (c)	23 (b)	24 (a)	25 (d)	26 (b)	27 (c)	28 (a)	29 (d)	30 (a)
	31 (b)	32 (a)	33 (d)	34 (c)	35 (d)	36 (a)	37 (b)	38 (b)	39 (b)	40 (b)
	41 (b)	42 (b)	43 (c)	44 (c)	45 (c)	46 (b)	47 (c)	48 (c)	49 (d)	50 (b)
	51 (a)	52 (c)	53 (d)	54 (c)	55 (a)	56 (d)	57 (c)	58 (d)	59 (a)	60 (a)

1. 의문사 의문문 – How ★★☆　　　정답 (c)

script M: How do you usually get to school?

W: ___________________________

(a) I usually get all A's in class.

(b) History is my favorite subject.

(c) I have a bike that I ride.

(d) The bus is always late getting there.

해석 남: 보통 학교에 어떻게 가나요?

여: ___________________________

(a) 저는 보통 수업에서 전과목 A를 받아요.

(b) 역사는 제가 가장 좋아하는 과목이에요.

(c) 저는 탈 자전거가 있습니다.

(d) 버스는 항상 거기에 늦게 도착합니다.

해설 의문사 의문문으로 남자는 'get'을 이용하여 학교 가는 방법에 대해 여자에게 묻고 있다. 따라서 '타고 다니는 자전거가 있다'라고 말한 (c)가 여자의 대답으로 적절하다. 남자의 'get'은 '타다'의 의미이고 (a)의 'get'은 '(성적을) 받다'라는 뜻이므로 의미혼동으로 인해 오답을 선택하지 않도록 하자.

2. 일반 의문문 ★★☆　　　정답 (a)

script M: Have you been able to go skiing this season?

W: ___________________________

(a) I haven't had the time.

(b) I just bought some new skates.

(c) I am always cold in the winter.

(d) I'd like more pepper, please.

해석 남: 이번 시즌에 스키 타러 갈 수 있었어요?

여: ___________________________

(a) 저는 시간이 없었어요.

(b) 저는 막 새 스케이트를 샀어요.

(c) 저는 항상 겨울에 추워요

(d) 저는 후추를 좀 더 넣어주세요.

해설 일반 의문문으로 남자는 '스키를 타러 갔다 온 적이 있는지'에 대해 여자에게 묻고 있다. (a)의 '시간이 없어서'는 '다녀온 적이 없다'는 의미로 이해할 수 있다. 따라서 여자의 대답으로 (a)가 가장 적절하다.

3. 일반 의문문 ★☆☆　　　정답 (b)

script M: Hello, can I speak with Diane?

W: ___________________________

(a) Diane is a fair boss.

(b) Who shall I say is calling?

(c) Yes, she generally speaks loudly.

(d) Diane forgot her keys again.

해석 남: 여보세요, Diane하고 통화할 수 있을까요?

여: ___________________________

(a) Diane은 공평한 상사예요.

(b) 누구신지 여쭤볼 수 있을까요?

(c) 네, 그녀는 보통 큰 소리로 이야기합니다.

(d) Diane은 또 열쇠를 잊었어요.

해설 일반 의문문으로 전형적인 전화상의 대화이다. 남자의 'Diane과 통화하고 싶다'는 말에 대한 적절한 응답을 찾아야 한다. 따라서 '전화 건 사람이 누구인지'를 묻는 (b)가 정답으로 가장 적절하다.

어휘 fair a. 공정한

4. 의문사 의문문 – How ★★★　　　정답 (c)

script M: Hi, Maggie. How is it going?

W: ___________________________

(a) Let's get going or we'll be late.

(b) Take a left at Main Street.

(c) Well, I'm glad it's the weekend.

(d) It is going too fast.

해석 남: 안녕하세요, Maggie. 잘 지내셨나요?

여: _______________________________________

   (a) 어서 가요, 그렇지 않으면 늦겠어요.

   (b) Main Street에서 좌회전하세요.

   (c) 글쎄요. 주말이 되어 기뻐요.

   (d) 시간이 너무 빨리 가네요.

해설 의문사 의문문으로 남자는 여자에게 안부를 묻고 있다. (c)의 '주말이라 기쁘다'는 말은 '지금까지의 상황이 좋지 않아 주말이 되어 다행이다'라는 의미로 이해할 수 있다. 따라서 여자의 대답으로 적절한 것은 (c)이다.

---

5. 의문사 의문문 – What ★☆☆   정답 (b)

script M: What are you doing at the mall, Susan?

   W: _______________________________________

   (a) The mall is always so busy.

   (b) Buying new running shoes.

   (c) I want you to do me a favor.

   (d) You must have just missed me.

해석 남: Susan, 쇼핑몰에서 무엇을 하고 있어요?

   여: _______________________________________

   (a) 쇼핑몰은 항상 너무 분주합니다.

   (b) 새 러닝화를 사려고요.

   (c) 제가 당신께 부탁 좀 드리고 싶은데요.

   (d) 단지 길이 엇갈렸 던게 확실해요.

해설 의문사 의문문으로 남자는 여자에게 '쇼핑몰에서 무엇을 하고 있는지'에 관하여 묻고 있다. 따라서 남자의 질문에 대한 여자의 대답으로 '신발 구입을 하고 있었다'는 (b)가 내용상 가장 적절하다. (a)는 'mall'이라는 단어를 반복하여 혼동을 주는 오답이므로 주의하자.

---

6. 일반 의문문 – 부탁 ★★★   정답 (c)

script M: I forgot my umbrella. Can you give me a ride so I don't get wet?

   W: _______________________________________

   (a) Sure, take my umbrella with you.

   (b) Be careful while driving in the rain.

   (c) Sure, I'm headed that direction anyway.

   (d) I'll give you a note instead.

해석 남: 제가 우산 가져오는 것을 잊었어요. 제가 젖지 않도록 태워주실 수 있나요?

   여: _______________________________________

   (a) 그럼요. 제 우산을 가져가세요.

   (b) 비 속에 운전할 때는 조심하세요.

   (c) 그럼요. 어쨌든 저도 그 방향으로 가니까요.

   (d) 제가 당신에게 대신 노트를 줄게요.

해설 일반 의문문으로 남자는 '우산이 없으니 차로 태워달라'고 여자에게 부탁하고 있다. 이에 대한 여자의 대답으로 '같은 방향이니 태워주겠다'는 (c)가 가장 적절하

다. (a)는 남자가 언급한 'umbrella'를 반복해서 언급하여 혼동을 주는 선택지이므로 주의하자.

어휘 give a ride 차를 태워주다

---

7. 일반 의문문 – 부탁 ★★☆   정답 (a)

script M: This physics problem is really confusing. Can you help me out?

   W: _______________________________________

   (a) I'll take a look at it and see.

   (b) I confuse physics equations all the time.

   (c) I don't have any problems now.

   (d) I think physics can be very helpful.

해석 남: 이 물리학 문제는 정말 혼란스러워요. 저를 도와주실 수 있나요?

   여: _______________________________________

   (a) 제가 봐 볼게요.

   (b) 저는 항상 물리학 방정식이 혼란스러워요.

   (c) 저는 이제 어떤 문제도 없어요.

   (d) 물리학이 매우 유용할 수 있다고 생각해요.

해설 일반 의문문으로 남자는 여자에게 물리학 문제를 도와달라고 부탁하고 있다. 따라서 이에 대한 여자의 대답으로 '문제를 보고 답을 알아보겠다'는 의미의 (a)가 적절하다.

어휘 physics n. 물리학

   take a look at 보다

   equation n. 방정식

---

8. 평서문 ★★☆   정답 (c)

script M: I looked for hours and hours, but I couldn't find Sally's number.

   W: _______________________________________

   (a) She will be here by this evening.

   (b) She wants six of them as soon as possible.

   (c) Did you check in the phone book?

   (d) Wait a few more hours before you do.

해석 남: 제가 몇 시간 동안이나 살펴봤는데요, Sally의 전화번호를 찾을 수가 없었어요.

   여: _______________________________________

   (a) 그녀는 오늘 저녁쯤에 여기에 올 거예요.

   (b) 그녀는 가능한 한 빨리 그들 중 여섯 명이 필요해요.

   (c) 전화번호부를 확인해 보았나요?

   (d) 당신이 일하기 전에 몇 시간 더 기다려보세요.

해설 남자는 평서문으로 'Sally의 전화번호를 찾을 수 없다'고 말하고 있지만 그 의미는 여자에게 'Sally 번호를 찾을 수 있는 방법을 아는 지'를 묻는 것이다. 따라서 남자의 말에 대한 여자의 대답으로 '전화번호부를 찾아보았는지' 묻는 (c)가 적절하다.

9. 평서문 ★★★   정답 (a)

script M: I got another traffic ticket this morning.

W: ＿＿＿＿＿＿＿＿＿＿＿＿＿＿＿＿＿＿

    (a) How much was it for?

    (b) I hate driving in traffic, too.

    (c) One more ticket and you'll win big.

    (d) Don't brag to me about it.

해석 남: 오늘 아침에 또 한번 교통 위반 딱지를 받았어요.

여: ＿＿＿＿＿＿＿＿＿＿＿＿＿＿＿＿＿＿

    (a) 이번 것은 얼마인데요?

    (b) 저 또한 교통이 혼잡한 길에 운전하는 게 싫어요.

    (c) 한번 더 티켓을 받으면 크게 이기게 될 거예요.

    (d) 그 일에 대해 저에게 자랑하지 말아요.

해설 평서문으로 남자의 'another'라는 말을 통해 과거에 여러 번의 교통위반 티켓을 받았다는 것을 알 수 있다. 따라서 남자의 말에 대한 여자의 대답으로 '이번에는 얼마짜리 티켓인지' 묻는 (a)가 가장 적절하다.

어휘 brag v. 자랑하다

10. 조동사 의문문 – 부탁 ★★☆   정답 (b)

script M: Could you return this movie to the store for me?

W: ＿＿＿＿＿＿＿＿＿＿＿＿＿＿＿＿＿＿

    (a) I've already seen that movie twice.

    (b) I'll drop it off when I go there later.

    (c) You better not forget or else.

    (d) Don't return home too late tonight.

해석 남: 저 대신 이 영화 테잎을 가게에 돌려주실 수 있나요?

여: ＿＿＿＿＿＿＿＿＿＿＿＿＿＿＿＿＿＿

    (a) 전 벌써 그 영화를 두 번이나 보았어요.

    (b) 나중에 거기에 갈 때 돌려줄게요.

    (c) 당신은 잊어버리거나 하는 일은 없도록 하세요.

    (d) 오늘 밤 집에 너무 늦게 들어오지 않도록 하세요.

해설 일반 의문문으로 남자는 여자에게 자신을 대신하여 '영화 테잎을 반납해 달라'고 부탁하고 있다. 따라서 긍정의 답변으로 '가는 길에 돌려주겠다'고 말하는 (b)가 정답으로 가장 자연스럽다. 'this movie'라는 말이 문장에서 '영화 비디오'라는 의미로 쓰일 수 있음을 기억하자.

어휘 drop off 맡기다, 내려 놓다

11. 평서문 ★★★   정답 (c)

script M: I decided to stay at home last night.

W: ＿＿＿＿＿＿＿＿＿＿＿＿＿＿＿＿＿＿

    (a) You can stay here instead if you want.

    (b) Only one more to go and that's it.

    (c) Were you feeling sick or something?

    (d) I stayed up pretty late last night too.

해석 남: 저는 어제 밤에 집에 있기로 결심했어요.

여: ＿＿＿＿＿＿＿＿＿＿＿＿＿＿＿＿＿＿

    (a) 당신이 원한다면 대신 여기에 머무를 수 있어요.

    (b) 오직 한번만 더 가고, 그것으로 끝이에요.

    (c) 아프거나 뭐 그랬나요?

    (d) 저도 어제 밤 늦게까지 깨어 있었어요.

해설 평서문으로 자신이 '지난 밤에 집에 있었다'는 남자의 말에 대한 적절한 응답을 고르는 문제이다. 따라서 이에 대한 여자의 대답으로 '어디 아프거나 그런 것은 아니었는지'라고 묻는 (c)가 적절하다. 남자가 언급한 'stay'라는 말이 반복적으로 사용되어 혼동을 주는 (a)와 (d)를 정답으로 선택하지 않도록 주의하자.

어휘 stay up 잠들지 않고 깨어 있다

12. 평서문 ★☆☆   정답 (b)

script M: Our boss came up with a new product to test out.

W: ＿＿＿＿＿＿＿＿＿＿＿＿＿＿＿＿＿＿

    (a) It's about time since our last boss was pretty old.

    (b) Hopefully it works well and people want it.

    (c) I'll come by later to take the test.

    (d) Did you follow him up like he asked?

해석 남: 우리의 상사는 새 제품을 시험해 보기 위해 내놓았어요.

여: ＿＿＿＿＿＿＿＿＿＿＿＿＿＿＿＿＿＿

    (a) 우리 전 보스가 매우 나이가 들었기 때문에 이제 때가 된 거죠.

    (b) 바라건대 일이 잘 되어서 사람들이 그 물건을 원하면 좋겠네요.

    (c) 저는 그 테스트를 하기 위해 나중에 올 거예요.

    (d) 당신은 그가 요청한 대로 그의 말에 대한 후속조치를 했나요?

해설 평서문으로 남자는 여자에게 상사가 '새 제품을 시험하기로 했다'는 사실을 전달하고 있다. 따라서 이에 대하여 자신의 의견을 덧붙이는 응답이 오는 것이 자연스럽다. '새 제품이 잘 되었으면 좋겠다'며 제품에 대한 희망을 이야기하고 있는 (b)가 적절하다.

어휘 come up with (해답 등을) 찾아내다, 내놓다

test out 시험해 보다

hopefully adv. 바라건대, 희망을 가지고

It's about time ~할 때가 되다

13. 평서문 ★★★   정답 (a)

script M: Once we get home, I'll make us some dinner.

W: _______________________________________

    (a) I don't know if I can wait that long.

    (b) Let's go to the drive-in movies.

    (c) I ate a sandwich and chips for lunch.

    (d) Sure, I don't mind cooking.

해석 남: 우리 일단 집에 가면, 제가 저녁을 만들게요.

    여: _______________________________________

    (a) 제가 그렇게 오래 기다릴 수 있을 지 모르겠네요.

    (b) 자동차 극장으로 갑시다.

    (c) 저는 점심으로 샌드위치와 칩을 먹었어요.

    (d) 물론입니다. 전 요리하는 것을 싫어하지 않아요.

해설 평서문으로 남자는 여자에게 '저녁식사를 만들어 주겠다'고 제안하고 있다. 그의 대답으로 (a)의 '그렇게 오래 기다릴 수 있을 지 모르겠다'는 내용이 대화의 흐름상 가장 자연스러운 대답이므로 (a)가 정답이 된다.

어휘 drive-in movies 자동차 극장

---

14. 의문사 의문문 – Where ★★☆ 정답 (c)

script M: Your new shirt is so colorful. Where did you get it?

    W: _______________________________________

    (a) Thanks, you always buy shirts on sale.

    (b) I'd like to get a new green one.

    (c) It was a present from my mother.

    (d) I'll get it later if I remember.

해석 남: 새 셔츠가 너무 화려한데요. 어디서 산 거예요?

    여: _______________________________________

    (a) 감사합니다. 당신은 항상 할인 중인 셔츠를 사는 군요.

    (b) 저는 새로 녹색 옷을 구매하고 싶어요.

    (c) 엄마가 주신 선물이에요.

    (d) 제가 기억한다면 그것을 나중에 얻을 거예요.

해설 의문사 의문문으로 남자는 여자에게 '셔츠를 어디서 샀는지' 묻고 있다. 이에 대한 여자의 대답으로 '엄마로부터 받은 선물'이라는 (c)가 적절하다. (a), (b), (d) 모두 남자의 말에 언급된 단어인 'get'과 'shirt'가 반복 언급됨으로써 혼동을 주는 오답이므로 주의하자.

---

15. 일반 의문문 ★★☆ 정답 (b)

script M: Do you like this song? It is so sad compared to their other ones.

    W: _______________________________________

    (a) I don't like being compared to those other ones.

    (b) I enjoy it because it's so different than their usual songs.

    (c) Don't compare yourself to professional

musicians.

    (d) Do you like singing any of their other songs?

해석 남: 당신 이 노래 좋아해요? 다른 곡에 비해 너무 슬퍼요.

    여: _______________________________________

    (a) 저는 다른 사람들하고 비교당하는 것이 싫어요.

    (b) 그 곡은 그들의 다른 보통 노래와 너무 달라서 즐겨 듣고 있어요.

    (c) 당신 자신을 프로 음악전문가와 비교하지 말아요.

    (d) 그들의 다른 노래를 부르기 좋아하나요?

해설 평서문이 마지막에 언급되었지만, 앞의 의문문이 실제적인 질문이다. 남자는 '특정 노래를 좋아하는 지' 묻고 있으므로 이에 대한 여자의 대답으로 '그것을 즐겨 듣고 있다'는 (b)가 가장 적절하다.

어휘 compared to ~와 비교하여

professional a. 전문적인

---

16. 일반 의문문 ★★☆ 정답 (a)

script M: Are you ready to order?

    W: Yes, I'd like a cheeseburger.

    M: Do you want fries and a drink with that?

    W: _______________________________________

    (a) No, I'm on a diet.

    (b) Yes, that's all for me.

    (c) Thank you very much.

    (d) I owe you a soda.

해석 남: 주문하실 준비가 되셨나요?

    여: 네, 치즈버거 하나 주세요.

    남: 감자튀김과 음료를 함께 하시겠습니까?

    여: _______________________________________

    (a) 아니요, 전 다이어트 중이에요.

    (b) 네, 저를 위해선 그게 전부예요.

    (c) 매우 감사합니다.

    (d) 제가 당신에게 음료수 하나 살게요.

해설 남자는 치즈버거와 곁들여 다른 음식을 먹겠는지 여자에게 묻고 있는 상황이다. 따라서 추가 주문을 묻는 질문에 대한 여자의 대답으로 '다이어트 중'이라는 (a)가 가장 적절하다.

어휘 on a diet 다이어트 중인

owe v. 신세를 지다, 빚지다

---

17. 의문사 의문문 – Which ★★☆ 정답 (d)

script W: What are your plans this summer?

    M: I'm taking a few classes.

    W: Which ones did you pick?

    M: _______________________________________

(a) You'd better wait a while to choose.

(b) Mrs. Becker asked if I would.

(c) Probably tomorrow, if I have time.

(d) I haven't decided for sure yet.

해석 여: 이번 여름에 무엇을 하실 계획이세요?
남: 전 몇 개의 수업을 들으려고요.
여: 어떤 수업을 택하셨는데요?
남: _______________
    (a) 선택하는 데 조금 기다리는 게 나을 거예요.
    (b) Becker씨가 내가 그렇게 할 것인지 물어봤어요.
    (c) 제가 시간이 있다면 아마도 내일이요.
    (d) 아직 확실히 결정하지는 않았어요.

해설 의문사 의문문으로 여자는 남자에게 여름에 어떤 과목을 선택했는지 묻고 있다. 따라서 특정 과목을 언급하거나 주어진 문제에서와 같이 '아직 결정하지 않았다'는 응답이 오는 것이 대화의 흐름상 자연스럽다. 따라서 정답은 (d)이다.

어휘 decide v. 결정하다
pick v. 고르다, 선택하다

---

18. 일반 의문문 ★★★　　정답 (b)

script M: Hi, I'm trying to get in touch with Mr. Carey.
W: He won't be back until this afternoon.
M: I see. Does he have a cell phone I can call?
W: _______________
    (a) He was late for the meeting this morning.
    (b) He doesn't give it out to customers.
    (c) I'll let him know the best way to reach you.
    (d) He always works here in the afternoon.

해석 남: 안녕하세요, Carey씨와 연락하려고 하는데요.
여: 그는 오늘 오후까지 돌아오지 않으실 거예요.
남: 그렇군요. 제가 전화할 수 있게 핸드폰을 가지고 계신가요?
여: _______________
    (a) 그는 오늘 아침 회의에 늦었어요.
    (b) 그는 고객님들에게 전화번호를 주지 않습니다.
    (c) 제가 그에게 당신과 연락을 취할 가장 좋은 방법을 알려줄게요.
    (d) 그는 오후에 항상 여기에서 일합니다.

해설 일반 의문문으로 남자의 'Carey씨가 핸드폰을 가지고 있는가'라는 질문은, Carey씨의 전화번호를 여자에게 묻고 있는 것이다. 따라서 이에 대하여 전화번호를 알려주거나 간접 응답이 오는 것이 자연스럽다. 따라서, '그는 고객에게 전화번호를 알려주지 않는다'는 (b)가 적절하다.

어휘 get in touch with 연락을 취하다
reach v. (전화로)연락하다, ~에 이르다

19. 평서문 ★☆☆　　정답 (c)

script W: Good evening, Dr. Frazier!
M: Hello, Mrs. Sanderson. Are you feeling any better?
W: Yes, that medicine you gave me really did the trick.
M: _______________
    (a) Sorry that I tricked you.
    (b) You better hurry home after this.
    (c) I thought it might help.
    (d) Here is some more medicine for you.

해석 여: 안녕하세요, Frazier 박사님!
남: 안녕하세요, Sanderson씨. 기분이 나아지셨나요?
여: 네, 박사님이 주신 그 약이 정말 효과가 있었어요.
남: _______________
    (a) 당신을 속여서 죄송해요.
    (b) 이 일 이후에 집에 서둘러 가시는 게 좋겠어요.
    (c) 그것이 도움이 될거라 생각했어요.
    (d) 여기 당신을 위한 약이 더 있습니다.

해설 평서문으로 여자가 의사인 남자의 환자임을 알 수 있다. 여자는 남자가 준 약이 효과가 있었다고 이야기하고 있으므로, 이에 대하여 동의하는 의미의 '그럴 거라 생각했다'의 (c)가 적절하다. (d)는 의미상 맥락이 통한다고 생각될 수도 있으나, 여자는 남자가 '처방한 약이 효과가 있어서 고맙다'는 표현이기 때문에 그에 대한 대답으로 적절하지 않다.

어휘 do the trick 성공하다, 효험이 있다

20. 평서문 ★★☆　　정답 (d)

script W: Hello, sir, how may I help you?
M: I had a dinner reservation here for three at seven under Roger.
W: Ah, yes. You're a little early, so it will be a few minutes to get your table ready.
M: _______________
    (a) Where is Roger going to sit?
    (b) I have reservations about the food here.
    (c) Give me seven more menus and chairs.
    (d) I'll go wait in the lobby until you call me.

해석 여: 안녕하세요, 제가 어떻게 도와드릴까요?
남: 제가 여기서 7시에 Roger라는 이름으로 3명의 저녁 식사를 예약했었는데요.
여: 아, 예. 약간 일찍 오셨네요. 그래서 테이블이 준비되려면 몇 분 있어야 합니다.
남: _______________
    (a) Roger가 어디에 앉게 될 건가요?
    (b) 저는 이곳의 요리에 대해 의구심이 듭니다.
    (c) 저에게 7개의 메뉴와 의자를 더 주세요.

(d) 저를 부를 때까지 로비에서 기다리겠습니다.

해설 여자는 레스토랑의 직원이며 남자는 자리를 예약한 손님임을 알 수 있다. 여자는 남자가 예약시간보다 일찍 도착하여, 아직 자리가 준비되지 않았다고 하는 상황이다. 따라서 '부를 때까지 기다리겠다'는 (d)가 남자의 대답으로 적절하다.

어휘 have reservations about ~ 에 대한 의구심이 들다

---

21. 일반 의문문 ★★★　　　　정답 (a)

script W: Do you need help with something, sir?
M: Can I exchange this pair of pants here?
W: You sure can. Was there something wrong with them?
M: ___________________________
(a) There is a rip on the side seam.
(b) I wear black pants most often.
(c) I think they fit really well.
(d) In that case, I'll take two more.

해석 여: 무엇을 도와드릴까요, 손님?
남: 여기에서 이 바지를 교환할 수 있을까요?
여: 물론입니다. 바지에 이상이 있으셨나요?
남: ___________________________
(a) 옆 솔기에 터진 곳이 있어요.
(b) 저는 검은색 바지를 가장 자주 입어요.
(c) 제가 생각하기에 바지가 정말 잘 맞는 것 같아요.
(d) 그럴 경우, 저는 두 개를 더 가져가겠습니다.

해설 대화의 내용을 보면 여자는 옷 가게 직원이며, 남자는 옷을 교환하러 온 손님임을 알 수 있다. 여자는 남자가 사간 바지에 무슨 문제가 있는지 물어보고 있으므로 이에 대한 남자의 대답으로 '솔기가 터졌다'는 (a)가 적절하다.

어휘 rip n. 터진 것, 찢어진 것　　seam n. 솔기
fit v. 맞다, 설치하다

---

22. 의문사 의문문 – Who ★☆☆　　　　정답 (c)

script W: Can I see your drawings, Donnie?
M: Sure, let me get them out.
W: Who is this? He looks really familiar.
M: ___________________________
(a) I already took them all out.
(b) I keep them in the living room.
(c) That's my cousin, Teddy.
(d) It was done with colored pencils.

해석 여: Donnie, 제가 당신의 그림을 봐도 되겠어요?
남: 그럼요, 제가 꺼내 드릴게요.
여: 이 사람은 누구예요? 이 남자는 정말 친근하게 생겼네요.

남: ___________________________
(a) 저는 이미 그 모든 것을 꺼내 놓았어요.
(b) 저는 그것들을 거실에 둬요.
(c) 이 사람은 제 사촌 Teddy예요.
(d) 그것은 색연필로 그린 거예요.

해설 대화에서 여자의 두 번째 말은 '그림 속의 남자가 누구'인지 묻고 있는 상황이다. 따라서 이에 대하여 '누구'인지 언급하거나 간접응답이 올 수 있는데, 주어진 문제에서는 '내 사촌'이라고 세부적으로 대답한 (c)가 정답이다.

어휘 colored pencil 색연필

---

23. 평서문 ★★★　　　　정답 (b)

script W: I heard gas prices are going to go up again.
M: They usually climb pretty high in the summer.
W: I never should've bought this gas guzzling truck.
M: ___________________________
(a) Summer is the cheapest time to drive.
(b) You should start taking a carpool to work.
(c) Trucks cost a lot of money to clean.
(d) You should guzzle more gas then.

해석 여: 가스 가격이 다시 오를 예정이라는 이야기를 들었어요.
남: 가격은 보통 여름에 매우 높게 오릅니다.
여: 저는 가스를 마구 먹어대는 이 트럭을 사지 말았어야 했어요.
남: ___________________________
(a) 여름은 운전하기 가장 저렴한 시기입니다.
(b) 출근 시 승용차 함께 타기를 시작하세요.
(c) 트럭들은 청소하는 데 돈이 많이 들어요.
(d) 당신은 그럼 더 많은 가스를 먹어야 해요.

해설 남자와 여자는 가스 가격 상승에 대해 이야기하고 있다. 여자는 연료소비를 많이 하는 트럭을 산 것을 후회하고 있는 상황이다. 따라서 이에 대한 남자의 대답은 '출근 시 승용차 함께 타기를 하라'고 조언하는 (b)가 적절하다.

어휘 climb v. (기온, 화폐, 가치 등이) 올라가다
guzzle v. 마구 마셔대다
take a carpool 승용차 함께 타기(카풀)을 하다

---

24. 평서문 – 제안 ★★☆　　　　정답 (a)

script M: Hey, Ashley. What do you want to do tonight?
W: I feel like playing a few rounds of darts.
M: Let's go over to Jake's and ask to use his dartboard!

W: _________________________________

    (a) I would, but he is out of town.

    (b) I always beat him when we play.

    (c) My darts are broken and I need new ones.

    (d) Aren't you tired of sitting around?

해석 남: 이봐요, Ashley. 오늘 밤 뭐 하고 싶은 것 있어요?

    여: 저는 다트 몇 게임 하고 싶은데요.

    남: Jake의 집에 가서 그의 다트보드를 사용해도 되는 지 부탁해봅시다.

    여: _________________________________

    (a) 저도 그러고 싶지만 그는 교외에 있어요.

    (b) 저는 우리가 게임 할 때마다 그를 이겨요.

    (c) 저의 다트는 망가졌어요, 그래서 새 것이 필요해요.

    (d) 둘러 앉아 있는 데 질리지 않아요?

해설 대화에서 '다트 경기를 하고 싶다'는 여자의 말에 남자는 '다트보드가 있는 Jake의 집에 가자'고 제안하고 있는 상황이다. (a)의 '그가 교외에 있다'는 말은 '현재 집에 그가 없어서 그의 집에 갈 수 없다'는 의미로 이해할 수 있다. 따라서 남자의 제안에 대한 여자의 대답으로 (a)가 적절하다.

어휘 sit around 둘러 앉다   be tired of ~에 질리다

---

25.   평서문 – 상황파악 ★☆☆   정답 (d)

script M: Have you read the economics assignment yet?

    W: No, is it very long?

    M: Yeah, but at least there are lots of pictures.

    W: _________________________________

    (a) You sure do know a lot about economics.

    (b) Graphs aren't covered on the new assignment.

    (c) I haven't seen you in a long time.

    (d) I need to get started right away.

해석 남: 경제학 숙제를 벌써 읽었어요?

    여: 아니요, 그게 매우 긴가요?

    남: 네, 하지만, 적어도 그림이 많기는 해요.

    여: _________________________________

    (a) 경제학에 대하여 당신은 분명 많이 알고 있군요.

    (b) 새 과제에서는 그래프를 다룰 수 없어요.

    (c) 저는 오랫동안 당신을 보지 못했어요.

    (d) 저는 지금 당장 시작해야 하겠군요.

해설 대화에서 남자와 여자는 경제학 숙제에 대해 이야기하고 있다. 숙제에 대해 '길지만 그림이 많다'는 남자의 설명에 대한 여자의 대답으로 '당장 숙제를 시작해야겠다'라고 말하고 있는 (d)가 대화의 흐름상 가장 자연스러운 응답이다.

어휘 economics n. 경제학   cover v. 다루다

    assignment n. 숙제, 과제

---

26.   일반 의문문 ★☆☆   정답 (b)

script W: Do you want to walk to class together?

    M: Sure, let's meet back here in thirty minutes.

    W: OK. Will you bring that book I lent you?

    M: _________________________________

    (a) No, I am doing well in that class.

    (b) No problem, I finished it yesterday.

    (c) Yeah, I really need it.

    (d) Thanks for meeting me.

해석 여: 수업에 같이 걸어갈래요?

    남: 그래요, 30분 후에 여기에서 다시 만나요.

    여: 좋아요. 제가 당신에게 빌려준 그 책을 가져올 건가요?

    남: _________________________________

    (a) 아니요, 저는 그 수업에서 잘 하고 있어요.

    (b) 문제없어요. 저는 어제 그것을 다 끝냈거든요.

    (c) 네, 저는 정말 그것이 필요해요.

    (d) 저를 만나 주셔서 감사합니다.

해설 대화에서 여자는 남자에게 책을 빌려주었으며 '30분 후에 만났을 때 그것을 가져올 것인지' 물어보고 있는 상황이다. (b)의 '어제 다 읽었다'는 '그래서 가져오겠다'는 의미임을 알 수 있으므로 여자의 질문에 대한 남자의 대답으로 적절한 것은 (b)이다.

어휘 lend v. 빌려주다   do well 잘하다, 성공하다

---

27.   일반 의문문 ★★☆   정답 (c)

script M: My doctor says I need to eat less candy.

    W: Try eating an apple the next time you want candy.

    M: I don't know. Will that really work?

    W: _________________________________

    (a) Fruit is a good source of fiber.

    (b) I have to work out this weekend.

    (c) It helped me cut back.

    (d) Candy is the worst type of snack.

해석 남: 제 의사 선생님 말씀이, 사탕을 덜 먹어야 한대요.

    여: 다음 번에 사탕이 먹고 싶으면 사과를 먹어보세요.

    남: 글쎄요. 그것이 정말 효과가 있을까요?

    여: _________________________________

    (a) 과일은 섬유질을 가진 좋은 재료예요.

    (b) 저는 이번 주말에 운동을 해야 해요.

    (c) 그것은 제가 줄이는 데 도움이 되었어요.

    (d) 사탕은 간식 중에서 가장 나쁜 종류예요.

해설 대화에서 '사탕을 줄이라'는 의사의 충고를 받은 남자에게 여자는 '사탕 대신 사과'를 먹으라고 조언하고 있다. 남자는 여자의 조언이 정말 효과가 있는지 묻고 있으므로 '내 경우에는 줄이는 데 효과가 있었다'는 (c)가 가장 적절한 대답이다.

어휘   fiber n. 섬유질   work out 운동하다
       cut back 삭감, 줄이기

28.   평서문 – 조언 ★★★   정답 (a)

script   M: How long is the flight to Detroit from here?
         W: About two hours or so. Why?
         M: I don't know if I should buy a magazine to
            read.
         W: _______________________________________

         (a) They might show an in-flight movie.
         (b) Don't take too long to read it.
         (c) Detroit has a big airport.
         (d) Flying is a safe way to travel.

해석   남: 여기에서 Detroit까지 비행시간은 얼마인가요?
       여: 약 2시간 정도예요. 왜요?
       남: 제가 읽을 잡지를 사야 할지 몰라서요.
       여: _______________________________________

       (a) 기내 영화 상영을 할 거예요.
       (b) 너무 오래 읽지 마세요.
       (c) Detroit에는 큰 공항이 있어요.
       (d) 비행은 여행하기에 안전한 방법이에요.

해설   대화에서 남자는 비행시간 동안 읽을 잡지를 사야 할지
       여자에게 조언을 구하고 있다. (a)의 '기내 영화가 상영
       될 것'이라는 대답은 그래서 '책을 따로 살 필요가 없다'
       는 의미이므로 여자의 대답으로 (a)가 가장 적절하다.

어휘   in-flight movie 기내 영화

29.   평서문 – 의견제시 ★★☆   정답 (d)

script   W: What are you doing this weekend?
         M: I am going to see a baseball game.
         W: Luckily for you, it's supposed to be sunny.
         M: _______________________________________

         (a) It better not be on Saturday.
         (b) My son can't go with me this weekend.
         (c) I'll meet you outside the stadium.
         (d) In that case, I'll be sure to bring a hat.

해석   여: 이번 주말에 뭐하세요?
       남: 저는 야구 경기를 보러 갈 거예요.
       여: 다행스럽게도 화창한 날씨가 될 거예요.
       남: _______________________________________

       (a) 토요일이 아닌 게 좋을 거예요.
       (b) 제 아들은 이번 주말에 저와 함께 갈 수 없어요.
       (c) 운동장 밖에서 만납시다.
       (d) 그럴 경우, 꼭 모자를 가져와야겠네요.

해설   대화에서 남자는 주말에 야구장에 갈 것이라는 계획을
       여자에게 이야기하고 있다. '주말에 날씨가 화창할 것'
       이라는 여자의 말에 대한 남자의 대답으로 '그러면 모
       자를 가져가야겠다'는 (d)가 적절하다.

어휘   stadium n. 경기장
       be supposed to ~ 하기로 되어있다

30.   의문사 의문문 – Where ★★☆   정답 (a)

script   M: Pardon me. Are you an employee here?
         W: Yes. Do you need some help?
         M: Where do you keep the chips?
         W: _______________________________________

         (a) Right behind that man in the blue hat.
         (b) We don't sell any ships like that here.
         (c) Try and keep yourself out of trouble.
         (d) Help me carry this box around to the back.

해석   남: 실례합니다. 당신은 여기 직원이신가요?
       여: 네. 무슨 도움이 필요하신가요?
       남: 돈을 어디에 보관하나요?
       여: _______________________________________

       (a) 파란색 모자를 쓴 남자 바로 뒤쪽이요.
       (b) 저희는 이곳에서 그와 같은 배를 판매하지 않습
           니다.
       (c) 노력해서 문제에 연루되지 않도록 하세요.
       (d) 제가 이 상자를 그 뒤쪽으로 가져갈 수 있게 도
           와주세요.

해석   대화에서 남자는 손님이고 여자는 마켓의 직원임을 알
       수 있다. 남자는 여자에게 '돈을 보관할 장소'에 대해
       묻고 있다. 따라서 질문에 대한 여자의 대답으로 '파란
       모자 쓴 남자 뒤쪽'이라는 위치를 말하고 있는 (a)가 가
       장 적절하다.

어휘   keep yourself out of trouble 문제에 연루되지 않도록
       하라

31.   대의 파악 ★★☆   정답 (b)

script   M: I'm sorry, but I can't come to your party.
         W: What? You already told me you could!
         M: My sister needs me to give her a ride to her
            soccer game.
         W: You'll miss all the pizza and dancing.
         M: I know. I still got you a present, though.

         **Q: What are the two people mainly talking
            about?**
         (a) A big soccer game
         (b) A birthday party
         (c) A school dance
         (d) A Christmas gift

해석   남: 죄송합니다만, 당신의 파티에 가지 못할듯해요.
       여: 네? 이미 저에게 올 수 있다고 했잖아요!
       남: 제 누이가 축구 경기에 가는 데 태워다 달라고 해서
           요.

여: 당신, 피자와 댄스를 모두 놓치시게 될 거예요.

남: 알아요. 저는 그래도 당신에게 선물을 갖다 주었잖아요.

문제: 두 사람이 이야기하고 있는 주제는?

    (a) 큰 축구 경기

    (b) 생일 파티

    (c) 학교 댄스 파티

    (d) 크리스마스 선물

해설 대화의 주제를 묻는 문제이다. 남자는 여자의 파티를 참석하지 못한다고 이야기하고 있다. 남자와 여자의 대화 속에서 'birthday'라는 말은 직접적으로 언급되어 있지 않았으나 'present'가 언급되었으므로 여자의 파티가 'birthday party'임을 짐작할 수 있다. 따라서 정답은 (b)이다.

어휘 get v. 얻다, 구하다, 마련하다

give someone a ride 차를 태워주다

---

32. 대의 파악 ★★☆   정답 (a)

script M: So, how do you like your classes?

W: They are pretty good.

M: Do you have a lot of homework yet?

W: Yeah. I have a bunch of chemistry problems and a book to read.

M: Be sure and work on it a few hours every day and it won't be too bad.

W: Thanks. I don't want to get behind already.

Q: What is taking place in the conversation?

    (a) The man is giving the woman advice.

    (b) The man is telling the woman where to study.

    (c) The woman is complaining about her teachers.

    (d) The woman is asking to borrow books.

해석 남: 그래서, 수업들은 어떤가요?

여: 수업들은 정말 좋아요.

남: 벌써 숙제가 많이 있나요?

여: 네. 많은 화학문제들과 읽을 책 한권이 있어요.

남: 매일 몇 시간씩 숙제에 매진하도록 하세요. 그렇게 나쁘지는 않을 거예요.

여: 감사합니다. 벌써부터 뒤처지기는 싫어요.

문제: 대화에서 일어나고 있는 일은?

    (a) 남자는 여자에게 조언을 해주고 있다.

    (b) 남자는 여자에게 어디서 공부하는지 말하고 있다.

    (c) 여자는 자신의 선생님들에 대해 불평하고 있다.

    (d) 여자는 책을 빌려달라고 부탁하고 있다.

해설 대화의 주제를 묻는 문제이다. 남자는 여자에게 숙제가 많다고 이야기하고 있다. 이에 대하여 여자는 'work on it a few hours every day'라는 말로 조언을 하고 있으

므로 남자와 여자가 나누고 있는 대화의 주제로 '여자의 조언을 구하고 있다'는 (a)가 적절하다.

어휘 bunch n. 다발, 묶음

get behind 밀리다

---

33. 대의 파악 ★★☆   정답 (d)

script M: Good afternoon, ma'am. Can I help you?

W: Yes, what cuts of meat do you have?

M: Well, we have pretty much everything.

W: Well then, I'll have a pound of sirloin please.

M: Anything else?

W: Four sausages. And that's it.

Q: What is the woman doing?

    (a) Cutting pieces of meat

    (b) Asking about recipes

    (c) Eating a sausage

    (d) Buying some meat

해설 남: 안녕하세요, 손님. 무엇을 도와 드릴까요?

여: 네, 어떤 고기 종류를 판매하시나요?

남: 글쎄요. 저희는 거의 모든 종류가 준비되어 있습니다.

여: 그러면, 등심으로 1파운드 주세요.

남: 다른 건 필요 없으세요?

여: 소시지 4개요. 그러면 됐습니다.

문제: 여자가 하고 있는 일은?

    (a) 고기 조각을 자르고 있다.

    (b) 조리법을 요청하고 있다.

    (c) 소시지를 먹고 있다.

    (d) 고기를 사고 있다.

해석 대화에서 여자가 하고 있는 것이 무엇인지를 묻는 문제이다. 여자는 남자에게 "I'll have a pound of sirloin please."라고 하였으므로 남자의 정육점에서 고기를 사고 있는 상황임을 알 수 있다. 따라서 여자가 하고 있는 것을 가장 잘 묘사하고 있는 (d)가 정답이다.

어휘 cuts of meat 고기의 부위

sirloin n. 등심(살)

---

34. 대의 파악 ★☆☆   정답 (c)

script W: Excuse me. Which way to the bus station?

M: You mean Jackrabbit or Gazelle buses?

W: I'm taking the Gazelle bus to Walla Walla.

M: In that case, take a left and continue for a few blocks.

W: Thanks. You're a life saver.

M: No problem.

Q: What is the conversation about?

    (a) Living in Walla Walla

(b) Saving money on tickets
(c) Getting to a bus station
(d) Finding the zoo

해석 여: 실례합니다. 버스 정류장이 어느 방향이죠?
남: 찾으시는 게 Jackrabbit 정류장인가요, 아니면 Gazelle 정류장인가요?
여: Walla Walla로 가는 Gazelle버스를 타려고요.
남: 그러시다면, 왼쪽으로 돌아서 몇 블록 가세요.
여: 감사합니다. 큰 도움을 주셨어요.
남: 천만에요.

문제: 대화는 무엇에 관한 것인가?
   (a) Walla Walla에 사는 것
   (b) 티켓값을 아끼는 것
   (c) 버스 터미널에 가는 것
   (d) 동물원을 찾는 것

해설 대화의 주제를 묻는 문제이다. 여자는 남자에게 'Which way to the bus station?'라고 묻고 있으므로 버스 터미널로 가는 길을 묻는 상황이다. 따라서 대화의 주제로 적절한 것은 (c)이다.

어휘 bus station 버스 터미널
life saver 궁지를 벗어나게 해주는 것, 목숨을 구해주는 것

---

35. 대의 파악 ★★☆   정답 (d)

script W: Are you going by the pet store later?
M: Yeah, it's on my way to work.
W: Can you do me a favor and buy some dog food for Spike?
M: Sure. What kind does he like?
W: Meaty Pup is his favorite.
M: OK. I'll drop it off later.

Q: What is the conversation about?
(a) Where the pet store is located
(b) How to choose a new breed of dog
(c) Why the woman likes small dogs
(d) Which kind of dog food to buy

해석 여: 나중에 애완동물 가게 근처로 갈 건가요?
남: 네, 회사 가는 길에 있어요.
여: 제 부탁 좀 들어주실래요? Spike를 위한 개 사료를 좀 사주실 수 있으세요?
남: 그럼요. Spike가 어떤 종류를 좋아하죠?
여: Meaty Pup이 그가 좋아하는 거예요.
남: 알겠어요. 나중에 갖다 드릴게요.

문제: 대화는 무엇에 관한 것인가?
   (a) 애완동물 가게의 위치
   (b) 개의 새 종을 고르는 방법
   (c) 여자가 작은 개를 좋아하는 이유
   (d) 사야 할 개 사료의 종류

해설 대화의 주제를 묻는 문제이다. 여자는 남자에게 'buy

some dog food for Spike'라고 부탁하고 있다. 여자는 대화 첫 부분에 'pet shop'을 지나가는 지 남자에게 물으면서 '개 사료의 구입'을 부탁하고 있다. 따라서 Spike가 여자의 애완견 이름이라는 것을 알 수 있으므로 대화의 주제로 적절한 것은 (d)이다.

어휘 go by 지나가다   drop off 내려놓다

---

36. 주제 찾기 ★★☆   정답 (a)

script W: Ugh. I'm having trouble finding the book I want.
M: Where have you tried looking?
W: Well, Bob's Books didn't have it and the Book Barn was sold out.
M: Have you looked at any stores online?
W: No. I hadn't thought of that. Is it worth trying?
M: Definitely. Online stores usually have bigger selections.
W: I'll have to try that out. Have you bought a lot of books online?
M: That's how I get all of my books.

Q: What is the main topic of the conversation?
(a) Using the Internet to buy a book
(b) Selecting the right book in a store
(c) Finding a book store in her neighborhood
(d) Trying to connect to the Internet

해석 여: 윽. 제가 원하는 책을 찾는 데 어려움이 있어요.
남: 찾으려고 했던 장소가 어디인데요?
여: Bob의 서점에는 그 책이 없어요. 그리고 Book Barn에는 품절이고요.
남: 온라인 서점들은 찾아 보았어요?
여: 아니요. 그건 생각해보지 않았네요. 노력해 볼 가치가 있을까요?
남: 그럼요. 온라인 서점들은 보통 더 폭 넓은 엄선 도서를 갖추고 있거든요.
여: 책을 찾아 봐야겠군요. 당신은 온라인으로 책을 많이 구매해보았나요?
남: 그것이 제가 모든 책을 구입한 방법이에요.

문제: 대화의 주제는 무엇인가?
   (a) 책을 사기 위해 인터넷을 이용하는 것
   (b) 가게에서 올바른 책을 고르는 것
   (c) 이웃에서 서점을 찾는 것
   (d) 인터넷에 연결하기 위해 노력하는 것

해설 대화의 주제를 묻는 문제이다. 여자는 남자에게 본인이 찾고자 하는 책을 근처 서점에서 찾을 수 없다고 이야기하고 있다. 이에 대해 남자는 'Have you looked at any stores online?'라고 조언하고 여자는 '온라인으로 원하는 책을 찾아봐야겠다'고 말하고 있다. 따라서 대

화 주제로 적절한 것은 (a)이다.

어휘 have trouble ~ing ~하는데 어려움을 겪다
selection n. 선발, 선택 가능한 것들

---

37. 대의 파악 ★★☆   정답 (b)

script M: Did you go to Dave's housewarming party last Saturday?

W: Yeah. I can't believe so many people showed up.

M: Me neither. I had no idea that Dave knew so many people.

W: When did you get there? I looked all over for you.

M: I arrived around 8:30. But I didn't stay long. I left around 10.

W: Next time, we should meet ahead of time.

Q: What are the people mainly discussing?

(a) How to get to a party on Saturday

(b) A mutual friend's celebration

(c) What time the party started

(d) Good places to meet new people

해석 남: 지난 토요일에 Dave의 집들이 파티에 갔었어요?

여: 네. 저는 그렇게 많은 사람들이 왔는지 믿을 수가 없어요.

남: 저도 그래요. Dave가 그렇게 많은 사람들을 아는지 몰랐어요.

여: 언제 그곳에 갔어요? 저는 계속 당신을 찾았는데요.

남: 전 8시 30분 정도에 도착했어요. 그렇지만 오래 머무르지는 않았어요. 10시쯤 떠났으니까요.

여: 우리 다음에는 미리 만나야겠어요.

문제: 사람들이 주로 이야기하는 것은?

(a) 토요일 파티에 가는 방법

(b) 둘 다 알고 있는 한 친구의 기념 파티

(c) 파티가 시작했던 시간

(d) 새로운 사람들을 만나기 좋은 장소

해설 대화의 주제를 묻는 문제이다. 대화에서 여자의 'When did you get there? I looked all over for you'라는 말을 통해 두 사람은 Dave라는 사람의 파티에 참석했으나 파티에서 서로를 만나지 못했다는 것을 알 수 있다. 따라서 주제로 적절한 것은 (b)이다.

어휘 housewarming n. 집들이
ahead of time 예정보다 빨리
mutual a. 상호간의, 서로의
celebration n. 기념(축하) 행사

---

38. 내용 일치 ★★★   정답 (b)

---

script W: Hey there, Julian, how was the lecture last night?

M: It was very interesting. Professor Leighton is an engaging speaker.

W: Is that the art teacher you were talking about? Or was that someone else?

M: No, she teaches mathematics. But the lecture was about Leonardo da Vinci.

W: Wasn't Leonardo da Vinci an engineer as well as an artist?

M: That's right. He came up with the design for a helicopter!

Q: Which is correct according to the conversation?

(a) The man is engaged to Professor Leighton.

(b) The man enjoyed the lecture.

(c) The woman knows a lot about math.

(d) The woman teaches art history.

해석 여: Julian, 안녕하세요. 지난밤 강의는 어땠어요?

남: 매우 흥미로웠어요. Leighton 교수는 매력적인 연사에요.

여: 그분이 당신이 이야기한 그 미술 선생님이신가요? 아니면 또 다른 사람인가요?

남: 아니오, 그녀는 수학을 가르치세요. 그렇지만 강의는 Leonardo da Vinci에 관한 것이었어요.

여: Leonardo da Vinci가 예술가이면서도 공학자 아니었나요?

남: 맞아요. 그는 헬리콥터 설계법을 생각해냈죠!

문제: 대화의 내용과 일치하는 것은?

(a) 남자는 Leighton 교수와 약혼한 사이다.

(b) 남자는 강의를 즐겁게 들었다.

(c) 여자는 수학에 관해 많은 것을 알고 있다.

(d) 여자는 미술사를 가르친다.

해설 대화의 내용과 일치하는 것을 묻는 문제이다. 여자는 남자에게 지난 강의에 대한 소감을 묻고 있다. 이에 대해 남자는 'It was very interesting. Professor Leighton is an engaging speaker.'라고 말하고 있으므로, 강의에 대한 남자의 생각은 '즐거웠다'이다. 따라서 대화와 일치하는 것은 (b)이다.

어휘 engaging a. 매력적인, 주의를 사로잡는
engineer n. 공학자, 기술자
come up with 생각해내다, 찾아내다
design n. 설계(법), 디자인(술)
be engaged to ~와 약혼하다

---

39. 내용 일치 ★★☆   정답 (b)

script W: Hello, sir, have you seen my friend? Her name is Greta.

M: Hmm. What does she look like?

W: Well, she has short hair. And she is wearing a long brown dress.

M: I think I saw someone like that a few minutes ago. Does she wear glasses?

W: That's her! You don't remember which way she went, do you?

M: She went into the record store across the street.

W: Thanks a lot. We need to catch a train in 30 minutes.

M: You better hurry up! The train station is clear across town.

Q: Which is correct according to the conversation?

(a) Greta has long brown hair.

(b) The man thinks Greta is in the record store.

(c) The woman bought a new record.

(d) The man is in a hurry to catch a train.

해석 여: 안녕하세요, 제 친구 보셨어요? 제 친구의 이름은 Greta예요.

남: 흠… 친구가 어떻게 생겼는데요?

여: 친구는 짧은 머리를 하고 있고, 긴 갈색 드레스를 입고 있어요.

남: 제 생각에는 몇 분 전에 비슷한 사람을 본 것 같아요. 안경을 썼지요?

여: 맞아요! 친구가 어느 방향으로 갔는지 기억못하시죠?

남: 길 건너 음반 가게로 갔어요.

여: 정말 감사해요. 30분 후에 우리는 기차를 타야 하거든요.

남: 서두르는 게 좋겠네요! 기차역은 도시 반대편에 있거든요.

문제: 대화의 내용과 일치하는 것은?

(a) Greta는 긴 갈색 머리를 가지고 있다.

(b) 남자는 Greta가 음반 가게에 있다고 생각한다.

(c) 여자는 새 음반을 샀다.

(d) 남자는 기차를 타기 위해 서두르고 있다.

해설 대화의 내용과 일치하는 것을 묻는 문제이다. '자신의 친구를 보았는지' 묻는 여자의 질문에 남자는 'She went into the record store across the street.'라고 답하고 있다. 따라서 '남자는 Greta가 음반가게에 갔다고 생각한다'는 (b)가 대화의 내용과 일치한다.

어휘 across adv. 건너서, 가로질러

in a hurry 서두르는

40. 내용 일치 ★★☆ 정답 (b)

script W: Hi. Is this Jetway Global?

M: Yes. My name is Clint. Can I help you?

W: I'd like to buy two tickets for me and my husband from Boston to Minneapolis.

M: All right, when were you looking to fly out of Boston?

W: Is there anything open in two and a half weeks?

M: Let's see. Yes, in fact there are a couple of seats open on the 17th.

W: The 17th, huh? I think that works for me. I'll take them both.

M: OK. Just give me your credit card info and they are all yours.

Q: Which is correct about the woman according to the conversation?

(a) She wants plane tickets to Boston.

(b) She is flying with a companion.

(c) She will be gone for two and a half weeks.

(d) She is going to meet her husband in Minneapolis.

해석 여: 안녕하세요, Jetway Global인가요?

남: 네, 제 이름은 Clint입니다. 무엇을 도와드릴까요?

여: 네, 저는 Boston에서 Minneapolis로 가는 남편과 저의 티켓 2장을 사고 싶은데요.

남: 네, 알겠습니다. Boston으로 언제 떠나실 예정이세요?

여: 2주 반 후에 출발할 수 있는 비행기 티켓이 있을까요?

남: 확인해보겠습니다. 네, 사실 17일 출발 좌석이 2개 있네요.

여: 17일이요? 제 생각엔 괜찮을 것 같아요. 그럼 제가 그 티켓 둘 다 살게요.

남: 좋습니다. 신용카드 정보를 주시면 티켓을 드릴게요.

문제: 대화에 따르면, 여자에 대하여 올바른 것은?

(a) 그녀는 Boston으로 가는 비행기 티켓을 원한다.

(b) 그녀는 동반자와 함께 비행할 것이다.

(c) 그녀는 2주 반 동안 떠나 있을 예정이다.

(d) 그녀는 Minneapolis에서 남편과 만날 예정이다.

해설 대화의 내용과 일치하는 것을 묻는 문제이다. 대화에서 여자는 남자에게 비행기 티켓 예약을 문의하고 있다. 여자는 'I'd like to buy two tickets for me and my husband.'라는 말을 통해 '남편과 동행하는 비행기 여행'이라는 점을 알 수 있다. 따라서 대화의 내용과 일치하는 것은 (b)이다.

어휘 fly out 날아가다, 비행을 출발하다

companion n. 동반자, 동무

41. 세부 사항 ★★☆ 정답 (b)

script W: Hey, Al. Do you have that TV show you
recorded for me?

M: No, I don't. I'm really sorry.

W: What? That was the last episode of the
season!

M: I know. I was going to tape it but my
recorder broke yesterday.

W: Aww. How am I going to know what
happened to Stella?

M: Don't worry about it. I'm sure they'll show it
again.

**Q: Why didn't the man record the woman's
show?**

(a) He taped over the episode.

(b) His recorder wasn't working.

(c) He was at Stella's house.

(d) His house was broken into.

해석 여: 안녕, Al. 저를 위해 TV 쇼 녹화해 두신 것 가지고
계세요?

남: 아니요, 없는데요. 너무 미안해요.

여: 네? 그게 시즌의 마지막 에피소드였단 말이에요!

남: 알아요. 그 쇼를 녹화하려고 했는데, 제 녹화기가
어제 고장 났어요.

여: 흐음… Stella에게 무슨 일이 있었는지 어떻게 알아
낼까요?

남: 걱정 말아요. 방송국에서 쇼를 다시 보여줄 거라고
확신해요.

문제: 남자가 여자의 쇼를 녹화하지 못한 이유는?

(a) 그는 그 에피소드를 녹화했다.

(b) 그의 녹화기가 작동하지 않았다.

(c) 그는 Stella의 집에 있었다.

(d) 그의 집에 도둑이 들었다.

해설 대화의 내용과 일치하는 것을 묻는 문제이다. 대화에서
여자와 남자는 TV쇼의 마지막 에피소드 녹화에 대해
이야기하고 있다. 남자는 대화 중반부에 'my recorder
broke yesterday'라며 녹화하지 못한 것에 대한 이유
를 설명하고 있다. 따라서 정답은 '녹화기가 작동하지
않았다'는 (b)이다.

어휘 tape v. 녹음(녹화)하다
break v. 고장 나다, 고장 내다
be broken into 털리다, 도둑이 들다

---

42. | **대의 파악 ★★☆** | **정답 (b)**

script W: Our business is booming. I think we need to
talk about expansion.

M: I agree. We have some employees who
don't have a desk, much less an office.

W: Instead of moving to a bigger building, I
was thinking we should open a second
office.

M: Are you sure? I worry about how we
would decide which employees would be
relocated.

W: My idea is to ask for volunteers. If we can
find a location close to where they live, they
might like the change.

M: That makes sense. I think a majority of our
workers live on the north side of town.

W: That being the case, why don't you start
looking for a location in that area?

M: I'll call our real estate agent to see if I can
get us an appointment.

**Q: What are the two speakers mainly
discussing?**

(a) Benefits for their company's employees

(b) The best location for a second office

(c) Marketing a new line of products

(d) The best way to consolidate their
operations

해석 여: 우리 사업이 번창하고 있어요. 사업 확장에 대해 이
야기할 필요가 있다고 생각해요.

남: 동의해요. 우리는 사무실은 말할 것도 없고, 책상이
없는 직원들도 몇몇 있어요.

여: 더 큰 빌딩으로 옮기는 것 대신, 두 번째 사무실을
열어야 한다고 생각하고 있었어요.

남: 정말이요? 저는 어떤 직원들을 이동시켜야 할지 결
정하는 방법에 대해 걱정하고 있어요.

여: 제 생각은요, 지원자를 구하는 거에요. 자신들이 살
고 있는 곳 가까이에 우리 사무실 장소를 찾을 수
있다면 그들은 그 변화를 좋아할 거예요.

남: 맞는 이야기네요. 우리 직원의 대다수는 도시 북부
에 살고 있는 것 같던데요.

여: 그런 경우라면, 그 지역에서 장소를 찾아보는 게 어
떨까요?

남: 우리 부동산 대리인에게 전화해서 약속을 잡을 수
있는 지 확인할게요.

문제: 두 명의 화자가 주로 토론하고 있는 것은?

(a) 회사 직원에 대한 복지 혜택

(b) 두 번째 사무소를 위한 가장 적합한 장소

(c) 신제품에 대한 마케팅

(d) 자신들의 사업을 강화하기 위한 최고의 방법

해설 대화의 주제를 묻는 문제이다. 여자와 남자는 번창하
는 사업으로 인한 확장에 대해 이야기하고 있다. 여자
는 'I was thinking we should open a second office'
라는 말을 통해 두 번째 사무소를 열겠다는 계획을 이
야기하고 있으며, 이에 대해 남자는 'a majority of our
workers live on the north side of town'라며, 사무실
장소를 추천하고 있다. 따라서 (b)가 토론 주제에 대한

내용으로 적절하다.

어휘 boom v. 호황을 맞다, 번창하다
expansion n. 확장, 확대
much less ~은 더 말할 것도 없는
a new line of ~의 신제품라인
operation n. 기업, 사업체
consolidate v. 굳히다, 강화하다

43. 추론 ★★★ 정답 (c)

script M: Do you like this painting?
W: Yes. I just love the vibrant colors.
M: Me too. And the people's faces are so expressive.
W: I know. And look at how much detail there is.
M: I wish I could paint that well!

Q: What can be inferred about the speakers?
(a) They love paintings with a variety of colors.
(b) They like painting people's faces.
(c) They appreciate the skills it takes to paint.
(d) They are bored with the details of painting.

해석 남: 이 그림 좋아해요?
여: 네. 전 그냥 그 강렬한 색채가 너무 좋아요.
남: 저도 마찬가지예요. 사람들의 얼굴이 너무 인상적이에요.
여: 저도 알아요. 얼마나 많은 세부 양식들이 존재하는지 보세요.
남: 저도 그처럼 잘 그렸으면 좋겠어요!

문제: 화자들에 관해 추론할 수 있는 것은?
(a) 그들은 다양한 색채의 그림들을 좋아한다.
(b) 그들은 사람들의 얼굴 그리기를 좋아한다.
(c) 그들은 그림을 그리는 데 들어간 기술들을 감상하고 있다.
(d) 그들은 그림의 세부사항들에 질렸다.

해설 대화를 통해 추론할 수 있는 내용을 묻는 문제이다. 남자와 여자는 그림에 대해 이야기하고 있다. 그림에 대해 여자는 'the vibrant colors'와 'much detail'에 대해 감탄하고 있고, 남자의 'the people's faces are so expressive'라는 말에서 그림에 대한 감상을 알 수 있다. 따라서 남자와 여자가 '그림에 대한 다양한 기술을 감상하고 있다'는 (c)가 정답이다.

어휘 vibrant a. 활기찬, 생기가 넘치는, (색채가) 강렬한
a variety of 다양한
appreciate v. 감상하다, 감사하다
expressive a. 표현이 풍부한, 의미심장한

44. 추론 ★★★ 정답 (c)

script W: Hey, Lionel, what time am I scheduled to work tomorrow?
M: Let me check the calendar. You are slated to come in at 8.
W: Is there any way I can come in later?
M: Sure. You can come in after lunch if you want.
W: How about 9:30 instead? The dentist should be done by then.
M: OK. Do you have a cavity or a dental emergency of some sort?
W: No, I just need my teeth cleaned.
M: That's good. I hate it when they have to numb your mouth.

Q: What can be inferred from the conversation?
(a) The woman works at a dentist's office.
(b) The man is angry that the woman will be late.
(c) The woman has a dentist appointment tomorrow.
(d) The man owns a slate company.

해석 여: 이봐요, Lionel, 내일 제가 몇 시에 일하기로 예정되어 있죠?
남: 일정을 확인해 볼게요. 당신은 8시에 오기로 예정되어 있어요.
여: 더 늦게 들를 수 있는 다른 방법은 없나요?
남: 물론입니다. 원하신다면 점심 이후에 오셔도 되요.
여: 대신 9시 30분은 어떨까요? 치과의사 선생님께서 그때쯤 끝나실 거예요.
남: 좋아요. 충치나 치과 응급 상황 비슷한 것이 있으세요?
여: 아니오, 저는 단지 제 치아를 청결하게 하려고요.
남: 좋네요. 전 병원에서 입을 마비시킬 때가 싫어요.

문제: 대화를 통해서 추론할 수 있는 것은?
(a) 여자는 치과에서 일하고 있다.
(b) 남자는 여자가 늦는다는 점에 화가 났다.
(c) 여자는 내일 치과 약속이 있다.
(d) 남자는 슬레이트 회사를 소유하고 있다.

해설 대화를 통해 추론할 수 있는 내용을 묻는 문제이다. 여자는 내일 출근시간 변경에 대해 남자와 이야기하고 있다. 여자의 'How about 9:30 instead? The dentist should be done by then.'이라는 말을 통해 출근 하기 전에 치과에 들릴 예정임을 추론할 수 있다. 따라서 (c)가 정답이다.

어휘 be slated to ~할 예정이다
come in 들어오다, 참여하다
numb v. 감각이 없게 만들다
slate n. 슬레이트, 석판

45. 추론 ★★★　　　　　　　　정답 (c)

script　W: Hello, honey. Welcome home. How was your trip to Chicago?

　　　M: It was all right. I'm glad to be home. It was so much colder there.

　　　W: Well, I was thinking that we could take a trip to the beach next weekend.

　　　M: Sorry, but I don't think I can. I need to finish up the Dobson project.

　　　W: Really? I thought you were done with that project.

　　　M: So did I. But the boss told me that we need to redo the profit analysis.

　　　W: We could go for just a few hours. That way you could unwind a little.

　　　M: I think I can swing that. Thanks for looking out for me, Sarah.

　　　Q: What can be inferred about the man from the conversation?

　　　　(a) His house is right next to the beach.

　　　　(b) He usually works on the weekend.

　　　　(c) His hometown is warmer than Chicago.

　　　　(d) He went to Chicago with his friend, Dobson.

해석　여: 안녕, 자기. 집에 온 것을 환영해. Chicago로의 여행은 어땠어?

　　　남: 괜찮았어. 집에 오니까 좋은데. 거기는 훨씬 더 춥더라고.

　　　여: 다음 주말에 우리 해변으로 여행을 갈지 생각 중이야.

　　　남: 미안해, 그렇지만 할 수 있을 것 같지 않아. Dobson 프로젝트를 끝내야 하거든.

　　　여: 정말? 난 당신이 그 프로젝트를 끝냈는 줄 알았어.

　　　남: 나도 그럴 줄 알았지. 그렇지만 상관이 나에게 수익 분석을 다시 해볼 필요가 있다고 말했거든.

　　　여: 우린 그저 몇 시간 동안만이라도 갈 수 있어. 당신이 조금은 긴장을 풀 수 있게 말이야.

　　　남: 나도 그것을 바꿀 수 있을 거라 생각해. 날 위해 신경 써줘서 고마워, Sarah.

　　　문제: 남자에 대해 대화로 부터 추론할 수 있는 것은?

　　　　(a) 그의 집은 해변 바로 옆에 있다.

　　　　(b) 그는 보통 주말에 일한다.

　　　　(c) 그의 고향은 Chicago보다 더 따뜻하다.

　　　　(d) 그는 그의 친구 Dobson과 함께 시카고에 갔다.

해설　대화를 통해 추론할 수 있는 내용을 묻는 문제이다. 여자는 여행에서 돌아온 남자를 환영하고 있다. 대화의 첫 부분에서 남자는 'It was so much colder there'라고 말하고 있으므로, 지금 있는 곳보다 여행지가 훨씬 더 추웠음을 알 수 있다. 따라서 (c)가 정답이다.

어휘　profit n. 수익, 이윤

analysis n. 분석

unwind v. 풀다, 긴장을 풀다

swing v. 선회하다, 바꾸다, 활기가 넘치다

46. 대의 파악 ★★☆　　　　　　　정답 (b)

script　M: People living on the West Coast will be treated to a meteor shower tonight. This phenomenon occurs when a stream of stellar rocks, called meteors, burn up upon entering the Earth's atmosphere. If you live in the right area, be sure to go outside tonight and catch a glimpse. While a storm moving in from the west may increase cloud cover and block the view in some areas, the majority of people will have a clear view of this exciting phenomenon.

　　　Q: What is the announcement mainly about?

　　　　(a) Living on the West Coast

　　　　(b) An upcoming meteor shower

　　　　(c) An impending rain storm

　　　　(d) How comets are formed

해석　남: West Coast에 거주하고 계신 주민께서는 오늘 밤 유성우를 보실 수 있습니다. 이 현상은 운석이라고 불리는 별들의 암석 물결이 지구 기류 층에 진입하면서 불타게 될 때 발생하는 것입니다. 만약 오른쪽 지역에 거주하고 계신다면 오늘 밤 야외로 나가셔서 잠시 관람하십시오. 서쪽으로부터 이동하고 있는 폭우가 구름 층을 짙게 만들고 있고 일부 지역에서는 시야를 막고 있지만 대다수의 분들께서 이 흥미진진한 현상을 맑은 시야로 관람하실 것입니다.

　　　문제: 안내문의 주제는 무엇인가?

　　　　(a) West Coast에 거주하기

　　　　(b) 앞으로 다가올 유성우

　　　　(c) 곧 닥칠 폭우

　　　　(d) 혜성들이 생성되는 방법

해설　담화는 유성우의 출현에 대한 이야기이다. 화자는 'a meteor shower tonight'과, 'be sure to go outside tonight and catch a glimpse'라는 말을 통해 West Coast 거주민들에게 오늘밤에 있을 유성우 출현을 알려주고 있다. 따라서 안내문의 주제로 적절한 것은 (b)이다.

어휘　be treated 다뤄지다　　meteor n. 운석

meteor shower 유성우

stellar a. 별의

glimpse n. 잠깐 봄

impending a. 곧 닥칠, 임박한

comet n. 혜성

47. 대의 파악 ★★★　　　　　　　정답 (c)

 W: In the 19th century, Augustus Le Plongeon, a traveler to Mexico, wrote about the lost continent of Mu. After visiting Mayan ruins, he claimed to have translated ancient writings that referred to a continent older than any civilization. Although many people searched for this lost continent, no one has been able to find proof of Mu. Furthermore, some scientists say it is physically impossible for an entire continent to be destroyed. Despite that, many people's imaginations are still captured by the idea of a lost continent.

Q: What is the talk mainly about?
- (a) The discovery of ancient writings
- (b) The writing system of Mayan civilization
- **(c) The possibility of a lost continent in existence**
- (d) The life of a 19th century explorer

해석　여: 19세기 멕시코로 간 여행자인 Augustus Le Plongeon는 사라진 Mu 대륙에 관한 글을 썼다. 마야 유적지를 방문한 후 그는 어떤 문명사회보다 더 오래된 이 대륙에 대해 언급하고 있는 고문헌들이 해석되어야 한다고 표방하였다. 비록 많은 사람들이 이 잃어버린 대륙을 찾아 나섰지만 아무도 Mu 대륙에 대한 증거를 찾지 못했다. 게다가 일부 과학자들은 물리학적으로 대륙 전체가 사라지는 것은 불가능하다고 주장하고 있다. 그럼에도 불구하고 많은 사람들의 상상은 사라진 대륙에 대한 생각에 여전히 사로잡혀 있다.

문제: 담화의 주제는 무엇인가?
- (a) 고문헌의 발견
- (b) 마야 문명의 글 쓰기 체제
- **(c) 사라진 대륙의 존재에 대한 가능성**
- (d) 19세기 탐험가들의 삶

해설　담화에서 화자는 'the lost continent of Mu'라는 말을 시작으로 Mu 대륙에 관한 어떤 증거도 발견하지는 못했지만, 'many people's imaginations are still captured by the idea of a lost continent'라는 표현을 통해 많은 사람들이 그 존재를 여전히 믿고 있다고 이야기하고 있다. 따라서 이야기의 주제는 '사라진 Mu 대륙의 존재에 대한 가능성'이라는 (c)가 적절하다.

어휘　civilization n. 문명, 사회　　claim to 표방하다
ancient writings 고문헌　　translate v. 번역하다
capture v. 사로잡다, 매료하다

48.　**대의 파악 ★★☆**　　　**정답 (c)**

script　M: Hello, students. I want to remind all of you that there will be a lecture this Wednesday evening at 8 P.M. My colleague, Dr. Watson,

will be speaking about the mutations of mitochondrial DNA. Since we just finished the unit about mitochondrial DNA, I would like all of you to attend. As an added incentive, anyone who goes can write a review of the lecture for extra credit on the final.

Q: What is the announcement mainly about?
- (a) The research interests of Dr. Watson
- (b) Where the lecture is going to be held
- **(c) Why students should go to the lecture**
- (d) The structure of the final exam

해석　남: 안녕하십니까, 학생 여러분. 저는 여러분 모두에게 이번 수요일 저녁 8시에 강의가 있음을 상기시켜 드리고 싶습니다. 제 동료인 Watson 박사는 미토콘드리아 DNA의 돌연변이에 대해 이야기할 것입니다. 우리는 미토콘드리아 DNA에 관한 단원을 이제 막 끝냈기 때문에 저는 여러분 모두가 참석해주시길 바랍니다. 특별 보너스로 강의의 후기를 쓰는 사람에게는 기말고사에 추가점수를 드리겠습니다.

문제: 안내문의 주제는 무엇인가?
- (a) Watson 박사의 연구 관심분야
- (b) 강의가 이루어지게 될 장소
- **(c) 학생들이 강의에 참석해야 되는 이유**
- (d) 기말고사의 구조

해설　담화에서 화자는 'remind all of you that there will be a lecture this Wednesday'라는 말을 통해 이미 공지된 강의에 대해 다시 안내하고 있음을 알 수 있다. 화자는 강의자 소개, 강의 주제뿐만 아니라 강의 참여시 부여되는 'incentive'를 마지막에 강조하는 것으로 보아 학생들이 강의에 반드시 참여할 수 있도록 종용하고 있다. 따라서 안내문의 주제로 적절한 것은 (c)이다.

어휘　colleague n. 동료
mutation n. 돌연변이(과정), 변화(변형)
unit n. 단원, 기구
incentive n. 우대 조치, 특별 보너스
credit n. (대학의) 학점

49.　**제목 찾기 ★★☆**　　　**정답 (d)**

script　W: Ancient Egyptian pharaohs were almost all men. However, there were several women who reigned as pharaoh. The most well known is Hatshepsut, who ruled over Egypt for nearly 22 years. She rebuilt trade networks and used money from trade to construct buildings. For example, she built two monuments at a temple that were the tallest in the world at the time. Her architectural accomplishments were so great that later pharaohs often took credit for some of her buildings.

Q: What is the best title for the talk?
  (a) Ancient Egyptian Trade Networks
  (b) The History of Egyptian Construction
  (c) Pharaohs and Their Accomplishments
  (d) Female Pharaohs in Ancient Egypt

해석 여: 고대 이집트 파라오들은 거의 모두가 남자였습니다. 그렇지만 파라오로서 군림한 몇 명의 여성들이 있었습니다. 가장 잘 알려진 사람은 Hatshepsut였는데 그녀는 이집트를 거의 22년간 통치하였습니다. 그녀는 무역 망을 재정비하고, 무역으로부터 벌어 들인 돈을 건물을 세우는 데 사용하였습니다. 예를 들어, 그녀는 당대 세계 최고 높이인 2개의 건축물을 사원에 지었습니다. 그녀의 건축학적 성과물은 너무나 위대하여 후에 파라오들이 종종 그녀가 지은 건물들의 공적을 인정하였습니다.

문제: 담화의 제목으로 적합한 것은?
  (a) 고대 이집트의 무역 망
  (b) 이집트 건축의 역사
  (c) 파라오와 그들의 업적
  (d) 고대 이집트의 여성 파라오

해설 담화를 통해 화자는 고대 이집트의 파라오들에 관해 이야기하고 있다. 'there were several women who reigned as pharaoh'라는 말을 시작으로 고대 이집트 여성 파라오 중 Hatshepsut의 업적에 관하여 설명하고 있다. 따라서 담화 전체의 제목으로는 (d)가 가장 적절하다.

어휘 reign v. 군림하다, 다스리다
monument n. 기념물, 건축물
take credit for 칭찬하다, 공적을 인정하다
accomplishment n. 업적, 공적, 재주

---

50. **대의 파악 ★★☆**   **정답 (b)**

script M: Anyone who says that cracking your knuckles is a dangerous habit hasn't looked at the evidence. There have been many studies conducted to find harmful effects of this activity. There is no significant evidence proving that knuckle cracking causes arthritis. Knuckles crack when you bend them because gas bubbles in the joint burst, not because cartilage is tearing, as most people assume. Although cracking your knuckles has been shown to decrease grip strength, the difference is hardly noticeable to most people.

Q: What best summarizes the speaker's view?
  (a) Cracking your knuckles damages
    cartilage.

  (b) Most people are unaffected by
    knuckle cracking.
  (c) People underestimate the harmful effects
    of knuckle cracking.
  (d) More studies on knuckle cracking are
    needed.

해석 남: 관절을 꺾는 것이 위험한 버릇이라고 말하는 사람들은 그 증거를 직접 본 것은 아닙니다. 이러한 행위의 위험한 효과를 찾으려는 많은 연구들이 있었습니다. 관절 꺾기가 관절염을 유발한다는 것을 증명하는 어떠한 의미 있는 증거도 없습니다. 관절이 꺾어지는 것은 관절을 구부릴 때 연골이 끊어져서가 아니라, 관절에 있는 가스 거품이 터지기 때문에 일어나는 현상입니다. 관절 꺾기가 악력을 줄이는 것으로 보여지기는 하지만, 그 차이는 대다수의 사람들이 거의 인지할 수 없는 정도입니다.

문제: 화자의 관점을 요약한 내용은?
  (a) 관절 꺾기는 연골을 손상시킨다.
  (b) 대부분의 사람들은 관절 꺾기로 인해 아무런
    영향을 입지 않는다.
  (c) 사람들은 관절 꺾기의 해로운 영향을 간과한다.
  (d) 관절 꺾기에 대한 더 많은 연구가 필요하다.

해설 담화는 관절 꺾기에 대한 것이다. 화자는 'cracking your knuckles has been shown to decrease grip strength, the difference is hardly noticeable to most people'라는 말을 통해, 관절 꺾기로 인한 영향은 일반인들이 거의 알아채지 못할 정도로 미약한 것이라고 주장하고 있다. 따라서 화자의 관점에 대한 가장 적합한 요약은 (b)이다.

어휘 crack v. 꺾다   knuckle n. 관절
conduct v. 행동하다, 지휘하다
arthritis n. 관절염
significant a. 중요한, 의미 심장한
cartilage n. 연골, 물렁뼈

---

51. **제목 찾기 ★★★**   **정답 (a)**

script W: The binturong lives in the forests of Southeast Asia and is also known as the bearcat, although it is neither a bear nor a cat. It gets its name because its diet and body shape are very similar to bears, although it is closer in size to a cat and has a bushy tail. The creature primarily eats fruit, but may also eat leaves or even eggs and small animals, like rodents. Since they live in the trees, the binturong population has shrunk significantly with the destruction of forests in the area.

Q: What is the best title for the lecture?

    (a) Characteristics of Bearcats
    (b) Taking Care of Binturongs
    (c) Similarities between Binturongs and
        Rodents
    (d) The Forests of Southeast Asia

해석   여: 빈투롱은 동남아시아의 숲에 서식하며, 곰이나 고양이 어느 것에 속하지는 않지만 베어캣(bearcat)이라는 이름으로도 역시 알려져 있습니다. 빈투롱은 고양이 정도의 크기에 가깝고, 털이 난 꼬리를 가지고 있음에도 불구하고 식습관과 몸의 형태가 곰과 매우 유사하기 때문에 이러한 이름을 얻게 되었습니다. 이 동물은 주로 과일을 먹지만 또한 잎뿐만 아니라 심지어 알과 설치류와 같은 작은 동물을 먹기도 합니다. 이 동물들은 나무에서 살기 때문에 그 수는 그 지역의 산림 파괴로 인해 눈에 띄게 줄고 있습니다.

    문제: 강의의 제목으로 적합한 것은?
    (a) 베어캣의 특징
    (b) 빈투롱을 보살피기
    (c) 빈투롱과 설치류간의 유사성
    (d) 동남아시아의 산림

해설   주어진 담화는 빈투동에 대한 것이다. 담화문 처음에 'the forests of Southeast Asia'라고 서식지 소개를 시작으로 생김새와 베어캣이라는 이름이 붙게 된 이유, 식성 등에 대해 자세히 언급하고 있다. 따라서 강의의 제목으로 '베어캣의 특징'이라는 (a)가 가장 적절하다.

어휘   binturong n. 빈투롱 (식육목 사향고양이과의 포유류, 히말라야 지방에서 동남아시아까지 서식)
    bushy a. 숱이 많은, 무성한
    primarily adv. 주로
    rodent n. 설치류
    destruction n. 파괴, 파멸, 말살

---

52.   **주제 찾기 ★★★**   **정답 (c)**

script   M: Bartley and Twiggs has been providing the public with superior taste and selection since it was founded in 1834. We send our sons to scour the world, looking for the best leaves to bring into your kitchen. We add our unique blend of quality spices to create unforgettable levels of enjoyment. Pour hot water over any of our blends and you'll smell our craftsmanship. Try one of our loose leaf varieties today!

    Q: What is being advertised?
    (a) A popular travel company's world tour
    (b) A kitchen equipment and spice package
    (c) A variety of teas from a family company
    (d) A select line of quality craftsman tools

해석   남: Bartley와 Twiggs는 1834년에 설립된 이래 우수한

취향과 선택 가능한 제품들을 대중에게 제공해왔습니다. 우리는 여러분의 주방으로 내보낼 수 있는 가장 최고의 잎들을 찾기 위하여 우리 아들들을 파견하여 세계를 샅샅이 살펴보았습니다. 저희는 잊을 수 없는 수준의 즐거움을 창조하기 위해 질 좋은 향료의 독창적인 조합을 더했습니다. 저희 향료 혼합물에 뜨거운 물을 부어보세요. 여러분은 우리의 장인정신을 맡을 수 있을 것입니다. 낱개로 판매되는 다양한 잎 제품 중의 하나를 오늘 시도해보세요.

    문제: 무엇에 대한 광고인가?
    (a) 유명한 여행사의 세계 여행
    (b) 부엌 설비와 양념 패키지
    (c) 가족 회사에서 나온 다양한 차들
    (d) 엄선된 고급 수공예가 도구

해설   담화는 Bartley and Twiggs 사에 대한 광고문이다. 담화에서 'We send our sons'라는 말을 통해 가족회사라는 것을 파악할 수 있으며 'the best leaves'나 'Pour hot water over' 그리고 'Try one of our loose leaf varieties'라는 말을 통해 차(leaf)에 대한 광고임을 알 수 있다. 따라서 광고 주제로 '가족이 운영하는 회사에서 생산하는 차'라는 (c)가 가장 적절하다.

어휘   superior a. (~보다 더) 우수한, 우세한
    taste n. 취향
    scour v. 만들다, 샅샅이 뒤지다
    loose a. 묶여 있지 않은, 낱개로 팔리는
    selection n. 선발, 선정

---

53.   **내용 일치 ★★★**   **정답 (d)**

script   W: The Dead Sea is aptly named; it is so salty that few animals can survive in it. Why is it so salty? Well, the Dead Sea is in a very warm climate, so water in it evaporates and leaves behind salt. There are plenty of other rivers that drain into the Dead Sea, adding more and more salt. However, unlike most other bodies of water, there are no rivers at all that drain out of the Dead Sea. So the only way water leaves the sea is through evaporation, which leaves behind all of that salt.

    Q: Which is correct according to the talk?
    (a) The climate of the Dead Sea makes the
        water warm.
    (b) The Dead Sea is close to many rivers.
    (c) Several rivers bring water into the Dead
        Sea.
    (d) No rivers remove salt from the Dead
        Sea.

해석   여: 사해는 적절하게 이름이 붙여진 것입니다. 이곳은

너무 염분이 많아서 그 안에서 생존할 수 있는 동물이 거의 없습니다. 그렇다면 그곳에는 왜 염분이 많을까요? 사해는 매우 따뜻한 날씨여서 그곳의 물은 증발되어 소금기만 남겨둡니다. 점점 더 많은 소금을 더하면서 사해로 흘러 들어온 다른 강들이 많이 있습니다. 그러나 대다수의 다른 물줄기들과는 달리 사해 밖으로 흘러나가는 강이 전혀 없습니다. 그래서 물이 바다를 떠나는 유일한 방법은 증발을 통해서이며 이것은 그 소금 전부를 뒤에 남겨두게 됩니다.

문제: 담화의 내용과 일치하는 것은 무엇인가?
    (a) 사해의 날씨가 물을 따뜻하게 만든다.
    (b) 사해는 많은 강들에 인접해있다.
    (c) 7개의 강들이 사해에 물을 끌어온다.
    (d) 어떤 강들도 사해로부터 소금을 제거하지 못한다.

해설 담화는 사해에 대한 전반적인 설명이다. 담화의 마지막 부분 'the only way water leaves the sea is through evaporation'에서 '사해에 들어온 물은 증발 이외에는 빠져나갈 방법이 없다'고 언급하고 있다. 이렇게 증발된 물은 소금을 뒤에 남긴다고 했으므로, 담화의 내용과 일치하는 것은 '사해로부터 소금을 제거하는 강은 없다'는 (d)이다.

어휘 aptly adv. 적절하게
evaporate v. 증발하다, 사라지다
drain into ~로 흘러들어가다

---

54.   내용 일치 ★★☆   정답 (c)

script M: Many companies would love to advertise in classrooms. They could reach millions of students in an environment where students have to spend several hours. Schools like the idea since they can raise money to replace shrinking government funding. However, parents worry that they will have no say about what their kids are exposed to, including ads for junk food and ads using violence.

Q: Which is correct according to the talk?
(a) Advertising companies are negatively affected by fundraising projects.
(b) The government supports advertising in schools to raise money.
(c) Parents are concerned about advertisements in classrooms.
(d) Schools need to find alternate ways to get government funding.

해석 남: 많은 기업들은 교내 광고를 매우 좋아합니다. 이들은 수백만 명의 학생들이 여러 시간을 보내야 하는 환경 속에 그들에게 접근할 수 있습니다. 줄어드는 정부의 기금 대신 돈을 모을 수 있다는 이유로 학교들은 이

생각을 좋아합니다. 그렇지만 부모들은 불량식품에 대한 광고와 폭력을 사용한 광고들을 포함해 자신의 아이들이 무엇에 노출되는지에 대해 결정권이 없다는 것을 우려하고 있습니다.

문제: 담화의 내용과 일치하는 것은?
    (a) 광고 회사들은 기금마련 프로젝트에 의해 부정적인 영향을 받는다.
    (b) 정부는 돈을 벌기 위해 학교 내 광고를 지지한다.
    (c) 부모들은 교실에서의 광고에 대해 걱정한다.
    (d) 학교들은 정부의 기금마련에 대체 방안을 찾을 필요가 있다.

해설 담화는 많은 기업들이 교실에서 광고하는 것을 좋아하고 있으며, 학교 또한 기금마련을 위해 광고를 환영하고 있다는 내용이다. 그러나 담화의 마지막 부분 'parents worry that they will have no say about what their kids are exposed to'에서 부모들은 학교에서 광고하는 것에 걱정하고 있다는 것을 밝히고 있다. 따라서 담화의 내용과 일치하는 것은 (c)이다.

어휘 advertise v. 광고하다   alternate a. 대체의
shrink v. 줄어들다, 움츠리다
have no say 결정권이 없다

---

55.   세부 사항 ★★★   정답 (a)

script W: Euripides was the last of the great tragedians in Ancient Greece. Eighteen out of a total of ninety-five plays written by him have survived to this day. His plays appeal to a modern audience because they focus more on the characters' emotions and motivations than other Greek playwrights. However, his focus on creating realistic characters often resulted in unrealistic plots that were miraculously resolved at the end. Since audiences dislike that kind of an ending, he was less popular in Ancient Greece.

Q: Why were Euripides' plays not as well liked by Ancient Greeks?
(a) They emphasized characters instead of plot.
(b) They were left unresolved at the ending.
(c) They were inspired by real people and places.
(d) They were too similar to other Greek plays.

해석 여: Euripides는 고대 그리스에 위대한 비극작가들 중 마지막 사람이었다. 그가 쓴 전체 95개의 연극 가운데 18작품이 오늘날까지 전해지고 있다. 그의 연극은 현대 관객들에게 매력적으로 느껴지고 있는데, 그 이유는 다른 그리스의 극작가들보다 등장인물들의 감정과 동기

에 더 많은 초점이 맞춰져 있기 때문이다. 하지만, 현실적인 등장인물을 창조하는 데 너무 집중한 나머지 때때로 기적적으로 결말에서 해결이 되는 비현실적인 줄거리로 마무리되는 결과를 초래하곤 했다. 관객들은 이러한 결론을 좋아하지 않았기 때문에 고대 그리스에서 그는 인기가 적었다.

문제: 고대 그리스인들이 Euripides의 극작품들을 좋아하지 않은 이유는?

(a) 그의 작품들은 스토리 대신 인물들에 더 중점을 두었다.
(b) 그의 작품들은 결말에서 해결되지 않은 채 남아 있다.
(c) 그의 작품들은 현실의 사람과 장소에서 영감을 얻었다.
(d) 그의 작품들은 다른 그리스 극작품들과 너무 유사했다.

해설 담화는 고대 그리스의 Euripides에 대한 설명이다. 화자의 설명에 따르면, Euripides는 지나치게 극 중 등장인물에 집중했다고 한다. 그리고 'Since audiences dislike that kind of an ending, he was less popular in Ancient Greece'라는 화자의 설명을 통해 인물에 집중하는 것보다 결말을 더 중요하게 생각하는 사람들 때문에 그가 인기를 얻지 못했다는 사실을 알 수 있다. 따라서 정답은 (a)이다.

어휘 tragedian n. 비극 작가, 비극 배우
playwright n. 극작가, 각본가
miraculously adv. 기적적으로

---

56.   세부 사항 ★★☆   정답 (d)

script M: There is no sign that the rain will let up this afternoon. There is a large cold front stalled over the region, which created all those rain clouds Monday. Wednesday is expected to be cold and cloudy, but with less rain in the evening. By Thursday, the clouds should lift and we should get a return to nice, warm weather. Stay tuned to this newscast for a full seven-day forecast.

Q: According to the weather forecast, when can sun be expected after today?
(a) Monday
(b) Tuesday
(c) Wednesday
(d) Thursday

해석 남: 비가 오늘 오후에 누그러질 것이라는 조짐은 없습니다. 월요일의 비구름을 만들어 낸 방대한 규모의 한 냉 전선이 지역 전체에 드리워져 있습니다. 수요일에는 춥고 날씨가 흐리겠지만 오후에는 비가 줄어들 것으로 예상됩니다. 목요일 경 구름은 이동하여 화창하고 따뜻

한 날씨를 회복할 수 있을 것입니다. 일주일간의 일기예보를 위해 계속해서 저희 방송을 시청해주시기 바랍니다.

문제: 일기예보에 따르면, 화창한 날씨를 기대할 수 있는 때는 언제인가?
(a) 월요일
(b) 화요일
(c) 수요일
(d) 목요일

해설 담화는 일기예보에 관한 내용이다. 예보에 따르면 'By Thursday, the clouds should lift and we should get a return to nice, warm weather'라고 설명하고 있으므로 화창할 날씨는 목요일경에 기대할 수 있을 것으로 보인다. 따라서 정답은 (d)이다.

어휘 let up 누그러지다, 약해지다
front n. (기상)전선
stall v. 교착 상태에 빠뜨리다, 시간을 끌다

---

57.   세부 사항 ★★★   정답 (c)

script W: Mildew is commonly found in bathrooms since it thrives in moist environments. If you want to remove mildew without using harmful chemicals, try using white vinegar instead. First, pour some vinegar into a glass jar and add a short piece of copper wire. Let the jar sit for several days and then pour the vinegar into a spray bottle. Some of the copper will have dissolved into the vinegar, which helps keep the mildew from growing back. However, if the copper wire dissolves too much, the spray will turn your walls green.

Q: Why does the speaker recommend leaving copper wire in the vinegar?
(a) It helps the vinegar dissolve in the spray bottle.
(b) It will help remove green stains from the wall.
(c) It discourages mildew from returning.
(d) It will remove harmful chemicals from vinegar.

해석 여: 흰 곰팡이는 습기 찬 환경에서 잘 자라기 때문에 보통 욕실에서 발견됩니다. 만약 여러분이 해로운 화학제품을 사용하지 않고 흰 곰팡이를 없애고 싶으시다면 흰 식초를 대신 사용해 보세요. 우선 약간의 식초를 유리병에 부으시고 구리선 조각을 넣으세요. 유리병을 여러 날 동안 두신 다음에 분무기 통에 식초를 넣어주세요. 구리의 일부가 식초 속에 용해되었을 것입니다. 이는 흰 곰팡이가 다시 자라는 것을 막아줍니다. 하지만, 구

리 조각이 너무 많이 용해되었다면, 이 용해된 물은 여러분 욕실의 벽을 녹색으로 변하게 만들 것입니다.

문제: 왜 화자는 구리 선을 식초에 넣어 두라고 권유하고 있나?
　(a) 그것은 식초가 분무기 안에서 용해되는 것을 도와준다.
　(b) 그것은 벽에 녹색 얼룩을 없애는 데 도움이 될 것이다.
　(c) 그것은 흰 곰팡이가 다시 돌아오는 것을 억제한다.
　(d) 그것은 식초에 있는 해로운 화학물질을 제거할 것이다.

해설　담화는 흰 곰팡이를 제거하는 방법에 대한 설명이다. 화자는 'which helps keep the mildew from growing back'이라는 말을 통해 식초에 구리선을 넣으라고 말한 이유를 설명하고 있으므로 정답은 (c)이다.

어휘　mildew n. 흰곰팡이　　vinegar n. 식초
　　copper n. 구리　　thrive v. 번창하다, 잘 자라다
　　dissolve v. 녹다, 용해되다

58.　추론 ★★★　　　　　　정답 (d)

script　M: Many medicines produced by pharmaceutical companies are based on natural cures created using plants. However, the companies claim sole ownership of the medicines. This practice is called biopiracy. A famous case occurred in 1995 when a company used the Neem tree to make anti-fungal medicine. They patented the method even though local villagers had known about this cure for a long time. However, the company argued that the villager's knowledge had never been published and did not interfere with their patent.

Q: What can be inferred about the Neem tree?
　(a) It negatively affects pharmaceutical companies.
　(b) It was first discovered by villagers in 1995.
　(c) It was patented by a foreign company.
　(d) It contains chemicals that kill fungus.

해석　남: 제약 회사에서 생산된 많은 의약품들은 식물을 사용하여 만든 천연 치료제를 기본으로 하고 있습니다. 그렇지만 기업들은 의약품의 단독 소유권을 주장하고 있습니다. 이러한 관행은 의약품 특허권이라고 부릅니다. 1995년 한 기업이 Neem 나무를 항곰팡이 약품을 만드는 데 사용하였을 때 의약품 특허권에 대한 유명한 사례가 발생하였습니다. 기업은 그 지역 주민들이 오랫동안 이 치료 방법에 대해 알고 있었음에도 불구하고

그 방법에 대해 특허권을 받았습니다. 하지만, 기업은 지역주민들의 지식을 출판한 적이 없으며 주민들의 특허권을 침해하지 않았다고 주장했습니다.

문제: Neem 나무에 관해 추론할 수 있는 것은?
　(a) 제약회사에 부정적인 영향을 미친다.
　(b) 1995년에 지역주민들에 의해 처음 발견되었다.
　(c) 그것은 외국회사가 특허권을 받았다.
　(d) 그것은 곰팡이를 죽이는 화학물질을 포함하고 있다.

해설　담화는 제약회사들의 의약품 특허권에 대한 이야기이다. 담화 중반부에 Neem 나무에 대하여 'make anti-fungal medicine'라고 설명하고 있으므로 Neem 나무에 대한 바른 추론은 '곰팡이를 죽이는 화학물질을 포함한다'는 (d)가 적절하다.

어휘　pharmaceutical a. 약학의, 제약의
　　practice n. 관행, 관습
　　biopiracy n. 의약품 특허권
　　fungal a. 균의(곰팡이)에 의한
　　patent v. 특허를 받다
　　interfere with ~을 방해하다

59.　추론 ★★★　　　　　　정답 (a)

script　W: Do you have trouble getting rid of dirt and grime? You need the Steamatic 3000. Featuring a wide steam channel, it cleans a large area in a single pass and won't leave behind harmful chemicals. It has a retractable hose to reach those out of the way areas but is compact enough to fit in the closet. With the adjustable settings, you will be able to clean floors, counters, and even clothes!

Q: According to the advertisement, what can be inferred about the product?
　(a) It requires water to remove dirt.
　(b) It is designed for use in a single room.
　(c) It can be adjusted to wash clothes.
　(d) It is an inexpensive cleaning method.

해석　여: 먼지나 때를 없애는 데 어려움이 있으신가요? 당신에게 필요한 것은 Steamatic 3000입니다. 넓은 증기 경로를 특징으로 하는 Steamatic 3000은 단 한번의 처리 과정을 통해 넓은 공간을 청소하고 해로운 화학물질을 남겨두지 않을 것입니다. Steamatic 3000은 집어 넣을 수 있는 호스가 있어 손이 닿지 않는 장소까지 닿을 수 있지만 벽장에 넣을 만큼 크기가 소형입니다. 조정 가능한 설정으로 바닥, 카운터, 심지어 옷까지도 깨끗하게 만들 수 있을 것입니다.

문제: 광고에 따르면, 상품에 관해 추론할 수 있는 것은?
　(a) 그것은 먼지를 제거하기 위해 물이 필요하다.

(b) 그것은 방 하나에서 사용되도록 개발되었다.

(c) 그것은 옷을 세탁하도록 조정할 수 있다.

(d) 그것은 저렴한 청소 방법이다.

해설 광고는 먼지와 때를 없애는 Steamatic 3000에 대하여 설명하고 있다. 기구에 대한 설명 중 'Featuring a wide steam channel'이라고 말하고 있으므로 증기를 이용한 청소기구임을 짐작할 수 있다. 따라서 광고 상품에 대한 추론의 내용으로 '증기를 발생하는 물이 필요한 기구'라는 (a)가 정답이다.

어휘 grime n. 때, 더께
retractable a. 집어넣을 수 있는, 오므릴 수 있는
out of the way 비키어, 벗어난
compact a. 소형의
adjustable a. 조절(조정) 가능한
setting n. 환경, 장소

---

60. 추론 ★★☆   정답 (a)

script M: For the benefit of the animals, zoos need to abandon their elephant exhibits and return the creatures to their natural habitats. Almost all of the elephants found in zoos are captured in the wild and taken from their families. In the zoo, elephants have continual health and emotional problems. Denied the large grassland of their home, elephants do not get enough exercise and are forced to stand on hard surfaces resulting in foot infections and joint problems. Captive elephants are kept in small groups and frequently moved which prevents them from making the social connections they need.

Q: What is the speaker's opinion on keeping elephants in zoos?
(a) Elephants cannot be happy and healthy when kept in zoos.
(b) Elephants kept in zoos are better able to make friends.
(c) Elephants exercise more when trainers watch them.
(d) Elephants are protected from danger in the zoo.

해석 남: 동물들의 복리를 위해 동물원들은 코끼리 쇼를 중단하고 자연 서식지로 이들을 돌려보낼 필요가 있습니다. 동물원에서 발견되는 거의 대다수의 코끼리들은 야생에서 포획되어 가족들로부터 떨어지게 되었습니다. 동물원의 코끼리들은 지속적인 건강과 감정적 문제를 가지고 있습니다. 자신들의 고향에 있는 거대한 초원을 등지고 코끼리들은 충분한 운동을 하지 못하고 있으며 발의 염증과 관절 문제를 유발시키는 딱딱한 바닥 표면에 서있도록 강요받고 있습니다. 포획된 코끼리들은 소그룹으로 유지되고 종종 잦은 이동으로 인해 이들이 필요로 한 사회적 연계를 만들지 못하게 됩니다.

문제: 코끼리를 동물원에서 키우는 것에 대한 화자의 의견은 무엇인가?
(a) 코끼리들은 동물원에 있을 때 행복하고 건강할 수 없다.
(b) 동물원에 있는 코끼리들은 친구들을 더 잘 만들 수 있다.
(c) 코끼리들은 강사들이 보고 있을 때 더 많이 운동한다.
(d) 코끼리들은 동물원에 있으면서 위험으로부터 보호받는다.

해설 담화는 동물원에 살고 있는 코끼리에 대한 이야기이다. 담화 중반부에 'elephants have continual health and emotional problems'라는 주장을 통해 동물원에 살고 있는 코끼리가 행복하지도, 건강하지도 못하다는 점을 알 수 있다. 따라서 동물원 코끼리에 대한 화자의 의견으로 (a)가 적절하다.

어휘 habitat n. 서식지   infection n. 감염, 전염병
captive a. 사로잡힌, 억류된

Actual TEST 02 Listening Comprehension 정답 & 해설

Part I ~ IV									
1 (c)	2 (c)	3 (d)	4 (a)	5 (a)	6 (b)	7 (b)	8 (a)	9 (a)	10 (c)
11 (b)	12 (d)	13 (b)	14 (c)	15 (a)	16 (c)	17 (b)	18 (d)	19 (c)	20 (a)
21 (b)	22 (b)	23 (a)	24 (b)	25 (c)	26 (d)	27 (a)	28 (b)	29 (a)	30 (d)
31 (a)	32 (a)	33 (c)	34 (b)	35 (d)	36 (c)	37 (b)	38 (c)	39 (d)	40 (b)
41 (b)	42 (a)	43 (d)	44 (c)	45 (b)	46 (d)	47 (a)	48 (a)	49 (c)	50 (c)
51 (c)	52 (a)	53 (c)	54 (b)	55 (b)	56 (d)	57 (c)	58 (d)	59 (d)	60 (c)

1. 　**평서문 ★★☆**　　　　　　　**정답 (c)**

script　W: I'm hoping that you can connect my call to the customer service department.

M: _______________

(a) That department is on the second floor.
(b) I'm sorry, let me try to solve your problem.
(c) Of course, please hold for one moment.
(d) It looks like you missed your connection.

해석　여: 제 전화를 고객서비스 부서로 연결해주시기 바랍니다.

남: _______________

(a) 그 부서는 2층에 있습니다.
(b) 죄송합니다. 제가 당신의 문제를 해결할 수 있도록 해주세요.
(c) 물론이지요. 잠시만 기다려주세요.
(d) 당신의 접속을 놓친 것처럼 보이네요.

해설　여자는 고객서비스로의 전화연결을 요청하고 있다. 이에 대한 남자의 바른 대답은 '잠시 기다려 달라'는 (c)이다. 'hold'는 전화 대화의 경우 '끊지 말고 기다리다'라는 의미로 사용된다는 것을 기억하자.

어휘　connection n. 연관성, 연결, 접속

2. 　**평서문 ★★☆**　　　　　　　**정답 (c)**

script　M: I'll need to see a receipt before I can let you return this item.

W: _______________

(a) Sure, I'll help you look for it.
(b) Yes, I received it just yesterday.
(c) I know I have it here somewhere.
(d) Great, I'll take two of them please.

해석　남: 이 아이템을 돌려주시기 전에 영수증을 보았으면 좋겠는데요.

여: _______________

(a) 물론입니다. 그것을 찾는 걸 도와드릴게요.
(b) 네, 어제 막 그것을 받았어요.
(c) 저는 여기 어딘가에 그것을 두었다고 알고 있어요.
(d) 좋아요, 제가 그들 중 두 개를 가져갈게요.

해설　평서문으로 남자는 여자에게 물건을 받기 전 영수증 확인을 요청하고 있다. 이에 대한 여자의 대답으로 '여기 어딘가에 영수증을 두었다'는 (c)가 가장 적절하다

어휘　receipt n. 영수증　　receive v. 받다, 받아들이다

3. 　**평서문 ★★☆**　　　　　　　**정답 (d)**

script　M: If you want my advice, you should eat at Henry Johns' downtown.

W: _______________

(a) No, it's in the financial district.
(b) I don't think that I've met him yet.
(c) Well, you should have taken his advice.
(d) I'll remember that you suggested it.

해석　남: 만약 제 조언을 원하신다면, 시내의 Henry Johns에서 식사하세요.

여: _______________

(a) 아니요, 그것은 금융가에 있어요.
(b) 제가 그를 전에 만난것 같지 않아요 .
(c) 글쎄요. 당신은 그의 조언을 받아들였어야 했어요.
(d) 당신이 제안한 것을 기억할게요.

해설　평서문으로 남자는 여자에게 레스토랑을 추천하고 있다. '그 말을 기억하겠다'는 (d)는 '기억하고 나중에 가겠다'는 의미로 해석할 수 있으므로 여자의 대답으로 (d)가 적합하다. 남자의 'advice'를 반복 사용한 보기 (c)를 정답으로 고르지 않도록 주의하자.

어휘　financial district 금융가　　suggest v. 제안하다

4. 　**일반 의문문 ★☆☆**　　　　　　**정답 (a)**

script　M: Did Mr. Meyer call for me?

W: _______________

(a) No, he did not.
(b) What did he say?
(c) I'll call him back.
(d) Let me check the mail.

해석　남: Meyer씨가 저를 데리러 왔나요?

여: _______________

(a) 아니요, 그는 그러지 않았어요.
(b) 그가 뭐라고 말했나요?
(c) 제가 그에게 다시 전화할게요.
(d) 메일 확인을 할게요.

해설　일반 의문문으로 남자는 Meyer씨가 자신을 데리러 왔는지 묻고 있다. 따라서 이에 대한 여자의 답으로 '아니, 그러지 않았다'는 (b)가 적절하다. 'call for'는 '~를 필요로 하다'는 의미로 전화와 관계 없으므로 혼동하지 말자.

어휘　call for ~을 필요로 하다, ~데리러 오다(가다)

5. 　**평서문 ★☆☆**　　　　　　　**정답 (a)**

script　M: I really appreciate that you came to pick me up.

W: _______________

(a) Really, don't mention it.
(b) I'd like that one, please.
(c) Yes, I'm on my way.

(d) I can help you with that.

해석 남: 저를 데리러 와주셔서 정말 감사합니다.

여: ______________________________

　　(a) 정말 그런 말씀 마세요.

　　(b) 전 그걸로 주세요.

　　(c) 네, 저 가는 중이에요.

　　(d) 제가 그 일에 대해 당신을 도울 수 있어요.

해설 평서문으로 남자는 여자에게 '데리러 와주어 감사하다'는 말을 하고 있다. 이에 대한 여자의 대답으로 감사의 응답으로 자주 사용되는 'Don't mention it'의 (a)가 정답이다.

어휘 pick up 데려가다　　on one's way ~에 가는 중인

6.　　일반 의문문 ★☆☆　　　　정답 (b)

script W: Do you have any idea how long Tom will be on vacation?

M: ______________________________

　　(a) We usually get two weeks for vacation.

　　(b) He marked his return for March 9th.

　　(c) Yes, I think that's a great idea.

　　(d) He was planning to leave next week.

해석 여: Tom이 얼마나 오랫동안 휴가를 갈 건지 아세요?

남: ______________________________

　　(a) 우리는 보통 휴가로 2주를 얻어요.

　　(b) 그는 3월 9일이 그가 돌아오는 날이라고 얘기했어요.

　　(c) 그래요, 그것은 멋진 생각이에요.

　　(d) 그는 다음 주에 떠날 예정이었어요.

해설 'Do'로 시작하고 있지만 실제적으로는 'how long'을 이용하여 '기간'에 대해 묻는 질문이다. 여자는 Tom의 휴가기간에 대해 묻고 있다. (b)의 '3월 9일에 돌아온다'는 말은 그 전날까지 그의 휴가기간임을 짐작할 수 있기 때문에 남자의 대답으로 (b)가 가장 적절하다.

어휘 on vacation 휴가 중인

7.　　평서문 ★★☆　　　　정답 (b)

script W: Looks like the weather is taking a turn for the worse.

M: ______________________________

　　(a) I don't know whether he is.

　　(b) Maybe we should take an umbrella.

　　(c) You can turn left up here.

　　(d) Yes, it was much worse.

해석 여: 날씨가 더 나빠지고 있는 것 같아요.

남: ______________________________

　　(a) 그가 그럴지 아닐지 모르겠어요.

　　(b) 아마도 우리는 우산을 갖고 가야겠어요.

　　(c) 당신은 여기에서 좌회전 할 수 있어요.

　　(d) 그래요. 훨씬 더 나빴었죠.

해설 평서문으로 여자의 '악화되고 있는 날씨'라는 의미는 '날씨가 점점 흐려진다'는 의미와 같다. 따라서 이에 대한 남자의 대답으로 '우산을 가져가야겠다'는 (b)가 적절하다.

어휘 take a turn for the worse 일이 나쁘게 돌아가다

8.　　의문사 의문문 – How ★★☆　　　　정답 (a)

script M: Mary, how are you feeling after your vacation?

W: ______________________________

　　(a) I've never felt better.

　　(b) It's going well so far.

　　(c) That should be easy enough.

　　(d) It's right over there.

해석 남: Mary, 휴가 이후에 기분이 어때요?

여: ______________________________

　　(a) 이렇게 좋았던 적은 없어요.

　　(b) 지금까지는 잘 진행되고 있어요.

　　(c) 충분히 쉬워야 합니다.

　　(d) 바로 저쪽이에요.

해설 의문사 의문문으로 남자는 여자에게 '휴가 후의 기분'에 대해 묻고 있다. 이에 대한 대답으로 '부정어(never) + 비교급(better)'을 사용하여 '최상급'의 의미로 '최고로 좋다'는 (a)가 정답이다.

어휘 so far 지금까지

9.　　평서문 ★★★　　　　정답 (a)

script W: I think I saw you at the grocery store yesterday.

M: ______________________________

　　(a) It must have been someone else.

　　(b) I need to buy some ingredients.

　　(c) It was a pleasure to meet you.

　　(d) Yes, we can go tomorrow.

해석 여: 저는 어제 식료품가게에서 당신을 본 것 같아요.

남: ______________________________

　　(a) 분명 다른 사람이었을 거예요.

　　(b) 저는 재료를 좀 사야 해요.

　　(c) 당신을 만나서 기뻤어요.

　　(d) 그래요, 우리는 내일 갈 수 있어요.

해설 여자는 어제 남자를 식료품가게에서 본 것 같다고 말하고 있다. 이에 남자의 적절한 응답으로 (a)의 '다른 사람이었을 것이다'는 '식료품가게에 어제 가지 않았다'는 의미로 해석할 수 있으므로 문맥상 가장 적절하다.

어휘 grocery store 식료품 가게　　ingredient n. 재료

10. 평서문 ★☆☆   정답 (c)

script W: I'm sorry, but Mr. Concorde is out of the office right now.

M: ___________

(a) I'll show you to his office.

(b) You received three calls while you were out.

(c) Can you take a message for me?

(d) He should be back in ten minutes.

해석 여: 죄송하지만, Concorde씨는 지금 외근 중이세요.

남: ___________

(a) 제가 그의 사무실로 안내할게요.

(b) 당신이 없는 동안 당신에게 3통의 전화가 왔었어요.

(c) 제 메모 좀 받아주겠어요?

(d) 그는 10분 후에 돌아와야 해요.

해설 평서문으로 여자는 'Concorde씨가 외근 중'이라는 말을 남자에게 전하고 있다. 이에 대하여 적절한 남자의 대답으로 '메모를 전해 달라'는 (c)가 정답이다.

어휘 out of the office 외근 중인

---

11. 일반 의문문 ★★☆   정답 (b)

script M: Do you know when the new store is going to open?

W: ___________

(a) That's an interesting proposition.

(b) Rumor is that the project was canceled.

(c) I couldn't agree with you more.

(d) It seems like that is the case.

해석 남: 새 가게가 언제 오픈할 지 알고 계세요?

여: ___________

(a) 그것은 흥미로운 제안이네요.

(b) 소문으로는 그 프로젝트가 취소되었다는데요.

(c) 저는 당신의 의견에 전적으로 동의해요.

(d) 그게 사실인 것 같은데요.

해설 일반 의문문으로 남자는 새 가게의 오픈 예정일자를 묻고 있다. '프로젝트가 취소되었다'는 (b)의 표현은 '프로젝트 취소로 가게가 오픈하지 않는다'는 의미로 해석할 수 있으므로, 남자의 말에 대한 여자의 대답으로 (b)가 가장 적절하다.

어휘 proposition n. 제의, 문제

I couldn't agree with you more. 나는 당신의 의견에 전적으로 동의한다.

---

12. 평서문 ★★☆   정답 (d)

script W: I'm so sorry that I wasn't able to come to your birthday party yesterday.

M: ___________

(a) Yes, we should probably leave as soon as possible.

(b) I'm glad that you had a good time there.

(c) I don't mind waiting if you don't take too long.

(d) Hopefully we can get together some other time.

해석 여: 어제 생일파티에 못 가서 정말 죄송해요.

남: ___________

(a) 네, 우린 가능한 한 빨리 떠나야 해요.

(b) 당신이 거기에서 좋은 시간을 보냈다니 기뻐요.

(c) 당신이 그렇게 오래 걸리지 않는다면 기다리는 건 괜찮아요.

(d) 언제 다시 만날 수 있으면 좋겠어요.

해설 평서문으로 여자는 생일파티에 참석하지 못한 데 대한 사과를 남자에게 하고 있다. 이에 대한 남자의 대답으로 '다음에 함께 하기를 바란다'는 (d)가 가장 적절하다.

어휘 get together 만나다

some other time 언제 다시 한번, 나중에

---

13. 평서문 ★★★   정답 (b)

script M: Wasn't your meal good? You've hardly touched it at all.

W: ___________

(a) No thank you, I've already eaten.

(b) It was far too salty for my tastes.

(c) I guess I'm just not thirsty.

(d) Then maybe we should order dessert.

해석 남: 당신 식사가 좋지 않았어요? 음식을 거의 건드리지도 않았네요.

여: ___________

(a) 괜찮아요. 이미 먹었습니다.

(b) 제 입맛에는 너무 심하게 짰어요.

(c) 저는 그저 목마르지 않을 뿐이에요.

(d) 그럼 우리는 디저트를 주문 해야겠네요.

해설 평서문으로 끝났지만, 그 앞의 일반 의문문에 중점을 두어야 정답을 고를 수 있다. 남자는 여자에게 '식사가 별로였는지' 묻고 있으므로 이에 대한 여자의 대답으로 '너무 짜다'라는 (b)가 적절하다.

어휘 salty a. 짠   thirsty a. 목이마른, 갈증이 나는

---

14. 일반 의문문 ★★★   정답 (c)

script M: I'm really looking forward to the banquet

tonight. Will you be attending?

W: ______________________________

(a) I can help you look for her if you would like.

(b) No, it's right there on the table behind you.

(c) I have to pass, as I have responsibil‑ities elsewhere.

(d) I was there, but I could only stay for a few minutes.

해석 남: 저는 오늘 밤 연회를 정말 기대하고 있어요. 당신도 참석할 건가요?

여: ______________________________

(a) 당신이 괜찮다면 그녀 찾는 것을 도와줄 수 있어요.

(b) 아니요. 그것은 당신 뒤쪽 테이블에 있어요.

(c) 저는 다른 곳에서 해야 할 일이 있어, 그냥 넘어가야 해요.

(d) 제가 그곳에 있긴 했지만, 단 몇 분 동안만 머물렀어요.

해설 일반 의문문으로 남자는 여자에게 '연회에 참석할 것인지'에 대해 묻고 있다. 이에 대한 여자의 대답으로 '다른 볼일이 있어서 참석 못한다'는 (c)가 적절하다. (c)의 'pass'는 '통과하다'라는 의미가 아니라 '이번엔 넘어가다, 다음 기회로 건너뛰다'라는 의미임을 주의한다.

어휘 banquet n. 연회(만찬), 성찬
responsibility n. 책임(맡은 일), 책무

---

15. 평서문 ★★★   정답 (a)

script M: I'm worried that the new employee won't be able to keep up with the pressure.

W: ______________________________

(a) She does seem to be very stressed out already.

(b) There's no need to put added pressure on me.

(c) You're right, we do need to hire some new workers.

(d) Yes, she's a very smart and hard-working person.

해석 남: 새로 들어온 직원이 압박을 견딜 수 없을 것 같아 걱정이에요.

여: ______________________________

(a) 그녀는 이미 매우 스트레스를 받은 것처럼 보여요.

(b) 저에게 압력을 더 가할 필요는 없어요.

(c) 맞아요, 우리는 다른 새 직원들을 고용할 필요가 있어요.

(d) 네, 그녀는 매우 똑똑하고 열심히 일하는 사람이에요.

해설 평서문으로 남자는 새로 들어온 직원이 업무적 압박을 견딜 수 있을 지에 대해 걱정하고 있다. 이에 대한 여자의 대답으로 '이미 스트레스를 많이 받고 있는 것 같다'는 (a)가 적절하다.

어휘 keep up with 뒤지지 않으려 애쓰다, 따라가다
hard-working a. 근면한

---

16. 일반 의문문 ★☆☆   정답 (c)

script M: Good morning Lisa, how are you?

W: I'm fine. Actually, I was hoping to run into you today.

M: Is that so? Do you need something?

W: ______________________________

(a) It's nice of you to get back to be so quickly.

(b) I didn't expect to see you today.

(c) I just have a quick question for you.

(d) I think that's all I need, thanks.

해석 남: 좋은 아침이에요, Lisa, 기분 어때요?

여: 좋아요. 사실, 저 오늘 당신을 마주치길 바랐어요.

남: 그랬어요? 필요한 게 있어요?

여: ______________________________

(a) 당신이 그렇게 빨리 돌아와서 기뻐요.

(b) 저는 오늘 당신을 볼 거라고 기대하지 않았어요.

(c) 저는 단지 당신에게 급한 질문이 하나 있어요.

(d) 제 생각에는 그것이 필요한 전부인 것 같아요, 감사해요.

해설 남자는 여자의 '만나고 싶었다'는 말에 '무슨 일이 있는지' 묻고 있다. 이에 대한 여자의 대답으로 '급한 질문이 있다'며 만나고 싶었던 이유를 이야기한 (c)가 적절하다.

어휘 run into ~와 우연히 만나다
quick question 급한 질문

---

17. 일반 의문문 ★★★   정답 (b)

script W: I heard that you're taking vacation next month.

M: Yes, I just sent in the request today.

W: Have you already decided what you're doing?

M: ______________________________

(a) I don't think that's a good idea.

(b) I have a couple of options in mind.

(c) Please let me know as soon as you can.

(d) I'll ask her about it when I see her.

해석 여: 저는 당신이 다음 달에 휴가를 받을 거라는 말을 들었어요.

남: 맞아요, 저는 오늘 신청서를 제출했어요.
여: 무엇을 할지 벌써 정하셨어요?
남: ______________________________
　　(a) 저는 그것이 좋은 생각 같지는 않아요.
　　(b) 저는 마음 속에 몇 가지 생각해 둔 게 있어요.
　　(c) 가능하면 빨리 알려주세요.
　　(d) 제가 그녀를 보았을 때 그것에 대해 물어볼게요.

해설　여자와 남자는 남자의 휴가 계획에 대해 이야기하고 있다. 여자는 휴가 때 무엇을 할 것인지 묻고 있으므로 이에 대한 남자의 대답으로 '몇 가지 생각해 둔 것이 있다'는 (b)가 적절하다.

어휘　send in 제출하다　request n. 신청, 요청

18.　일반 의문문 ★☆☆　　　정답 (d)

script　W: Hi, Halford residence.
　　M: Hello, I'm calling to speak with Daniel.
　　W: He's outside at the moment. Do you mind holding?
　　M: ______________________________
　　　(a) All our agents are on other calls.
　　　(b) Sorry, but you have the wrong number.
　　　(c) Actually, he's not here right now.
　　　(d) No, I can wait for a while.

해석　여: 안녕하세요, Halford 레지던스입니다.
　　남: 안녕하세요, Daniel과 통화하고 싶은데요.
　　여: 그는 잠시 외출 중이신데요. 기다리시겠어요?
　　남: ______________________________
　　　(a) 저희 모든 대리인들이 다른 전화를 받고 있습니다.
　　　(b) 미안합니다만, 잘못 거셨어요.
　　　(c) 사실, 그는 지금 여기에 없습니다.
　　　(d) 네, 잠시 기다릴 수 있어요.

해설　'Daniel과 통화하고 싶다'는 남자의 요청에 여자는 '잠시 기다릴 수 있는지' 묻고 있다. 따라서 이에 적절한 남자의 대답은 '기다릴 수 있다'는 (d)가 정답이다.

어휘　residence n. 거주지　agent n. 대리인, 행위자

19.　평서문 ★☆☆　　　정답 (c)

script　M: Did you hear? There was a car accident right in front of the office this morning.
　　W: That's terrible. Do you know if anyone was injured?
　　M: Not seriously. But it was so loud that we heard it in our offices.
　　W: ______________________________
　　　(a) I think there were three cars involved.
　　　(b) We're going to visit them in the hospital.
　　　(c) That must have been pretty

frightening.
　　　(d) Sorry, I'll turn the music down.

해석　남: 그거 들었어요? 오늘 아침 사무실 바로 앞에서 자동차 사고가 있었대요.
　　여: 끔찍하군요. 혹시 누구 다친 사람 있는지 아세요?
　　남: 심각하게는 아니에요. 그렇지만 소리가 너무 커서 우리 사무실 안에서 소리를 들었어요.
　　여: ______________________________
　　　(a) 관련된 차가 3대 인 것으로 알고 있어요.
　　　(b) 우리 그들을 병문안 하러 가야겠어요.
　　　(c) 그것은 너무 무서웠을 것임이 틀림없어요.
　　　(d) 미안해요, 제가 음악 소리를 줄일게요.

해설　남자와 여자는 사무실 앞에서 일어난 자동차 사고에 대해 이야기하고 있다. 사고에 대한 상세한 설명을 들은 여자의 대답으로 '정말 무서운 일이었겠다'는 반응이 가장 적절하다.

어휘　injure v. 부상을 입히다, 해치다
　　turn down 소리를 줄이다

20.　일반 의문문 ★★☆　　　정답 (a)

script　W: Do you know how much these repairs will cost me?
　　M: We'll have to give you an official estimate, but it shouldn't be more than $500.
　　W: Does that mean you already know what the problem is?
　　M: ______________________________
　　　(a) It seems that your radiator is cracked.
　　　(b) Yes, that is going to be a problem for me.
　　　(c) You should take it to a mechanic.
　　　(d) Will that be cash or credit card?

해석　여: 이 수리비용이 얼마나 들지 아세요?
　　남: 저희는 손님께 대략의 예산을 드릴게요. 그렇지만 500달러 이상은 안 될 거예요.
　　여: 무엇이 문제인지 이미 알고 계시다는 의미인가요?
　　남: ______________________________
　　　(a) 냉각장치가 부서진 것 같아요.
　　　(b) 네, 그것은 저에게 문제가 될 것 같아요.
　　　(c) 당신은 그것을 정비사에게 가져가야 합니다.
　　　(d) 현금으로 하시겠어요, 아니면 신용카드로 하시겠어요?

해설　여자와 남자는 자동차의 수리 비용에 대해 이야기하고 있다. 여자는 '자동차의 문제가 무엇인지'에 대해 묻고 있으므로 이에 대한 남자의 대답으로 '냉각 장치가 부서졌다'는 (a)가 적절하다.

어휘　official estimate 공식적인 추산
　　radiator n. 방열기, 냉각장치

crack v. 부서지다, 갈라지다

21. 의문사 의문문 – Where ★★☆   정답 (b)

script M: What happened last night? I tried to call you, but you didn't answer.

W: I lost my cell phone somewhere. I still can't find it.

M: Oh no, I'm sorry to hear that. Where did you have it last?

W: _______________________________________

(a) Yes, it's a very nice phone, too.

(b) I have no idea, that's the problem.

(c) That's no reason to get upset.

(d) We should go to a movie tonight.

해석 남: 지난밤에 무슨 일이 있었나요? 제가 당신과 통화하려고 애썼으나, 전화를 받지 않으시더라고요.

여: 어딘가에서 핸드폰을 잃어버렸어요. 여전히 찾을 수가 없네요.

남: 어머나, 유감이네요. 마지막으로 핸드폰을 가지고 계셨던 장소가 어디에요?

여: _______________________________________

(a) 그래요, 이것 역시 정말 좋은 핸드폰이에요.

(b) 모르겠어요. 그게 문제죠.

(c) 기분 상할 이유는 없어요.

(d) 우리 오늘 밤 영화 보러 가요.

해설 여자와 남자는 잃어버린 여자의 휴대폰에 대해 이야기하고 있다. 마지막으로 휴대폰을 가지고 있었던 장소에 대해 묻는 남자의 질문에 대한 여자의 대답으로 '모르겠다'는 (b)가 적절하다.

22. 평서문 ★☆☆   정답 (b)

script M: Have you heard about what happened to John?

W: No, I didn't. But I know he doesn't work here anymore.

M: That's right. He got a big promotion and is moving to the main office.

W: _______________________________________

(a) Well, I hope he gets better soon.

(b) Oh, I'm so happy for him.

(c) Is that why he looked so sad?

(d) Yes, this is the main office.

해석 남: John에게 무슨 일이 있었는지 들었어요?

여: 아니요, 못 들었는데요. 그렇지만 그가 더 이상 여기에서 일하지 않는 건 알고 있어요.

남: 맞아요. 그는 크게 승진하여 본사로 전근 갈 예정이에요.

여: _______________________________________

(a) 그가 곧 나아지길 바래요.

(b) 오, 그에게 정말 잘된 일이군요.

(c) 그래서 그가 그렇게 슬퍼 보였던가요?

(d) 네, 여기가 본사입니다.

해설 남자와 여자는 John이라는 사람에 대해 이야기하고 있다. John이 승진하여 전근 갈 예정이라는 남자의 말에 대한 여자의 대답으로 '잘되었다'는 (b)가 가장 적절하다.

어휘 promotion n. 승진   main office 본사

23. 일반 의문문 ★★☆   정답 (a)

script M: When is it that we're going on vacation?

W: Pretty close to the end of the summer so we wouldn't miss your mother's birthday.

M: But do you remember the exact date we planned on leaving?

W: _______________________________________

(a) I'll have to check my calendar.

(b) I don't think there's time for that now.

(c) You know her much better than I do.

(d) Yes, it's before the 1st of September.

해석 남: 우리가 휴가 가는 날이 언제인가요?

여: 여름 끝날 때와 아주 가까워요. 그래서 우리는 당신 어머니 생신을 놓치지 않을 거예요.

남: 그렇지만 우리가 떠나기로 계획한 정확한 날짜를 기억하세요?

여: _______________________________________

(a) 제 달력을 확인해 봐야 해요.

(b) 지금 그것을 위한 시간이 있다고 생각하지 않아요.

(c) 저보다 당신이 그녀를 훨씬 더 많이 알잖아요.

(d) 그래요, 9월 1일 전이에요.

해설 여자와 남자는 휴가에 대해 이야기하고 있다. 정확한 휴가 예정 날짜를 묻는 남자의 질문에 '달력을 확인해 보겠다'는 (a)가 여자의 대답으로 가장 적절하다.

어휘 exact a. 정확한

24. 평서문 ★★☆   정답 (b)

script W: Do you know if the bus operates on holidays?

M: I'm fairly certain that it doesn't. Why?

W: My car is in the shop and I have to work on Monday, but it's a holiday.

M: _______________________________________

(a) Are you looking forward to the celebration?

(b) I can give you a ride if you need it.

(c) Well, the bus should be running that day.

(d) I don't think the bus goes to the shop, anyway.

해석 여: 버스가 공휴일에도 운영하는지 아세요?

남: 그렇지 않다는 걸 아주 확신해요. 왜요?

여: 제 차가 정비소에 있는 데 월요일에 일하러 가야해서요, 그렇지만 그날이 공휴일이잖아요.

남: ______________

(a) 당신은 그 축하행사를 고대하고 있나요?

(b) 필요하다면 제가 태워드릴 수 있어요.

(c) 글쎄요. 버스는 그날 운영해야만 해요.

(d) 어쨌든, 저는 버스가 그 가게에 가는지 모르겠어요.

해설 남자와 여자는 버스의 공휴일 운영에 대해 묻고 있다. 여자는 휴일에 일하러 갈 때 버스를 이용해야 한다고 이야기하고 있으며, 이 말을 들은 남자의 대답으로 '내가 태워주겠다'는 (b)가 가장 적절하다.

어휘 operale v. 운영하다, 작동하다

celebration n. 기념(축하)행사

---

25. 평서문 ★★☆　　　　　정답 (c)

script M: Is this your first time traveling by train, Debbie?

W: Yeah, it's great. I've always wanted to do it, but never had the time before.

M: It does take a bit longer than flying, but it's much more enjoyable.

W: ______________

(a) Then next time let's just fly.

(b) We'd better leave for the airport now.

(c) I'm glad I finally made the time.

(d) Never do this again, if you can help it.

해석 남: Debbie, 기차 여행이 처음인가요?

여: 네, 좋네요. 저는 항상 기차 타고 여행하기를 원해 왔어요. 하지만 전에는 시간이 전혀 없었지요.

남: 비행기보다 시간은 약간 더 걸리지만 훨씬 많은 즐거움이 있지요.

여: ______________

(a) 그렇다면 다음에는 그냥 비행기를 탈래요.

(b) 우리는 지금 공항으로 출발해야 할 거예요.

(c) 저는 마침내 그런 시간을 가지게 되어 기뻐요.

(d) 가능하다면 이건 다시는 하지 마세요.

해설 남자와 여자는 기차여행에 대해 이야기하고 있다. 기차가 시간이 더 걸리지만 즐길 거리가 많다는 남자의 말에 대한 여자의 대답으로 '마침내 기차여행을 하게 되어 기쁘다'는 (c)가 적절하다.

어휘 enjoyable a. 즐길 수 있는, 즐길만한

if you can help it 가능하다면

---

26. 평서문 ★★★　　　　　정답 (d)

script W: I just found out that the conference would be in my town next month.

M: That's great! Do you want to get together?

W: I'd love to. Call me as soon as you get here. OK?

M: ______________

(a) I really wouldn't bother, if I were you.

(b) We'll figure something else out then.

(c) I'll miss you when you're away.

(d) I can't wait to catch up with you.

해석 여: 회의가 다음 달 저희 도시에서 개최된다는 것을 저는 지금 막 알았어요.

남: 멋지군요! 우리 만날까요?

여: 그럼요. 당신이 이곳에 도착하자마자 제게 전화주세요. 알았죠?

남: ______________

(a) 제가 당신이라면 전 정말 꺼리지 않을 거예요.

(b) 그 다음에 우리는 뭔가 다른 것을 알아낼 거예요.

(c) 저는 당신이 떠나 있으면 그리울 거예요.

(d) 당신을 만날 때까지 기다릴 수 없을 거예요.

해설 여자와 남자는 다음달에 여자의 도시에서 열릴 회의에 대해 이야기하고 있다. (d)의 '만날 때까지 기다릴 수 없다'는 말은 그만큼 빨리 만나고 싶다는 표현이므로, (d)가 정답이다.

어휘 get together 만나다

figure out 발견하다, 일어나다

---

27. 일반 의문문 ★★☆　　　　　정답 (a)

script M: Are you planning on going to George's surprise birthday party?

W: Yeah, I was one of the people who planned it. It's going to be a lot of fun.

M: I don't really know George all that well. Won't it be strange for me to be there?

W: ______________

(a) You'll know other people there, so it won't be weird.

(b) As long as he doesn't show up, everything will be fine.

(c) I don't think that has anything to do with it at all.

(d) That would only matter if you decided to come.

해석 남: George의 깜짝 생일 파티에 갈 거예요?

여: 네, 제가 그 파티를 기획한 사람들 중의 한 명이에요. 정말 재미있을 거예요.

남: 저는 사실 George를 그렇게 잘 알지는 않아요. 제

가 거기에 가면 이상하지 않을까요?

여: ___________________________________

(a) 그 파티에 있는 다른 사람들을 알 거예요, 그러 니 어색하지 않을 거예요.

(b) 그가 나타나지 않는 한 모든 것이 괜찮을 거예 요.

(c) 저는 전혀 그것과 관계가 있다고 생각하지 않아 요.

(d) 당신이 오기로 결심한다면 그것만이 유일하게 중요한 거예요.

해설 남자와 여자는 친구를 위한 깜짝 생일파티에 대해 이야기하고 있다. 파티 주인공을 잘 알지 못해 어색 하지 않을 지 걱정하는 남자의 말에 대한 여자의 대 답으로 '다른 친구들이 있으니까 괜찮다'는 (a)가 적 절하다.

어휘 weird a. 기묘한, 기이한   plan v. 계획하다, 구성하다

---

28. 의문사 의문문 – What if ★★★ **정답 (b)**

script W: Carl, can you tell me how to fill out this expense report?

M: Sure, you just write down anything you bought that's work-related and staple the receipts to it.

W: What if I didn't keep the receipts and can't remember everything that I bought on the business trip?

M: ___________________________________

(a) That's perfect. Give it to the receptionist and she'll sort out the rest.

(b) I'm not sure. Maybe you should talk to someone from accounting.

(c) Well, as long as you remember it all, I don't think you need the receipts.

(d) Then you should probably get a new copy, if these reports are old.

해석 여: Carl, 이 지출 명세서를 어떻게 채우는지 알려주실 수 있어요?

남: 그럼요, 당신이 일과 관계되어 구입한 어떤 것이든 적고, 영수증을 그것과 같이 스테이플러로 고정하 면 돼요.

여: 제가 영수증을 보관하지 않고 제가 출장에서 구입 한 모든 것을 기억할 수 없다면 어떡하죠?

남: ___________________________________

(a) 완벽해요. 접수원에게 가면 나머지를 분류할 거 예요.

(b) 확실히 몰라요. 회계부서의 누군가에게 이야기 해봐야 할 거예요.

(c) 글쎄요. 당신이 그 모든 것을 기억하는 한 저는 당신이 영수증이 필요없다고 생각해요.

(d) 이 내역서들이 낡았다면 당신은 아마 새로운 복 사본을 얻어야 할 거예요.

해설 남자와 여자는 지출 명세서를 작성하는 방법에 대해 이 야기하고 있다. '영수증 보관이나 구매 내역을 정확히 기억하지 못할 경우'에 대한 여자의 우려에 적절한 남 자의 대답은 '회계부서에 물어보라'는 (b)가 가장 적절 하다.

어휘 expense report 지출 명세서, 지출 보고서
staple v. (스테이플러로) 고정하다

---

29. 평서문 ★☆☆ **정답 (a)**

script M: Would you like some more help with this weekend's bake sale?

W: I have plenty of volunteers already, but I could always use more help.

M: Then you can count me in. I'll be at your service.

W: ___________________________________

(a) I'll look forward to seeing you then.

(b) We don't need any service, though.

(c) Good, because I'm not very good at math.

(d) You really wouldn't be much of a help.

해석 남: 이번 주말에 있는 빵 판매를 좀 더 도와드릴까요?

여: 저는 이미 수많은 자원봉사자들이 있지만 항상 더 많은 도움이 필요해요.

남: 그렇다면 저도 포함시켜 주세요. 무슨 일이든 시켜 주세요.

여: ___________________________________

(a) 그럼, 그때 당신을 만나길 고대할게요.

(b) 어쨌든, 우리는 어떤 서비스도 필요하지 않아요.

(c) 좋아요, 왜냐하면 저는 수학을 잘 못하니까요.

(d) 당신은 정말 큰 도움이 되지는 않을 거예요.

해설 여자와 남자는 빵 판매 자원봉사에 대해 이야기하고 있 다. 이번 주말에 도와주겠다는 남자의 말에 대한 여자의 대답으로 '그때 만나길 고대하겠다'는 (a)가 적절하다.

어휘 I am at your service. 무슨 일이든 시켜 주세요.

---

30. 평서문 ★★★ **정답 (d)**

script M: What was your impression of the meeting this afternoon?

W: I thought some of the ideas presented were pretty valid.

M: Me, too, but I thought it went on far too long.

W: ___________________________________

(a) No, I didn't feel that it was too short.

(b) Boy, I just wish I could have been there.

(c) Yeah, I hope those ideas get
implemented.

(d) Oh, I thought it would never end.

해석   남: 오늘 오후 회의에 대한 인상은 어땠나요?

여: 저는 제시된 일부 아이디어들은 매우 유효하다고
생각했어요.

남: 저도 마찬가지에요. 그렇지만 회의가 너무 오랫동
안 진행되었다고 생각해요.

여: _______________________________

(a) 아니요. 그것이 너무 짧다고 느끼지는 않았어요.

(b) 맙소사, 전 그저 그곳에 있길 바래요.

(c) 그래요, 그 아이디어들이 실행될 수 있기를 바래요.

**(d) 오, 저도 회의가 결코 끝나지 않을 거라고 생각
했어요.**

해설   여자와 남자는 회의에 대한 감상을 이야기하고 있다.
'회의가 결코 끝나지 않을 것 같았다'는 (d)는 '회의가 너
무 길었다'고 말한 남자 말에 동감의 표현으로 해석할
수 있다. 따라서 여자의 대답으로 (d)가 가장 적절하다.

어휘   impression n. 인상, 감명   implement v. 시행하다

---

31.   주제 찾기 ★★☆   정답 (a)

script   M: Mm, this tastes great. What kind of wine is
it?

W: It's a local pinot noir. You like it?

M: I really do. Normally, I stick with white wine.

W: Yeah, me too, but a friend turned me on to
this.

M: It wasn't Joe, was it? He's always trying to
push red wine on me.

W: Yes, he does! But this time, I think he was
right.

Q: What is the main topic of the conversation?

(a) The local wine they're drinking

(b) Their mutual love of white wines

(c) How Joe gives them things to try

(d) Why red wine can sometimes be good

해석   남: 으음. 이것은 맛이 훌륭하네요. 이것은 어떤 종류의
와인이지요?

여: 현지 피노누아르에요. 마음에 드세요?

남: 정말 마음에 들어요. 보통은 백포도주를 고집합니
다.

여: 네, 저도 그래요. 그렇지만 한 친구가 저에게 이 포
도주를 시도해 보도록 했어요.

남: 그 사람이 Joe 맞지요? 그는 항상 저에게도 적포도
주를 권하려고 애써요.

여: 그래요, 그 사람이 그랬어요! 그렇지만 이번에는 그
가 옳았다고 생각해요.

문제: 대화의 주제는 무엇인가?

(a) 그들이 마시고 있는 현지 와인

(b) 백포도주에 대한 그들의 상호간 사랑

(c) Joe가 그들에게 어떤 것을 시도해 보도록 만
드는 방법

(d) 적포도주가 가끔은 좋은 이유

해설   대화의 주제를 묻는 문제이다. 대화 속에서 남자와 여
자는 와인을 마시고 있는 중이다. 'What kind of wine
is it?'이라는 말에 현재 마시고 있는 와인이 'local pinot
noir'이라고 답하고 있으므로, '지금 마시고 있는 현지
와인'이라는 (a)가 대화의 주제로 가장 적절하다.

어휘   pinot noir 프랑스 부르고뉴 지방이 원산지인 정통 최고급
적포도주를 만드는 포도 품종

stick with 고수하다

turn on 흥미를 끌다, 관심을 갖게 하다, 시도해 보게 하다

mutual a. 상호간의, 서로의

---

32.   대의 파악 ★★★   정답 (a)

script   M: Tele-Smart Industries, this is Martin, how
can I help you?

W: Hi, it's Suzanne. I'm just calling to say I
won't be coming in today.

M: I'm sorry to hear that. Is everything all right?

W: Yeah, I'm just feeling a bit under the
weather today and I think I should probably
stay in bed.

M: Well, you know this is the third sick day
you've taken this month. Mr. Barnes might
be upset.

W: I know, and I feel really terrible about it. I
just don't think I'd be of any use today.

**Q: What is mainly happening in the
conversation?**

**(a) The woman is letting the man know
she won't be at work today.**

(b) The woman is criticizing the man for
taking too many sick days.

(c) The man is giving his sincere
condolences to the woman.

(d) They are wondering what Mr. Barnes will
say to the woman.

해석   남: Tele-Smart Industries의 Martin입니다. 무엇을
도와드릴까요?

여: 안녕하세요, 저는 Suzanne입니다. 제가 오늘 가지
못할 거라고 말하려고 전화했어요.

남: 안타깝군요. 별일 없으시지요?

여: 네, 오늘 저는 단지 몸이 좀 안 좋아요. 아무래도 침
대에 누워있어야 할 것 같아요.

남: 글쎄요, 이번 달에 3번째 병가인거 알고 계시죠.
Barnes씨가 아마 화를 낼 거예요.

여: 알아요. 그리고 정말 그 문제에 대해 제 기분도 좋지 않아요. 그저 오늘 제가 도움이 되지 못할 것으로 생각해서요.

문제: 대화에서 주로 일어나고 있는 것은?

(a) 여자는 자신이 오늘 출근하지 않을 거라는 것을 남자에게 알려주고 있다.

(b) 여자는 남자가 너무 많은 병가를 내는 것에 대해 비난하고 있다.

(c) 남자는 여자에게 진심 어린 애도를 표하고 있다.

(d) 두 사람은 Barnes씨가 그녀에게 무엇을 말할지 궁금해 하고 있다.

해설 대화에서 일어나고 있는 주된 상황을 문제이다. 대화의 처음에 여자는 남자에게 'I'm just calling to say I won't be coming in today'라고 전화 통화의 목적을 이야기하고 있으므로 '여자가 자신이 출근하지 않음을 남자에게 알려준다'는 (a)가 대화에서 일어나는 주된 상황이므로 정답이다.

어휘 feel a bit under the weather 몸이 좀 안 좋다
be of any use 쓸모가 있다, 도움이 되다
condolence n. 애도, 조의

---

33. 주제 찾기 ★★☆ 정답 (c)

script W: My brother is opening his very own restaurant this weekend.

M: Oh, yeah, I remember you mentioning that earlier. I hope it goes well for him.

W: Do you want to come along? There's plenty of food to go around.

M: Wow, thanks for the offer. I'm not sure, though, I'll have to check my date book.

W: Well, if you're free, you should definitely join us. It'll be a really good time.

Q: What is the main idea of the conversation?

(a) Scheduling a dinner for the weekend

(b) Supporting the woman and her family

(c) Attending the opening of a new restaurant

(d) Planning some repairs to a restaurant

해석 여: 제 오빠가 이번 주말에 레스토랑을 개점해요.

남: 아, 전에 그 말을 했던 거 기억해요. 그분이 잘 되었으면 좋겠네요.

여: 저랑 같이 가실래요? 먹을 음식이 많이 있어요.

남: 와우, 제안해주셔서 감사합니다. 그런데 확실히 모르겠네요. 제 다이어리를 확인해봐야 해요.

여: 시간 괜찮으시면 꼭 우리와 함께 가도록 해요. 정말 좋은 시간이 될 거예요.

문제: 대화의 주제는 무엇인가?

(a) 주말의 저녁 식사 일정 잡기

(b) 여자와 그녀의 가족들을 지원하기

(c) 새로운 레스토랑의 개점식에 참석하기

(d) 레스토랑 수리를 계획하기

해설 대화의 주제를 묻는 문제이다. 여자의 'My brother is opening his very own restaurant'라는 말을 시작으로, 남자에게 함께 참석하자고 이야기하고 있으므로, 대화의 주제는 '레스토랑 개점식 참석하기'의 (c)가 적절하다.

어휘 come along 함께 어울리다
go around 돌아가다, 달다
date book 수첩, 다이어리

---

34. 대의 파악 ★★☆ 정답 (b)

script M: I see on your resume that you graduated from Northern University.

W: Yes, with a double degree in business and economics.

M: That's very impressive. Did you focus much on emerging market trends?

W: There wasn't too much of that, unfortunately, but I have been reading up on that on my own free time.

M: Even more impressive. I do appreciate a self-starter on my team.

W: Sir, if you were to hire me, I would be willing to do as much market research on my own as necessary.

Q: What is the man mainly trying to find out about the woman?

(a) How well she did in economics at Northern University

(b) Whether or not she would fit in well with his team

(c) Why she didn't study more about market trends in school

(d) If she can learn to work more quickly and efficiently

해석 남: 이력서에서 Northern University를 졸업했다는 사실을 알았어요.

여: 네, 경영학과 경제학을 복수 전공했어요.

남: 아주 인상적이네요. 신흥 시장 경향에 대해 많이 주시했었나요?

여: 안타깝게도 그것에 대해서 많이 다루진 않았어요. 그렇지만 저는 시간이 날 때마다 그 문제에 대한 글을 읽어왔습니다.

남: 훨씬 더 인상적이네요. 나는 우리 팀에서 자발적으로 행동하는 사람을 정말로 환영합니다.

여: 만약 저를 고용하신다면, 저는 혼자 힘으로 필요한 만큼 많은 시장 조사를 기꺼이 수행하겠습니다.

문제: 여자에 관해 남자가 주로 알아내려고 하는 것은?
    (a) 여자가 Northern University에서 경제학을 얼
        마나 잘 수행했는지
    (b) 자신의 팀과 여자가 얼마나 잘 어울리는지
    (c) 그녀가 왜 학교에서 시장 경향에 관해 많이 공
        부하지 않았는지
    (d) 그녀가 왜 더 빠르고 효율적으로 일하는 것을
        배울 수 있는지

해설 대화에서 남자의 의도를 묻는 문제이다. 대화의 내용
으로 보아 현재 직장 면접 중임을 알 수 있다. 남자는 'I
see on your resume ~'라는 말을 시작으로 이력서에
적힌 여자의 정보에 관해 묻고 있으며 대화 후반부 남
자의 'I do appreciate a self-starter on my team'라
는 말로 보아, 여자가 '자신의 팀에 적합한 사람인지 확
인'하고 있다는 (b)가 대화 속 남자의 의도로 적절하다.

어휘 emerging a. 신흥의, 부상하는
self-starter n. 자발적으로 행동하는 사람
appreciate v. 고마워하다, 환영하다
efficiently adv. 효율적으로
trend n. 동향, 추세

---

35. 대의 파악 ★★★   정답 (d)

script M: Do you mind if I just sit in here to get out of
       the rain for a few minutes?
   W: Well, the chairs are really only for
       customers. Would you like a coffee?
   M: Not at the moment, no. I just wanted to wait
       until the storm passed.
   W: I don't mind if you sit here, but my boss
       might get mad at me.
   M: Okay, not a problem. I don't want to get
       you in trouble. What do you have besides
       coffee?
   W: We have a lot different kinds of tea and a
       pretty big selection of pastries.
   M: I'm not a big fan of tea, either, but a pastry
       sounds nice. Do you have any bear claws?
   W: We sure do. I'll go get you one. And thank
       you for being so understanding.

   Q: What is the woman mainly doing in the
     conversation?
   (a) Waiting for a strong storm to pass
   (b) Telling the man to leave the restaurant
   (c) Ordering a bear claw for the man
   (d) Asking the man to purchase
     something

해석 남: 혹시 제가 몇 분 동안 비를 피하기 위해 이곳에 앉
     아있어도 될까요?
   여: 글쎄요, 의자들은 손님들만을 위한 것이긴 한데요.

커피 한잔 드시겠어요?
남: 지금은 괜찮습니다. 저는 그저 폭우가 지나갈 때까
   지 기다리고 싶을 뿐이에요.
여: 여기 앉아 계시는 것에 대해 저는 괜찮지만 제 상사
   는 제게 화를 낼 거에요.
남: 네, 알겠습니다. 괜찮아요. 당신을 곤란하게 만들고
   싶지 않아요. 커피 말고 다른 것 있으신가요?
여: 저희는 매우 다양한 종류의 차와 선택의 폭이 넓은
   패스트리가 있어요.
남: 저는 차도 그다지 좋아하지 않아요, 그렇지만 패스
   트리는 괜찮겠네요. bear claw 종류 있으세요?
여: 그럼요. 하나 가져다 드릴게요. 이해해 주셔서 감사
   합니다.

문제: 대화에서 여자가 주로 하고 있는 것은?
    (a) 강한 폭우가 지나가길 기다리기
    (b) 남자에게 레스토랑을 떠나달라고 말하기
    (c) 남자를 위해 bear claw 하나 주문하기
    (d) 남자에게 무엇인가 구매해주길 요청하기

해설 대화에서 여자의 의도를 묻는 문제이다. 남자는 여자
에게 비를 피하는 동안 잠시 앉아있겠다고 부탁하지
만, 여자의 'the chairs are really only for customers.
Would you like a coffee?'와 'I don't mind if you sit
here, but my boss might get mad at me'라는 말을
통해 직간접적으로 계속해서 남자에게 주문을 권하고
있다. 따라서 여자가 하고 있는 것으로 (d)가 가장 적절
하다.

어휘 get out of the rain 비를 피하다
besides prep. ~외에, 게다가, 뿐만 아니라
purchase v. 사다

---

36. 주제 찾기 ★★☆   정답 (c)

script M: I would like to mail this package, please.
   W: Sure thing. Are there any liquids or
       hazardous materials inside?
   M: Nope. I'm just sending a few books to my
       nephew.
   W: Okay, would you like to send this express?
   M: No, it doesn't need to get there right away.
   W: Are you sure? We're having a special this
       week on express packages.
   M: No, thank you. There's no reason it needs
       to get to its destination that fast.

   Q: What is the main purpose of the
     conversation?
   (a) To advertise a special price on packages
   (b) To explain how to mail hazardous materials
   (c) To ship the man's box of books to his
     nephew
   (d) To ensure that a package was delivered

on-time

해석 남: 저는 이 우편물을 발송하고 싶어요.
여: 물론입니다. 액체물질이나 위험한 것이 들어있나요?
남: 아니요. 저는 그저 조카에게 몇 권의 책을 보내려고 합니다.
여: 좋습니다. 빠른 우편으로 보내시겠어요?
남: 아니요, 지금 당장 도착할 필요는 없어요.
여: 정말이요? 저희는 빠른 우편에 대해 이번 주 특별 할인을 하고 있는데요.
남: 아니, 괜찮아요. 목적지로 그렇게 빨리 도착해야 할 이유가 전혀 없어요.

문제: 대화의 주된 목적은 무엇인가?
(a) 소포에 특별 가격을 광고하기
(b) 위험한 물질을 우편 발송하는 방법에 대해 설명하기
(c) 조카에게 남자의 책 상자를 발송하기
(d) 소포가 제시간에 발송되는 지 확인시켜주기

해설 대화의 목적을 묻는 문제이다. 대화에서 남자는 'I'm just sending a few books to my nephew'라는 말로 우편의 내용에 대해 이야기하고 있다. 그 외의 대화 또한 모두 소포에 관한 내용이므로, 전체 대화의 주된 목적은 (c)가 가장 적절하다.

어휘 liquid n. 액체　　　hazardous a. 해로운
express a. 특급의, 고속의

---

37. 대의 파악 ★★☆　　　정답 (b)

script M: Are you crying, Shirley? Would you like a tissue?
W: Yes, please. Thank you very much. It's been a rough day.
M: What's the matter? What's got you down?
W: My mother is in the hospital. She had to have surgery on her leg.
M: I'm really sorry to hear that, Shirley. I hope everything goes as well as it possibly can for her.

Q: What is the man mainly trying to do?
(a) Learn where Shirley has gone
(b) Give Shirley comfort
(c) Tell Shirley why he is upset
(d) Get in touch with his mother

해석 남: 울고 있는 거예요, Shirley? 휴지 드릴까요?
여: 네, 주세요. 감사합니다. 정말 힘든 하루였거든요.
남: 무슨 일이세요? 무엇이 그렇게 힘들게 했나요?
여: 저희 엄마가 병원에 계세요. 엄마께서 다리에 수술을 받아야 하셨거든요.
남: 정말 안타깝군요, Shirley. 그녀에게 최대한 좋은 결과가 나타나길 바래요.

문제: 남자가 주로 하려고 하는 것은 무엇인가?
(a) Shirley가 어디로 갔는지 알아내기
(b) Shirley를 위로해 주기
(c) Shirley에게 왜 그가 화가 났는지 말해주기
(d) 그의 엄마와 연락하기

해설 남자가 하려는 것이 무엇인지 묻는 문제이다. 남자와 여자는 여자 어머니의 수술에 관해 이야기하고 있다. 울고 있는 여자에게 'I hope everything goes as well as it possibly can for her.'라고 말하면서 위로를 해주고 있으므로 남자가 하고 있는 주된 일은 (b)의 'Shirley를 위로해주기'가 된다.

어휘 get down 좌절 시키다, 힘들게 하다
surgery n. 수술　　comfort n. 위안, 위로

---

38. 내용 일치 ★★☆　　　정답 (c)

script M: I'm refilling the office's supplies. Do you need anything?
W: Yes, I'm running out of yellow highlighters.
M: I think I have a few extra at my desk. Would you like one?
W: No, thank you. I have one. We just might need more for the future.
M: Then I will put it on my list. Is there anything else I might get for you?
W: Not that I can think of. I'll let you know if I come up with anything.

Q: Which is correct according to the conversation?
(a) The woman doesn't want anything.
(b) The man is out of office supplies.
(c) The man should buy more highlighters.
(d) The woman wants to borrow the man's highlighter.

해석 남: 저는 사무용품을 다시 채우고 있는 중이에요. 뭐 필요한 것 있으세요?
여: 네, 저는 노랑색 형광 펜을 다 썼어요.
남: 제 책상에 여분의 몇 개가 있을 것 같아요. 하나 드릴까요?
여: 아니 괜찮아요. 저도 하나 있어요. 단지 앞으로 좀 더 필요하다는 거지요.
남: 그렇다면, 목록에 그것도 올려 놓을게요. 다른 건 또 없으세요?
여: 떠오르는 게 없네요. 무엇인가 생각이 나면 알려드릴게요.

문제: 대화의 내용과 일치하는 것은?
(a) 여자는 아무것도 원하지 않는다.
(b) 남자는 사무 용품이 다 떨어졌다.

(c) 남자는 형광 펜을 좀 더 사야 한다.

(d) 여자는 남자의 형광 펜을 빌리고 싶어한다.

해설 대화의 내용과 일치하는 것을 묻는 문제이다. 남자는 대화 처음에 'I'm refilling the office's supplies.'라고 이야기하며 여자에게 필요한 것이 없는지 묻고 있다. 여자가 형광 펜이 떨어졌다는 말에 'I will put it on my list.'라고 이야기하고 있으므로, 나중에 형광펜을 구입할 예정임을 알 수 있다. 따라서 내용과 일치하는 것은 (c)이다.

어휘 office supply 사무용품

highlighter n. 형광 펜, 하이라이터

run out of 다 쓰다, 소비하다

---

39. 내용 일치 ★★☆　　　　정답 (d)

script W: What kind of car are you looking for?

M: I was hoping for something not too big, with good gas mileage.

W: We have a great selection of eco-friendly hybrid cars that fit that description.

M: Yeah, those are exactly what I was hoping to look at.

W: Well, follow me, and I'll show you what we have on the showroom floor.

Q: Which is correct according to the conversation?

(a) The only cars with low gas mileage are on the showroom floor.

(b) The man is hoping to buy a large-sized hybrid vehicle.

(c) The lot is full of cars that match the man's needs.

(d) The woman has a selection of products the man is interested in.

해석 여: 어떤 종류의 차를 찾고 계세요?

남: 저는 좋은 연비를 갖추면서도 너무 크지 않는 종류였으면 해요.

여: 저희는 그러한 요건에 맞는 자연친화적인 하이브리드 자동차의 다양한 종류를 갖고 있어요.

남: 네, 그런 종류가 바로 제가 찾고자 한 거예요.

여: 저를 따라오세요. 그러면 제가 전시장 층에 있는 것을 보여드릴게요.

문제: 대화의 내용과 일치하는 것은?

(a) 좋은 연비를 가진 차들만이 전시장이 있는 층에 있다.

(b) 남자는 큰 사이즈의 하이브리드 차를 사고자 한다.

(c) 그 곳은 남자의 필요에 부합하는 자동차로 가득하다.

(d) 여자는 남자가 관심을 가질 만한 상품의 다양한 종류를 갖추고 있다.

해설 대화의 내용과 일치하는 것을 묻는 문제이다. 남자는 여자에게 자신이 원하는 차 종류를 이야기하고, 이에 대해 여자는 'We have a great selection of eco-friendly hybrid cars that fit that description'라고 대답하고 있다. 따라서 남자가 원하는 차종을 많이 구비해놓고 있다는 (d)의 내용이 대화의 내용과 일치한다.

어휘 good gas mileage 좋은 연비

eco-friendly a. 자연 친화적인

showroom n. 전시장

---

40. 세부 사항 ★★☆　　　　정답 (b)

script M: We're having a dinner party tonight. Would you like to join us?

W: Oh, that sounds nice. I don't know, though. I really don't have anything fancy to wear.

M: Don't worry about that. It's a completely casual gathering. You can even wear blue jeans.

W: Well, I would love to, but my cousin is staying with me this week, and I wouldn't want to leave her alone.

M: You can bring her along. The more the merrier!

W: OK! I'll ask her if she wants to go.

Q: What does the man suggest the woman do?

(a) Wear a dress to the party

(b) Bring her cousin with her

(c) Host a dinner party

(d) Join her cousin tonight

해석 남: 저희는 오늘 밤 저녁 파티를 할거예요. 저희와 함께 하시겠어요?

여: 오, 좋겠는데요. 그런데 잘 모르겠어요. 입을 만한 멋진 옷이 정말로 없거든요.

남: 그 점에 대해서는 걱정하지 마세요. 이번은 정말 평상복을 입는 파티거든요. 당신은 청바지를 입어도 괜찮아요.

여: 글쎄요, 저도 정말 그러고 싶지만 제 사촌이 이번 주에 저와 같이 있거든요. 그래서 그녀를 혼자 두고 싶지 않아요.

남: 그녀를 같이 데리고 올 수 있어요. 사람이 많을수록 더 즐겁잖아요.

여: 좋아요. 사촌에게 같이 가고 싶은지 물어볼게요.

문제: 남자가 여자에게 제안하고 있는 것은?

(a) 파티에 드레스를 입어야 한다는 것

(b) 그녀와 함께 사촌을 데리고 오라는 것

(c) 저녁 파티를 주최해달라는 것

(d) 그녀의 사촌과 오늘 밤 함께 해달라는 것

해설 대화의 내용과 일치하는 것을 묻는 문제이다. 남자와 여자는 오늘 밤에 열릴 저녁파티에 대해 이야기하고 있다. 여자는 함께 지내고 있는 사촌동생 때문에 파티 참석을 주저하고 있을 때, 남자가 'You can bring her along'라고 제안한다. 따라서 남자의 제안으로 일치하는 것은 '사촌 동생을 함께 데리고 오라'는 (b)이다.

어휘 host v. 주최하다, 진행하다
fancy a. 색이 화려한, 값비싼

41.

script W: I think I saw your brother at the park the other day.
M: Oh, yeah? What did he look like?
W: He was short, had brown hair, a big beard, and was walking a white dog.
M: That sounds like Frank. Did you say hello to him?
W: No, I wasn't positive that it was him. I didn't want to embarrass myself.

Q: Which is correct according to the conversation?
(a) The man has a big beard and a white dog.
(b) The woman saw Frank the other day.
(c) The woman is good friends with Frank.
(d) The man was afraid to embarrass the woman.

해석 여: 제가 전날 공원에서 당신의 형을 본 것 같아요.
남: 아, 그래요? 어떻게 생겼었는데요?
여: 키가 작았고 갈색 머리카락에 큰 수염이 있었고 흰 개를 산책 중이었어요.
남: Frank 같은데요. 그에게 인사했나요?
여: 아니요, 그가 맞는 지 몰라서요. 부끄러워지고 싶지 않았거든요.
문제: 대화의 내용과 일치하는 것은?
(a) 남자는 큰 수염을 가졌고 흰 개가 있다.
(b) 여자는 전날 Frank를 보았다.
(c) 여자는 Frank와 좋은 친구 사이이다.
(d) 남자는 여자를 당황스럽게 만들까 봐 두려웠다.

해설 대화의 내용과 일치하는 것을 묻는 문제이다. 여자는 남자에게 전날 남자의 형을 보았다고 이야기하고 있다. 여자의 설명을 들은 남자는 'That sounds like Frank'라고 이야기했으므로 대화의 내용과 일치하는 것은 '여자는 전날 Frank를 보았다'라는 (b)이다.

어휘 the other day 그 전날
beard n. 턱수염 (mustache n. 콧수염)
walk a dog 개를 산책시키다
embarrass v. 부끄럽게 만들다, 당황스럽게 하다

42.

script W: Is everything okay, Barry? You look a little pale.
M: I just get these stomach cramps every once in a while.
W: Really? That doesn't sound good. Maybe you should see a doctor about it.
M: I know I should, but the pain never lasts long. It'll pass in a moment and I'll be just fine.
W: Maybe you're allergic to something you've been eating.
M: You know, I thought that might be the case, but I have no idea what it could be.
W: All the more reason to go to the doctor. They have tests, you know, to determine your allergies.

Q: What does the woman suggest Barry do?
(a) Visit a physician about his pains
(b) Research food allergies on the Internet
(c) Wait for the stomach pain to go away
(d) Pay attention to what he's been eating

해석 여: Barry, 괜찮아요? 얼굴이 약간 창백한데요.
남: 저는 간헐적으로 위경련이 있어요.
여: 정말이요? 별로 좋은 일 같지 않은데요. 그 문제에 대해 의사 선생님을 만나야 할 것 같아요.
남: 저도 그래야 한다는 건 알아요. 그렇지만 고통이 절대 오래가지는 않거든요. 잠깐이면 지나가고 괜찮아질 거예요.
여: 어쩌면 당신이 먹는 어떤 음식에 알레르기가 있을지도 몰라요.
남: 그게 사실일지도 모른다고 생각했어요, 그렇지만 무엇이 문제인지 모르겠어요.
여: 모든 게 의사 선생님을 만나야 하는 이유를 더하네요. 당신도 알다시피 병원에는 알레르기를 결정하는 테스트가 있어요.
문제: 여자가 Barry에게 제안하고 있는 것은?
(a) 그의 통증에 대하여 내과의사를 방문하라.
(b) 인터넷에서 음식 알레르기에 관해 조사하라.
(c) 복통이 가시길 기다려라.
(d) 그가 먹는 음식에 주의를 기울여라.

해설 대화의 내용과 일치하는 것을 묻는 문제이다. 남자와 여자는 남자가 겪고 있는 위경련에 대해 이야기하고 있다. 대화에서 여자는 'you should see a doctor'와 'All the more reason to go to the doctor'라고 말함으로써 남자에게 병원에 갈 것을 조언하고 있다. 따라서 여자의 제안으로 적합한 것은 '의사를 방문하라'는 (a)이다.

어휘 pale a. 창백한   stomach cramp 위경련

once in a while 가끔, 이따금
physician n. 내과 의사

43. 세부 사항 ★★★   정답 (d)

script W: Mr. Morrison, is it mandatory for me to attend these annual training seminars next week?

M: I'm afraid so, Sally. I know they can be tedious, but they are also very helpful.

W: I agree, they can be good for us. But I've already taken these two courses.

M: Hmm, you have? Let's see that. "E-mail Etiquette" and "Safety in the Workplace."

W: I was at both of those training sessions six months ago, so my certificates haven't expired yet.

M: Well, I can't see a reason why you should go again so soon. Don't worry about attending those ones.

Q: When will Sally most likely attend the training seminars again?

(a) Before the next safety inspection

(b) When they are held next week

(c) When she gets a promotion in the office

(d) When her training certificates expire

해석 여: Morrison씨, 제가 다음 주 연간 교육 세미나에 참석하는 건 의무인가요?

남: 그런 것 같은데요, Sally. 교육이 지루할 수는 있지만 매우 유용하다고 알고 있어요.

여: 동감이에요. 교육은 저희들에게 좋겠지요. 하지만 전 벌써 2번의 수업을 들었는데요.

남: 그래요? 자 봅시다. "이메일 에티켓"하고 "직장 내 안전"이군요.

여: 저는 두 교육과정을 6개월 전에 들었어요, 그래서 제 수료증도 아직 만기가 되지 않았습니다.

남: 당신이 그렇게 빨리 다시 강의에 가야 하는 이유를 찾을 수 없군요. 이번 세미나에 참석하는 것에 대해 염려하지 마세요.

문제: Sally가 교육세미나에 다시 참석할 것 같은 때는?

(a) 다음 안전 진단 전에

(b) 다음 주에 수업이 진행될 때

(c) 그녀가 사무실에서 승진을 하게 될 때

(d) 그녀의 교육 수료증이 만료될 때

해설 대화의 내용과 일치하는 것을 묻는 문제이다. 남자와 여자는 의무적으로 진행되는 회사 연간세미나에 대해 이야기하고 있다. 이미 교육과정 이수를 2과목이나 최근에 완수했으며, 수료증도 아직 만기가 되지않았다고 말한 여자에게, 남자는 'I can't see a reason why you

---

should again so soon'라고 이야기하고 있으므로, 여자가 다시 교육세미나에 참석할 것 같은 시기는 '수료증이 만기되고 난 후'임을 짐작할 수 있다. 따라서 정답은 (d)이다.

어휘 mandatory a. 의무적인
tedious a. 지루한
certificate n. 수료증, 자격증
expire v. 기간이 만료되다
safety inspection 안전 진단

44. 추론 ★★★   정답 (c)

script W: The company didn't do too well this year, did it?

M: No, I think I read that they've lost money for the first time in thirty-five years.

W: Wow, that's terrible. They're usually making such great profits. Do you think we should be worried?

M: Worried about the company or about ourselves?

W: Well, both. Do you think there will be lay-offs because of the company's bad year?

M: I sure hope not, but even if there are, I think you'll be fine. You do good work here and everyone knows it.

Q: What can be inferred from the conversation?

(a) The woman is the man's superior.

(b) The man isn't worried about the company.

(c) The woman is afraid she'll lose her job.

(d) The man hopes the woman will be laid off.

해석 여: 회사는 이번 해에 그렇게 잘 되지 않았죠?

남: 네, 회사가 35년 만에 처음으로 손실을 입었다는 글을 읽은것 같아요.

여: 어머나, 안됐군요. 회사는 보통 큰 수익을 거두었는데요. 우리가 걱정해야 한다고 생각하세요?

남: 회사에 대한 걱정이요, 아니면 우리 자신에 대한 걱정이요?

여: 글쎄요, 둘 다요. 당신 생각에는 회사에 좋지 않은 해로 인한 인원감축이 있을 것 같나요?

남: 저는 정말 그러지 않길 원해요, 그리고 그럴 가능성이 있을지라도. 당신은 괜찮을 거라고 생각해요. 당신은 여기서 일을 잘했고, 모든 사람들이 그것을 알고 있잖아요.

문제: 대화를 통해 추론할 수 있는 것은?

(a) 여자는 남자의 상사이다.

(b) 남자는 회사에 대해 걱정하고 있다.

(c) 여자는 자신의 직장을 잃게 될까 봐 걱정이다.

(d) 남자는 여자가 정리해고 당하길 바라고 있다.

해설 대화를 통해 추론할 수 있는 내용을 묻는 문제이다. 여자는 남자에게 'Do you think there will be lay-offs because of the company's bad year?'라는 말을 통해 회사에 인원감축이 있을까봐 걱정하고 있다. 따라서 대화를 통해 '자신이 직장을 잃게 될까 걱정'이라는 (c)의 내용을 추론할 수 있다.

어휘 lay-off n. 인원감축　　superior n. 상사

45.　추론 ★★☆　　　　　정답 (b)

script W: Are you sure you washed the dishes last night?

M: Yeah, you saw me. It took me a long time to do them all.

W: But did you use soap or just rinse them with water?

M: Some of them I just rinsed because they weren't that dirty, but I used soap for the rest.

W: You should really use soap for all of them. They look pretty dirty to me.

Q: What can be inferred from the conversation?

(a) The man put the dishes in the dishwasher.

(b) The man isn't a very good dish washer.

(c) The woman wants the man to do the dishes.

(d) The woman doesn't use soap all the time.

해석 여: 지난밤에 설거지 한 거 확실해요?

남: 네, 당신이 날 봤잖아요. 그걸 모두 하느라고 오랜 시간이 걸렸다고요.

여: 그렇지만 세제를 사용했나요? 아니면 물로 그냥 닦았나요?

남: 접시 중 일부는 그냥 물로만 닦았어요. 왜냐면 그 접시들이 별로 더럽지 않았거든요. 그렇지만 나머지는 세제를 사용했어요.

여: 당신은 정말 접시 모두에 세제를 사용했어야 해요. 제게는 매우 더러워 보여요.

문제: 대화를 통해 추론할 수 있는 것은?

(a) 남자는 식기세척기에 그릇을 넣었다.

(b) 남자는 설거지를 잘하지 못한다.

(c) 여자는 남자가 설거지 하기를 원한다.

(d) 여자는 항상 세제를 사용하지 않는다.

해설 대화를 통해 추론할 수 있는 내용을 묻는 문제이다. 여자와 남자는 지난밤에 남자가 한 설거지에 대해 이야기하고 있다. 남자의 설거지 결과에 대해 여자는 'They look pretty dirty to me.'라고 이야기하고 있으므로 대화를 통해 추론할 수 있는 내용은 (b)이다.

어휘 dishwasher n. 식기세척기

do the dish 설거지 하다

rinse v. 헹구어 내다

46.　주제 찾기 ★★★　　　　정답 (d)

script W: If we persist in treating all children as equal, the educational gap between those who come from poor families and those who come from wealthy ones will continue to widen. The truth of the matter is that some children have many more opportunities laid before them because of the families they have been born into. Now whether you are believers of nurture over nature, or vice-versa, you have to agree that there are gifted children from all walks of life. Should potential doctors, artists, or world leaders be denied their futures because they cannot afford to attend university? The answer is no. Members of the board, we must endeavor to expand our merit-based rewards program to provide scholarships to disadvantaged youths at all costs.

Q: What is the speaker's main point?

(a) The board members aren't providing enough scholarship money.

(b) Not everyone who is born into a wealthy family is successful.

(c) Future doctors, artists, and world leaders need to go to college.

(d) Some gifted kids aren't getting the advantages they deserve.

해석 여: 우리가 모든 아이들을 동등하게 다루는 것을 지속하면 가난한 집안의 아이들과 부유한 집안의 아이들 사이에서 오는 교육적 차이는 지속적으로 커져갈 것입니다. 이 문제의 진실은 일부 어린이의 경우 자신이 태어난 집안으로 인해 그들 앞에 더 많은 기회가 주어진다는 점입니다. 이제 당신이 본질을 넘은 양육을 믿는 사람이든 혹은 그 반대이든지 간에 각계각층에서 영재 아이들이 존재한다는 사실에 동의해야 합니다. 장래의 의사, 예술가 또는 세계 지도자로서의 가능성이 있는 아이가 대학을 다닐 돈을 감당할 수 없기 때문에 그 미래를 부정 당해야 할까요? 그 대답은 '아니오'입니다. 이사회 임원으로서 우리들은 성적을 기준으로 장학금을 제공하는 보상 프로그램에서 빈곤한 젊은이에게 모든 비용을 제공하는 것으로 확대할 수 있도록 노력해야 합니다.

문제: 화자의 요점은 무엇인가?
    (a) 이사회 임원들은 충분한 장학금을 제공하고
        있지 않다.
    (b) 부유한 집안에서 태어난 모든 아이들이 성공
        하는 것은 아니다.
    (c) 미래의 의사, 예술과 그리고 세계 지도자들은
        대학에 갈 필요가 있다.
    **(d) 일부 영재 아이들은 그들이 받아 마땅한 혜택
        들을 얻지 못하고 있다.**

해설 담화에서 화자는 이사회 위원들에게 장학금 프로그
램에 대해 이야기하고 있다. 담화의 중반에 'there
are gifted children from all walks of life'라는 말
을 시작으로, 최종적으로 'provide scholarships to
disadvantaged youths at all costs'라고 주장하고 있
다. 따라서 화자가 주장하는 것은 '빈곤한 영재들에게
다방면의 비용을 지급하는 것'이므로 (d)가 정답이다.

어휘 persist v. 계속(지속)되다 　　nurture v. 양육하다
gifted children 영재 아동 　　endeavor v. 노력하다
all walks of life 각계각층
merit n. 우수한 평점, 성적

---

47. 주제 찾기 ★★☆　　　　　　정답 (a)

script M: As long as I have your attention, I'd like to
point out the nearest fire exits, should the need
arise for us to evacuate the building. I certainly
hope it won't come to that, but just in case, let
me show you where they are. There is one on
either side of this stage, one halfway down the
west wall, and of course the main double doors
to this conference room are exits as well. That
being said, I hope everything goes smoothly
today and for the rest of the weekend. Ladies
and gentlemen, thank you for your patience
and welcome to this year's Gregory Louis
Symposium on Molecular Biology.

**Q: What is the main purpose of the
   announcement?**
   **(a) To inform the conference attendees of
       emergency exits**
   (b) To introduce the first activity of the
       weekend symposium
   (c) To assure the attendees that there will
       be no emergencies
   (d) To advocate the use of the room's main
       double doors

해석 남: 잠시 안내말씀 드리자면, 만약 우리가 건물에서 대
피할 일이 생긴다면 저는 가장 가까이에 있는 비상구
를 가리키겠습니다. 저는 그런 일이 있지 않기를 희망
하지만, 만약의 경우를 대비해 저에게 그 비상구가 어

디에 있는지 알려드릴 수 있게 해주세요. 이 무대 양쪽
에 있고, 서쪽 벽 아래로 난 복도에 있으며, 물론 이 회
의장으로 난 입구의 양쪽으로 열리는 문에도 역시나 비
상구는 있습니다. 저는 오늘과 이번 주말의 남은 기간
동안 모든 일이 원활하게 진행되길 바랍니다. 신사 숙
녀 여러분, 여러분의 인내심에 감사 드리며 Molecular
Biology에 대한 Gregory Louis 심포지움에 오신 것을
환영합니다.

문제: 안내의 주된 목적은 무엇인가?
   (a) 비상구를 회의 참석자들에게 알려주는 것
   (b) 주말의 심포지엄의 첫 활동을 소개하는 것
   (c) 참석자들에게 비상 사건은 없을 거라는 점을
       확인시켜 주는 것
   (d) 그 방의 입구의 양쪽으로 열리는 문을 사용하
       도록 종용하는 것

해설 담화에서 화자는 'There is one on either side of this
stage~'라는 말을 시작으로 회의장 주변 비상구의 위
치에 대해 설명하고 있다. 따라서 안내의 주된 목적은
'비상구 위치를 알려주는 것'이므로 (a)가 정답이다.

어휘 arise v. 생기다, 유발하다
evacuate v. 대피시키다
on either side 양쪽에
halfway adv. 중간 쯤에, 가운데에
advocate v. 지지하다, 옹호하다

---

48. 대의 파악 ★★★　　　　　　정답 (a)

script W: Traveling by airplane is a faster, easier,
and sometimes cheaper way to travel. There
are several drawbacks to flying, though, and
you get to experience the worst one before
you even take off. Spending time in an airport
can be unnecessarily stressful to the traveler
and make for a poor start to a trip. To reduce
the amount of stress in the airport, make sure
you always have plenty of time. Arrive at the
airport extra early to ensure you have more
than enough time to make it through all the
lines, be aware of how long it takes to walk
from the gate to the lounge or restroom areas,
and never put yourself in a position where you
have to rush. You shouldn't let airports ruin
your travel experience.

Q: What is the speaker mainly talking about?
   **(a) How to deal with the anxieties of
       airports**
   (b) How to make sure you're on time for
       your plane
   (c) How to travel cheaply and easily by flying
   (d) How to reduce time spent in airport lines

해석 여: 비행기로 여행하는 것은 더 빠르고, 더 쉬우며 때로는 여행의 더 저렴한 방식이기도 합니다. 비행하는데 몇 가지 결점이 있기도 하고 여러분은 심지어 이륙 전에 그 결점 중 최악의 것을 경험하기도 합니다. 공항에서 시간을 보내는 일은 여행자에게는 불필요한 스트레스를 부여하기도 하고 여행의 안 좋은 시작이 되기도 합니다. 공항에서의 스트레스를 줄이기 위해 여러분은 항상 많은 시간을 갖도록 해야 합니다. 모든 줄을 통과하기에 충분한 시간 그 이상으로 공항에 일찍 도착하세요. 탑승구에서 라운지나 휴게 장소까지 얼마나 걸리는지 파악하고 서둘러야 하는 상황을 결코 만들지 않도록 합니다. 여러분은 공항이 여러분 자신의 여행 경험을 망치지 않도록 해야 합니다.

문제: 화자가 주로 이야기 하고 있는 것은 무엇인가?

(a) 공항에서의 근심거리를 다루는 방법
(b) 비행기를 제시간에 타는 방법
(c) 싸고 쉽게 비행기 여행하는 방법
(d) 공항의 줄 서기에 걸리는 시간을 줄이는 방법

해설 담화에서 화자는 'To reduce the amount of stress in the airport~'라는 말을 시작으로 비행기 여행의 스트레스를 줄이기 위해서는 공항에 충분히 일찍 도착하라고 조언하고 있다. 따라서 화자가 말하고자 하는 요점은 '공항에서의 불필요한 근심거리를 없애는 방법'이므로 정답은 (a)이다.

어휘 drawback n. 결점, 문제점
put in a position ~한 입장에 처하다
ensure v. 안전하게 하다

---

49. 주제 찾기 ★★★　　　　정답 (c)

script M: Although the actual hostilities of World War II ceased in 1945, the war never ended until 1990. While peace treaties were eventually signed by all the allies in the few years following the war, Germany never had a chance to sign a document before it was divided between the former U.S.S.R. and the Western powers. It wasn't until the reunification of Germany in October of 1990 that World War II came to its official end.

Q: What is the main idea of the lecture?
(a) World War II led to the reunification of Germany in 1990.
(b) Germany was divided amongst the separate world powers until 1990.
(c) World War II didn't end until Germany could sign a peace treaty.
(d) Most of the allies signed peace treaties in the few years following 1945.

해석 남: 2차 세계대전의 실제 교전이 1945년에 끝났음에도 불구하고, 그 전쟁은 1990년이 될 때까지 종료되지 않았습니다. 전쟁이 끝난 후 몇 년 동안 모든 연방국들은 평화 조약에 마침내 서명하였지만 독일은 구 소련연방과 서양 선진국들 사이에서 분단되기 전까지 단 하나의 서류에도 서명할 기회를 갖지 못했습니다. 1990년 10월, 독일 통일이 있기 전까지 세계 2차 대전은 공식적으로 끝나지 않았습니다.

문제: 강의의 주제는 무엇인가?
(a) 2차 세계대전은 1990년 독일의 통일을 이끌었다.
(b) 독일은 1990년까지 개별 세계 강대국 사이에서 분단되어 있었다.
(c) 2차 세계대전은 독일이 평화협약에 서명하기 전까지 끝나지 않았다.
(d) 대다수의 동맹국들은 1945년 이후 몇 년 안에 평화협약에 서명했다.

해설 주어진 담화를 통해 화자는 2차 세계대전의 진정한 종결에 대해 설명하고 있다. 화자의 마지막 말 'It wasn't until the reunification of Germany'라는 설명을 통해 제 2차 세계대전의 공식 종결은 독일 통일이 이루어졌을 때라고 말하고 있으므로, 강의의 주제로는 (c)가 적절하다.

어휘 hostility n. 적대감, 적개심
reunification n. 통일, 통합
hostilities n. 교전, 전투
cease v. 그치다, 중지하다
ally n. 동맹국
treaty n. 협정, 조약

---

50. 주제 찾기 ★★☆　　　　정답 (c)

script W: Experts estimate that civilization in the Andes Mountain region of South America probably began around 9,600 BCE. Because of the geographical conditions of their environment, these nomadic people were physically quite different than their contemporaries around the world. Due to the high altitude, the Andean people had unique lung advancements giving them a capacity of nearly one-third more than other humans. They also developed slower heart rates and a blood volume of about two liters more than the average man or woman.

Q: What is the main purpose of the lecture?
(a) To examine the evolution of South American culture
(b) To investigate the social structure of nomadic peoples
(c) To describe the early Andeans'

unique physical structure

    (d) To analyze the respiration systems of ancient human beings

해석   여: 전문가들은 남아메리카 지역 안데스 산맥의 문명사회가 9,600 BCE 경에 시작되었다고 추정하고 있습니다. 이곳 환경의 지질학적 요건들 때문에 이 유목민들은 전 세계의 동시대 사람들과 신체적으로 매우 달랐습니다. 높은 고도로 인해 안데스 사람들은 일반인들보다 1/3가량 더 많은 용량을 지닌 독특한 폐 발달을 가지고 있었습니다. 이들은 또한 일반 남자나 여자보다 심장 박동수가 좀 더 느렸고, 혈액량도 2리터 가량 더 많았습니다.

    문제: 강의의 목적은 무엇인가?

      (a) 남아메리카 문화의 진화를 설명하기

      (b) 유목민들의 사회적 구조를 조사하기

      (c) 초기 안데스 사람들의 독특한 신체 구조를 묘사하기

      (d) 고대 인간들의 호흡 체계를 분석하기

해설   담화를 통해 화자는 남아메리카의 안데스 문명에 대해 이야기하고 있다. 담화 중반에 'nomadic people were physically quite different'를 시작으로 유목민들의 신체적 특징을 설명하고 있으므로, 강의의 목적은 '안데스 사람들의 신체구조 묘사'라는 (c)가 적절하다.

어휘   civilization n. 문명, 문명사회
      nomadic a. 유목의
      capacity n. 능력, 용량, 수용량
      geographical a. 지질학적
      contemporary n. 동시대인
      altitude n. 고도
      respiration n. 호흡

---

51.   대의 파악 ★★★   정답 (c)

script   M: The French novelist Jules Verne was a man far beyond his own time, whose vision of the future of science and technology was uncannily accurate. Through his fantastical writings – for so it seemed to his contemporaries – Verne imagined airplanes, submarines, television, and even guided missiles during the middle of the 19th century. In his 1865 novel *From the Earth to the Moon*, he even anticipated the future hub of the American space program by having his astronaut characters shot into space from Florida, USA.

    Q: What is the main idea of the lecture?

      (a) The broad range of Verne's writing interests

      (b) The significant inventions of the 19th

century

      (c) The fulfilled predictions of Jules Verne

      (d) The boundless imagination of fantasy writers

해석   남: 프랑스 소설가인 Jules Verne은 자신의 시대를 넘어선 남성이었으며, 그가 과학과 기술의 미래를 보는 시야는 묘하게도 정확했습니다. 비록 그의 환상적인 글들 — 동시대에 보기엔 그랬기에 — 을 통해 Verne은 비행기와 잠수함, 텔레비전을 상상했으며 심지어 19세기 중반에 미사일을 설명했습니다. 그의 1865년 소설인 《지구에서 달까지》에서 우주비행사인 등장인물들을 미국 플로리다에서 우주로 보냄으로써 미국 우주 프로그램의 미래 중추를 예측하기도 하였습니다.

    문제: 강의의 주제는 무엇인가?

      (a) Verne의 글쓰기에 대한 넓은 호기심

      (b) 19세기의 놀라운 발명품

      (c) Jules Verne의 실현된 예측들

      (d) 판타지 작가들의 끝없는 상상력

해설   담화는 프랑스 소설가인 Jules Verne에 대한 이야기이다. 특히 화자는 그의 작품에 다양한 미래 예측이 'uncannily accurate'라고 말함으로써 과거 속 그의 예측들이 현실적으로 이루어진 데에 대해 놀라고 있다. 따라서 강의 주제는 (c)가 가장 적절하다.

어휘   uncannily adv. 묘하게
      fantastical a. 기막히게 좋은, 환상적인
      hub n. 중추, 중심지
      fulfilled a. 실현된, 성취감을 느끼는
      submarine n. 잠수함

---

52.   대의 파악 ★★☆   정답 (a)

script   W: A large-scale earthquake rocked Chile yesterday afternoon, causing major architectural damage and backing up the motorways for several hours. Situated on the southeastern rim of the Pacific Ring of Fire – a region of the Pacific Ocean basin that is prone to tsunamis, volcanic activity, and earthquakes – Chile has had its fair share of natural disturbances. Yesterday's earthquake measured 6.4 on the Richter scale, and while there have been billions of dollars worth of damage, there have so far been no serious injuries reported. We'll keep you up-to-date on any new activity in Chile as they begin to recover from the shock that has hit them.

    Q: What is the main idea of the report?

      (a) Chile's experience of a natural

disaster
    (b) The financial damage earthquakes cause
    (c) The location of the Pacific Ring of Fire
    (d) The number of volcanoes in Chile

해석 여: 어제 오후 대규모의 지진이 칠레를 뒤흔들었으며 이는 주요 건축 피해와 함께 몇 시간 동안 도로를 폐쇄시켰습니다. 환태평양 지진대-쓰나미, 화산활동, 지진을 유발하는 환태평양 분지 지역-의 동남부 변두리에 위치한 칠레는 자연적 방해물들의 적당량을 갖추고 있습니다. 어제 지진은 리히터 척도 6.4도로 기록되었으며 피해액이 수조원에 달하고 있으나, 심각한 인명피해는 지금까지 보고되지 않았습니다. 칠레를 강타한 충격으로부터 회복단계에 돌입한 이곳의 새로운 상황에 대한 소식을 계속적으로 전달해 드리겠습니다.

문제: 보도의 주제는 무엇인가?
    (a) 칠레의 자연재해 경험
    (b) 지진이 일으킨 재정적 피해
    (c) 환태평양 지진대의 위치
    (d) 칠레의 화산 수

해설 주어진 뉴스에서 화자는 어제 발생한 칠레의 대규모 지진에 대해 보도하고 있다. 'A large-scale earthquake rocked Chile yesterday afternoon'라는 말을 시작으로 뉴스 전체는 칠레의 지진으로 인한 피해를 중심으로 사실 보도를 하고 있다. 따라서 보도의 주제는 '칠레가 지진이라는 자연재해를 경험하고 있다'이므로 (a)가 적절하다.

어휘 basin n. 분지, 유역
be prone to ~하는 경향이 있다
disturbance n. 방해, 폐해
rock v. 흔들다, 진동시키다
rim n. 변두리, 테두리

---

53. 세부 사항 ★★☆　　　　정답 (c)

script M: Thank you for calling the Cable Guys' customer service hotline. We're sorry, but all operators are currently assisting other clients. If you would like to talk to an account representative about opening a new account or if you have questions concerning your current account, then please call back at another time or stay on the line and someone will be with you shortly. If you have technical questions concerning your cable box, please hang up and call 1-800-555-4545 to speak with a Cable Guys' service representative. If you have any other questions, please press 0 and the next available operator will answer them. Thank you so much and have a wonderful day.

Q: What should customers do to talk to someone about a broken device?
    (a) Stay on the line for the next available representative
    (b) Press 0 and wait for an operator to answer
    (c) Hang up and dial the number for a technician
    (d) Hang up and call back at a later time

해석 남: Cable Guys의 고객 서비스 상담전화에 전화 걸어주신데 감사드립니다. 죄송합니다만 모든 상담원들이 현재 다른 고객님들의 전화를 응대하고 있습니다. 만약 회계 담당자와 새 구좌의 개설에 관해 이야기나 현재 계좌에 대한 질문이 있으신 분은 다음에 다시 전화 걸어주시거나 잠시 기다려주시면 곧 전화교환원들과 통화하실 수 있으실 것입니다. 만약 케이블 박스에 관련된 기술적 문의가 있으시다면 전화를 끊으신 후 1-800-555-4545로 전화를 걸어 Cable Guys 고객 대표자와 통화해주시기 바랍니다. 만약 그 이외의 질문이 있으실 경우 0번을 누르시면 다음 이용 가능한 상담원들이 응답할 것입니다. 고객 여러분께 감사 드리며 좋은 하루 되시기 바랍니다.

문제: 고장 난 장치에 대해 이야기하고 싶은 고객들은 무엇을 해야 하는가?
    (a) 다음 가능 교환원과의 통화를 위해 전화를 기다린다.
    (b) 0번을 눌러 교환원이 답할 때까지 기다린다.
    (c) 전화를 끊고 기술자와 통화할 수 있는 번호로 전화한다.
    (d) 전화를 끊고 나중에 다시 전화를 건다.

해설 담화의 내용으로 보아 Cable Guys의 고객 서비스 센터 자동응답 전화 메시지임을 알 수 있다. 담화 중 'If you have technical questions concerning your cable box'로 시작되는 부분에서 기계에 기술적 문제가 발생시에는 다른 전화번호로 다시 전화 하라고 안내하고 있다. 따라서 고장 난 장치로 인한 문제일 경우에 대한 안내는 (c)이다.

어휘 hotline n. 상담(서비스)전화, 직통전화
representative n. 대표자, 판매 대리인

---

54. 내용 일치 ★★★　　　　정답 (b)

script W: We've all wondered what we would do if our cars' brakes ever failed. Here are a few tips, if such a terrible thing should ever happen to you. First of all, don't panic! Next, look to see if anything has been jammed under the brake pedal to stop it from depressing. If this is not the case, try pumping the brakes to increase the flow of brake fluid. More often than not, these steps are all you need to get yourself driving right again. Be sure to warn other drivers of your condition by turning on your hazard lights, and if all else fails, use the emergency parking brake. But, remember, before doing anything else, try to get yourself calm and stay focused.

Q: Which is correct according to the instructions?
- (a) Check to see if something's under the brake pedal last.
- **(b) Pressing the pedal quickly will increase the flow of brake fluid.**
- (c) Your top priority is warning other drivers of your condition.
- (d) Flash your headlights to warn other drivers that you can't stop.

해석 여: 만약 차의 브레이크가 고장 났다면 우리가 무엇을 해야 하는지 모두들 궁금해해 왔습니다. 이러한 끔찍한 상황이 당신에게 일어났을 경우를 위해 여기 몇 가지 팁을 알려드립니다. 우선 무엇보다 겁내지 마십시오! 그 다음 브레이크 페달아래 어떤 물건이 껴서 누르지 못하게 만들고 있는 않은지 확인해보세요. 만약 이런 경우가 아니라면 브레이크 윤활유의 흐름을 증진시키기 위해 브레이크를 몇 번 눌러보세요. 대개 이러한 과정들을 통해 다시 운전할 수 있게 됩니다. 비상등을 켜서 자신의 상황에 대하여 다른 운전사들에게 알려주도록 하고, 모든 것이 실패했다면 비상 브레이크를 사용하도록 합니다. 그렇지만 기억할 것은 다른 어떤 행동을 하기 전에 우선 자신을 안정시키고 집중할 수 있도록 노력하십시오.

문제: 안내문의 내용과 일치하는 것은?
- (a) 브레이크 페달 끝 아래 무엇인가가 있는지 확인해보라.
- **(b) 페달을 빨리 밟는 것이 브레이크 윤활유의 흐름을 증진시킬 수 있다.**
- (c) 가장 먼저 해야 할 것은 자신의 상태를 다른 운전사들에게 경고하는 것이다.
- (d) 헤드라이트를 비춰서 자신이 멈출 수 없다는 점을 다른 운전수들에게 경고하라.

해설 담화를 통해 화자는 브레이크 고장 시 운전자들이 알아야 할 팁에 대해 이야기하고 있다. 담화 중간에서 'try pumping the brakes to increase the flow of brake fluid'라고 설명하며 브레이크를 여러 번 밟음으로써 윤활유 흐름을 증폭시키라고 조언하고 있다. 따라서 내용과 일치하는 것은 (b)이다.

어휘 panic n. 극심한 공포, 공황, 허둥지둥함
more often than not 대개
jam v. 끼다, 움직이지 않게 하다　　hazard n. 위험

---

55. 내용 일치 ★★☆　　　　　정답 (b)

script M: A portable washing machine is for sale. Perfect for the apartment dweller tired of carting loads of laundry down eight flights of stairs to the basement or trudging eight blocks down the street to the nearest Laundromat, this 22-kilogram washer is small enough to keep right in your closet. Simply plug the machine into an electrical socket and attach the hose to any sink faucet and you're ready to go. Able to hold up to 4 kilograms of clothes, this portable washer is all you'll ever need. Includes adapter for any faucet tap! Make me an offer today!

Q: Which is correct about the portable washer?
- (a) It's made to fit just the bathroom faucet.
- **(b) It's the perfect size for an apartment.**
- (c) It's too heavy to be lifted by one person.
- (d) It's free for a limited time only.

해석 남: 휴대용 세탁기를 할인 판매 중입니다. 지하까지 8개의 층계참을 내려가 세탁물을 이동하거나 근처 가장 가까운 세탁소까지 8블록이나 아래로 거리를 터덜터덜 걸어가는 것에 질려버린 아파트 거주민에게 완벽한 이 22킬로그램 무게의 세탁기는 벽장에 넣을 만큼 작습니다. 단순히 이 기계를 전기콘센트에 꼽으시고 호스를 싱크대 수도에 연결하시면 준비가 끝난 것입니다. 4 킬로그램 무게의 세탁물까지 사용 가능한 이 휴대용 세탁기는 여러분이 원하는 바로 그것입니다. 수도꼭지를 위한 어댑터가 포함되어 있습니다. 오늘 주문하세요!

문제: 휴대용 세탁기에 대한 내용으로 옳은 것은?
- (a) 욕실 수도꼭지에만 맞도록 만들어졌다.
- **(b) 그것은 아파트에 잘 맞는 사이즈이다.**
- (c) 그것은 너무 무거워서 한 사람이 들기에는 어렵다.
- (d) 그것은 제한된 시간 동안만 무료이다.

해설 주어진 광고는 휴대용 세탁기의 할인 판매에 대한 내용이다. 광고 처음부분에서 'Perfect for the apartment dweller'라고 이야기하고 있으며, 휴대용 세탁기가 벽장에 들어갈 만한 사이즈라고 광고하고 있다. 따라서, 휴대용 세탁기에 대한 내용으로 사실인 것은 (b)이다.

어휘 portable a. 들고 다닐 수 있는, 간편한
dweller n. 거주자
trudge v. 터덜터덜 걷다, 느릿느릿 걷다
electrical socket 전기콘센트
faucet n. 꼭지

---

56. 내용 일치 ★★☆　　　　　정답 (d)

script W: The search continues today for three missing climbers in the Cascade Mountains. Jim Beaumont, his wife Carole, and her older brother Marvin Thomas were last seen leaving the base camp of Mt. Rainier early Thursday morning and heading for the summit. All three are highly experienced mountaineers, but as we all know, accidents do happen. A search party was formed two days ago when the three were more than five hours late in descending back to the camp. Today's clear skies lend perfect visibility for the search helicopters and officials are confident that they will find the missing climbers by this afternoon.

Q: Which is correct according to the news report?

(a) Hikers go missing frequently on Mt. Rainier.

(b) The search helicopters won't be used today.

(c) The three hikers went missing at the base camp.

(d) Marvin Thomas is a skilled mountain climber.

해석 여: Cascade 산맥에서 실종된 3명의 등산객을 찾는 수색작업이 오늘 계속되고 있습니다. Jim Beaumont와 그의 아내 Carole, 그리고 그의 형 Marvin Thomas씨는 지난 목요일 아침 일찍 Rainier 산의 베이스캠프를 떠나 정상을 향해 오른 것이 마지막으로 목격되었습니다. 세 사람 모두 매우 숙련된 산악인이지만 여러분도 알다시피 사고는 언제나 일어나기 마련입니다. 이틀 전 이들 3명이 캠프로 되돌아오기로 예정된 시간보다 5시간 늦어지게 되자 수색대가 조직되었습니다. 오늘의 청명한 날씨로 인해 수색 헬리콥터는 완벽한 시야를 확보하게 되었으며 관계 당국에서는 오늘 오후까지 실종된 등산객들을 찾을 수 있을 것이라고 자신하고 있습니다.

문제: 뉴스 보도의 내용과 일치하는 것은?

(a) 등산객들은 Rainier 산에 종종 실종된다.

(b) 수색 헬리콥터는 오늘 사용되지 않을 것이다.

(c) 3명의 등산객들은 베이스 캠프에서 실종되었다.

(d) Marvin Thomas는 숙련된 산악인이다.

해설 주어진 담화는 Cascade 산맥에서 실종된 3인의 등산객에 대한 수색사건을 보도하고 있다. 보도 중반에 'All three are highly experienced mountaineers'라는 설명을 통해 3명 중 1명인 Marvin Thomas가 숙련된 산악인임을 알 수 있다. 따라서 내용과 일치하는 것은 (d)이다.

어휘 mountaineer n. 등반가, 산악인
search party 수색대
missing a. 행방불명인
summit n. 정상

script M: Ladies and gentleman, I just want to inform you that the bookstore will be closing in approximately fifteen minutes. At this time, please bring all intended purchases up to the front cashier station so we can make sure you have the time to get what you need. Also, for those who are interested, we will be having story hour in the children's books department tomorrow morning from 10:00am to 11:00am. And don't forget the red tag sale this weekend, when everything in the store will be 25% off. Thank you for shopping with us today and we hope you have a great evening.

Q: Which is correct according to the announcement?

(a) The store will close for the day at 11:00pm.

(b) The red tag sale will only last for an hour in the morning.

(c) Purchases need to be at the front station in fifteen minutes.

(d) The store will open no later than 10:00am tomorrow.

해석 남: 신사 숙녀 여러분, 서점이 약 15분 후에 문을 닫는다는 점을 알려드리고 싶습니다. 지금 구매하고자 하는 모든 책을 앞 계산대에 가져가주시면 저희가 필요한 것을 구매하실 수 있는 시간을 가지실 수 있도록 하겠습니다. 관심 있으신 분을 위해 저희는 아동 도서 부서에서 내일 아침 10시부터 11시까지 스토리 타임을 가질 예정입니다. 또한 서점의 모든 책이 25% 할인되는 이번 주말에 있을 '레드 태그 할인'을 잊지 마세요. 오늘 구매해주신 여러분들께 감사의 말씀 드리며 행복한 주말 되시길 바랍니다.

문제: 안내에 대한 내용과 일치하는 것은?

(a) 가게는 당일 오후 11시에 문을 닫을 것이다.

(b) '레드 태그 할인'은 아침 1시간 동안만 진행될 것이다.

(c) 구매는 15분 내에 가게 앞부분에서 진행된다.

(d) 가게는 내일 10시 보다 더 늦은 시간에 개장할 것이다.

해설 주어진 담화는 서점의 폐장을 알리는 내용이다. 화자는 15분 후에 서점이 문을 닫을 것이며, 'please bring all intended purchases up to the front cashier station'라는 말을 통해 구매 완료를 서점 앞 계산대에서 진행해달라고 안내하고 있다. 따라서 내용과 일치하는 것은 (c)이다.

어휘 approximately adv. 대략, 거의   station n. 위치
intended a. 의도된, 계획된

58.

script W: Albert Einstein has gone down in history as being the man behind the Theory of Relativity. But, did he actually invent it? The answer, believe it or not, is no. That credit goes to Galileo Galilei who first stated the theory in his book *Dialogue Concerning the World's Two Chief Systems*, written in 1632. More than two and half centuries later, it was Albert Einstein who recognized certain mistakes made in Galileo's work concerning Relativity, and went on to correct them in his work on the Special Theory of Relativity for which he is so well known today.

Q: What does the speaker imply?

 (a) People shouldn't always believe what they hear.

 (b) No invention was created by a single human being.

 (c) Galileo's work was too flawed to be remembered.

 (d) Einstein shouldn't be known as the inventor of Relativity.

해석　여: Albert Einstein은 상대성 이론을 발견한 사람으로서 역사상 길이 남아있습니다. 그렇지만 실제로 그것을 발명한 건가요? 믿거나 말거나 그 대답은 '아니오'입니다. 그 영예는 1632년에 쓰여진 《세계의 양대 주요 체제에 관한 대화》라는 책에서 그 이론을 최초로 언급했던 Galileo Galilei에게 돌아갑니다. 2.5세기도 더 넘게 지나간 후에 Albert Einstein은 상대성 이론을 언급한 Galieo의 작품 속에서 어떤 실수들을 발견하였습니다. 그리고 자신의 연구에서 오늘날 자신을 매우 유명하게 만든 상대성 특별 이론에 매진하면서 이 실수들을 교정하게 되었습니다.

문제: 화자가 암시하고 있는 것은 무엇인가?

 (a) 사람들은 자신이 듣는 것을 항상 믿으면 안된다.

 (b) 어떤 발명도 단 한 사람에 의해 창조되지는 않는다.

 (c) 갈릴레오의 작품은 너무 결점이 있어서 기억할 수가 없다.

 (d) Einstein은 상대성 이론의 창시자로써 알려져서는 안 된다.

해설　담화를 통해 화자는 상대성 이론을 발명한 사람에 대해 이야기하고 있다. 화자에 의하면, Einstein이 상대성 이론을 발명한 사람이 아니며, 'Albert Einstein who recognized certain mistakes made in Galileo's work concerning Relativity'라는 말을 통해 Galileo의 이론을 수정한 사람일 뿐이라고 설명하고 있다. 따라서 화

자가 암시하고 있는 내용으로 적합한 것은 (d)이다.

어휘　invent v. 발명하다　　state v. 언급하다, 말하다
chief a. 주된
the Theory of Relativity 상대성 이론

59.

script M: The two most populous countries in the world are fairly well-known: China and India. However, researchers have theorized through population growth statistics that these two countries won't grow very much over the next fifty years. In fact, China is expected to grow by only 16.53%, whereas a country like Saudi Arabia is projected to grow by more than 300%. The more developed countries tend to have lower growth rates in the study, while the less wealthy countries are growing exponentially.

Q: What does the speaker imply?

 (a) Some countries will need more land space than others.

 (b) Saudi Arabia will be the most populous country in fifty years.

 (c) Countries should find a way to stabilize their populations.

 (d) Underdeveloped countries will have population booms.

해석　남: 세계에서 가장 인구가 많은 두 나라는 매우 잘 알려져 있듯이 중국과 인도입니다. 그렇지만 연구자들은 인구증가통계를 기반으로 이 두 나라들에서 다음 50년간 더 많은 인구성장을 하지는 않을 것이라고 제시해왔습니다. 사실 중국은 단지 16.53퍼센트 정도 증가할 것으로 예상되지만, 반면 사우디 아라비아와 같은 나라들은 300퍼센트 이상 성장할 것으로 보입니다. 연구에서 더 많은 선진국들이 더 낮은 성장률을 보이는 반면, 덜 부유한 국가에서는 기하급수적으로 인구가 증가하는 추세입니다.

문제: 화자가 주로 암시하고 있는 것은?

 (a) 일부 국가들은 다른 나라들에 비해 더 많은 땅을 필요로 할 것이다.

 (b) 사우디아라비아는 50년 후에 가장 인구가 많은 나라가 될 것이다.

 (c) 국가들은 나라의 인구를 안정시킬 방법을 찾아야 한다.

 (d) 저개발국가들은 인구 붐을 겪게 될 것이다.

해설　담화를 통해 화자는 세계의 인구증가에 대해 이야기하고 있다. 특히 담화의 마지막 부분에서, 'the less wealthy countries are growing exponentially'라고 말함으로써 후진국의 인구의 기하급수적 증가에 대해

우려하고 있다. 따라서 화자의 함축된 주장으로 적합한 것은 '미개발국가의 인구 붐에 대한 우려'라는 (d)이다.

어휘 be projected to ~로 예상된다
exponentially adv. 기하급수적으로
stabilize v. 안정하다, 안정시키다
underdeveloped a. 후진국의, 저개발의
theorize v. 이론을 세우다

60. 추론 ★★★　　　　　정답 (c)

script W: The euro was officially adopted on New Year's Day 1999, replacing the currencies of 16 of the 27 Member States of the European Union. Introduced to help Member States – including France, Germany, Ireland, and Italy – to meet stricter criteria in terms of budget deficits, low inflation, standard interest rates, and create a more stable financial environment for the European Union, it has since become the second largest reserve currency and the second most used currency in the world after the U.S. dollar. The euro is currently being used by no less than 327 million Europeans.

Q: What can be inferred about the euro from the lecture?
(a) It should be the most used currency in the world.
(b) Some countries are only using it temporarily.
(c) The euro has achieved its intended goal of stability.
(d) Budget deficits and inflation are big problems in Europe.

해석 여: 유로는 유럽연합의 27개 회원국들 중 16개국의 통화를 대체하면서 1999년 새해에 공식적으로 채택되었습니다. 예산 적자, 낮은 인플레이션, 표준 이자율에 대한 엄격한 기준에 부합하고 더 안정적인 재정적 환경을 조성할 수 있도록 회원국– 프랑스, 독일, 아일랜드와 이탈리아를 포함한–을 돕기 위해 소개된 유로는 세계에서 2번째로 큰 준비통화이자 미국 달러 다음으로 세계에서 가장 많이 사용되는 통화가 되었습니다. 유로는 현재 3억2천7백만 유럽인들이 사용하고 있습니다.

문제: 강의에서 유로에 관하여 추론할 수 있는 것은?
(a) 유로는 세계에서 가장 많이 사용되는 통화가 될 것이다.
(b) 일부 나라에서는 오직 이것을 임시로 사용될 뿐이다.
(c) 유로는 안정성의 의도된 목적을 달성했다.
(d) 예산 적자와 인플레이션은 유럽의 가장 큰 문제이다.

해설 강의 내용을 통해 화자는 유로에 대해 이야기하고 있다. 유로의 처음 발행 목적은 'budget deficits, low inflation, standard interest rates'이었는데, 현재 유로는 전 세계적으로 2번째 많이 사용되고 있는 통화라는 설명을 통해 유로의 목적이 달성되었음을 짐작할 수 있다. 따라서 유로에 대한 추정으로 적절한 것은 (c)이다.

어휘 adopt v. 채용 하다, 채택하다　criteria n. 기준
budget deficit 예산 적자
reserve currency 준비 통화
stable a. 안정된, 지속성 있는
temporarily adv. 일시적으로

Actual TEST 03 Listening Comprehension 정답 & 해설

Part I ~ IV									
1 (c)	2 (c)	3 (b)	4 (c)	5 (d)	6 (a)	7 (c)	8 (b)	9 (d)	10 (c)
11 (a)	12 (b)	13 (d)	14 (b)	15 (d)	16 (a)	17 (d)	18 (d)	19 (c)	20 (d)
21 (a)	22 (b)	23 (c)	24 (d)	25 (a)	26 (d)	27 (b)	28 (a)	29 (a)	30 (b)
31 (c)	32 (b)	33 (d)	34 (d)	35 (b)	36 (b)	37 (a)	38 (b)	39 (c)	40 (c)
41 (c)	42 (d)	43 (d)	44 (c)	45 (a)	46 (b)	47 (a)	48 (d)	49 (b)	50 (b)
51 (a)	52 (c)	53 (d)	54 (c)	55 (b)	56 (b)	57 (c)	58 (b)	59 (c)	60 (b)

1. | 의문사 의문문 – Where ★★☆ | 정답 (c)

script W: Where is Mr. Adams? Have you seen him?
M: _______________

(a) He's very friendly.
(b) Yes, I've met him.
(c) He went to lunch.
(d) No, he is my boss.

해석 여: Adams씨 어디 계세요? 보신 적 있으세요?
남: _______________

(a) 그는 매우 친절하세요.
(b) 네, 그를 만난 적이 있어요.
(c) 그는 점심 먹으러 갔어요.
(d) 아니요, 그는 제 상관이세요.

해설 일반 의문문이 마지막에 나왔지만 여자 말의 본래 의도는 처음의 where 의문문으로 'Adams씨가 어디에 있는지'에 대해 묻고 있다. 따라서 남자의 대답으로 '점심 먹으러 갔다'는 (c)가 정답으로 적절하다.

어휘 friendly a. 친절한

2. | 일반 의문문 ★★☆ | 정답 (c)

script W: Did you go out for dinner?
M: _______________

(a) Let's have some lunch instead.
(b) Come in out of the cold.
(c) I decided to stay home.
(d) The new pizza place is good.

해석 여: 저녁 먹으러 나갔었나요?
남: _______________

(a) 대신 점심을 먹읍시다.
(b) 추운데 들어오세요.
(c) 집에 머물기로 결심했어요.
(d) 새 피자 가게가 좋아요.

해설 일반 의문문으로 여자는 남자에게 저녁을 먹으러 나갔었는지 묻고 있다. (c)의 '집에 있었다'는 말은 '저녁 먹으러 나가지 않았다'는 의미와 같다. 따라서 남자의 대답으로 적절한 것은 (c)이다.

어휘 instead adv. 대신에   decide v. 결정하다, 결심하다

3. | 의문사 의문문 – What time ★★☆ 정답 (b)

script M: What time do you leave?
W: _______________

(a) I don't get lunch.
(b) I'm here until five.
(c) I used to live there.
(d) Ten minutes ago.

해석 남: 언제 출발하세요?

여: _______________

(a) 저는 점심을 먹지 않아요.
(b) 저는 5시까지 여기 있어요.
(c) 저는 거기에 살았었어요.
(d) 10분 전에요.

해설 의문사 의문문으로 남자는 여자에게 '언제 떠나는지' 시간을 묻고 있다. (b)의 '5시까지 여기에 있다'는 말은 '5시 이후에 떠난다'는 의미임을 알 수 있으므로 여자의 대답으로 가장 적절한 것은 (b)이다.

어휘 get lunch 점심 먹다

4. | 평서문 ★★★ | 정답 (c)

script M: I always hate taking the subway at this time of day because it's too crowded.
W: _______________

(a) This building always seems busy.
(b) Yes, the subway can be very slow.
(c) I don't mind walking if you want to.
(d) I've never thought that it was unsafe.

해석 남: 저는 항상 이 시간에 지하철 타는 게 싫어요. 너무 붐비거든요.
여: _______________

(a) 이 건물은 항상 분주해 보여요.
(b) 그래요. 지하철은 너무 느릴 수 있어요.
(c) 당신이 원하면 전 걸어도 상관없어요.
(d) 저는 그것이 안전하지 못하다고 생각해 본 적 없어요.

해설 평서문으로 남자는 지하철 타는 것이 싫다고 이야기하고 있다. 이 말에 대한 여자의 대답으로 '그러면 걸어가자'고 말한 (c)가 가장 적절하다. 남자의 말에 언급된 단어를 반복 사용한 (a)와 (b)를 정답으로 고르지 않도록 주의한다.

어휘 hate ~ing ~하는 것을 싫어하다
crowded a. 복잡한, 붐비는
unsafe a. 안전하지 못한

5. | 평서문 ★☆☆ | 정답 (d)

script M: Your mom called and left a message.
W: _______________

(a) I can take a message.
(b) Sorry, but she' not here.
(c) There's nothing left.
(d) Did she? I'll call her back.

해석 남: 당신 엄마가 전화해서 메모를 남기셨어요.
여: _______________

(a) 제가 메모를 받을 수 있어요.
(b) 미안해요, 그렇지만 그녀는 여기에 없어요.

(c) 아무것도 남은 게 없어요.
    (d) 그랬어요? 제가 그녀에게 다시 전화할게요.

해설　평서문으로 남자는 여자에게 그녀의 어머니가 남긴 전화 메모를 전해주고 있다. 따라서 이에 대한 여자의 대답으로 '엄마에게 다시 전화하겠다'는 (d)가 자연스럽다.

6.　　일반 의문문 ★★☆　　　　정답 (a)

script　W: I'm going to the store. Do you need anything?
　　　　M: ______________________________
　　　　(a) No thanks. I went yesterday.
　　　　(b) Put it on my credit card.
　　　　(c) I think I've got plenty.
　　　　(d) Sorry, I don't have change.

해석　여: 가게 가려고 하는데, 필요한 거 있어요?
　　　　남: ______________________________
　　　　(a) 아니 괜찮아요. 전 어제 갔다 왔어요.
　　　　(b) 제 신용카드로 하세요.
　　　　(c) 전 많이 가지고 있다고 생각해요.
　　　　(d) 미안합니다, 전 잔돈이 없어요.

해설　일반 의문문으로 여자는 가게에서 사다 줄 것이 없는지 남자에게 묻고 있다. '어제 갔었다'는 (a)는 '사다 줄 것이 없다'는 의미임을 파악할 수 있다. 따라서 여자의 말에 대한 남자의 대답으로 (a)가 적절하다.

어휘　change n. 잔돈, 변화　　plenty n. 많음, 충분

7.　　의문사 의문문 – Where ★☆☆　　정답 (c)

script　W: Where did you hang my coat?
　　　　M: ______________________________
　　　　(a) I'll help you hang it.
　　　　(b) I'm glad you like it.
　　　　(c) I put it in your closet.
　　　　(d) I found it on the floor.

해석　여: 제 코트 어디에 걸어두셨어요?
　　　　남: ______________________________
　　　　(a) 제가 그것 거는 것을 도와드릴게요.
　　　　(b) 당신이 그것을 좋아하니 기뻐요.
　　　　(c) 제가 당신 옷장에 두었어요.
　　　　(d) 제가 바닥에서 그것을 발견했어요.

해설　의문사 의문문으로 여자는 남자에게 '코트 둔 곳'을 묻고 있다. 따라서 이에 적절한 남자의 대답으로 '옷장에 두었다'는 (c)가 가장 자연스럽다.

어휘　hang v. 걸다, 달다

8.　　의문사 의문문 – What ★☆☆　　정답 (b)

script　M: What does the weather look like?

W: ______________________________
　　　　(a) I can see the mountains.
　　　　(b) It's still very cloudy.
　　　　(c) I don't like hot weather.
　　　　(d) I prefer working outdoors.

해석　남: 날씨가 어떤 것 같아요?
　　　　여: ______________________________
　　　　(a) 산을 볼 수가 있어요.
　　　　(b) 여전히 매우 흐려요.
　　　　(c) 저는 더운 날씨를 좋아하지 않아요.
　　　　(d) 저는 야외에서 일하는 것이 더 좋아요.

해설　의문사 의문문으로 남자는 '날씨'에 대해 묻고 있다. 따라서 이에 대한 적절한 대답으로 '여전히 흐리다'는 (b)가 가장 자연스럽다. 남자 말에서 언급된 'weather'의 반복으로 혼동을 주는 (c)를 정답으로 고르지 않도록 주의하자.

어휘　outdoors adv. 야외에서

9.　　의문사 의문문 – How ★☆☆　　정답 (d)

script　W: How far is Smithville from here?
　　　　M: ______________________________
　　　　(a) I think we should take the train.
　　　　(b) The bus route includes three stops.
　　　　(c) Thanks for giving me directions.
　　　　(d) It's about 22 miles down the highway.

해석　여: Smithville이 여기에서 얼마나 먼가요?
　　　　남: ______________________________
　　　　(a) 제 생각에는 우리가 기차를 타야 할 것 같아요.
　　　　(b) 버스는 3개의 정거장에서 섭니다.
　　　　(c) 길을 알려주셔서 감사합니다.
　　　　(d) 고속도로로 22마일 경에 있어요.

해설　의문사 의문문으로 Smithville까지의 거리를 묻고 있다. (d)의 '고속도로로 22마일'이라는 말은 Smithville까지 그만큼 떨어져 있다는 의미임을 파악할 수 있다. 따라서 남자의 대답으로 (d)가 적절하다.

어휘　include v. 포함시키다　　route n. 길, 노선

10.　　명령문 ★☆☆　　　　정답 (c)

script　M: Please deliver this check to the tax office.
　　　　W: ______________________________
　　　　(a) I will check on it right away.
　　　　(b) I am expecting the delivery soon.
　　　　(c) Do I need to get a receipt?
　　　　(d) I'd like to cash this check.

해석　남: 이 수표를 세무서에 전달해 주세요.
　　　　여: ______________________________
　　　　(a) 제가 지금 확인해볼게요.

(b) 저는 배달이 곧 올 거라 기대하고 있어요.

(c) 영수증을 받아와야 하나요?

(d) 저는 이 수표를 현금화하고 싶어요.

해설 명령문으로 남자는 여자에게 세무서에 수표를 갖다 주라고 이야기하고 있다. 따라서 이에 적절한 여자의 응답으로 '영수증을 받아올까요?'라는 (c)가 정답이다.

어휘 tax office 세무서   receipt n. 영수증
check n. 수표 v. 조사하다, 점검하다
expect v. 기다리다, 기대하다

---

11. 일반 의문문 ★★☆   정답 (a)

script M: Do you have an entry in the science fair?

W: ___________________________

(a) No, I didn't enter this year.
(b) Yes, my science teacher was fair.
(c) The main entrance is on the second floor.
(d) Science is my favorite school subject.

해석 남: 과학 박람회에 입장권 있어요?

여: ___________________________

(a) 아니요, 올해는 들어가지 못했어요.
(b) 네, 제 과학 선생님은 공정하셨어요.
(c) 정문은 2층에 있어요.
(d) 과학은 제가 제일 좋아하는 과목이에요.

해설 일반 의문문으로 남자는 여자에게 '과학박람회 입장권이 있는지'에 대해 묻고 있다. 따라서 '올해는 못 들어갔다'는 (a)가 여자의 답으로 가장 적절하다. 혼동을 주기 위해 'science'와 'entry'가 반복적으로 언급된 (b), (c), (d)는 정답으로 고르지 않도록 하자.

어휘 science fair 과학 박람회   entry n. 입장권

---

12. 의문사 의문문 – What time ★★☆ 정답 (b)

script W: What time would you like to meet for dinner?

M: ___________________________

(a) Breakfast is the most important meal.
(b) I usually eat between six and seven.
(c) Let's try the new diner on Third.
(d) The meeting is scheduled to start at three.

해석 여: 저녁 먹으러 몇 시에 만나고 싶으세요?

남: ___________________________

(a) 아침은 가장 중요한 식사예요.
(b) 저는 보통 6시에서 7시 사이에 식사해요.
(c) 우리 3층의 새 식당 가봐요.
(d) 회의는 3시에 시작될 예정입니다.

해설 의문사 의문문으로 여자는 저녁식사 약속시간을 묻고 있다. 자신의 일상적인 저녁 식사 시간을 이야기한 (b)는 여자에게 그 시간에 저녁을 먹자는 의미로 해석할

수 있다. 따라서 저녁 시간을 묻는 질문에 대한 남자의 대답으로 (b)가 적절하다.

어휘 be scheduled to ~할 예정이다

---

13. 평서문 ★★★   정답 (d)

script M: I need help burning my video presentation to a CD.

W: ___________________________

(a) Be careful not to burn your fingers.
(b) The projector lens needs to be in focus.
(c) The presentation may be available online.
(d) Don't worry, the software makes it easy.

해석 남: 제 비디오 프리젠테이션을 CD로 굽는 데 도움이 필요해요.

여: ___________________________

(a) 손가락이 화상 당하지 않도록 주의하세요.
(b) 영사기 렌즈는 초점을 맞춰둘 필요가 있어요.
(c) 프리젠테이션은 온라인으로 이용 가능할 거예요.
(d) 걱정 말아요. 소프트웨어가 쉽게 해줄 거예요.

해설 평서문으로 남자는 여자에게 CD 굽는 것에 대한 도움을 요청하고 있다. 따라서 도움 요청에 대한 여자의 대답으로 '소프트웨어로 쉽게 할 수 있을 것이다'라는 (d)가 자연스럽다.

어휘 burn v. 굽다

---

14. 의문사 의문문 ★★☆   정답 (b)

script W: Where did you develop your talent for painting?

M: ___________________________

(a) I am going to paint my parent s' house next week.
(b) I had a very good art teacher in elementary school.
(c) Mixing paint, color and light make for successful art.
(d) I hope to develop it in the school darkroom.

해석 여: 그림 그리는 재능을 어디에서 계발했어요?

남: ___________________________

(a) 저는 다음 주에 부모님 댁에 페인트 칠을 할 거예요.
(b) 저는 초등학교때 매우 훌륭한 미술 선생님이 있었어요.
(c) 페인트와 색과 빛을 섞는 것은 성공적인 미술을 만듭니다.
(d) 저는 학교의 암실에서 그것을 인화하고 싶어요.

해설 주어진 문제는 where의문사로 시작하는 문장이지만 내용상 '장소'의 의미가 아니라 '남자가 그림 그리는 재능을 계발한 계기'를 묻고 있는 문제이다. (b)의 '초등학교에 훌륭한 미술선생님이 있었다'의 의미는 '그 선생님을 통해 그림 그리기 재능을 계발했다'는 의미로 파악할 수 있다. 따라서 여자의 질문에 대한 대답으로 (b)가 적절하다.

어휘 develop v. 인화하다   darkroom n. 암실

15. 평서문 ★★★   정답 (d)

script M: The symphony will be in concert next weekend.
W: ________________________

(a) How far is the theater from your house?
(b) The concert hall seats more than 10,000.
(c) I'm too late. What time did it start?
(d) Would you prefer to go on Saturday or Sunday?

해석 남: 그 교향악은 다음주 주말에 연주회를 할 거예요.
여: ________________________

(a) 집에서 극장까지 얼마나 멀어요?
(b) 콘서트 홀은 10,000석 이상의 좌석이 있습니다.
(c) 저는 너무 늦었어요. 그것이 언제 시작했나요?
(d) 토요일이나 일요일 중 언제 가는 것이 더 좋아요?

해설 평서문으로 남자는 '교향악이 다음 주 주말에 연주한다'라는 정보를 제시하며, 여자에게 '함께 가자'는 의미로 이야기했음을 파악해야 한다. 따라서 여자의 대답으로 '토요일이나 일요일 중 언제 갈까?'라고 묻는 (d)가 적절하다.

어휘 symphony n. 심포니, 교향악(단)

16. 의문사 의문문 – How ★★☆   정답 (a)

script W: That looks like a new car. Is it yours?
M: Yeah, I got it last week.
W: It looks great. How do you like it?
M: ________________________

(a) I'm very pleased so far.
(b) Sure, you can try it.
(c) It's very much like my old one.
(d) It was way too expensive.

해석 여: 새 차처럼 보이는데요. 당신 차인가요?
남: 네, 지난 주에 샀어요.
여: 좋아 보이는군요. 마음에 들어요?
남: ________________________

(a) 지금까지는 만족해요.
(b) 물론이죠, 한번 해보세요.
(c) 제 예전 차와 매우 많이 비슷해요.
(d) 그것은 너무 비싸요.

해설 두 사람은 남자의 새 차에 대해 이야기하고 있다. 차에 대한 소감을 묻는 여자의 질문에 대한 답으로 '지금까지는 만족한다'고 말한 (a)가 가장 적절하다. '지난 번 차와 매우 비슷하다'의 (c)는 새 차에 대한 소감을 묻는 대답으로 적절하지 않다.

어휘 way too 너무 많이
expensive a. 값비싼, 비용이 드는

17. 일반 의문문 ★★☆   정답 (d)

script M: Excuse me. I'd like to get a closer look at your DVD players.
W: Let me take it out of the display so you can get a closer look.
M: Does it have a guarantee?
W: ________________________

(a) This one is the most expensive.
(b) This is a brand new model.
(c) Yes, I'm looking for a DVD player.
(d) One year on parts and labor.

해석 남: 실례합니다. 당신의 DVD 플레이어를 가까이에서 살펴보고 싶습니다.
여: 진열장에서 꺼내 드릴 테니 가까이에서 보세요.
남: 보증서가 있나요?
여: ________________________

(a) 이것은 가장 비싼 것입니다.
(b) 이것은 새 모델입니다.
(c) 네, 저는 DVD 플레이어를 찾고 있습니다.
(d) 부품이나 수리에 대해서 1년입니다.

해설 대화에서 남자는 DVD 플레이어를 사러 온 손님임을 알 수 있다. 보증서가 있는지에 대해 묻는 질문에 대한 여자의 대답으로 '1년 동안 부품 및 수리에 대해 보장된다'고 보증서의 내용을 이야기한 (d)가 적절하다.

어휘 get a closer look at 더 가까이에서 보다
display n. 전시, 진열대
labor n. 노동(작업), 업무(기간)
guarantee n. 품질 보증서

18. 일반 의문문 ★☆☆   정답 (d)

script M: Does this town have mass transit?
W: Yes. You can take the bus, train or subway.
M: Do you take any of them to work?
W: ________________________

(a) Bus schedules are in that rack.
(b) Yes, because they are undependable.
(c) The transit station opened last year.
(d) No, they don't go near my office.

해석　남: 이 도시는 대중 교통 수단이 있나요?

　　　여: 네. 버스, 기차 또는 지하철을 타실 수 있어요.

　　　남: 당신도 출근 시 그들 중 하나를 타시나요?

　　　여: ________________________________

　　　　　(a) 버스 일정은 선반에 있어요.

　　　　　(b) 네, 그것들은 믿을 수가 없기 때문이죠.

　　　　　(c) 그 역은 지난 해에 개설되었어요.

　　　　　(d) 아니요, 그것들은 제 사무실 근처로 가지 않아요.

해설　두 사람은 도시의 대중 교통 수단에 대해 이야기하고 있고 남자는 출근할 때 대중교통을 이용하는지 여자에게 묻고 있는 상황이다. '회사 근처까지 오는 게 없다'는 (d)는 '대중교통을 통해 출근하지 않는다'는 의미로 해석할 수 있으므로 여자의 대답으로 (d)가 적절하다.

어휘　mass transit 대중 교통 수단

　　　rack n. 받침대, 선반

　　　undependable a. 믿을 수 없는

19.　부정 의문문 ★★☆　　　정답 (c)

script　W: Have you heard from the boss?

　　　　M: Not since he left town last week.

　　　　W: Doesn't he usually call and check in?

　　　　M: ________________________________

　　　　　(a) Yes, because he trusts me.

　　　　　(b) The pressure is off since he's gone.

　　　　　(c) Sometimes, depending on his schedule.

　　　　　(d) Things are going pretty well without him.

해석　여: 상관에게서 연락이 있었어요?

　　　남: 지난 주에 도시를 떠난 이후로는 소식을 듣지 못했어요.

　　　여: 보통 전화를 하거나 확인하지 않나요?

　　　남: ________________________________

　　　　　(a) 네, 그는 저를 믿기 때문이죠.

　　　　　(b) 그가 떠난 이후로 압박감이 사라졌어요.

　　　　　(c) 가끔 그래요. 그의 스케줄에 따라서요.

　　　　　(d) 일들이 그 없이 매우 잘 되어가고 있어요.

해설　두 사람은 출장 중인 상관에 대해 이야기하고 있다. 여자는 상사가 '출장 중에 보통 연락하지 않는지' 묻고 있으므로 이에 대한 대답으로 '일정에 따라 가끔'이라고 빈도수를 이야기하고 있는 (c)가 가장 적절하다.

어휘　check in 확인하다　depending on ~에 따라

20.　평서문 ★☆☆　　　정답 (d)

script　M: Are you in the Tuesday study group?

　　　　W: What study group? I didn't know anything about it.

　　　　M: We help each other with English.

　　　　W: ________________________________

　　　　　(a) I like to study in the library.

　　　　　(b) I have been a member for a year.

　　　　　(c) What subjects do you study?

　　　　　(d) Can I join your group?

해석　남: 화요일 공부모임에 가세요?

　　　여: 무슨 모임인데요? 그것에 대해 아무것도 몰랐어요.

　　　남: 우리는 영어에 대해 서로를 돕고 있어요.

　　　여: ________________________________

　　　　　(a) 저는 도서관에서 공부하는 것을 좋아해요.

　　　　　(b) 저는 일년 동안 회원이었어요.

　　　　　(c) 무슨 과목을 공부하는데요?

　　　　　(d) 제가 당신 그룹에 들어가도 되나요?

해설　대화에서 두 사람은 영어공부 모임에 대해 이야기하고 있다. 대화에서 남자는 여자에게 자신의 공부 모임에 들어올 것을 제안하며 그것을 설명해주고 있다. 따라서 '내가 들어갈 수 있나요?'라고 확인하는 (d)가 여자의 대답으로 적절하다.

어휘　library n. 도서관　　subject n. 과목, 주제

21.　평서문 ★★☆　　　정답 (a)

script　W: What's wrong? Are you looking for something?

　　　　M: I lost the notes for my research paper.

　　　　W: Let me help you look for them.

　　　　M: ________________________________

　　　　　(a) Thanks. They are in a green notebook.

　　　　　(b) Not yet. I'm planning to start next week.

　　　　　(c) That's right. The paper is due on Friday.

　　　　　(d) Sorry, I haven't seen them around here.

해석　여: 무슨 일이에요? 뭔가 찾고 있는 중이에요?

　　　남: 제 연구 논문에 대한 메모들을 잃어버렸어요.

　　　여: 찾으시는 걸 도와드릴게요.

　　　남: ________________________________

　　　　　(a) 감사합니다. 그것들은 초록 색 노트 안에 있어요.

　　　　　(b) 아직은 아니에요. 저는 다음 주에 시작할 예정이에요.

　　　　　(c) 좋아요. 논문은 금요일까지 마감이에요.

　　　　　(d) 미안합니다, 저는 이 근처에 그것들을 보지 못했어요.

해설　대화에서 남자는 논문에 대한 메모를 찾고 있다. 여자는 찾는 것을 도와주겠다고 이야기하고 있으므로 남자의 대답으로 '감사합니다'라는 말과 함께 '메모가 초록 색 노트 안에 있다'고 알려주는 (a)가 대화의 흐름상 가장 자연스럽다.

22.　의문사 의문문 – What ★☆☆　　　정답 (b)

script　W: Thank you for calling Joe's Pizza.

M: I would like to order your Supreme Special.

W: What would you like to drink with that?

M: ___________________________________

   (a) Can I put it on my credit card?

   (b) What kind of soda do you have?

   (c) Do you need my account number?

   (d) How long until the driver gets here?

해석   여: Joe의 피자에 전화 걸어 주셔서 감사합니다.

      남: 저는 Supreme Special을 주문하고 싶습니다.

      여: 음료수도 함께 드시겠어요?

      남: ___________________________________

        (a) 신용카드로 계산해도 될까요?

        (b) 탄산음료는 어떤 종류가 있나요?

        (c) 당신은 제 계좌번호가 필요하신가요?

        (d) 운전사가 여기에 올 때까지 얼마나 걸리나요?

해설   대화에서 여자는 피자가게 직원이며, 남자는 피자를 주문하고 있음을 알 수 있다. 여자는 '음료수를 함께 주문할 것인지'에 대해 묻고 있으므로 '어떤 탄산음료의 종류가 있는지'를 묻고 있는 (b)가 남자의 대답으로 가장 적절하다.

어휘   account number 계좌번호

---

23.   평서문 ★★☆   정답 (c)

script   W: What should I get my brother for his birthday?

      M: Which brother are we talking about?

      W: My older brother who likes to work on cars.

      M: ___________________________________

        (a) Car insurance is very expensive.

        (b) I need to renew my driver's license.

        (c) Maybe he'd like a set of tools.

        (d) Why don't you check the garage?

해석   여: 제 오빠 생일 선물로 무엇을 사야 할까요?

      남: 어느 오빠를 말하는 거예요?

      여: 자동차 분야에서 일하기를 좋아하는 제 큰 오빠 말이에요.

      남: ___________________________________

        (a) 자동차 보험은 매우 비쌉니다.

        (b) 저는 제 운전면허증을 갱신해야 합니다.

        (c) 아마 그는 공구 한 벌을 좋아할 거예요.

        (d) 주차장을 확인해보는 게 어떨까요?

해설   대화에서 두 사람은 여자의 오빠 생일 선물에 대해 이야기하고 있다. 여자는 남자에게 어떤 선물을 살지 조언을 구하고 있으므로, '공구 한 벌'이라고 선물의 종류를 추천하고 있는 (c)가 남자의 대답으로 가장 자연스럽다.

어휘   a set of tools 공구 한 벌   renew v. 갱신하다
      driver's license 운전 면허증

---

24.   의문사 의문문 – What ★★☆   정답 (d)

script   M: Have you decided where you are going to college?

      W: Not yet. I've narrowed it down to three schools.

      M: I haven't even started planning yet. What should I do?

      W: ___________________________________

        (a) There is a fee every time you submit an application.

        (b) The financial aid forms aren't ready yet.

        (c) I bet you can get a full scholarship.

        (d) I suggest you talk to a college advisor.

해석   남: 어느 대학에 갈 지 결정했어?

      여: 아니 아직. 3개의 학교로 선택을 좁혔어.

      남: 난 아직 계획을 시작하지도 못했어. 어떻게 할까?

      여: ___________________________________

        (a) 신청서를 제출할 때마다 수수료가 있어.

        (b) 재정 지원서는 아직 준비되어 있지 않아.

        (c) 나는 네가 전액 장학금을 받을 수 있을 거라고 확신해.

        (d) 나는 네가 대학 지도교사와 이야기 해보도록 제안 하고 싶어.

해설   두 사람은 대학 진학에 대해 이야기하고 있다. '진학에 대한 계획을 시작하지도 못했다'는 남자의 말은, 여자에게 조언을 구하고자 하는 의도임을 파악해야 한다. 따라서 '진학상담 교사와 상의하라'는 (d)가 여자의 대답으로 가장 적절하다.

어휘   fee n. 수수료, 요금
      submit an application 신청서를 제출하다
      financial aid 재정 원조, 재정 보조
      full scholarship 전액 장학금
      college advisor 지도 교사

---

25.   평서문 ★★☆   정답 (a)

script   M: Would you go to a concert with me tomorrow?

      W: I'm sorry. I can't. I have to work at the store.

      M: That's too bad. I hear the band is really good.

      W: ___________________________________

        (a) I'm off next week. Maybe we can get together then.

        (b) I'll try to get there early, but I can't leave before 9 p.m.

        (c) I like working there. Everybody is nice to me.

(d) I'll let you know if I can go next week. I'm sorry.

해석 남: 내일 저와 함께 콘서트에 갈래요?
여: 미안해요, 갈 수 없어요. 가게에서 일해야 하거든요.
남: 정말 안됐군요. 밴드가 정말 훌륭하다고 들었거든요.
여: ______________

(a) 다음 주에는 휴일이에요. 그때는 같이 갈 수 있을 것 같아요.
(b) 저는 일찍 그곳에 가려고 노력할 거에요, 하지만 9시 전에 출발할 수가 없어요.
(c) 저는 거기에서 일하는 것을 좋아해요. 모든 사람들이 저에게 정말 잘해주거든요.
(d) 제가 다음 주에 갈 수 있는 지 알려드릴게요. 미안해요.

해설 두 사람은 콘서트에 대해 이야기하고 있다. 일 때문에 콘서트에 못 가는 여자에게 남자는 아쉬움을 표현하고 있으므로, '다음 주에 휴일이라 같이 갈 수 있다'고 말한 (a)가 여자의 대답으로 가장 적절하다.

26. 평서문 ★★☆　　　　　　정답 (d)

script M: My parents celebrate their 50th anniversary next year.
W: That's a major milestone. How are you going to celebrate it?
M: There will be a party, for sure. But I am still making plans.
W: ______________

(a) I haven't thought that much about it.
(b) It sounds like everything is in place.
(c) Thank you very much for inviting me.
(d) Would you like me to help you with that?

해석 남: 제 부모님의 50주년 결혼기념일이 내년이에요.
여: 그건 중대한 일이군요. 어떻게 축하하실 건데요?
남: 분명 파티가 있을 거에요. 그렇지만 여전히 기획 중이에요.
여: ______________

(a) 저는 그것에 대해 많이 생각해보지 않았어요.
(b) 모든 것이 자리 잡힌 것처럼 들리는데요.
(c) 저를 초대해주셔서 정말 감사해요.
(d) 제가 계획을 짜는 일을 도와드릴까요?

해설 두 사람은 남자의 부모님의 50주년 결혼기념일에 대해 이야기하고 있다. '파티가 있겠지만 여전히 기획 중이다'는 남자의 말에 대한 여자의 대답으로 '계획을 짜는 것을 도와줄까요?'라고 도움을 제시하는 (d)가 적절하다.

어휘 major a. 주요한, 중대한

milestone n. 중요한 사건, 획기적인 단계
be in place 자리 잡히다

27. 평서문 ★★☆　　　　　　정답 (b)

script W: I need to ask you for a favor.
M: Sure, I'll be glad to help if I can.
W: I would like to list you as a reference on my resume.
M: ______________

(a) Thank you for completing the project.
(b) No problem. You are a good worker.
(c) How did your recent interview go?
(d) How many have you already sent out?

해석 여: 도움을 좀 요청해도 될까요?
남: 물론이에요, 도와드릴 수 있으면 저야 기쁠 거에요.
여: 제 이력서에 추천인으로 당신의 이름을 올리고 싶어요.
남: ______________

(a) 그 프로젝트를 완성해 주신 것에 감사 드려요.
(b) 문제없어요. 당신은 좋은 직원이에요.
(c) 최근 면접 어떻게 되었어요?
(d) 이미 보낸 게 얼마나 되요?

해설 두 사람은 여자의 이력서에 관하여 이야기하고 있다. 여자는 추천인으로 남자의 이름을 올리고 싶다고 부탁하고 있으므로, '문제되지 않는다'는 말과 함께 여자를 칭찬하고 있는 (b)가 남자의 대답으로 가장 적절하다.

어휘 reference n. 추천인 (신원 보증인)
resume n. 이력서

28. 평서문 ★★☆　　　　　　정답 (a)

script W: I'm almost finished with my novel.
M: I didn't know that you were a writer.
W: I'm not, really. I just did it for fun.
M: ______________

(a) Would you like me to read it?
(b) That's one of my favorite novelists.
(c) The movie was better than the book.
(d) What publisher did you choose?

해석 여: 저는 제 소설을 거의 끝냈어요.
남: 전 당신이 작가인 지 몰랐는데요.
여: 사실은 아니에요. 그저 재미 삼아 써보았어요.
남: ______________

(a) 제가 읽어봐도 될까요?
(b) 그것은 제가 좋아하는 소설가들 중에 한 명이에요.
(c) 그 영화는 책보다 더 나았어요.
(d) 어떤 출판사를 선택하셨어요?

해설 두 사람은 여자의 소설작업에 대해 이야기하고 있다.

'재미 삼아 소설을 쓰는 중'이라는 여자의 말에 대한 남자의 대답으로 '읽어볼 수 있을지'에 대해 묻는 (a)가 가장 적절하다.

어휘 novelist n. 소설가

---

29. 의문사 의문문 - What ★★☆ 정답 (a)

script M: Are you back from vacation already?
W: No, I didn't get a chance to go.
M: What happened? I thought it was all set.
W: ________________________________

   (a) The boss asked me to postpone it for a while.
   (b) That's right. My travel agent got me a great deal.
   (c) I know, but I can't decide where I want to go.
   (d) My family and I are going to visit relatives.

해석 남: 휴가에서 벌써 돌아왔어요?
여: 아니요. 갈 기회를 얻지 못했어요.
남: 무슨 일이 있었어요? 전 모든 준비가 끝났다고 생각했어요.
여: ________________________________

   (a) 상관이 잠시 그것을 미뤄달라고 요청했어요.
   (b) 맞아요. 제 여행사에서 저에게 좋은 거래를 제시했어요.
   (c) 알아요, 하지만 어디로 가고 싶은 지 결정할 수가 없어요.
   (d) 제 가족과 저는 친척들을 방문할 예정이에요.

해설 두 사람은 여자의 휴가에 대해 이야기하고 있다. 남자는 여자가 계획과 달리 휴가를 가지 못한 이유를 묻고 있으므로, 이에 대한 여자의 대답으로 '상관이 미루라고 요청했다'고 말한 (a)가 가장 적절하다.

어휘 postpone v. 연기하다 relative n. 친척

---

30. 평서문 ★★☆ 정답 (b)

script W: The total due is $177.33.
M: Does that include the five percent sales tax?
W: Yes, it includes all charges, including the tax.
M: ________________________________

   (a) Oh, no. My checking account is overdrawn.
   (b) Thank you. I thought it would be more.
   (c) My credit card expires in three months.

   (d) Can you tell me my account balance?

해석 여: 총 내셔야 할 돈은 177.33달러입니다.
남: 5퍼센트의 판매세가 포함되어 있나요?
여: 네, 그 돈에는 세금을 포함하여 모든 비용이 포함되어 있습니다.
남: ________________________________

   (a) 오, 안돼요. 제 당좌거래구좌는 잔액이 부족합니다.
   (b) 감사합니다. 전 더 많을 거라고 생각했거든요.
   (c) 제 신용카드는 3개월 후에 만료됩니다.
   (d) 계좌 잔고를 말씀해주시겠어요?

해설 두 사람은 지불할 가격에 대해 이야기하고 있다. 요금에 모든 비용이 포함되어 있다고 말하는 여자에 대한 대답으로 '예상한 것 보다 저렴하다'고 좋아하는 (b)가 가장 적절하다.

어휘 due n. ~에게 마땅히 주어야 하는 것, 내야 할 돈
sales tax 판매세
overdrawn a. 잔액이 부족한, 초과 인출한
account balance 계좌 잔고
checking account 당좌거래

---

31. 대의 파악 ★★☆ 정답 (c)

script W: Hey, Paul. I hear you're having car problems again.
M: Yeah. It wouldn't start this morning.
W: Do you think it is the battery?
M: I don't know. I'm sure my mechanic will check it.
W: Let me know if you need a ride home.

Q: What are the two people talking about?
   (a) A visit to the mechanic
   (b) A replacement car battery
   (c) The man's car problems
   (d) A vehicle exhaust inspection

해석 여: 이봐요, Paul. 차에 또 문제가 생겼다고 들었어요.
남: 맞아요. 오늘 아침에 시동이 걸리지 않았어요.
여: 배터리 문제인 것 같아요?
남: 모르겠어요. 제 정비사가 확인 할 것이라 확신해요.
여: 집까지 데려다 줄 사람이 필요하면 알려주세요.

문제: 두 사람이 이야기하고 있는 것은 무엇인가?
   (a) 정비소로의 방문
   (b) 자동차 배터리 교체
   (c) 남자의 자동차 문제
   (d) 자동차 배기가스 점검

해설 대화의 주제를 묻는 문제이다. 대화에서 여자의 'you're having car problems again'을 시작으로 대화는 남자의 자동차 문제에 대해 주로 이야기하고 있다. 따라서 대화의 주제는 (c)자동차 문제이다.

어휘 inspection n. 점검

start v. 시동을 걸다, 작동시키다
exhaust n. 배기가스

32. 추론 ★★☆   정답 (b)

script M: Where is the closest place that sells
eyeglasses?

W: I think there is one in the mall by the post
office. Why?

M: I broke my glasses this morning and can't
see clearly.

W: Would you like for me to drive you there?

M: Maybe, but I need to get my prescription
first.

W: Just let me know. I'll be glad to run you over
there.

Q: What can be inferred about the man?

(a) He carries a spare pair of glasses.

(b) He has problems with his vision.

(c) He usually wears contact lenses.

(d) He knows where to get his glasses fixed.

해석 남: 안경을 판매하는 가장 가까운 장소가 어디인가요?

여: 제 생각에는 우체국 옆 쇼핑몰에 하나 있는 것 같은
데요. 왜요?

남: 오늘 아침에 안경이 깨져서 확실히 볼 수가 없어요.

여: 제가 거기까지 차로 데려다 줄까요?

남: 아마도요, 그렇지만 우선은 처방전을 받아야 해요.

여: 그저 말해주세요. 저는 기꺼이 당신을 그곳까지 데
려다 드릴게요.

문제: 남자에 관해 추론할 수 있는 것은?

(a) 그는 여분의 안경 하나를 가지고 다닌다.

(b) 그는 그의 시력에 문제가 있다.

(c) 그는 보통 콘택트렌즈를 사용한다.

(d) 그는 그의 안경을 고칠 수 있는 곳을 알고 있다.

해설 대화를 통해 추론할 수 있는 내용을 묻는 문제이다. 남
자는 'I broke my glasses this morning and can't
see clearly.'라는 말에서 안경이 없어서 시야가 분명하
지 않다고 이야기하고 있다. 따라서 남자에 대해 추론
할 수 있는 내용으로 '시력에 문제가 있다'는 (b)가 적
합하다.

어휘 spare a. 여분의, 남는   a pair of glasses 안경
prescription n. 처방, 규정

33. 대의 파악 ★★☆   정답 (d)

script W: I heard Mrs. Houston is planning to retire.

M: Really? She's been with the company for a
long time.

W: For more than 30 years, from what she told
me.

M: Any idea why she is leaving now?

W: I guess her husband is retiring and they
want to travel.

M: I really liked working with her. I'll miss her.

**Q: What are the man and woman mainly
talking about?**

(a) Why the woman wants to travel

(b) When the company was founded

(c) The age of a coworker

(d) A coworker who is retiring

해석 여: Houston씨가 은퇴를 계획하고 계시단 소리를 들었
어요.

남: 정말이요? 그녀는 회사에서 오랫동안 있었잖아요.

여: 그녀가 제게 말한 바로는 30년이 넘었지요.

남: 왜 지금 떠나려는 지 아세요?

여: 제가 알기에는 그녀의 남편 분이 은퇴하셔서 여행
가고 싶어하시는 거 같아요.

남: 저는 정말 그녀와 함께 일하는 것을 좋아했는데요.
그녀가 그리울 거에요.

문제: 남자와 여자가 주로 이야기하고 있는 것은?

(a) 여자가 여행가고 싶어하는 이유

(b) 기업이 설립된 시기

(c) 동료의 나이

(d) 은퇴하려는 동료

해설 대화의 주제를 묻는 문제이다. 여자의 'I heard Mrs.
Houston is planning to retire.'라는 말을 시작으로 두
사람은 Houston씨가 은퇴하는 이유와 은퇴로 인한 아
쉬움을 이야기하고 있으므로 대화의 주제는 (d)은퇴를
하는 동료가 가장 적절하다.

어휘 found v. 설립하다   retire v. 은퇴하다, 물러나다

34. 대의 파악 ★★☆   정답 (d)

script M: These new health care insurance plans are
very complex.

W: What is the difference between the two
plans?

M: Plan A costs less per month, but Plan B
covers more services.

W: Which one is more like your current
insurance?

M: I guess Plan A comes closer to matching
what I have.

W: Then I would go with Plan A for now. You
can always change it later.

Q: What is the man doing in the conversation?

(a) How to decide on company benefits

(b) Answering questions about health care

(c) Complaining about the cost of health care

(d) Choosing a new health care plan

해석　남: 새로운 건강 보험 안은 너무 복잡해요.

여: 두 개의 계획안은 어떤 차이점이 있나요?

남: 플랜 A는 한 달에 더 적은 돈을 내고, 플랜 B는 더 많은 서비스를 보장해요.

여: 현재 보험과 어느 쪽이 더 비슷한가요?

남: 플랜 A가 제가 가진 것과 더 가깝다고 생각해요.

여: 그러면 저는 지금은 플랜 A로 할래요. 나중에 언제라도 바꿀 수 있어요.

문제: 대화에서 남자가 하고 있는 것은 무엇인가?

(a) 기업 수익으로 결정하는 방법

(b) 건강 보험에 대한 질문에 답하는 것

(c) 건강보험료에 대해 불평하기

(d) 새로운 건강보험을 결정하기

해설　대화의 내용과 일치하는 사실을 묻는 문제이다. 대화에서 두 사람은 새로운 건강 보험 안에 대해 이야기하고 있다. 남자는 2가지 보험 안에 대해 현재 비교하며 무엇을 선택할지 고심하고 있으므로 대화 중 남자가 하는 일은 '새로운 건강 보험 고르기'라는 (d) 이다.

어휘　insurance n. 보험　　　current a. 지금의, 현재의
decide on ~으로 결정하다

35. 　추론 ★☆☆　　　　　　　정답 (b)

script　W: Thank you for calling Credit Services. Can I help you?

M: I lost my credit card yesterday and need to get a new one.

W: I'll be glad to help you with that. Just a moment, I need to verify your account.

M: Can you do it right away? I don't want anyone else to run up charges.

W: Sure. What I have to do now is cancel your card and issue you a new one.

M: That is a relief. I was afraid I might be facing a lot of extra costs.

Q: What will the woman do next?

(a) Call the police and report

(b) Cancel the man's credit card

(c) Add charges to the man's account

(d) Ask the man for his ID

해석　여: Credit Service에 전화 걸어 주셔서 감사합니다. 무엇을 도와드릴까요?

남: 제가 어제 신용카드를 잃어버렸어요. 그래서 새 카드를 발급받아야 합니다.

여: 도와드릴 수 있어서 기쁩니다. 잠시만요. 회원님 말의 사실여부를 확인해야 합니다.

남: 지금 바로 할 수 있나요? 다른 누군가가 카드를 쓰게 하고 싶지 않아서요.

여: 물론이에요. 제가 지금 해야 할 일은 기존 카드를 취소시켜드리고 새 카드로 발급해 드릴게요.

남: 안심이 되는군요. 부가 비용이 많이 들지 않을까 걱정했거든요.

문제: 여자가 다음으로 할 행동은 무엇인가?

(a) 경찰에 전화해서 보고한다.

(b) 남자의 신용카드를 취소한다.

(c) 남자의 계좌에 비용을 청구한다.

(d) 남자의 개인정보를 물어본다.

해설　대화를 통해 추론할 수 있는 내용을 묻는 문제이다. 대화에서 남자는 신용카드 분실로 인해 새 카드 발급을 여자에게 요청하고 있다. 여자의 마지막 대화에서 'What I have to do now is cancel your card and issue you a new one'라고 이야기하고 있으므로, 여자가 예전 카드를 취소하고 새 카드를 발급할 것임을 알 수 있다. 따라서 여자의 다음 행동으로 적절한 것은 (b)이다.

어휘　verify v. 확인하다, 입증하다　　account n. 설명, 해석
run up 쌓이도록 두다　　charge n. 요금, 비용

36. 　대의 파악 ★★☆　　　　　　정답 (b)

script　M: I'm not the greatest judge of fashion, but you look great in that dress!

W: Do you really think so? I'm not sure this design is the best one for me.

M: It looks like a great fit on you, and I really like that color.

W: Are you sure? I wonder if I should look at other dresses for comparison.

M: You can do what you want, but I don't think you will find anything better.

W: OK, you convinced me. I'll buy this one. Let's go look at shoes.

Q: What is the woman doing in the conversation?

(a) Discussing clothing designers

(b) Trying on a new dress

(c) Changing clothes for a party

(d) Seeking matching clothes and shoes

해석　남: 저는 패션을 잘 판단하지 못하지만, 당신 그 드레스를 입으니 근사해 보여요.

여: 그렇게 생각하세요? 이 디자인이 저에게 제일 좋은 것인지 확신하지 못하겠어요.

남: 당신에게 잘 어울리는 것처럼 보여요. 그리고 그 색이 정말 마음에 들어요.

여: 정말이요? 비교를 위해 다른 드레스들을 봐야 하는

지 궁금한데요.

남: 원하는 건 무엇이든지 할 수 있지만 당신이 다른 더 좋은 것을 찾을 지 모르겠네요.

여: 좋아요. 당신이 저에게 확신을 주었어요. 이것을 살 게요. 신발 보러 갑시다.

문제: 대화에서 여자가 하고 있는 것은?

(a) 의상 디자이너를 토론하기

(b) 새로운 드레스를 입어보기

(c) 파티를 위해 옷 갈아입기

(d) 어울리는 옷과 신발을 찾기

해설 대화에서 여자가 하고 있는 일이 무엇인지 묻고 있다. 남자가 여자에게 드레스가 잘 어울린다고 칭찬하고 있 는 상황이며, 여자는 드레스를 구매하겠다는 말을 하고 있으므로 (b)가 정답으로 적절하다. 아직 신발은 보러 가지 않았기 때문에 (d)는 적절하지 않다. 따라서 정답 은 (b)이다.

어휘 convince v. 설득하다, 납득시키다

---

37. 대의 파악 ★★☆　　　　정답 (a)

script W: What a beautiful set of collectable coins! Where did you get them?

M: My grandfather left them to me when he passed away years ago.

W: Do you have any idea how much the collection is worth?

M: I'd like to know, but I don't know which coin dealer I can trust.

W: Why not go to three or four dealers and see if there is a consensus?

M: That takes a lot of time, and I'm still not sure if I'd get a fair price.

W: Here's an idea – go on the Internet. I'm sure there are a lot of sites you could use.

M: That's a pretty good idea. I think I will check it out later this evening.

Q: What does the woman suggest to the man?

(a) Research the value of his coin collection online

(b) Advertise online that his coin collection is for sale

(c) Accept the appraisals made by local coin dealers

(d) Have his collection insured for the proper value

해석 여: 수집 가치가 있는 아름다운 동전 세트 좀 봐요. 어 디서 얻으셨어요?

남: 할아버지가 몇 년 전 돌아가실 때 제게 남기신 거예요.

여: 그 수집품이 얼마의 가치가 있는지 아세요?

남: 알고 싶지만 어떤 동전 중개인을 믿을 수 있을지 몰 라서요.

여: 3, 4명의 동전 중개인을 찾아가보고 일치점이 있는 지 확인해보는 건 어때요?

남: 그러면 시간이 많이 걸려요. 그리고 전 여전히 적절 한 가격을 받을 수 있는 지 확신하지 못하고 있어요.

여: 좋은 아이디어가 있어요. 인터넷으로 찾아보는 거 예요. 당신이 이용할 수 있는 사이트가 많이 있을 거라고 생각해요.

남: 정말 괜찮은 아이디어네요. 오늘 저녁에 확인해봐 야겠네요.

문제: 여자가 남자에게 제안하고 있는 것은?

(a) 동전 수집품의 가치를 온라인으로 확인해보라.

(b) 온라인에 그의 동전 수집품을 판매한다고 광 고하라.

(c) 현지 동전 중개인에게 받은 평가서를 받아들여라.

(d) 그의 수집품을 적정한 가치로 보험을 들어 두라.

해설 대화에서 여자가 제안하고 있는 것이 무엇인지 묻는 문 제이다. 여자는 동전 수집품의 가치를 궁금해하는 남자 에게 'Here's an idea – go on the Internet.'라고 말함 으로써 인터넷에서 정보를 찾아보라고 제안하고 있다. 따라서 여자의 제안으로 (a)가 적절하다.

어휘 collectable a. 수집가치가 있는
appraisal n. 평가(서)
pass away 사망하다, 돌아가시다
consensus n. 의견 일치, 합의
insure v. 보험 들다

---

38. 내용 일치 ★★☆　　　　정답 (b)

script M: I think I need to get an opinion from a different doctor.

W: What's the matter? Don't you trust Dr. Smith?

M: It's not that. We've tried different medicines, but I'm still having foot pain.

W: How do you think a different doctor can help you?

M: Maybe he can give me an exercise routine to relieve the pain.

W: That makes sense, since Dr. Smith isn't a specialist.

Q: What is true according to the conversation?

(a) The woman is taking medicine.

(b) The man can't get rid of his pain.

(c) The woman likes to exercise.

(d) Dr. Smith specializes in foot pain.

해석 남: 제 생각에는 다른 의사선생님으로부터 의견을 들을 필요가 있는 것 같아요.

여: 문제가 무엇인가요? Smith 박사님을 신뢰할 수 없나요?

남: 그건 아니고요. 우리는 다른 약품을 시도해보았는데, 여전히 발에 통증을 느끼고 있어요.

여: 어떻게 다른 의사선생님이 도움이 될 거라고 생각하죠?

남: 어쩌면 다른 선생님이 저에게 통증을 완화시킬 수 있는 운동 일정을 주실 수 있을 것 같아요.

여: 그거라면 말이 되겠군요. Smith 박사님은 전문가는 아니니까요.

문제: 대화의 내용에 따라 사실인 것은?
  (a) 여자는 약을 복용 중이다.
  (b) 남자는 통증을 없앨 수가 없다.
  (c) 여자는 운동을 좋아한다.
  (d) Smith 박사는 발 통증에 관한 전문의이다.

해설 대화의 내용과 일치하는 것을 묻는 문제이다. 의사를 바꾸는 이유를 묻는 여자에게 남자는 'We've tried different medicines, but I'm still having foot pain'라며, 여전히 발 통증을 겪고 있다고 언급하고 있다. 따라서 대화의 내용에 맞는 것은 (b)이다.

어휘 relieve v. 완화시키다
specialize v. 전공하다, 전문으로 하다(in)
specialist n. 전문가

---

39. 대의 파악 ★★☆   정답 (c)

script M: I can't believe how much we are spending on car insurance these days.

W: Wow! I didn't know our joint policy costs us that much.

M: Maybe we should shop around for a different company.

W: I guess we could. Or we could sell the motor home. We don't use it much.

M: I don't want to sell it. I don't think we could get full value in today's market.

W: You know I like to go camping, but it's a luxury we might not be able to afford.

Q: What are the man and woman mainly talking about?
  (a) Buying a new car to save on insurance costs
  (b) Cutting down on the amount they use their car
  (c) Ways to cut the cost of their auto insurance
  (d) New savings on their auto insurance

해석 남: 요즘 우리가 자동차 보험에 얼마를 소비하고 있는지 믿을 수가 없어요!

여: 와! 우리의 공동 보험이 그렇게 많은 비용이 청구될 지 몰랐어요.

남: 아무래도 다른 회사를 알아봐야 할 것 같아요.

여: 제 생각에도 그래요. 아니면 자동차 판매상에 팔아야 할 거예요. 우리가 그것을 많이 사용하지는 않잖아요.

남: 저는 팔고 싶지 않아요. 오늘날의 시장 상황에서 시가를 받을 수 있을 것 같지 않아요.

여: 당신도 내가 캠프 가는 것을 좋아하는 거 알잖아요, 그렇지만 우리가 감당할 수 없다면 그것은 사치품이에요.

문제: 남자와 여자가 주로 이야기하고 있는 것은?
  (a) 보험 비용을 절약하기 위해 새 차를 사는 것
  (b) 그들이 자동차를 사용하는 양을 줄이는 것
  (c) 그들의 자동차 보험료를 줄이는 방법들
  (d) 그들의 자동차 보험의 새로운 절약

해설 대화의 주제를 묻는 문제이다. 두 사람은 비싼 자동차 보험에 대해 이야기하고 있다. 'we should shop around for a different company'와, 'we could sell the motor home'라고 보험료에 대한 대안을 이야기하고 있으므로, 두 사람이 나누는 대화의 주제로 '자동차 보험료의 절감 방법'이라는 (c)가 가장 적절하다.

어휘 joint a. 공동의, 합동의   luxury n. 사치품
shop around (가장 나은 것을 선택하기 위해)
         가게(회사)를 돌아다니다

---

40. 추론 ★★☆   정답 (c)

script W: Pardon me, is this where I can drop off my application and resume for the teaching job?

M: You're in the right place, but I'm afraid the deadline was yesterday.

W: I know. I was bringing it yesterday when I was in a minor car accident. I called and got an extension.

M: Who did you talk to?

W: Mr. Johnson, the assistant principal. He said he's in charge of the interviews.

M: Yes, he is. Let me clear it with him.

W: He said if I turned it in today it would be O.K.

M: I'm sure it is. Let me go ask him. Please wait here.

Q: What will the man do to solve the problem?
  (a) Extend the application deadline
  (b) Call the human resources director
  (c) Get approval from the assistant principal
  (d) Schedule an interview for tomorrow

해석 여: 실례합니다, 여기가 교사직에 대한 제 신청서와 이
력서를 제출할 수 있는 곳인가요?

남: 맞게 찾아오셨어요, 하지만 어제가 마감이었는데
요.

여: 알아요. 어제 가져오는 중에 경미한 차량사고가 있
었어요. 전화 했더니 연장해주셨는데요.

남: 누구와 통화하셨어요?

여: Johnson 교감 선생님이요. 그분이 면접을 담당하
고 있다고 말씀하셨어요.

남: 예, 맞아요. 그분께 확인해보도록 할게요.

여: 그분 말씀으로는 오늘 제출한다면 괜찮다고 하셨거
든요.

남: 그럴 거라고 생각해요. 그분께 여쭤보고 올게요. 여
기서 기다려 주세요.

문제: 남자가 문제 해결을 위해 하게 될 행동은?

   (a) 신청 마감날을 연장한다.

   (b) 인사과장에게 전화한다.

   (c) 교감선생님으로부터 확인을 받는다.

   (d) 내일로 면접 일정을 잡는다.

해설   대화를 통해 추론할 수 있는 내용을 묻는 문제이다. 마
감 하루 뒤에 이력서를 제출하는 이유에 대해 여자는
'교감선생님이 허락했다'고 이야기하고 있다. 이에 대해
남자는 'Let me clear it with him.'과 'Let me go ask
him.'을 통해 교감에게 확인해보겠다고 답하고 있으므
로 남자의 문제해결 행동으로 적절한 것은 (c)이다.

어휘   extension n. 확대, 연장
assistant principal 교감
in charge of ~ 담당하는, 책임을 지고 있는

---

41.   추론 ★★☆   정답 (c)

script M: Hi. I'm here about the advertisement for the
vacant office suite.

W: Let me show it to you. Do you have a date
you would like to move in?

M: The lease in my current office expires at the
end of the month, so before then if possible.

W: We just had the rugs cleaned, so there is
no furniture inside. Would you like us to
move it back?

M: No, I don't need it. But I do need to know
about installing phone lines and internet
connections.

W: Sure, we have a contact who works on
our buildings. Let me get you his phone
number.

**Q: Which of the following can be inferred
from the conversation?**

   (a) The previous tenant was evicted from
the office.

   (b) The man could not afford to pay his
current rent.

   **(c) The man will be bringing his own
furniture.**

   (d) The woman is employed by the phone
company.

해석 남: 안녕하세요, 빈 사무실 공간이 있다는 광고를 보고
왔는데요.

여: 제가 보여드릴게요. 이사하려는 날짜가 있으신가
요?

남: 지금 사무실의 임대기간이 이번 달 말로 만료가 돼
요. 그래서 가능하면 그 전에 하고 싶어요.

여: 저희가 양탄자들을 이제 막 청소해서, 안에는 가구
가 아무 것도 없습니다. 저희가 가구를 다시 옮겨놓
길 원하시나요?

남: 오, 그럴 필요 없어요. 그렇지만 전화선과 인터넷
연결 설치에 대해 알고 있어요.

여: 네, 저희는 건물들에서 일하는 사람의 연락처가 있
어요. 그의 전화번호를 드릴게요.

문제: 대화의 내용에서 추론할 수 있는 것은?

   (a) 이전의 임대인이 사무실에서 쫓겨났다.

   (b) 남자는 현재 임대세를 지불할 여유가 없었다.

   (c) 남자는 자신의 가구를 가져올 예정이다.

   (d) 여자는 전화 회사의 직원이다.

해설   대화를 통해 추론할 수 있는 내용을 묻는 문제이다. 대
화에서 남자는 사무실을 임대하고 싶어하고, 여자는 부
동산 대리인임을 알 수 있다. 사무실 청소로 인해 치
운 가구가 필요한지 묻는 여자의 질문에 남자는 'No,
I don't need it.'라고 답하고 있다. 따라서 남자에게는
자신의 가구가 있다는 의미임을 파악할 수 있다. 그러
므로 대화 내용에 대한 추론에 대하여 적절한 것은 (c)
이다.

어휘   lease n. 임대차 계약, 임대 기간
tenant n. 세입자
evict v. 쫓아내다, 퇴거시키다

---

42.   세부 사항 ★★☆   정답 (d)

script W: Do you still want to go to the concert this
Saturday?

M: I don't think so. I just want to stay in this
weekend and relax.

W: Are you sure about that? I hear the band is
supposed to be really good.

M: Well, I think I'm coming down with a cold.

W: That's too bad. Be sure to get lots of rest so
you can get better.

M: Thanks. I'm going to drink a bunch of
orange juice too.

W: We can go to a concert some other time.

Q: Why isn't the man going to the concert?
(a) He is sick of listening to the band.
(b) He is staying at a friend's house.
(c) He wants to go to a different concert.
(d) He wants to get over his illness.

해석 여: 이번 주 토요일에 여전히 콘서트에 가고 싶어요?
남: 그렇지 않아요. 저는 이번 주말에는 집에 있으면서 쉬고 싶어요.
여: 확실해요? 그 밴드가 정말 훌륭할 거라고 들었는데요.
남: 제 생각에는 감기가 걸릴 것 같아요.
여: 안됐군요. 휴식을 많이 취해서 몸이 나아질 수 있도록 하세요.
남: 고마워요. 많은 양의 오렌지 주스를 마시려고요.
여: 우린 다음에 콘서트에 가요.

문제: 남자가 콘서트에 가지 않는 이유는?
(a) 그는 밴드의 소리를 듣는 데 질렸다.
(b) 그는 친구의 집에서 지낼 것이다.
(c) 그는 다른 콘서트에 가고 싶어 한다.
(d) 그는 병이 낫기를 원한다.

해설 대화의 내용과 일치하는 것을 묻는 문제이다. 토요일에 콘서트에 가고 싶은지 묻는 여자에게 남자는 'I'm coming down with a cold'라는 말로 집에서 쉬겠다고 이야기하고 있다. 따라서 남자는 감기가 낫도록 집에서 쉬고 싶기 때문에 콘서트에 가지 않는 것임을 알 수 있다. 따라서 남자가 콘서트에 가지 않는 이유는 (d)이다.

어휘 be supposed to ~할 것이다
come down with a cold 감기 기운이 있다
a bunch of 한 꾸러미의, 한 다발의
get over 극복하다

---

43. 내용 일치 ★★☆　　　정답 (d)

script M: Excuse me, Mrs. Ventura. I need to talk to you about this assignment you gave me.
W: Sure Jeff. How can I help you?
M: I read the instructions and I'm not sure the format you want me to use.
W: What do you mean?
M: I've done all the research. Do you want the actual numbers, percentages or both?
W: I think I might need both for my presentation to the board.
M: O.K. Do you want me to put them on charts or make a computer slide show?
W: Put them on the computer. The charts are awkward, and a computer file is easier to update.

Q: What is true according to the conversation?

(a) The man won't be able to meet his deadline.
(b) The man is the woman's direct supervisor.
(c) The man has completed the assignment.
(d) The man isn't sure how to present the information.

해석 남: 실례합니다, Ventura씨. 전 당신이 제게 내 준 이 과제에 대해 이야기 하고 싶습니다.
여: 네, Jeff. 어떻게 도와줄까요?
남: 안내문을 읽었는데, 제가 사용하길 원하시는 포맷을 잘 모르겠어서요.
여: 무슨 의미죠?
남: 저는 모든 조사를 했는데요. 실제적인 수치나 퍼센티지 또는 그 둘을 모두 원하시는 건가요?
여: 저는 이사회에 발표를 위해서 그 둘이 모두 필요하다고 생각하는데요.
남: 알겠습니다. 차트 위에 적을까요, 아님 컴퓨터 슬라이드 쇼로 만들까요?
여: 컴퓨터에 입력하세요. 차트는 어색해요. 그리고 컴퓨터 파일은 내용을 갱신하기가 더 쉽지요.

문제: 대화의 내용과 일치하는 것은?
(a) 남자는 자신의 마감날짜를 맞출 수 없을 것이다.
(b) 남자는 여자의 직속 상관이다.
(c) 남자는 숙제를 완료했다.
(d) 남자는 보도를 발표하는 방법에 대하여 확실히 알지 못한다.

해설 대화의 내용과 일치하는 것을 묻는 문제이다. 대화에서 남자는 'I'm not sure the format you want me to use'라는 말을 시작으로 과제 발표를 어떤 내용으로 준비해야 하는지 여자에게 묻고 있다. 따라서 보도 발표에 대해 확실히 알지 못한다'는 (d)가 대화의 내용으로 가장 적절하다.

어휘 format n. 포맷, 서식 awkward a. 어색한, 불편한

---

44. 대의 파악 ★★☆　　　정답 (c)

script W: Congratulations! Joe told me you are going to be a father!
M: Thank you. It's an exciting time for our whole family.
W: When did you find out that your wife is pregnant?
M: The doctor gave us the good news last week.
W: Would you prefer a boy or a girl?
M: All I care about is that we have a healthy child.
W: Did the doctor give you a due date?
M: Sometime in late July or early August.

Q: **What are the two speakers mainly discussing?**

　(a) The increasing cost of having a child

　(b) The woman's desire for children

　(c) The man's impending fatherhood

　(d) Selecting a name for the baby

해석　여: 축하해요! Joe가 그러는 데 당신 아빠가 될 거라면서요!

남: 감사합니다. 우리 가족 전체에 기쁜 시간이에요.

여: 아내가 임신한 것을 언제 알게 되었어요?

남: 의사가 지난 주에 기쁜 소식을 저희에게 알려주었어요.

여: 남자아이였으면 하나요, 아니면 여자아이였으면 좋으시겠어요?

남: 제가 염려하는 것은 건강한 아이를 갖는 거예요.

여: 의사가 예정일을 알려줬나요?

남: 7월 말이나 8월 초라고 합니다.

문제: 두 화자가 주로 논의하고 있는 것은?

　(a) 아이를 갖는데 증가하는 비용

　(b) 여자의 아이에 대한 열망

　(c) 남자가 조만간 아빠가 되는 것

　(d) 아이를 위해 이름을 짓는 것

해설　대화의 주제를 묻는 문제이다. 여자는 'Congratulations! Joe told me you are going to be a father!'라는 말을 시작으로 남자의 아내가 임신한 것에 대해 축하하고 있다. 또한, 원하는 아이의 성별과 예정일에 대해 이야기하고 있으므로 두 화자가 주로 논의하는 대화의 주제는 (c)이다.

어휘　impending a. 곧 닥칠, 임박한　　due date 예정일

45.　**내용 일치 ★★☆**　　　　**정답 (a)**

script　W: Hey Mark! Have you seen that company file I was working on?

M: I saw it yesterday. It was in the basket on your desk.

W: It's not here now. I searched my whole desk and can't find it.

M: Did you look in the brown folder? You might have put it in there.

W: No, I didn't look there. But I don't see the brown folder either!

M: Would you like me to help you look for it?

W: No. If you start moving things around, it will get more confusing.

M: Whatever. Let me know if you need anything else.

Q: **What is true according to the conversation?**

　(a) The woman cannot find the important

document.

　(b) The man misplaced the file in the wrong folder.

　(c) The man made the file the woman is looking for.

　(d) The woman wants the man to look for the file.

해석　여: 안녕, Mark! 제가 작업하던 회사 파일 봤어요?

남: 어제 보았어요. 당신 책상의 바구니에 있었어요.

여: 지금은 여기에 없어요. 책상 전체를 찾아봤는데 찾을 수가 없어요.

남: 갈색 폴더 안에도 찾아봤어요? 거기에 넣어뒀을지도 몰라요.

여: 아니요, 거기는 보지 않았어요. 그렇지만 저는 갈색 폴더도 볼 수가 없어요.

남: 제가 찾는 것을 도와줄까요?

여: 아니요, 당신이 물건들을 만지기 시작하면, 더 혼란스러워질 거예요.

남: 무엇이든지요. 필요한 것이 있으시면 말씀만 하세요.

문제: 대화의 내용과 일치하는 것은?

　(a) 여자는 중요한 서류를 찾을 수가 없다.

　(b) 남자는 파일을 잘못된 폴더에 넣었다.

　(c) 남자는 여자가 찾고 있는 파일을 만들었다.

　(d) 여자는 남자가 파일을 찾길 원하고 있다.

해설　대화의 내용과 일치하는 것을 묻는 문제이다. 두 사람은 여자가 찾고 있는 파일에 대해 이야기하고 있다. 'It's not here now. I searched my whole desk and can't find it.'에서 여자가 필요로 하고 있는 서류를 찾을 수 없음을 알 수 있다. 따라서 대화의 내용과 일치하는 것은 (a)이다.

어휘　confusing a. 혼란스러운

misplace v. 제자리에 두지 않다

46.　**대의 파악 ★★★**　　　　**정답 (b)**

script　M: Unlike many animals in the wild, the rattlesnake found in the American Southwest has several defense mechanisms to protect itself. The venom injected by a rattlesnake bite is among the most dangerous in nature and can be fatal to other species. The rattlesnake also is extremely fast and is able to slither away from a potential foe at a high rate of speed. Rattlesnakes shed their skin and, over time, often blend in with their environment, making it easier to hide. And, of course, the rattlesnake uses the noisemaker at the end of its tail to warn everyone of its presence.

Q: What is the talk mainly about?

 (a) How to treat a rattlesnake bite

 (b) How a rattlesnake defends itself

 (c) Favorite food sources of rattlesnakes

 (d) The habitat of rattlesnakes

해석 남: 야생의 많은 동물들과 달리, 미국 남서쪽에서 발견되는 방울뱀은 스스로를 보호하기 위한 몇 가지 방어 기제를 가지고 있습니다. 방울뱀이 물어서 주사되는 독액은 자연에서 가장 위험한 것 중에 하나이며, 다른 종의 동물들에게 치명적일 수 있습니다. 방울뱀은 또한 극도로 빠른 속도로 잠재적인 적으로부터 미끄러지듯 도망칠 수 있습니다. 방울뱀은 자신의 피부를 벗어 버리고 종종 더 쉽게 도망칠 수 있도록 주변의 환경에 묻혀 버리기도 합니다. 그리고 물론 방울뱀은 모든 사람들에게 자신의 존재를 경고하기 위해 꼬리 끝에서 소음을 내기도 합니다.

문제: 담화문은 무엇에 관한 것인가?

 (a) 방울뱀에 물었을 때 처리하는 방법

 (b) 방울뱀이 스스로를 방어하는 방법

 (c) 방울뱀들이 좋아하는 음식의 원천

 (d) 방울뱀들의 서식지

해설 담화를 통해 화자는 미 남서쪽에서 서식하는 방울뱀에 대해 이야기하고 있다. 담화에서 'venom'과 'high rate of speed', 'shed their skin' 등 적이나 환경으로부터 자신을 보호하는 다양한 방식에 대해 설명하고 있으므로 담화문의 주제로는 (b)가 적절하다.

어휘 rattlesnake n. 방울뱀   venom n. 독(액)
potential a. 잠재적인   foe n. 적
slither v. 미끄러지듯 나아가다
shed v. 버리다, 없애다

---

47 . 대의 파악 ★★☆   정답 (a)

script M: Hi. My name is Johnny Rodriguez, drummer for the band Hot Stuff. I used to think it was cool to use drugs, but I found out just how it really isn't cool when I had an overdose and nearly died six years ago. Everyone knows the harmful effects of drugs, but according to statistics drug use among teenagers is on the rise. Be a hit and say no to drugs! If you know of anyone who has a drug problem, contact your school counselor or go to our web site, www.kickdrugs.com, to find resources closest to you.

Q: What is the announcement mainly about?

 (a) Discouraging teens from taking drugs

 (b) Announcing the release of the new CD

 (c) Promoting a new music website

 (d) Encouraging teens to study more

해석 남: 안녕하세요, 제 이름은 Hot Stuff 밴드의 드러머인 Johnny Rodriguez입니다. 저는 약물을 하는 것이 멋있다고 생각하곤 했지만 제가 약물과다로 거의 6년 전에 죽을 뻔한 후엔 그것이 정말 멋지지 않다는 것을 깨달았습니다. 모든 사람들은 약물의 해로운 효과에 대해 알고 있지만 통계에 따르면 10대 사이의 약물 사용은 증가하고 있습니다. 성공하시고 약물에 대해 아니라고 말해보세요! 만약 약물 문제를 갖고 있는 누군가를 아신다면, 여러분에게 가장 가까운 해결책을 찾기 위해 학교 상담자와 연락하거나 저희 웹사이트 www.kickdrugs.com를 방문하시기 바랍니다.

문제: 안내문은 무엇에 관한 것인가?

 (a) 십대들의 약물 복용을 저지하기

 (b) 새로운 CD 발매를 알리기

 (c) 새로운 음악 웹사이트를 홍보하기

 (d) 십대들이 좀 더 공부하도록 격려하기

해설 안내문을 통해 화자는 자신의 소개에 이어 약물의 해로운 효과에 대해 이야기하고 있다. 담화 중 후반부에 'Be a hit and say no to drugs!'라는 말을 통해 약물에 대한 경각심을 불러일으키고 있으므로, 담화의 주제로 '십대들의 약물 복용 저지'인 (a)가 적절하다.

어휘 overdose n. 약물 과다 복용
be a hit 성공하다, 히트하다
resource n. 자원, 자산, 재료

---

48 . 대의 파악 ★★☆   정답 (d)

script M: Firemen are battling a three-alarm blaze at Garcia's Lumber Yard along Church Street in the southwest part of the city. The fire broke out about two hours ago and seven stations have sent vehicles to respond so far. Flames as high as 50 feet continue to blaze and buildings in the surrounding area have been evacuated. All roads in a six-block area have been closed and no one other than safety personnel can access the area. Fire officials say the blaze is still not under control, so stay away from that area.

Q: Why is this announcement being made?

 (a) To promote Garcia's Lumber Yard

 (b) To show how firemen and police work

 (c) To pass on instructions to police officers

 (d) To warn the public of a safety issue

해석 남: 소방관들은 도시 남서부의 Church Street에 있는 Garcia's Lumber Yard에 3도 경보의 화재를 진화하고 있습니다. 화재는 2시간 전에 발생하였고, 지금까지 7개의 소방서에서 진화를 위해 소방차가 출동한 상태입

니다. 화염은 50피트 높이로 치솟고 있으며 인근 건물들은 현재 대피한 상태입니다. 6블록 지역의 모든 도로는 봉쇄되었고 보안 요원들만이 이 지역에 접근할 수 있습니다. 소방 관계자들은 화재는 여전히 통제가 안되고 있기 때문에 이 지역으로 접근하지 않도록 권고하고 있습니다.

문제: 이 안내문이 발표된 이유는?
(a) Garcia's Lumber Yard를 개선시키기 위해
(b) 소방대원들과 경찰이 어떻게 근무하는지 보여주기 위해
(c) 경찰들에게 안내서를 전달하기 위해
(d) 안전 사안에 관해 대중에게 알려주기 위해

해설 안내문을 통해 화자는 'Garcia's Lumber Yard'에 발생한 화재 진압 현장에 대해 보도하고 있다. 담화의 마지막 부분에서 아직 화제가 통제되지 않고 있으므로 보도를 듣는 사람들로 하여금 'stay away from that area'라고 주의를 주고 있으므로, 이 담화의 목적으로 (d)가 적절하다.

어휘 blaze n. 대형 화재
evacuate v. 대피시키다, 떠나다
pass on 전달하다, 전수하다
instruction n. 설명

49. 제목 찾기 ★★★　　　정답 (b)

script W: To prevent the spread of new strains of influenza, a coalition has been formed to help the public. Members of the local chapter of the medical association are volunteering their time to administer free vaccinations against the potentially deadly outbreak of Type A flu. School officials have printed flyers with tips on how to avoid catching the flu and distributed them to all 13,000 children in the district. Local media outlets have included the same information on their web sites and are promoting the locations of the free flu shots.

Q: What is the best title for the passage?
(a) Parents Worry About New Flu Strain
(b) Groups Unify to Prevent Dangerous Illness
(c) What You Should Do to Avoid the Flu
(d) New Vaccine Effective Against Flu

해석 여: 새로운 유형의 독감의 확산을 막기 위해 대중을 돕기 위한 연합단체가 조성되었습니다. 이 의료 협회의 현지 지부 회원들은 치명적 A형 독감의 발병 가능성에 대비한 무료 예방 주사를 투여하기 위해 자신의 시간을 할애하여 자원봉사를 하고 있는 중입니다. 학교 당국은 독감 예방 정보에 관한 안내문을 인쇄하여 지역 13,000

명의 어린아이들 모두에게 배포하였습니다. 현지 방송들은 자신들의 웹사이트에 안내문과 같은 내용을 게시하고 있고 무료 독감 주사를 맞을 수 있는 지역을 알려주고 있다.

문제: 담화문의 제목으로 가장 적절한 것은?
(a) 새로운 독감 확산에 대한 부모님들의 걱정
(b) 위험한 질병 방지를 위한 단체들의 단결
(c) 독감을 피하기 위해 해야 할 행동
(d) 독감에 대비한 새로운 백신의 효과

해설 담화를 통해 화자는 독감의 확산을 막기 위한 연합단체의 결성에 대해 이야기하고 있다. 'Members of the local chapter~'를 시작으로 이 연합단체의 회원들이 하는 봉사 내용을 전달하고 있으므로, 담화 전체의 제목으로 '질병 방지 단체들의 단결'이라는 (b)가 적절하다.

어휘 strain n. 종류(유형), 중압(감), 압박
influenza n. 독감
coalition n. 연립정부, 연합
chapter n. 지부
medical association 의료 협회
administer v. 투여하다
vaccination n. 예방 주사
potentially adv. 가능성이 있는
deadly a. 치명적인, 생명을 앗아가는
outbreak n. 발병　　flyer n. 인쇄물, 전단
outlet n. 발산

50. 대의 파악 ★★☆　　　정답 (b)

script M: Hi, I'm Bob Crawford, head coach of the Jamesville University men's soccer team. We hope you will all come out to Friday's final game of the season against our archrival, Morris Tech. With a victory our team can clinch the division title and earn the top seed in the Amateur National Championship Playoffs that begin next week. Bring the family and come cheer us on to victory!

Q: What is the purpose of this advertisement?
(a) To promote women's soccer
(b) To encourage fan support
(c) To recruit high school players
(d) To advertise a playoff game

해석 남: 안녕하세요, 저는 Jamesville University 의 남자 축구팀의 수석코치인 Bob Crawford입니다. 우리의 최대 라이벌인 Morris Tech팀과의 올 시즌 마지막 경기에 여러분들이 다 함께 참석해 주셨으면 합니다. 우리 팀이 승리한다면, 우리 부에 속하는 팀들 중에서 타

이틀 선수권을 획득할 수 있고, 다음 주부터 시작하는 Amateur National Championship Playoffs에서 시드 선수의 자격을 얻을 수 있습니다. 가족들과 함께 오셔서, 저희가 승리하도록 응원해주세요.

문제: 광고의 목적은 무엇인가?
(a) 여자 축구를 홍보하기
(b) 팬들의 지지를 부추기기
(c) 고등학교 선수들을 모집하기
(d) 플레이오프 경기를 광고하기

해설 광고에서 화자는 코치라고 자신을 소개하고 있으며, 'you will all come out to Friday's final game~'을 시작으로 자신의 팀의 승리를 격려해 달라고 부탁하고 있다. 따라서 광고의 목적은 '팬들의 지지를 도모하기'라는 (b)가 적절하다.

어휘 archrival n. 최대의 라이벌
clinch v. 성사시키다, 이뤄 내다
division n. (영국 축구에서 리그를 구성하는 1~5부의) 부
title n. 타이틀(선수권)

51. 주제 찾기 ★★★　　　정답 (a)

script W: More than 50,000 new businesses fail in the United States each year. It's not just because of the economy or insufficient capital at startup. Many new businesses fail because of insufficient planning. Come to a free workshop on how to write an effective business plan Tuesday at 7 p.m. at the First Federal Savings and Loan Building. The workshop is sponsored by the Maple City Business Forum.

Q: What is the main topic of the talk?
(a) A workshop on writing an effective business plan
(b) Sharing investment tips with others
(c) Businesses that succeed in today's economy
(d) How to avoid losing your customers

해석 여: 미국에서는 매년 50,000개 이상의 새 기업들이 실패합니다. 이것은 단지 경제나 불충분한 창업 자금 때문만은 아닙니다. 수많은 새로운 기업들이 실패하는 것은 불충분한 계획에 있습니다. 화요일 오후 7시 First Federal Savings and Loan Building 에서 하는 효과적인 사업 계획서를 작성하는 방법에 관한 무료 워크숍에 참석하세요. 워크숍은 Maple City Business Forum이 후원하고 있습니다.

문제: 담화문의 주제는 무엇인가?
(a) 효과적인 사업 계획서를 쓰는 것에 관한 워크숍
(b) 다른 사람들과 투자 비법을 공유하기
(c) 현재의 경제 상황에서 성공하는 사업

(d) 고객을 잃지 않는 방법

해설 담화를 통해 화자는 무료 워크숍에 대한 안내를 하고 있다. 화자는 'Many new businesses fail because of insufficient planning'라는 말을 통해 새로 창업하는 기업들의 실패 이유는 사업 계획서의 불충분함 때문이므로, 이에 대한 무료 워크숍에 참석하라고 안내하고 있다. 따라서 담화문의 주제는 (a)가 적절하다.

어휘 business plan 사업 계획서
insufficient a. 불충분한
capital n. 자본금, 자금
startup n. 창업, 시작

52. 주제 찾기 ★★☆　　　정답 (c)

script M: Statistics show the world is becoming more violent, and sociologists believe there are several reasons. Crime rates have gone up steadily since more people move to cities as opposed to a rural setting. With more people out of work or stuck in unsatisfactory jobs, they are venting their frustrations on others. According to two studies on television viewing habits, the average child has seen more than 20,000 crimes on TV before they reach the age of 16. All of these factors are causes of increased violence, according to many sociologists.

Q: What statement best describes the overall topic?
(a) The role television plays in increased violence
(b) Increasing violence in the workforce
(c) Some factors in increased violence in society
(d) Increased stress in children under the age of 16

해석 남: 통계에 따르면 세계는 더 폭력적으로 되어가고 있으며 사회학자들은 이에 여러 가지 이유가 있다고 믿습니다. 더 많은 사람들이 지방의 환경에 반대하며 도시로 이동하기 때문에 범죄율은 점진적으로 상승하고 있습니다. 만족스럽지 못한 직업에 얽매이거나 실직상태의 사람들이 많아질수록 사람들은 다른 사람에게 자신의 좌절감을 분출합니다. 텔레비전 시청 습성에 관한 2개의 연구에 따르면 보통 아이는 16살 이전에 TV에서 20,000건 이상의 폭력 사태를 시청하게 됩니다. 많은 사회학자들은 이 모든 요인들이 폭력을 증가시키는 요인이 된다고 주장합니다.

문제: 어떤 진술이 전체적인 주제를 가장 잘 설명하고 있는가?
(a) 증가된 폭력에서의 텔레비전 역할

(b) 일터에서의 증가되고 있는 폭력성
(c) 사회에서 증가된 폭력의 몇 가지 요인
(d) 16세 이전 어린이의 증가된 스트레스

해설 담화를 통해 도시의 범죄율이 증가하는 이유에 대해 이야기하고 있다. 화자는 범죄율 증가의 원인으로 'Crime rates have gone up steadily since~'와 'the average child has seen more than 20,000 crimes on TV~'을 예로 들고 있다. 따라서 담화문의 주제는 '사회 내 폭력이 증가하게 된 요인들'이라는 (c)가 적절하다.

어휘 rural a. 시골의　　　　out of work 실직의
unsatisfactory a. 만족스럽지 못한
vent v. 터뜨리다
frustration n. 불만, 좌절감

53.　내용 일치 ★★☆　　　정답 (d)

script W: Establishing the author of particular books and documents can be difficult. Many researchers believe the Greek poet Homer never existed and the famous works The Iliad and The Odyssey were actually composed by more than one person. Thomas Jefferson is widely credited as the author of the Declaration of Independence, but the ideas actually came from a five-member committee. Many writers have had huge commercial success by writing under "pen names" to protect their identity. One author of a best-selling book used the pseudonym "Anonymous" as his byline!

Q: What is correct according to the talk?
(a) Many researchers believe Homer was the sole author of The Iliad.
(b) A committee was appointed to write the Declaration of Independence.
(c) Writers who used pen names had little success in their writing.
(d) Finding the actual source of some writing can be difficult.

해석 여: 특정 책들과 문서의 작가를 분명히 밝히는 것은 어려운 일일 수 있습니다. 많은 연구자들은 그리스의 시인 Homer는 결코 존재하지 않았으며 유명한 작품인 The Iliad와 The Odyssey는 사실 한 사람 이상이 지었다고 믿고 있습니다. Thomas Jefferson은 미국 독립 선언서의 작가로 정평이 나 있지만, 이것은 실제로 5명의 위원회로부터 나온 생각입니다. 많은 작가들은 자신의 정체를 보호하기 위하여 "필명"하에 글을 씀으로써 상업적으로 크게 성공을 거두었습니다. 한 베스트셀러 작가는 자신의 필자 이름란에 "무명"이라는 필명을 사용하기도 했습니다.

문제: 담화문의 내용과 일치하는 것은?
(a) 많은 연구원들이 Homer가 The Iliad의 단독 작가라고 믿고 있다.
(b) 한 위원회는 미국 독립선언서를 쓰도록 임명되었다.
(c) 필명을 사용했던 작가들은 자신의 글에 거의 성공을 이루지 못했다.
(d) 일부 글의 실제 출처를 찾는 일은 어려울 수 있다.

해설 담화에서 화자는 'Greek poet Homer'와 'Thomas Jefferson'의 예를 통해 특정 책과 문서의 작가를 확실히 밝히는 일은 어렵다고 주장하고 있다. 특히 필명을 쓰는 작가들이 많기 때문에 더욱 글의 원출처를 밝히는 일은 어려운 일이라고 설명하고 있다. 따라서 담화의 내용과 일치하는 것은 (d)이다.

어휘 establish v. 설립(설정)하다, 이루다
Declaration of Independence 미국 독립 선언서
pen name 필명(= pseudonym)
byline n. 작성자 표시줄(필자 이름을 적은 행)

54.　제목 찾기 ★★☆　　　정답 (c)

script M: Continuing change in technology has influenced our world in many ways, perhaps none more than political campaigning. Until the 1920s, most efforts involved candidates and their representatives contacting people directly through speeches, printed materials, meetings and door-to-door solicitation. The invention of radio allowed candidates to reach greater audiences in the 1920s, and that audience got even larger with the advent of television in the 1950s. Now, with web sites, direct contact by e-mail and social networking, a politician can establish contact with a mass audience in a more personalized way.

Q: What would be the best title for this talk?
(a) How Radio Improved Political Campaigning
(b) Declining Costs in Political Campaigns
(c) The Influence of Technology on Elections
(d) Why the Internet is the Best Way to Campaign

해석 남: 기술의 지속적인 변화는 세계에 많은 방면으로 영향을 미쳤지만 정치적 캠페인에서의 변화만큼은 아니었습니다. 1920년대까지 대부분의 노력이란 후보자와 그들의 대리인들이 연설, 인쇄물, 1대1 만남을 통해 사람들에게 직접적으로 접촉하는 것을 포함했었습니다. 1920년대 라디오의 발명으로 후보자들은 더 넓은 규모로 청중들에게 다가갈 수 있게 되었으며 1950년대 텔레

비전의 출현으로 인해 훨씬 더 큰 규모의 대중과 접촉
할 수 있게 되었습니다. 이제, 웹사이트의 발달, 이메일
에 의한 직접 접촉, 그리고 친목 네트워크를 통해 정치
인들은 좀 더 개별적인 방식으로 대중들과 연락할 수
있게 되었습니다.

문제: 담화문의 제목으로 가장 적절한 것은?
 (a) 라디오가 정치적 캠페인 방식을 발전시킨 방법
 (b) 정치적 캠페인의 비용 축소
 (c) 선거에 대한 기술의 영향
 (d) 인터넷이 캠페인을 하는 최고의 방법인 이유

해설 담화를 통해 화자는 기술로 인한 변화보다 정치 캠페인
을 통한 변화가 더욱 크다는 말을 시작으로 다양한 정
치 캠페인의 변화된 모습을 설명하고 있다. 특히 1920
년대와 1950년대, 라디오의 발명과 TV의 발명, 그리고
인터넷의 발명 등의 단계로 구분하여 그 변화된 내용을
설명하고 있으므로 담화문의 제목으로 가장 적절한 것
은 '선거에 대한 기술의 영향'인 (c)이다.

어휘 door-to-door 집집마다
 solicitation n. 선거 자금을 위한 금전 요청
 advent n. 도래, 출현

---

55. 대의 파악 ★★☆   정답 (b)

script W: A new car salesperson is often willing to
negotiate a lower price, but buyers need to
know how to ask for it. For starters, use the
Internet or other resources to compare other
vehicles and prices, and decide on a maximum
price you can afford. Never accept the sticker
price or the first offer, because dealers expect
that most customers will want to negotiate a
lower price. Also, be firm in what you want.
Many salespeople are more willing to negotiate
with those who appear confident.

 **Q: Which of the following does the speaker
  suggest?**
 (a) Accept the initial price listed on the car
  sticker.
 **(b) Decide how much you can afford
  before negotiations.**
 (c) Visit multiple car dealers before deciding
  on your purchase.
 (d) Conduct final negotiations with the
  salesman's supervisor.

해석 여: 새 차의 영업사원들은 종종 더 낮은 가격을 기꺼
이 협상하려 하지만 구매자들은 그것을 어떻게 물어봐
야 하는지 알아야 합니다. 우선 다른 차들과 가격을 비
교하기 위해 인터넷이나 다른 방법을 활용하도록 합니
다. 그리고 자신이 감당할 수 있는 최대한의 비용을 결

정합니다. 스티커에 적혀진 가격이나 제일 처음에 제시
한 가격을 절대로 수용해서는 안됩니다. 왜냐하면 판매
사원들은 대다수의 고객들이 더 낮은 가격을 협상하고
싶어할 거라고 예상하기 때문입니다. 또한 자신이 원하
는 것에 대해 소신을 굽히지 마십시오. 많은 판매 사원
들은 확신이 있어 보이는 사람들과 더욱 적극적으로 협
상하고자 합니다.

문제: 다음 중 화자가 주장하는 것은?
 (a) 자동차 스티커에 적힌 처음 가격을 받아들여라.
 **(b) 협상을 하기 전에 얼마의 가격을 지불할 수 있
  는 지 결정하라.**
 (c) 구매를 결정하기 전에 여러 군데의 자동차 판
  매점을 방문하라.
 (d) 판매사원의 상관과 최종 협상을 진행하라.

해설 담화를 통해 화자는 새로운 자동차를 살 때 영업사원
들과의 가격 협상에 관한 조언을 이야기하고 있다.
'For starters, use the Internet or other resources~'
라는 말을 시작으로 4개의 조언을 전하고 있다. 특히
'decide on a maximum price you can afford'에서 지
불 가능한 가격의 범위를 정하라고 이야기하고 있으므
로 내용과 일치하는 것은 (b)이다.

어휘 be firm in 소신을 굽히지 않다
 confident a. 자신감 있는, 확신이 있는
 initial a. 처음의, 초기의

---

56. 내용 일치 ★★★   정답 (b)

script M: City voters have rejected a plan to build a
new recreation center in District 6. The plan
would have imposed a one cent sales tax
increase until enough money was raised to
build the $15 million facility, which included a
new indoor swimming pool and tennis courts.
The final vote was 1,834 against and 1,191 in
favor. District 6 voters supported the proposal
by a 3-to-1 margin, but the rest of the city
widely rejected the plan.

 **Q: Which of the following is true according
  to the talk?**
 (a) Most of the people in District 6 voted
  against the tax increase.
 **(b) The project would have cost more
  than $15 million.**
 (c) The final margin of the election was less
  than 500 votes.
 (d) The city could have paid for the facility in
  one year.

해석 남: 도시의 유권자들은 제6구역에 레크리에이션 센터
를 짓기로 한 계획을 거절하였습니다. 이 기획은 새로

운 실내 수영장과 테니스 장을 포함하여 1,500만 달러 상당의 시설을 짓기 위해 충분한 돈이 모금될 때까지 1센트의 판매 세금 인상을 부과할 예정이었습니다. 최종 투표는 반대 1,834명과 찬성 1,191명으로 나타났습니다. 제6구역 유권자들은 3:1의 차이로 그 제안을 지지했지만 도시의 나머지는 그 기획을 크게 반대했었습니다.

문제: 담화문의 내용과 일치하는 것은?
(a) 제6구역 주민의 대다수는 세금 인상에 반대했다.
(b) 그 프로젝트는 1500만 달러 이상의 비용이 들어갈 예정이었다.
(c) 최종 선거의 차이는 500 표 이하였다.
(d) 도시는 일년 안에 그 시설에 대해 비용을 지불할 수 있었다.

해설 주어진 담화를 통해 화자는 유권자들이 레크리에이션 센터 건설을 반대하였다는 내용을 전하고 있다. 'enough money was raised to build the $15 million facility'라는 부분에서 건축에는 1500만 달러의 시설비가 들어간다고 설명하고 있으므로, 담화문의 내용과 일치하는 것은 (b)이다.

어휘 district n. 지역, 구역　　　margin n. 차이
impose v. 도입하다, 부과하다
facility n. 시설

---

57. | 대의 파악 ★★☆ | 정답 (c)

script W: Doctors say fresh fruit is good for you, but be sure to wash it before you eat it. Some produce is sprayed with dangerous chemicals or fertilizer when it is growing. Fresh food is exposed to many people before you get it, including pickers, truck loaders, unloaders and checkout clerks at the store. Depending on storage conditions, it can be exposed to germs and bacteria. Be sure to take proper precautions before eating fresh fruit.

Q: What does the speaker recommend?
(a) To study disease found in transport trucks
(b) To encourage exposure to healthy bacteria
(c) To eliminate any dangerous chemicals
(d) To protect the workers who touch the fruit

해석 여: 의사들은 신선한 과일이 몸에 좋다고 말하지만 과일을 먹기 전에 잘 씻는 것을 명심해야 합니다. 일부 상품은 자랄 때 위험한 화학물질이나 비료가 뿌려집니다. 신선한 음식은 여러분이 사기 전에 과일을 따는 사람, 트럭에 싣는 사람, 내리는 사람, 가게에서 확인하는 직원을 포함하여 많은 사람들에게 노출됩니다. 보관 상태

에 따라 과일은 세균과 박테리아에도 노출될 수 있습니다. 신선한 과일을 먹기 전에 적절한 사전 주의를 분명히 해야 할 것입니다.

문제: 화자가 권고하는 것은?
(a) 수송 트럭에서 발견된 질병을 연구하라고
(b) 건강한 박테리아에 노출을 권장하려고
(c) 위험한 화학물질을 제거하려고
(d) 과일을 만지는 노동자들을 보호하려고

해설 담화를 통해 화자는 신선한 과일을 먹기 전 적절한 주의를 해야 한다고 이야기하고 있다. 'Some produce is sprayed with dangerous chemicals or fertilizer'라는 말을 시작으로 주의해야 할 이유에 대해 설명하고 있으므로 화자가 권고하는 내용으로 일치하는 것은 (c)이다.

어휘 fertilizer n. 비료　　　expose v. 노출하다
precaution n. 예방책, 예방 조치
eliminate v. 없애다, 제거하다

---

58. | 추론 ★★★ | 정답 (b)

script M: Leading off today's sports segment, the Irwinville Kickers improved their chance to make the playoffs last night with a come-from-behind 3-2 victory over Century City. Troy Dixon scored two goals, including the game-winner in the 82nd minute, as the Kickers overcame a 2-0 deficit in the first half. If Irwinville can win its final two games next week, it will clinch the third seed in the postseason tournament.

Q: What can be inferred from the sports report?
(a) Troy Dixon is the best goalie in the league.
(b) The Kickers have not earned a playoff spot.
(c) Irwinville had the early lead, then fell behind.
(d) Troy Dixon scored all of Irwinville's goals.

해석 남: 오늘 날 스포츠 분야를 이끌어 가고 있는 Irwinville Kickers 팀은 어젯밤 Century City를 상대로 3대 2 역전승을 거둠으로써 플레이오프 경기를 향한 기회에 다가섰습니다. Kickers팀이 전반전 2대0이라는 열세를 극복하는 동안 Troy Dixon 선수는 82분에 2골을 획득하면서 승리를 이끈 투수가 되었습니다. Irwinville팀은 다음 주 최종 두 경기를 승리하게 된다면, 포스트 시즌 토너먼트에서 3위로 올라갈 것입니다.

문제: 스포츠 보도의 내용으로 추론할 수 있는 것은?
(a) Troy Dixon선수는 리그에서 최고의 골키퍼이다.
(b) Kickers 팀은 플레이오프 경기에서 승리하지 못했다.

(c) Irwinville 팀은 일찌감치 선두를 이끌었다가 뒤처졌다.

(d) Troy Dixon 선수는 Irwinville 팀의 득점의 전부를 획득하였다.

해설 담화를 통해 화자는 Irwinville Kickers팀의 경기 승리에 대해 이야기하고 있다. '~ improved their chance to make the playoffs last night'에서 어젯밤의 역전승으로 플레이오프 경기를 향해 한 단계 다가섰다고 설명하고 있으므로, 어젯밤의 승리가 플레이오프 우승획득은 아니라는 것을 짐작할 수 있다. 따라서 스포츠 보도의 내용으로 추론할 수 있는 것은 (b)이다.

어휘 segment n. 부분　　deficit n. 열세
lead off 이끌다, 앞장서다
come-from-behind 역전승
clinch v. 성사시키다, 이뤄 내다
playoff 결승시합

59. 　추론 ★★★　　　　정답 (c)

script W: Let me show you some new features in this new model of the four-door sedan. For safety purposes, air bags have been added for passengers in the rear seats. The tilt steering wheel has more positions so you can adjust it to different angles. The heating and cooling system has a digital input so you can select the exact temperature you want. And with this fold down seat in the back you have more room to haul anything you want. Now let's take a look under the hood.

Q: What will the speaker likely talk about next?
(a) Stereo power and speakers
(b) Consumer ratings of the car
(c) Improved features in the engine
(d) How much room is in the trunk

해석 여: 제가 4도어 세단의 신모델이 지닌 새로운 특징들을 말씀 드리겠습니다. 안전성을 위해 에어백이 뒷 자석에 앉은 승객을 위해 장착되었습니다. 젖혀지는 핸들은 더 많은 위치를 잡을 수 있어 다른 각도로 핸들을 조정할 수 있습니다. 냉난방 장치의 경우 디지털 입력이 가능하여 원하시는 구체적인 온도를 설정할 수 있습니다. 이와 함께 뒷좌석에는 젖힐 수 있는 의자이기 때문에 원하는 것을 옮길 수 있을 만큼 충분한 공간을 확보하실 수 있습니다. 자, 후드 아래를 한번 보겠습니다.

문제: 화자가 이어서 말할 것 같은 내용은 무엇인가?
(a) 스테레오 능력과 스피커
(b) 자동차에 대한 소비자의 평가
(c) 엔진의 향상된 특징들
(d) 트렁크의 용적이 얼마나 넓은지

해설 담화를 통해 화자는 새로 나온 4도어 세단의 특징에 대해 설명하고 있다. 화자의 설명 마지막 부분에서 'Now let's take a look under the hood.'라고 말하고 있으므로, 이 다음에 올 내용으로는 '후드를 열고 엔진에 대해 설명'할 것을 짐작할 수 있다. 따라서 주어진 담화에 이어지는 내용으로 적절한 것은 (c)이다.

어휘 tilt n. 기울어짐, 젖혀짐　　steering wheel 핸들
haul v. 끌다, 끌고 오다
rating n. 순위, 평가

60. 　내용 일치 ★★★　　　　정답 (b)

script M: In a recent survey of men over age 50, more than 60 percent say they have some form of back pain. There are many treatments available. Massage or acupuncture often provides relief. Sometimes occasional shots or other medication can provide relief. Because of the delicate nature of back surgery, an operation is considered the last resort by most doctors.

Q: According to the passage, which statement is true?
(a) People should learn to live with their back pain.
(b) More than half of the men over age 50 have back pain.
(c) Shots and other medication never relieve back pain.
(d) Surgery is the best option to relieve back pain.

해석 남: 50대 이상의 남성을 대상으로 한 최근 설문조사에서 60 퍼센트 이상이 요통에 시달리고 있다고 말했습니다. 이것에는 다양한 치료법이 있습니다. 종종 마사지나 침이 통증을 완화시켜 줍니다. 때로는 가끔씩 주사나 다른 약물이 통증완화를 도와 줍니다. 등 수술은 고도의 신중을 요하기 때문에 수술은 대다수의 의사들에게 최후의 수단으로 여겨집니다.

문제: 담화문의 내용과 일치하는 것은?
(a) 사람들은 자신의 요통을 가지고 살아가는 방법을 배워야 한다.
(b) 50대 이상 남성의 절반 이상이 요통을 가지고 있다.
(c) 주사와 다른 약물 치료는 결코 요통을 완화시켜주지 않는다.
(d) 수술은 요통 완화를 위한 최선의 선택이다.

해설 담화를 통해 화자는 'men over age 50, more than 60 percent say they have some form of back pain'라는 말을 통해 50대 이상의 남성 중 60% 이상이 요통에 시달리고 있다는 최근 설문조사 결과를 이야기하고 있

어휘   acupuncture n. 수지침
occasional a. 가끔, 종종
medication n. 약물

다. 따라서 담화문의 내용과 일치하는 (b)가 정답이다.

delicate a. 섬세한
last resort 최후의 선택(수단)

Actual TEST 04 Listening Comprehension 정답 & 해설

Part I ~ IV									
1 (a)	2 (d)	3 (c)	4 (b)	5 (a)	6 (c)	7 (d)	8 (b)	9 (a)	10 (b)
11 (c)	12 (b)	13 (a)	14 (d)	15 (a)	16 (b)	17 (b)	18 (b)	19 (a)	20 (d)
21 (c)	22 (b)	23 (d)	24 (a)	25 (b)	26 (a)	27 (c)	28 (d)	29 (a)	30 (c)
31 (b)	32 (d)	33 (a)	34 (d)	35 (b)	36 (c)	37 (d)	38 (b)	39 (c)	40 (c)
41 (d)	42 (c)	43 (b)	44 (c)	45 (d)	46 (b)	47 (a)	48 (c)	49 (c)	50 (a)
51 (c)	52 (a)	53 (c)	54 (c)	55 (b)	56 (d)	57 (c)	58 (a)	59 (d)	60 (b)

---

1.   일반 의문문 ★★☆   정답 (a)

script   M: Did you ever have a stamp collection as a kid?
W: _______________
(a) That didn't really appeal to me.
(b) I would like to save that.
(c) You need to go to the post office.
(d) You have a very nice collection.

해석   남: 어릴 때 우표 수집 해본 적 있어요?
여: _______________
(a) 전 그것에 정말 끌리지 않았어요.
(b) 저는 그것을 모으고 싶어요.
(c) 당신은 우체국에 가야 해요.
(d) 당신은 정말 멋진 수집품을 가지고 있어요.

해설   일반 의문문으로 남자는 여자에게 우표수집을 해본 적이 있는지 묻고 있다. '우표수집에 별로 매력을 느끼지 않았다'는 (a)는 '그래서 우표수집을 해 본적이 없다'는 의미로 파악할 수 있다. 따라서 이에 대한 여자의 대답으로 (a)가 적절하다.

어휘   collection n. 수집품

---

2.   간접의문문 ★☆☆   정답 (d)

script   M: Could you tell me where the restroom is?
W: _______________
(a) I'd like some water.
(b) My break is at 10 a.m.
(c) Please fix it.
(d) Just down the hall.

해석   남: 화장실이 어디인지 말씀해주시겠어요?
여: _______________
(a) 저는 물을 좀 마시고 싶어요.
(b) 제 휴식 시간은 오전 10시입니다.
(c) 그것을 고쳐주세요.
(d) 바로 복도 끝에 있어요.

해설   간접 의문문으로 남자는 화장실의 위치에 대해 묻고 있다. 장소를 묻는 질문에 대한 여자의 대답으로 '복도 끝'이라고 말한 (d)가 정답이다.

어휘   down the hall 복도 끝

---

3.   일반 의문문 ★☆☆   정답 (c)

script   M: Did you enjoy your time off?
W: _______________
(a) I would like some time alone.
(b) I don't know what time it is.
(c) I had a wonderful time.
(d) I will be on duty all day.

해석   남: 휴가 즐거웠어요?

여: ___________________________

(a) 저는 때로는 혼자 지내고 싶어요.

(b) 저는 몇 시인지 모르겠어요.

(c) 저는 환상적인 시간을 보냈어요.

(d) 저는 하루 종일 근무할 거예요.

해설   일반 의문문으로 남자는 여자에게 휴가에 대한 소감을 묻고 있다. 따라서, 이에 대한 여자의 대답으로 '멋진 시간을 보냈다'는 (c)가 정답이다. (a), (b) 모두 남자 질문의 'time'이 반복적으로 언급되어 혼동을 주는 선택지이므로 주의하자.

어휘   time off 일이 없는(한가한) 시간, 휴가
on duty 근무 중인

---

4.   일반 의문문 ★★☆   정답 (b)

script   W: May I place my order with you?

M: ___________________________

(a) Deliveries go out after 3 p.m.

(b) Sure. Let me write it down.

(c) I'm sorry for the long line.

(d) Let me figure out your total.

해석   여: 주문해도 될까요?

남: ___________________________

(a) 배달은 3시 이후에 됩니다.

(b) 물론입니다. 제가 적을게요.

(c) 오래 서 계시도록 해서 죄송합니다.

(d) 총 금액을 확인해보겠습니다.

해설   일반 의문문으로 레스토랑에서 일어나는 대화임을 알 수 있다. 손님인 여자는 직원인 남자에게 '주문을 해도 되는지'에 대해 묻고 있다. 따라서 이에 적절한 남자의 대답으로 '주문을 받아 적겠다'고 하는 (b)가 정답이다.

어휘   place one's order 주문하다

---

5.   일반 의문문 ★★☆   정답 (a)

script   M: Did you get the notice in the mail?

W: ___________________________

(a) I plan to respond to it later.

(b) I did not notice the new sign.

(c) I will send it right away.

(d) It might get lost in the mail.

해석   남: 메일로 안내문 받았어요?

여: ___________________________

(a) 나중에 답장할 계획이에요.

(b) 저는 새로운 표시를 알아차리지 못했어요.

(c) 제가 그것을 지금 당장 보낼게요.

(d) 그것이 우편 안에서 없어졌을지도 몰라요.

해설   일반 의문문으로 남자는 여자에게 '안내문을 메일로 받

았는지'에 대한 여부를 묻고 있다. '나중에 답장할 계획이다'라는 (a)는 '이미 받았다'는 의미로 해석할 수 있으므로 여자의 대답으로 (a)가 적절하다.

어휘   get lost 길을 잃다   notice n. 안내문, 공지

---

6.   일반 의문문 ★★☆   정답 (c)

script   W: Can you change my flat tire?

M: ___________________________

(a) I don't have the exact change.

(b) You should make your phone call.

(c) All I need is your jack and spare.

(d) Try to start your engine now.

해석   여: 구멍 난 제 타이어를 교체할 수 있나요?

남: ___________________________

(a) 저는 정확한 잔돈을 가지고 있지 않아요.

(b) 당신은 전화를 해야 합니다.

(c) 제가 필요한 건 잭하고 예비 타이어뿐이에요.

(d) 당신의 엔진을 지금 시동 걸어 보세요.

해설   일반 의문문으로 여자는 남자에게 '구멍 난 타이어를 교체할 수 있는지'에 대해 묻고 있다. 타이어 교체에 필요한 도구인 '잭하고 스페어 타이어가 필요하다'는 (c)는 그것만 있으면 타이어를 교체할 수 있다는 의미로 해석할 수 있다. 따라서 남자의 대답으로 적절한 것은 (c)이다.

어휘   flat tire 구멍 난 타이어
jack n. (전기 기구를 연결하는) 잭
spare n. 스페어 타이어

---

7.   의문사 의문문 – Why ★★☆   정답 (d)

script   M: Why did you park so far away?

W: ___________________________

(a) I had to make two trips.

(b) I didn't want to walk very far.

(c) Let's take a walk in the park.

(d) It was the only spot I could find.

해석   남: 왜 그렇게 주차를 멀리 했어요?

여: ___________________________

(a) 저는 2번 갔다 와야 했어요

(b) 저는 너무 멀리까지 걷는 것을 원하지 않았어요.

(c) 공원으로 산책가요.

(d) 제가 찾을 수 있는 유일한 장소였어요.

해설   의문사 의문문으로 why를 이용하여 남자는 여자에게 주차를 멀리한 이유에 대해 묻고 있다. 이에 대한 여자의 대답으로는 '그 곳밖에 자리가 없었다'는 (d)가 적절하다.

어휘   make two trips 두 번 왕복하다

8. 의문사 의문문 – How ★★☆   정답 (b)

script W: How far is it to Main Street?
   M: _______________________________
   (a) It is not on your map.
   (b) It is two blocks straight ahead.
   (c) City Hall is on Main Street.
   (d) It was farther than I thought.

해석 여: Main Street까지 얼마나 머나요?
   남: _______________________________
   (a) 그것은 당신 지도에 나와 있지 않아요.
   (b) 2블록 더 가야 해요.
   (c) 시청은 Main Street에 있어요.
   (d) 제가 생각한 것보다 더 멀었어요.

해설 의문사 의문문으로 여자는 Main street까지의 거리를 묻고 있다. 이에 대한 남자의 대답으로 '앞으로 2블록 거리'라고 말한 (b)가 정답이다.

9. 평서문 ★☆☆   정답 (a)

script M: I will be out of town on business next week.
   W: _______________________________
   **(a) You've made your travel plans,
      haven't you?**
   (b) I don't know if the discounts are
      available.
   (c) I made an appointment for next week.
   (d) The hotel still has rooms available.

해석 남: 저는 다음 주에 사업상 지방으로 출장 갈 거예요.
   여: _______________________________
   (a) 이미 여행 계획 세웠잖아요, 그렇죠?
   (b) 할인이 가능한지 모르겠네요.
   (c) 저는 다음 주에 약속이 있어요.
   (d) 그 호텔은 여전히 이용 가능한 방이 있어요.

해설 평서문으로 남자는 '다음 주에 출장 간다'는 자신의 일정을 여자에게 이야기하고 있다. 이 말을 들은 여자의 대답으로 '여행 계획이 이미 있지 않았는지' 반문하는 (a)가 적절하다.

어휘 on business 사업상, 출장으로
   appointment n. 약속

10. 평서문 ★★☆   정답 (b)

script W: I like everything about this truck except the
      color.
   M: _______________________________
   (a) Would you like to look at new cars?
   (b) What color are you looking for?
   (c) I hope you like the paint job we gave it.
   (d) I think the color combination is a good
      match.

해석 여: 색을 제외하고는 이 트럭의 모든 점이 맘에 들어요.
   남: _______________________________
   (a) 새로운 차를 보시겠어요?
   (b) 어떤 색을 찾고 계시는데요?
   (c) 우리가 제안한 페인트칠하는 일을 마음에 들어
      하셨으면 좋겠네요.
   (d) 제 생각에 그 색의 조합은 훌륭한 것 같아요.

해설 평서문으로 여자는 트럭에 대해 '색을 뺀 나머지가 모두 마음에 든다'고 이야기하고 있다. 여자의 말은 '색이 마음에 안 든다'는 의미이므로 이에 대한 남자의 대답으로는 '어떤 색을 원하는지' 묻는 (b)가 적절하다.

어휘 paint job 페인트칠하는 일
   combination n. 배합, 결합

11. 평서문 ★★☆   정답 (c)

script M: That guy looks a whole lot like our new
      mayor.
   W: _______________________________
   (a) I voted for his opponent in the election.
   (b) The mayor gave a controversial speech
      yesterday.
   **(c) I see what you mean. At this distance
      it's hard to tell.**
   (d) I'm sorry, but I'm afraid you are mistaken.

해석 남: 저 남자, 우리의 새로운 시장이랑 아주 비슷한데요.
   여: _______________________________
   (a) 저는 선거에서 그의 경쟁자를 뽑았어요.
   (b) 시장은 어제 논란의 여지가 많은 연설을 했어요.
   **(c) 당신이 무엇을 뜻하는지 알겠어요. 이정도 거리
      에서는 구별하기 어려워요.**
   (d) 미안합니다만, 당신이 잘못 생각하고 있는 것 같
      아요.

해설 평서문으로 남자는 '어떤 남자가 새 시장과 비슷하게 생겼다'고 이야기하고 있다. 이 말을 들은 여자의 대답으로 '멀리서 보았을 때 구별하기 힘들다'라고 이야기하고 있는 (c)가 적절하다.

어휘 look like ~처럼 보이다, ~와 닮다
   controversial a. 논란이 많은
   speech n. 연설

12. 평서문 ★★☆   정답 (b)

script W: That was the best pizza I've had in a long
      time!
   M: _______________________________
   (a) They say it's the best Chinese food in
      town.

(b) **Let's make plans to come back very soon.**

(c) Where should we go for lunch? I'm hungry.

(d) I don't want to wait in line for our food.

해석 여: 오랜 만에 먹어 본 것들 중 가장 맛있는 피자에요.

남: ___________________________

(a) 사람들이 말하길 도시에서 최고의 중국 음식이라고 하더라고요.

(b) **조만간 다시 오도록 합시다.**

(c) 점심 먹으러 어디로 가야 하나요? 배가 고파요.

(d) 음식을 먹기 위해 줄 서서 기다리고 싶지 않아요.

해설 평서문으로 여자는 '먹고 있는 피자가 정말 맛있다'는 소감을 이야기하고 있다. '조만간 다시 오자'는 (b)는 여자 말에 대한 긍정적인 공감을 의미하므로 따라서 남자의 대답으로 (b)가 적절하다.

어휘 wait in line 줄 서서 기다리다

---

13. 평서문 ★★★   정답 (a)

script M: Sorry I am late. I had a blowout on the freeway.

W: ___________________________

(a) **You need to check the tread on your other tires.**

(b) What a blowout in the soccer match last night!

(c) The nearest phone is at the help desk upstairs.

(d) I always carry a spare quart of oil in my trunk.

해석 남: 늦어서 미안합니다. 고속도로에서 타이어가 펑크 났어요.

여: ___________________________

(a) **다른 타이어들의 접지면을 확인해 볼 필요가 있어요.**

(b) 어제 밤 축구 경기는 정말 압승이었어!

(c) 가장 가까운 전화기는 위층의 업무지원센터에 있어요.

(d) 저는 항상 트렁크에 1/4 리터의 기름을 가지고 다닙니다.

해설 평서문으로 남자는 타이어 펑크로 인해 지각한 것을 사과하고 있다. 남자의 말에 대한 여자의 대답으로는 나머지 타이어에 대해서도 '접지면 확인'을 조언하는 (a)가 적절하다. 남자 말의 blowout은 '타이어의 펑크'라는 의미이고, (b)의 blowout은 '운동경기에서의 압승'을 의미하므로 혼동하지 않도록 주의한다.

어휘 blowout n. (타이어의) 펑크, 압승

tread n. (타이어의) 접지면

help desk 업무지원센터

---

14. 일반 의문문 ★★☆   정답 (d)

script W: Would you like to play golf again with us next week?

M: ___________________________

(a) No, I'm going to go practice my putting now.

(b) I wish I enjoyed playing golf as much as I do.

(c) I hear they have remodeled the course recently.

(d) **Sure. I assume you've got the same tea time as always.**

해석 여: 다음 주에 우리와 함께 골프 다시 할래요?

남: ___________________________

(a) 아니요. 이제 저는 퍼팅을 연습하려고 합니다.

(b) 저는 최대한 골프 치는 것을 즐기고 싶어요.

(c) 제가 듣기에 그들은 최근에 코스를 개조했다네요.

(d) **물론입니다. 당신은 항상 그렇듯이 같은 티 타임을 잡으실 거라고 생각 드네요.**

해설 일반 의문문으로 여자는 '다음 주에 골프경기를 다시 하자'고 제안하고 있다. 골프경기의 제안에 대한 남자의 대답으로는 'sure'이라는 긍정의 말과 함께 '늘 그렇듯이 같은 시간에 만날 것 같다'는 (d)가 가장 적절하다.

어휘 tee 티(골프 치는 위치) tee time 골프 치는 시간

---

15. 평서문 ★★☆   정답 (a)

script M: The professor said we could pick any topic for our project.

W: ___________________________

(a) **But it has to be related to what we've studied so far.**

(b) I don't have time to get started until next week.

(c) We can find the information on the Internet.

(d) Let's put it on a slide show presentation.

해석 남: 교수님이 말씀하시길 우리가 프로젝트에 관한 어떤 주제도 잡을 수 있다고 하셨어요.

여: ___________________________

(a) **그렇지만 그것은 지금까지 우리가 배운 것과 관련성이 있어야 해요.**

(b) 다음 주까지는 시작할 시간이 없는데요.

(c) 저희는 인터넷에서 정보를 찾을 수 있어요.

(d) 프로젝트를 슬라이드 쇼로 발표해봅시다.

해설 평서문으로 남자는 프로젝트의 주제에 대해 이야기하며 어떤 주제로 정해도 된다고 말하고 있다. 이에 대한 여자의 대답으로 '단 배운 것에 관련된 주제여야 한다'라고 주제를 한정하여 설명하고 있는 (a)가 정답이다.

어휘 so far 지금까지

---

16. 일반 의문문 ★☆☆   정답 (b)

script M: Good evening. Can I help you?
W: We need a table for four.
M: Smoking or non-smoking?
W: ________________

(a) We'd prefer a booth.
(b) Whatever is available first.
(c) Let me see a menu.
(d) Here is my credit card.

해석 남: 안녕하세요. 어떻게 도와드릴까요?
여: 4명 자리가 필요해요.
남: 흡연석이요, 금연석이요?
여: ________________

(a) 부스가 더 좋아요.
(b) 먼저 가능한 자리면 어디든 좋아요.
(c) 메뉴 좀 봅시다.
(d) 여기 제 신용카드요.

해설 두 사람은 레스토랑에 있음을 짐작할 수 있다. 흡연석과 금연석 중 어느 것을 원하는지 묻고 있는 남자에 대한 대답을 찾아야 한다. 따라서 '먼저 가능한 자리라면 아무거나'라고 말한 (b)가 여자의 대답으로 적절하다.

어휘 booth n. (칸막이를 한) 작은 공간

---

17. 평서문 ★★★   정답 (b)

script W: Would you like to go hiking with me?
M: No, I really don't like the outdoors.
W: Come on. It will be fun.
M: ________________

(a) I hope you enjoyed it.
(b) No thanks. To each his own.
(c) I'll go for a walk instead.
(d) That's a waste of effort.

해석 여: 저랑 하이킹 가실래요?
남: 아니요, 전 정말 야외활동을 좋아하지 않아요.
여: 그러지 말고요. 재미있을 거예요.
남: ________________

(a) 저는 당신이 즐거웠기를 바래요.
(b) 아니 괜찮아요. 누구나 제멋에 사는 거잖아요.
(c) 저는 대신 걸어갈게요.
(d) 그건 노력의 낭비예요.

해설 대화에서 두 사람은 하이킹에 대해 이야기하고 있다. 여자의 하이킹 제안에 남자는 야외활동을 좋아하지 않는다고 답하고 있다. '재미있을 것이다'라며 거듭 권하는 여자의 말에 대한 남자의 대답으로 '고맙지만 사양하겠다'는 말과 함께 '누구나 제멋에 산다'고 말한 (b)가 내용상 가장 적절하다.

어휘 To each his own. 누구나 제멋에 사는 법이다.

---

18. 의문사 의문문 – How ★★☆   정답 (b)

script M: Did you ever get a satellite dish?
W: Yes, I had it installed last week.
M: How do you like it so far?
W: ________________

(a) My mom made my favorite dish last night.
(b) It has a lot more channels than cable.
(c) All you had to is installing the software.
(d) The satellite will be launched next week.

해석 남: 위성방송수신 안테나 달았어요?
여: 네, 지난 주에 설치했어요.
남: 지금까지 어떤가요?
여: ________________

(a) 저희 어머니는 지난 밤에 제가 제일 좋아하는 요리를 만들었어요.
(b) 그것은 케이블보다 훨씬 많은 채널을 제공해요.
(c) 당신이 해야 할 것은 그저 소프트웨어를 설치하는 거예요.
(d) 그 위성은 다음 주에 발사 될 거예요.

해설 대화에서 남자는 위성방송수신 안테나 설치에 대한 여자의 소감을 묻고 있는 상황이다. 이에 대한 여자의 대답으로 '채널이 케이블보다 많다'라고 이야기하고 있는 (b)가 가장 적절하다.

어휘 satellite dish 위성방송수신 안테나
satellite n. 위성
launch v. 발사하다

---

19. 평서문 ★★☆   정답 (a)

script M: Jane, have you seen the cell phone bill?
W: It was on the counter the last time I saw it. Why?
M: It's due soon. I want to write them a check and mail it today.
W: ________________

(a) Don't bother. I sent them a check the day we got the bill.
(b) Can you take these letters to the post office for me?

(c) The mailman usually makes his delivery
after 3 p.m.

(d) Everything's fine. You don't have to
check again.

해석   남: Jane, 전화 요금 청구서 봤어요?
여: 내가 마지막으로 보았을 때는 카운터에 있었는데
요. 왜요?
남: 곧 마감이거든요. 나는 오늘 수표를 써서 보내고 싶
어서요.
여: ___________________________

**(a) 신경쓰지 마세요. 청구서 받은 날 제가 수표를
보냈어요.**

(b) 저 대신 우체국에 이 편지들을 가져다 주시겠어
요?

(c) 우편 배달부는 보통 오후 3시 이후에 배달을 합
니다.

(d) 모든 게 괜찮아요. 다시 확인할 필요 없어요.

해설   대화에서 두 사람은 전화요금 청구서 납부에 관해 이야
기하고 있다. '오늘 청구서에 대한 수표를 써서 발송하
겠다'는 남자의 말을 들은 여자의 대답으로 '내가 이미
수표를 보냈다'고 말한 (a)가 가장 적절하다.

어휘   bill n. 청구서, 요금서

---

20.   일반 의문문 ★☆☆   정답 (d)

script   W: I'm taking my little cousin to the zoo
tomorrow.
M: I hear they've added some new exhibits
recently.
W: My favorite is the elephants. How about
you?
M: ___________________________

(a) When was the last time you went to the
zoo?

(b) Can I come with you and your nephew?

(c) The bus to the zoo leaves the station at
4 p.m.

**(d) Even though the area smells, I like the
monkeys.**

해석   여: 전 내일 제 어린 조카를 동물원으로 데려갈 거예요.
남: 제가 듣기로는 최근 동물원에 새로운 전시회가 추
가 되었다고 하더라고요.
여: 제가 가장 좋아하는 것은 코끼리예요. 당신은 어떤
가요?
남: ___________________________

(a) 동물원에 마지막으로 간 것이 언제인가요?

(b) 제가 당신과 조카와 같이 가도 될까요?

(c) 동물원으로 가는 버스는 오후 4시에 역을 출발
합니다.

(d) 그 구역에서 냄새가 나긴 하지만 저는 원숭이들

이 좋아요.

해설   대화에서 두 사람은 동물원에 대해 이야기하고 있다.
여자는 동물원에서 가장 좋아하는 것이 무엇인지 남자
에게 묻고 있으므로 이에 대한 남자의 대답으로 '원숭
이가 좋다'라고 말한 (d)가 정답이다.

어휘   exhibit n. 전시품, 전시회(= exhibition)

---

21.   일반 의문문 ★★☆   정답 (c)

script   M: Excuse me, I'm looking for Felix.
W: He doesn't work here anymore.
M: Do you know where I can find him?
W: ___________________________

(a) Say hello for me if you ever see him.

(b) What time would you like to meet him?

**(c) He was transferred to our Westside
office.**

(d) He lost his chance at a company
promotion.

해석   남: 실례합니다만, Felix씨를 찾고 있는데요.
여: 그는 여기서 더 이상 근무하지 않아요.
남: 제가 그를 어디서 찾을 수 있는지 아시나요?
여: ___________________________

(a) 만약 그를 보시면 저 대신 안부 전해주세요.

(b) 언제 그를 만나고 싶으신가요?

(c) 저희 Westside 사무실로 전근 갔어요.

(d) 그는 승진 기회를 놓쳤어요.

해설   대화에서 남자는 'Felix를 어디서 찾을 수 있는지'에 대
하여 여자에게 묻고 있다. 이에 대한 여자의 대답으로
'웨스트사이드 사무실로 전근 갔다'고 말하고 있는 (c)
가 가장 적절하다.

어휘   transfer v. 전근하다, 이동하다

---

22.   평서문 ★★☆   정답 (b)

script   W: Can you help me carry these packages?
M: Sure. Where is your car?
W: I'm parked over in lot B.
M: ___________________________

(a) I bought some very nice things at the
sale.

**(b) It might be easier to move your car
over here.**

(c) Don't you think they are a little too heavy
for you?

(d) I'm glad you found that shirt that I
wanted.

해석   여: 이 상자들을 옮기는 거 도와주실 수 있으세요?
남: 물론이죠. 자동차가 어디에 있지요?

여: B구역에 주차했어요.

남: _______________________________________

   (a) 저는 할인 중인 매우 좋은 물건들을 몇 개 구매
했어요.

   **(b) 차를 이쪽으로 이동하는 게 더 쉬운 일일 것 같
은데요.**

   (c) 그것들이 당신에게 좀 많이 무겁다고 생각하지
않아요?

   (d) 제가 원하는 셔츠를 찾아주신 데 감사 드려요.

해설 대화에서 두 사람은 여자의 짐을 옮기는 일에 대해 이
야기하고 있다. '짐을 여자의 차가 있는 곳까지 옮겨야
한다'는 말에 대한 남자의 대답으로 '차라리 차를 짐이
있는 곳으로 옮기는 것이 더 낫겠다'고 제안하는 (b)가
정답이다.

어휘 at the sale 할인 중인

---

23. 평서문 ★★☆   정답 (d)

script M: Do you have the new James Johnson novel
for sale?

W: No, we sold out last week. We have some
more ordered.

M: My sister really wants a copy as a birthday
gift.

W: _______________________________________

   (a) The bakery has chocolate birthday cakes
on sale.

   (b) I ordered the clerk to rearrange the book
display.

   (c) Maybe you can check one out at the
library.

   **(d) I can reserve a copy for you, if you
want me to.**

해석 남: 할인 판매중인 James Johnson의 새 책 있으신가
요?

여: 아니요, 지난 주에 모두 판매되었습니다. 더 주문한
상태이고요.

남: 제 누이가 생일선물로 그 책을 정말 원하거든요.

여: _______________________________________

   (a) 제과점에는 초콜릿 생일 케이크가 할인 판매 중
입니다.

   (b) 저는 그 책의 진열을 다시 하라고 직원에게 요청
했어요.

   (c) 도서관에서 그 책이 있는지 확인해보실 수 있어
요.

   **(d) 원하신다면 당신을 위해 한 권을 예약해 둘 수
있어요.**

해설 대화에서 두 사람은 James Johnson의 새 책에 대해
이야기하고 있다. 내용상 여자는 서점의 직원임을 알
수 있으며, 남자는 책을 선물로 꼭 사줘야 한다고 설명

하고 있다. 따라서 여자의 대답으로 '원한다면 한 권 예
약해두겠다'고 말하고 있는 (d)가 적절하다.

어휘 reserve v. 예약하다   rearrange v. 예약하다

---

24. 일반 의문문 ★☆☆   정답 (a)

script W: I'll only be a minute. Do you want to come
in?

M: No, I guess I'll just wait in the car.

W: Do you need me to get you anything?

M: _______________________________________

   **(a) No, I have everything that I need for
now.**

   (b) Here are some coupons you can use
next time.

   (c) The flyer with the specials is in the trunk.

   (d) I'm tired and want to get back to work.

해석 여: 저는 1분이면 올 거예요. 들어오시겠어요?

남: 아니요, 차에서 기다릴게요.

여: 뭐 갖다 드릴까요?

남: _______________________________________

   (a) 아니요, 지금 제가 필요한 건 다 있어요.

   (b) 여기 다음 번에 사용하실 수 있는 몇 가지 쿠폰
이 있어요.

   (c) 특별 상품에 대한 내용의 전단지가 트렁크에 있
어요.

   (d) 저는 피곤해서 사무실로 되돌아가고 싶어요.

해설 대화에서 여자는 남자에게 필요한 것이 있는지 물어보
고 있다. 따라서 이에 대한 답으로 'No'라는 거절의 말
과 함께 '필요한 건 나에게 다 있다'고 이야기하고 있는
(a)가 가장 적절하다.

어휘 flyer n. (광고 안내용) 전단 special n. 특별상품

---

25. 평서문 ★★★   정답 (b)

script M: I'm sorry. I couldn't get tickets to the game.

W: That's too bad. I really wanted to go.

M: I guess we'll have to watch it on TV.

W: _______________________________________

   (a) I don't know what time it is. My watch is
broken.

   **(b) I guess it will be on Channel 4, like
always.**

   (c) Are you going to tape the game on your
VCR?

   (d) Tickets are so expensive these days. I
can't afford them.

해석 남: 미안해요. 그 경기 티켓을 구할 수가 없었어요.

여: 정말 안타깝군요. 정말 가고 싶었는데요.

남: 우리 TV로 시청해야 할 것 같아요.

여: ______________________________

    (a) 몇 시인지 모르겠어요. 제 시계가 고장 났거든요.

    (b) 언제나 그렇듯이 4번 채널에서 할 거예요.

    (c) 당신의 VCR에 경기를 녹화할 거예요?

    (d) 티켓들이 요즘에는 너무 비싸요. 저는 비용을 감당할 수 없어요.

해설 대화에서 두 사람은 경기 티켓에 대해 이야기하고 있다. 남자는 '티켓을 구하지 못해서 TV로 시청해야 한다'고 말하고 있으므로, 이에 대한 여자의 답으로 '경기는 4번 채널에서 한다'고 말한 (b)가 가장 적절하다.

어휘 be broken 고장 나다

tape v. 테이프에 녹음(녹화) 하다

expensive a. 값비싼, 비용이 많이 드는

---

26.   평서문 ★★★   정답 (a)

script W: I'm so mad. I got a speeding ticket last week.

M: How much is the fine?

W: $150. But I'm going to take it to court.

M: ______________________________

    (a) I don't blame you. That's a lot of money.

    (b) The damage should be covered by your insurance.

    (c) I don't think your car can go that fast.

    (d) I would plead not guilty and pay the fine.

해석 여: 저 정말 화나요. 지난 주에 속도 위반 딱지를 받았어요.

남: 벌금이 얼마인데요?

여: 150 달러요. 그렇지만 법원에 그것을 가져갈 거예요.

남: ______________________________

    (a) 당신을 비난하지 않겠어요. 그건 정말 큰 돈이니까요.

    (b) 피해는 보험으로 처리되어야 합니다.

    (c) 저는 당신 차가 그렇게 빨리 달릴 수 있다고 생각하지 않아요.

    (d) 저는 죄가 없다고 답변하고 벌금을 내겠어요.

해설 대화에서 두 사람은 여자의 과속 티켓에 대해 이야기하고 있다. 여자는 150달러짜리 티켓을 끊었다고 이야기하고 있으므로 '큰 돈이니 화내도 이해한다'는 (a)가 남자의 대답으로 가장 적절하다.

어휘 fine n. 벌금

plead v. (피고가 자신이 유죄/무죄라고) 답변하다

---

27.   평서문 ★★★   정답 (c)

script M: Here are the directions. Read them out loud while I drive.

W: Let's see. Turn right at Central Street, then turn left at the third light.

M: After that, we should be pretty close to Joe's house.

W: ______________________________

    (a) The price of gas continues to go down this month.

    (b) Joe seems to lack a sense of direction.

    (c) I hope so. I don't want to be late to the party.

    (d) What time should we leave so we're not late?

해석 남: 여기 길 안내예요. 제가 운전하는 동안 큰 소리로 읽어주세요.

여: 봅시다. Central Street에서 우회전한 다음에 3번째 신호등에서 좌회전하세요.

남: 그 다음에 우리는 바로 Joe의 집 근처가 되어야 해요.

여: ______________________________

    (a) 기름 가격이 이번 달에 계속해서 내려가고 있어요.

    (b) Joe는 방향감각이 부족한 것 같아요.

    (c) 그러길 바래요. 저도 그 파티에 늦고 싶지 않아요.

    (d) 늦지 않으려면 언제 출발해야 하나요?

해설 대화를 통해 두 사람은 운전 중이며 곧 Joe의 집에 도착해야 한다는 것을 알 수 있다. 곧 Joe의 집 근처가 되어야 한다는 남자의 말에, '나도 파티에 늦고 싶지 않다'는 (c)가 대답으로 적절하다.

어휘 direction n. 방향, 위치 lack v. 부족하다, 모자라다

---

28.   평서문 ★★☆   정답 (d)

script W: What would you like me to make for dinner tonight?

M: We haven't had chicken for a while.

W: I'm not sure it would thaw out in time.

M: ______________________________

    (a) Mashed potatoes, gravy and corn make good side dishes.

    (b) Maybe I could borrow some stuffing from our neighbor.

    (c) The broiler in the oven isn't working properly.

    (d) We could have some delivered from the takeout place.

해석 여: 오늘 저녁으로 무엇을 만들었으면 하나요?

남: 우리 한동안 닭고기 안 먹었어요.

여: 닭고기가 시간 안에 해동될지 모르겠어요.

남: ＿＿＿＿＿＿＿＿＿＿＿＿＿＿＿＿＿

    (a) 으깬 감자, 육즙과 옥수수라면 훌륭한 반찬이 됩
니다.

    (b) 아마도 이웃집에서 속에 채울 것을 빌려올 수 있
을 것 같아요.

    (c) 오븐 안에 있는 그릴이 제대로 작동하지 않고 있
어요.

    **(d) 우리는 테이크아웃 식당에서 배달해 먹을 수 있
어요.**

해설 대화에서 두 사람은 저녁식사 메뉴에 대해 이야기하고
있다. 여자는 남자가 먹고 싶어하는 닭고기의 해동이
제시간에 안될 것 같다고 말하고 있으므로, 이에 대한
남자의 대답으로 '테이크아웃 식당에서 배달해 먹자'고
제안하는 (d)가 가장 적절하다.

어휘 thaw out 해동시키다, 녹이다   gravy n. 육즙
stuffing (만두 등과 같은 요리 속에 넣는) 속

29.   평서문 ★★☆   정답 (a)

script M: My piano recital is tomorrow. Can you make
it?

    W: No, I have to work late. Can I listen in now?

    M: Sure, I need to practice and it's always
good to have an audience.

    W: ＿＿＿＿＿＿＿＿＿＿＿＿＿＿＿

    **(a) Good. I was afraid I wasn't going to
get to hear you play.**

    (b) I can't tell you how much I love to listen
to the orchestra.

    (c) I hope the concert tickets don't cost too
much.

    (d) Well, to be honest, you need a lot more
practice.

해석 남: 제 피아노 독주회가 내일이에요. 오실 수 있어요?

    여: 아니요, 제가 늦게까지 일해야 하거든요. 지금 들어
볼 수 있을까요?

    남: 물론이죠, 연습이 필요하고 항상 관객이 있는 것은
좋죠.

    여: ＿＿＿＿＿＿＿＿＿＿＿＿＿＿＿

    **(a) 좋아요. 당신의 연주를 듣지 못하게 될 거라고
생각했거든요.**

    (b) 그 오케스트라 연주를 듣는 것을 제가 얼마나 좋
아하는 지 이루 말할 수 없어요.

    (c) 그 콘서트 티켓이 너무 비싸지 않았으면 좋겠어
요.

    (d) 솔직히 당신은 연습이 좀 더 필요한 것 같네요.

해설 대화에서 두 사람은 남자의 피아노 연주에 대해 이야
기하고 있다. 남자는 공연 참석을 못하는 여자에게 연

주를 들려주겠다고 이야기하고 있으므로, '연주를 듣지
못할 거라 생각했는데 좋다'고 말한 (a)가 여자의 대답
으로 가장 적절하다.

어휘 recital n. 독주회   listen in (라디오로 방송을) 듣다

30.   평서문 ★★☆   정답 (c)

script W: I can't get my checkbook to balance with
my bank statement.

    M: Are you over or under the amount that they
show?

    W: I'm $20 over, and I can't find my mistake
anywhere.

    M: ＿＿＿＿＿＿＿＿＿＿＿＿＿＿＿

    (a) I can loan you some money to cover
your debt.

    (b) Your credit card should cover that
amount.

    (c) Let me take a look and see if I can find it.

    (d) Maybe your calculator needs fresh
batteries.

해석 여: 입출금 내역서를 가지고 수표책에서 수입과 지출을
맞출 수가 없네요.

    남: 내역을 보면 금액이 초과했나요, 아니면 미달인가
요?

    여: 20달러 초과예요, 그리고 어디서 제가 실수했는지
찾을 수가 없어요.

    남: ＿＿＿＿＿＿＿＿＿＿＿＿＿＿＿

    (a) 당신 빚을 갚을 만한 돈을 빌려줄 수 있어요.

    (b) 당신의 신용카드로 그 금액을 대셔야 합니다.

    (c) 제가 보고 찾을 수 있을 지 확인할게요.

    (d) 아무래도 당신의 계산기에 새 배터리를 넣어야
할 것 같은데요.

해설 대화에서 두 사람은 여자의 입출금 내역서에 대해 이야
기하고 있다. 여자는 수입과 지출이 맞지 않다고 걱정
하고 있으므로 이에 대한 남자의 대답으로 '내가 찾을
수 있을 지 확인해보겠다'고 말한 (c)가 가장 적절하다.

어휘 bank statement 입출금 내역서
balance v. 수입과 지출을 맞춰 보다
checkbook n. 수표책

31.   대의 파악 ★★☆   정답 (b)

script M: Welcome the county building. Can I help
you?

    W: I came to pay my property taxes.

    M: You can do that at the Treasurer's Office on
the second floor.

    W: But this bill came from the Assessor's
Office. Don't I have to go there?

M: No, the assessor figures the amount, but the treasurer actually collects it.

W: Oh, I see. Thank you for explaining it to me.

M: You can use the steps or elevator. Both are down the hall and to the left.

Q: What is the man doing in the conversation?

(a) Trying to pay his property taxes

(b) Helping a woman who needs information

(c) Collecting money from the woman

(d) Providing directions to the Assessor's Office

해석　남: 주 청사에 오신 것을 환영합니다. 무엇을 도와드릴까요?

여: 저는 재산세를 내러 왔어요.

남: 그 업무는 2층의 회계부서에서 처리하실 수 있습니다.

여: 그렇지만 이 청구서는 세무 부서에서 발행된 것인데요. 거기로 가야 하는 거 아닌가요?

남: 네, 세금 사정인은 금액을 확인하는 일을 하지만, 회계 담당자는 실제로 그 돈을 접수합니다.

여: 알겠습니다. 설명해주셔서 감사합니다.

남: 계단이나 엘리베이터를 이용하실 수 있습니다. 둘 다 복도 끝에서 왼쪽으로 가시면 있습니다.

문제: 대화에서 남자가 하는 것은?

(a) 그의 재산세를 내려고 한다.

(b) 안내를 원하는 여자를 도와주고 있다.

(c) 여자로부터 돈을 접수하고 있다.

(d) 세무 부서로 가는 방향을 알려주고 있다.

해설　대화에서 남자가 하고 있는 것을 묻는 문제이다. 대화 처음에 'Can I help you?'라는 말을 시작으로 여자에게 안내를 시작하고 있으며, 남자에게 여자는 'Thank you for explaining it to me.'라고 고마움을 표현하고 있다. 따라서 대화에서 남자가 하고 있는 것은 '여자에게 안내를 하고 있다'는 (b)이다.

어휘　property tax 재산세
Treasurer's Office 회계부서, 재무부
Assessor's Office 세무부서
assessor n. 세금 사정인
treasurer n. 회계 담당자

---

32. **세부 사항 ★☆☆**　　　정답 (d)

script　W: I would like to return this sweater.

M: I can help you with that. Do you have your receipt?

W: No, I don't. The sweater was a gift to me.

M: I'm sorry, but the store policy requires I see the receipt.

W: But it is too big for me. What should I do?

M: I can't give you money, but you can exchange it for a smaller size.

W: That would be fine. I like the sweater, but I need to get one that fits.

M: Go get one you like, and I'll handle all the paperwork.

Q: Why did the woman bring the sweater to the store?

(a) To have it repaired

(b) To buy a similar one

(c) To get a new color

(d) To get the right size

해석　여: 저는 이 스웨터를 반품하고 싶어요.

남: 제가 도와드리겠습니다. 영수증 있으신가요?

여: 아니요, 없습니다. 이 스웨터는 저에게 선물이었거든요.

남: 죄송합니다만, 가게 정책상 영수증 확인이 필요합니다.

여: 그렇지만 제게는 너무 큰데요. 어떻게 해야 할까요?

남: 돈은 드릴 수 없지만, 더 작은 사이즈로 바꾸실 수는 있어요.

여: 잘되었군요. 스웨터는 맘에 들지만 제게 맞는 것을 원하거든요.

남: 원하시는 것을 가져오세요. 그럼 제가 서류작업을 처리하겠습니다.

문제: 여자가 가게로 스웨터를 가져간 이유는?

(a) 수리하기 위해

(b) 비슷한 것을 사기 위해

(c) 새로운 색을 갖기 위해

(d) 맞는 사이즈를 얻기 위해

해설　대화의 내용과 일치하는 것을 묻는 문제이다. 여자는 'it is too big for me'라는 말과 함께 'I need to get one that fits'라고 이야기하고 있으므로, 여자가 스웨터를 가게에 가져간 이유는 '맞는 사이즈를 얻기 위해'라는 (d)가 가장 적절하다.

어휘　receipt n. 영수증　　exchange v. 교환하다

---

33. **대의 파악 ★★☆**　　　정답 (a)

script　M: My parents are thinking about hosting a foreign exchange student.

W: Really? What gave them that idea?

M: I guess they got a note from the counselor seeking host families.

W: What do you think about the idea?

M: I think it would be neat to make friends with someone from a different country.

W: Yeah, It might be a good learning

experience for you.

Q: What are the speakers mainly talking about?

(a) Participating in the foreign exchange program

(b) Planning a career as a school counselor

(c) Traveling to foreign countries

(d) Picking a second language to study

해석   남: 제 부모님이 외국인 교환학생을 맡으시려나 봐요.

여: 정말이요? 어떤 계기로 그런 생각을 하셨을까요?

남: 제가 생각하기에 부모님은 학생을 유치할 가족을 찾는다는 것을 카운슬러에게 들었나 봐요.

여: 그 아이디어에 대해 어떻게 생각하세요?

남: 다른 나라에서 온 사람과 친구가 된다는 것이 멋진 것 같아요.

여: 그렇군요. 당신에게 좋은 배움의 기회가 될 거에요.

문제: 화자들이 주로 이야기하고 있는 것은?

(a) 외국인 교환 프로그램에 참여하는 것

(b) 학교 카운슬러로 일하는 직업을 계획하는 것

(c) 외국으로 여행하는 것

(d) 공부하게 될 제2외국어를 고르는 것

해설   대화의 주제를 묻는 문제이다. 남자의 'My parents are thinking about hosting a foreign exchange student.'라는 말을 시작으로 두 사람은 부모님이 외국인 교환 학생을 맡게 된 것에 대해 이야기하고 있다. 따라서 화자들이 주로 이야기하고 있는 대화의 주제는 '외국인 교환 프로그램에 대한 참여'라는 (a)가 적절하다.

어휘   **host** v. 주최하다, 관리하다

counselor n. 카운슬러

neat a. 멋진, 산뜻한, 조촐한

---

34.   내용 일치 ★★☆   정답 (d)

script   W: Thank you for coming to Burger House. Are you ready to order?

M: I'd like a double burger, French fries and a diet cola.

W: Would you like any dessert?

M: Sure. Let me have a cherry pie, too.

W: O.K. Your total is $7.85.

M: Can I use a credit card to pay for that?

W: Sure. Please pull up to the second window.

Q: Which is correct according to the conversation?

(a) The man is waiting in line for a long time.

(b) The woman can't accept credit cards.

(c) The woman is talking on the phone.

(d) The man is ordering at the drive-up speaker.

해석   여: Burger House에 방문해 주셔서 감사합니다. 주문하시겠습니까?

남: 더블 버거와 프렌치 프라이, 그리고 다이어트 콜라 하나 주세요.

여: 다른 디저트 종류는 필요 없으신가요?

남: 네. 체리파이도 주세요.

여: 알겠습니다. 총 7달러 85센트입니다.

남: 계산할 때 신용카드로 해도 될까요?

여: 물론입니다. 2번째 창 쪽으로 차를 대 주세요.

문제: 대화의 내용과 일치하는 것은?

(a) 남자는 오랜 시간 동안 줄 서서 기다리고 있다.

(b) 여자는 신용카드를 받을 수 없다.

(c) 여자는 전화로 이야기하고 있다.

(d) 남자는 차를 탄 채로 서비스를 받는 스피커에 대고 주문을 하고 있다.

해설   대화의 내용과 일치하는 것을 묻는 문제이다. 남자의 햄버거 주문을 듣고 여자는 대화의 마지막에 'pull up to the second window'라고 이야기하고 있으므로 현재 자동차를 탄 채 서비스를 받는 가게에서 일어나는 일임을 알 수 있다. 따라서 대화 내용과 일치하는 것은 (d)이다.

어휘   **pull up** 멈추다, 서다, 차를 세우다

drive-up 차를 탄 채 볼일을 볼 수 있게 된 예문

---

35.   내용 일치 ★★☆   정답 (b)

script   M: Excuse me, Donna. I need to talk to you for a minute.

W: Come into my office. What's wrong?

M: The final sales figures aren't in, so I can't finish the report for the board meeting tomorrow.

W: What do you want to do?

M: We can delay the meeting or present the report next month. It's your choice.

W: We have other things to cover at the board meeting. Just get the report done as soon as possible.

Q: Why does the man want to see the woman?

(a) To blame others for the delay in sales figures

(b) To tell her about an important problem

(c) To present an incomplete report to the board

(d) To see if the deadline for the report can be changed

해석   남: 실례해요, Donna 씨. 잠깐 이야기하고 싶은데요.

여: 제 사무실로 오세요. 무슨 일이시죠?

남: 최종 판매 수치가 기입되지 않았어요. 그래서 내일 이사회 회의 보고서를 마칠 수가 없습니다.

여: 어떻게 하실 원하나요?

남: 우리는 그 회의를 미루거나 보고서를 다음 달에 제출할 수 있어요. 그것은 당신의 선택이에요.

여: 우리는 이사회 회의에 다뤄야 할 다른 안건이 있어요. 가능한 한 빨리 그 보고서를 끝내세요.

문제: 남자가 여자를 만나고 싶어하는 이유는 무엇인가?
    (a) 판매 수치가 늦어진 것에 대해 다른 사람을 비난하기 위해
    (b) 그녀에게 중요한 문제에 대해 보고하기 위해
    (c) 이사회에 미완성된 보고서를 제출하기 위해
    (d) 보고서의 마감기한을 변경할 수 있는지 확인하기 위해

해설 대화의 내용과 일치하는 것을 묻는 문제이다. 남자는 'I can't finish the report for the board meeting tomorrow'라고 여자에게 문제를 보고하고 있다. 따라서 남자가 여자를 만나고 싶어하는 이유는 '중요한 문제에 대한 보고' 때문이라는 (b)가 정답이다.

어휘 sales figure 매출액　delay v. 연기하다
cover v. 다루다, 학습하다
incomplete a. 불완전한, 미완성의
deadline n. 마감일

36.　주제 찾기 ★★☆　　　정답 (c)

script W: Hi Mike. How do you like your new apartment?

M: My new neighbors are making a lot of noise, and I may have to move.

W: What is the problem?

M: It's several problems, actually. They have a baby that cries all day and a puppy that barks all night.

W: That makes it kind of hard to sleep.

M: Plus the husband works swing shift, and he makes a lot of noise when he comes in around midnight.

W: Have you complained to your landlord?

M: Yes, but he says he can't do anything about it.

Q: What is the main topic of the conversation?
    (a) The man's new apartment
    (b) The man's lazy landlord
    (c) The man's noisy neighbors
    (d) The man's love of animals

해석 여: 안녕, Mike. 새로운 아파트 어때요?

남: 제 새로운 이웃들이 너무 많은 소음을 내고 있어요, 그래서 저는 이사를 가야 할 것 같아요.

여: 문제가 무엇인가요?

남: 사실, 여러 가지 문제가 있어요. 이웃에 아기가 있는데 하루 종일 울어대고, 밤 새도록 짖는 강아지도 있어요.

여: 잠들기 어렵게 만든다는 말이군요.

남: 게다가 남편은 야간 교대근무를 하는데, 12시 즈음에 돌아올 때면 많은 소음을 내요.

여: 주인에게 불평을 이야기한 적 있어요?

남: 네, 그렇지만 그는 그 문제에 대해 어떤 것도 할 수 없다고 말하더군요.

문제: 대화의 주제는 무엇인가?
    (a) 남자의 새로운 아파트
    (b) 남자의 게으른 집주인
    (c) 남자의 시끄러운 이웃들
    (d) 남자의 동물 사랑

해설 주어진 대화의 주제를 묻는 문제이다. 남자는 'My new neighbors are making a lot of noise'라는 말을 시작으로, 이웃에 대한 불만을 여자에게 이야기하고 있다. 따라서 대화의 주제로 적합한 것은 '시끄러운 이웃들'이라는 (c)이다.

어휘 swing shift 야간 교대 시간
landlord n. 집주인

37.　주제 찾기 ★★☆　　　정답 (d)

script M: What a game that was on television last night!

W: I missed it. My study group was meeting at the library.

M: Central State was down by 15 points in the second half, but came back to win at the buzzer.

W: I'm not that big of a basketball fan. I prefer to watch soccer instead.

M: Did you know the women's Olympic team will be in town next month?

W: No, I didn't. If you can get some tickets, I would like to go see that game.

Q: What is the main topic of the conversation?
    (a) The woman's interest in basketball
    (b) The man's TV viewing habits
    (c) The woman's study group
    (d) The woman's interest in sports

해석 남: 지난 밤에 텔레비전에 방영된 경기는 정말 멋졌어요!

여: 저는 못 봤어요. 제 스터디 모임이 도서관에서 있었거든요.

남: Central State가 후반전에서 15점 차이로 지고 있다가 경기 종료 무렵 만회하여 승리를 거두었어요.

여: 저는 농구의 열광 팬은 아니에요. 저는 대신 축구 관람을 더 좋아하죠.

남: 여자부 올림픽 팀이 다음 달에 우리 도시에 온다는 거 알고 있어요?

여: 아니요, 몰랐어요. 만약 티켓을 얻게 되면 저도 경기 보러 가고 싶어요.

문제: 대화의 주제는 무엇인가?
   (a) 여자의 농구에 대한 관심
   (b) 남자의 TV 시청 습관
   (c) 여자의 스터디 모임
   (d) 여자의 스포츠 경기에 대한 관심

해설 주어진 대화의 주제를 묻는 문제이다. 남자는 'What a game that was on television last night'라는 말을 시작으로, 지난 밤에 본 경기에 대해 이야기하고 있지만 여자는 'I'm not that big of a basketball fan'이라며 자신의 경기 취향을 이야기하고 있다. 따라서 대화의 주제는 '여자의 스포츠경기에 대한 관심'이라는 (d)가 적합하다.

어휘 at the buzzer 버저가 울릴 때, 경기 종료 시

38.

script W: Hi, I'm Ms. Selby. You should have a reservation in my name.

M: Yes, here it is. We have a 15-passenger van under your name.

W: That's right. I'll be driving our group around town this week.

M: The reservation was made under an Aerospace Industries credit card.

W: That's correct. It's a business expense, and I'm authorized to sign.

M: No problem. Let me get the keys and a map for you.

W: When is the next shuttle bus to the parking lot due to arrive?

Q: Which is correct according to the conversation?

(a) The woman works at a car rental agency.

(b) The woman is employed by Aerospace Industries.

(c) The charge is being placed on Ms. Selby's account.

(d) The man is picking up 15 passengers at the parking lot.

해석 여: 안녕하세요, 저는 Selby입니다. 제 이름으로 된 예약이 있을 텐데요.

남: 네, 여기 있습니다. 손님 이름으로 15인승 밴이 준비되어 있습니다.

여: 맞아요. 이번 주에 단체로 야외로 나갈 예정이거든요.

남: 예약은 Aerospace Industries의 신용카드로 결제되었는데요.

여: 맞습니다. 그것은 출장 경비고, 제가 사인하도록 권한을 부여 받았어요.

남: 문제없습니다. 제가 열쇠와 지도를 당신께 가져다 드릴게요.

여: 주차장까지 운행하는 다음 셔틀 버스가 언제 도착하기로 되어 있죠?

문제: 대화의 내용과 일치하는 것은?
   (a) 여자는 렌터카 업체에서 근무한다.
   (b) 여자는 Aerospace Industries 회사에 고용인이다.
   (c) 비용은 Selby의 계좌에서 처리가 될 것이다.
   (d) 남자는 주차장에서 15명의 승객을 태울 것이다.

해설 대화의 내용과 일치하는 것을 묻는 문제이다. 남자의 'The reservation was made under an Aerospace Industries credit card'라는 말에 여자는 'It's a business expense'라고 이야기하고 있으므로 여자가 Aerospace Industries의 직원이라는 것을 알 수 있다. 따라서 대화의 내용과 일치하는 것은 (b)이다.

어휘 under one's name ~의 이름으로
be authorized to do ~할 권한이 있다

39.

script M: I heard you went to the doctor this morning.

W: Yes, it looks like I have some swelling in my ankle.

M: What was the diagnosis?

W: She did some tests and found out I have a blood clot.

M: That sounds serious. What kind of treatment did she recommend?

W: I have to elevate my leg and take some medicine she gave me.

Q: What does the doctor want the woman to do?

(a) Go to the hospital

(b) Stay home from work

(c) Stay off her feet

(d) Take some aspirin

해석 남: 오늘 아침에 병원에 갔다 오셨다면서요?

여: 네, 제 발목에 약간 부은 부분이 있는 것 같아서요.

남: 진단 내용은 무엇인데요?

여: 의사 선생님이 몇 가지 테스트를 하셨는데, 제가 혈전이 있다는 것을 발견하셨어요.

남: 심각한 것 같은데요. 어떤 치료방법을 권하셨나요?

여: 다리를 들어 올려 놓고, 선생님이 주신 약을 먹어야
해요.

문제: 의사는 여자가 무엇을 하길 원하는가?
 (a) 병원에 가라.
 (b) 일하지 않고 집에서 쉬어라.
 (c) 발을 쓰지 말아라.
 (d) 아스피린을 복용하라.

해설 대화의 내용과 일치하는 것을 묻는 문제이다. 의사 선
생님 처방에 대해 묻는 남자의 말에 여자는 'I have to
elevate my leg and take some medicine she gave
me.'라고 대답하고 있다. '다리를 높이 올려두라'는 말
을 통해 '발을 쓰지 말라'는 내용을 짐작할 수 있으므
로, 따라서 의사가 여자에게 하길 원하는 것은 (c)가 정
답이다.

어휘 diagnosis n. 진단 blood clot 혈전
   elevate v. 올리다 stay off 삼가다, 쓰지 않다

40. 세부 사항 ★☆☆   정답 (c)

script W: I'm having a beer, but they also have wine
and mixed drinks.

M: I don't drink alcohol. What else do they
serve?

W: I'm sure you can get soda, iced tea or
water.

M: I wonder if they have orange juice or milk.

W: We could call the waitress over and ask.

M: That's OK. I'll just see what's on the menu.

Q: What does the man want to drink?
 (a) Water
 (b) Beer
 (c) Milk
 (d) Tea

해석 여: 저는 맥주를 마시고 있어요, 그렇지만 와인과 칵테
일도 있어요.

남: 저는 술을 마시지 않아요. 다른 건 없나요?

여: 탄산수나 아이스 티 또는 물을 마실 수 있을 거에요.

남: 오렌지 주스나 우유가 있는지 궁금하네요.

여: 종업원을 불러 물어보도록 하죠.

남: 좋아요. 메뉴에 무엇이 있는 지 볼게요.

문제: 남자가 마시고 싶어하는 것은?
 (a) 물
 (b) 맥주
 (c) 우유
 (d) 차

해설 대화의 내용과 일치하는 것을 묻는 문제이다. 남자는 'I
wonder if they have orange juice or milk.'라고 이야
기하며 메뉴를 확인해보겠다고 이야기하고 있으므로
남자가 마시고 싶어하는 것은 보기 중 (c)우유이다.

어휘 mixed drink 혼성주, 칵테일

41. 내용 일치 ★★☆   정답 (d)

script M: My mother's birthday is coming up, and I
would like to get her a special present.

W: Yes sir. What do you have in mind?

M: She already has a lot of rings, earrings and
bracelets. What do you have in necklaces
or pins, like brooches?

W: Step over to this counter and I'll be glad to
show you our collection.

M: I think she would like a gold chain with a
diamond or ruby stone.

W: She might like this. It's a set that has both a
necklace and matching pin.

M: That's very pretty, but I don't know if I can
afford it.

W: We can set up a payment plan if you would
like.

**Q: Which is correct according to the
conversation?**
 (a) The woman doesn't like a gold chain.
 (b) The woman is trying to sell ruby earrings.
 (c) The man wants to buy a diamond ring.
 **(d) The man wants to buy a birthday
present.**

해석 남: 저희 어머니 생일이 다가오고 있어요, 그리고 그녀
에게 특별한 선물을 해드리고 싶어요.

여: 네, 손님. 무엇을 염두 해 계신가요?

남: 어머니는 이미 수많은 반지와 귀걸이, 팔찌를 가지
고 계세요. 목걸이나 브로치 같은 핀이 있나요?

여: 이쪽 카운터로 오시면 제가 저희 상품을 보여드릴
게요.

남: 저희 어머니는 다이아몬드나 루비가 박힌 금 체인
을 좋아하실 거에요.

여: 어머니는 이것을 좋아하실 거에요. 이것은 목걸이
와 그에 어울리는 핀이 한 세트입니다.

남: 정말 예쁘군요, 하지만 제가 그만큼의 가격을 지급
할 수 있을지 모르겠네요.

여: 저희는 당신이 원하신다면 결제 방식을 설정할 수
있습니다.

문제: 대화의 내용과 일치하는 것은?
 (a) 여자는 금 체인을 좋아하지 않는다.
 (b) 여자는 루비 귀걸이를 판매하려고 애쓰고 있다.
 (c) 남자는 다이아몬드 반지를 사고자 한다.
 (d) 남자는 생일 선물을 사고자 한다.

해설 대화의 내용과 일치하는 것을 묻는 문제이다. 남자
는 다가오는 어머니의 생일에 대해 'My mother's
birthday is coming up, and I would like to get her a

special present'라고 말하고 있다. 따라서 대화의 내용과 일치하는 것은 '남자는 생일 선물을 사고 싶어한다'는 (d)이다.

어휘 set up n. 설정하다 payment plan 결제방식

---

42. 내용 일치 ★★☆　　　정답 (c)

script W: Do you hear that pinging noise? It sounds like it is coming from the engine.

M: Yes, it is. My mechanic says it is the air conditioner.

W: Are you going to get it fixed?

M: I would have to replace the whole unit, and I can't afford it right now.

W: How much would it cost to fix it?

M: The mechanic estimates it would be more than $1,000, including labor.

Q: What does the man say about the noise?

(a) He's waiting for an estimate from the mechanic.

(b) Despite the noise, the air conditioner still works.

(c) He can't afford to get the air conditioner fixed.

(d) New bearings would solve the problem.

해석 여: 핑하는 소리 들려요? 엔진에서 나는 소리 같은데요.

남: 네, 그래요. 에어컨에서 나는 소리라고 제 정비사가 그러네요.

여: 고칠 건가요?

남: 장비 전체를 교환해야 하는데, 지금 당장은 자금 여유가 없네요.

여: 고치는 데 얼마가 필요한데요?

남: 정비사 말로는 인건비를 포함하여 천 달러 이상이라고 예상하더군요.

문제: 남자가 소음에 관해 이야기한 것은?

(a) 그는 정비사로부터 견적서를 기다리고 있다.

(b) 소음에도 불구하고 에어컨은 여전히 작동하고 있다.

(c) 그는 에어컨을 고칠만한 돈이 없다.

(d) 새로운 베어링이 문제를 해결할 것이다.

해설 대화의 내용과 일치하는 것을 묻는 문제이다. 문제가 발생한 에어컨에 대해 수리할 것인지 묻는 여자의 질문에 남자는 'I can't afford it right now.'라고 이야기하고 있다. 따라서 소음에 대한 남자의 이야기로 맞는 것은 '에어컨을 고칠만한 돈이 없다'는 (c)이다.

어휘 ping n. 핑, 땡, 쨍(하는 소리)　replace v. 교체하다
bearing n. (기계의) 베어링
estimate v. 견적하다, 평가하다

---

43. 내용 일치 ★★☆　　　정답 (b)

script M: How much are you paying for your cell phone?

W: I guess my bill is about $50 a month.

M: That's pretty good. Do you get a good service?

W: I drop a call now and then, but I guess that happens to everyone.

M: What are the features on your plan?

W: I get unlimited calls, free text messages and free directory assistance.

Q: According to the conversation, what is true?

(a) The man rarely answers his phone.

(b) The woman pays a monthly rate.

(c) The man thinks the woman pays too much.

(d) The woman was overcharged last month.

해석 남: 핸드폰 요금으로 얼마나 지불하나요?

여: 제 청구비용은 한 달에 50달러 정도예요.

남: 정말 좋은데요. 좋은 서비스를 받으시나요?

여: 가끔 전화가 통화 중 끊기긴 하지만 모든 사람에게나 있는 일이라고 생각해요.

남: 당신의 전화요금서비스의 특징은 무엇인가요?

여: 저는 무제한 전화 통화와 무료 문자 메시지, 무료 전화번호 안내를 받고 있어요.

문제: 대화의 내용에 따르면 사실인 것은?

(a) 남자는 그의 전화를 거의 응답하지 않는다.

(b) 여자는 한달 요금을 지불한다.

(c) 남자는 여자가 너무 많이 지불한다고 생각한다.

(d) 여자는 지난 달에 더 많이 지불했다.

해설 대화의 내용과 일치하는 것을 묻는 문제이다. 'I guess my bill is about $50 a month.'라는 말을 시작으로 통화료에 포함된 서비스 내용을 남자에게 이야기하고 있다. 따라서 대화의 내용과 일치하는 것은 여자는 '한 달씩 요금을 내고 있다'는 (b)이다.

어휘 drop a call 통화가 완료되기 전에 끊기다
now and then 이따금씩, 가끔
directory assistance 전화번호 안내
monthly rate 한달 요금, 월 요금

---

44. 추론 ★★☆　　　정답 (c)

script W: It's a pleasure to meet you, Mr. Boone. I've read all of your books.

M: Thank you. It's nice to have loyal fans.

W: When I heard you were going to be here, I just had to come out.

M: Would you like me to sign your copy?

W: Thank you. Please make it 'to Linda.'

Q: What can be inferred about the situation?

(a) The woman wants to be a writer.

(b) The woman is at the library.

(c) The man is at a book signing.

(d) The man doesn't like to sign autographs.

해석　여: 만나서 반갑습니다, Boone씨. 당신의 책을 모두 읽었어요.

남: 감사합니다. 충실한 팬을 가진다는 것은 좋은 일이지요.

여: 당신이 이곳에 오신다는 소리를 듣고, 그저 이곳에 올 수밖에 없었어요.

남: 책에 사인해드릴까요?

여: 감사합니다. 'Linda에게'라고 적어주세요.

문제: 상황에 대하여 추론할 수 있는 것은?

(a) 여자는 작가가 되고 싶어한다.

(b) 여자는 도서관에 있다.

(c) 남자는 저자 사인회에 있다.

(d) 남자는 사인을 해주고 싶어하지 않는다.

해설　대화의 상황을 통해 추론할 수 있는 내용을 묻는 문제이다. 남자는 여자가 좋아하는 작가이며, 대화 마지막에 'Would you like me to sign your copy?'라고 이야기하고 있으므로, 현재 남자는 '저자 사인회에 참석 중'이라는 (c)가 대화 내용을 통해 추론할 수 있는 내용으로 적합하다.

어휘　loyal a. 충실한, 충성스러운
book signing 저자 사인회

45. 　추론 ★★☆　　　　　정답 (d)

script　M: Ms. Cooper. I'm surprised to see you. Do you have an appointment?

W: No I don't, Jerry. But it's an emergency.

M: What's the matter?

W: I chipped a tooth at breakfast this morning.

M: Let me see how long the doctor is going to be with his patient.

W: I hope he can hurry. This thing is really starting to bother me.

Q: What can be inferred from the conversation?

(a) The woman wants to talk to the dentist in person.

(b) The man canceled the woman's appointment.

(c) The doctor was expecting to see the woman.

(d) The woman's tooth is causing her pain.

해석　남: Cooper양, 당신을 만나서 놀랐어요. 약속하셨어요?

여: 아니요, Jerry. 그렇지만 이건 비상사태예요.

남: 무슨 일이지요?

여: 오늘 아침 식사 때 이 한 조각이 깨졌어요.

남: 의사 선생님이 환자분과 얼마나 오래 있으실지 확인해 봅시다.

여: 서둘러 주셨으면 좋겠는데요. 이것이 정말 제 신경을 거슬리게 만들고 있어요.

문제: 대화로부터 추론할 수 있는 것은?

(a) 여자는 직접 의사에게 이야기하고 싶어한다.

(b) 남자는 여자의 약속을 취소했다.

(c) 의사 선생님은 여자를 만나기로 예정되어 있었다.

(d) 여자의 이는 통증을 유발시키고 있다.

해설　대화를 통해 추론할 수 있는 내용을 묻는 문제이다. 여자는 갑자기 깨진 이로 인해 약속 없이 병원을 방문했으며, 이에 대해 'This thing is really starting to bother me.'라고 이야기하고 있다. 따라서 대화 내용으로 추론할 수 있는 것은 '여자의 이가 통증을 유발시키고 있다'는 (d)이다.

어휘　chip a tooth 치아가 깨지다

46. 　대의 파악 ★★☆　　　　　정답 (b)

script　W: As the weather starts getting colder, many children will be heading off to school without coats. The Coats for Kids program is a way to help disadvantaged families provide proper clothing for children this winter. Old coats can be dropped off at Square Z convenience stores or at the county health office.

Q: What is the advertisement about?

(a) The growing number of homeless families

(b) Helping children who need coats

(c) Huge Sales at Square Z stores

(d) Safety measures for children in schools

해석　여: 날씨가 점점 추워짐에 따라 많은 어린이들이 코트 없이 학교에 등교하게 될 것입니다. Coats for Kids 프로그램은 겨울철 빈곤한 가정의 아이들에게 적절한 의복을 제공하는 일을 돕는 것입니다. 낡은 코트들은 Square Z 편의점이나 지역 보건 사무소에 가져다 주시면 됩니다.

문제: 광고는 무엇에 관한 것인가?

(a) 증가하는 집 없는 가족들의 수

(b) 코트가 필요한 아이들을 돕는 것

(c) Square Z 가게의 대규모 할인 판매

(d) 학교에서 아이들을 위한 안전 점검

해설　광고를 통해 화자는 Coats for Kids 프로그램에 대해 이야기하고 있다. Coats for Kids는 'to help disadvantaged families provide proper clothing for children this winter'라고 설명하고 있으므로, 광고의 주제로는 '코트가 필요한 아이들을 돕기'라는 (b)가 적절하다.

어휘   disadvantaged a. 빈곤한
health office 보건과, 보건 사무소

47.   제목 찾기 ★★☆   정답 (a)

script   M: Modern technology has brought many improvements into our lives, especially in the area of safety. Satellites allow emergency responders such as police and firemen to track vehicles though GPS systems, and cell phones allow people to call for help from remote areas. Electronic scanners and locks provide more safety in homes and vehicles. Many phone systems have enhanced service, meaning you can pick up your home phone and an operator can find you without dialing.

Q: What is the best title of the talk?
   (a) Improved Technology Means Better Safety
   (b) How the Government Watches You
   (c) Cell Phones Offer Best Protection
   (d) Emergency Responders Impressed by Technology

해석   남: 현대 기술은 우리 삶에서도 특히 안전 측면에서 많은 향상을 가져왔습니다. 위성은 경찰이나 소방대원들이 GPS 시스템을 통해 차량을 추적하는 것처럼 비상사태의 응답을 가능하게 했으며, 핸드폰은 사람들로 하여금 원거리에서 도움을 요청할 수 있도록 했습니다. 전자 스캐너와 자물쇠는 가정과 자동차에 더 많은 안전을 제공합니다. 많은 전화 시스템은 서비스를 향상시켜왔는데, 이는 다이얼을 누르지 않고 전화기만 들어도 전화 교환원이 당신을 찾을 수 있다는 것을 의미합니다.

문제: 담화문의 제목으로 적절한 것은?
   (a) 향상된 기술이란 더 나은 안전을 의미한다.
   (b) 정부가 당신을 지켜보는 방법
   (c) 핸드폰이 최고의 보호를 제공한다.
   (d) 기술력에 감명받은 비상 사태 응답자들

해설   담화에서 화자는 기술로 인해 안전 분야에서 진보가 크게 이루어졌다는 말로 시작하고 있다. 'Satellites allow~'에서부터 다양한 기술적 개발이 생활안전에 향상을 가져왔다는 예를 들고 있으므로, 담화문의 제목으로 '향상된 기술은 더 나은 안전을 의미한다'는 (a)가 적절하다.

어휘   improvement n. 진보, 향상

enhance v. 높이다, 향상시키다
operator n. 전화 교환원

48.   대의 파악 ★★☆   정답 (c)

script   W: Thank you for calling the office of Dr. Eric Murphy. Our normal office hours are from 8 a.m. to 5 p.m. Monday through Friday and from 9 a.m. to 2 p.m. on Saturday. If you have reached this message during normal business hours, we have either stepped away from the desk momentarily or on the other line. If you have a pet emergency outside of normal business hours, please hang up and call the 24-hour clinic at 555-1234. Otherwise, please leave a message after the tone and we will call you back as soon as we can. Thank you for calling, and have a good day.

Q: What is the purpose of this message?
   (a) To tell patients where the office is located.
   (b) To tell customers where to send their payments
   (c) To give emergency instructions to pet owners
   (d) To tell prospective clients of the doctor's fees

해석   여: Eric Murphy 박사의 사무실에 전화 걸어 주셔서 감사합니다. 저희 정기 근무시간은 월요일부터 금요일까지는 오전 8시부터 오후 5시이고, 토요일은 오전 9시부터 오후 2시까지 입니다. 만약 일반 영업시간에 이 메시지를 듣게 되셨다면 저희는 잠시 안내 데스크 자리를 비웠거나 다른 전화를 받고 있는 중입니다. 만약 기본 근무시간 이외에 애완동물에 대한 응급사항이 있으시면 전화를 끊으시고 24시간 의료인 555-1234로 전화 걸어주세요. 그렇지 않으면, 삐 소리가 울린 후 메시지를 남겨주시면 저희가 최대한 빨리 다시 전화를 드리겠습니다. 전화 걸어주셔서 감사 드리며 행복한 하루 되시기 바랍니다.

문제: 메세지의 목적은 무엇인가?
   (a) 환자들에게 사무실의 위치를 알려주기 위해
   (b) 고객들에게 그들의 청구서를 어디로 보낼 지 말해주기 위해
   (c) 애완동물 주인들에게 비상시 안내를 전달하기 위해
   (d) 가망 고객들에게 의사의 진료비용을 이야기해 주기 위해

해설   주어진 담화는 Eric Murphy 박사 사무실의 전화 안내 메시지임을 알 수 있다. 전화 안내의 내용 중 'If you have a pet emergency outside of normal business hours'을 통해 비상 전화번호를 알려주고 있으며, 근무시간에 전화를 받지 않을 경우에 'leave a message after the tone'이라고 말하고 있다. 따라서 담화문의 목적은 '애완동물 주인들에게 비상시 안내 전달'이라는 (c)가 적절하다.

어휘 hang up 전화를 끊다
prospective a. 잠정적인

---

49. 대의 파악 ★★☆ 정답 (c)

script M: You work hard for your money, so why shouldn't your money work hard for you? At Greenburg Investments, we can help you with planning for retirement, saving for college funds and stock market investments that can double your money in five years or less. Our program of investing in stocks, bonds and new technology has proven a successful protection in more than 20 years of business. Call us today at 555-1357 to set an appointment with one of our experienced investment counselors.

Q: What is the main purpose of the advertisement?
(a) To advertise a college savings plan
(b) To tell people how to invest their money
(c) To promote a financial investment service
(d) To inform people of how to file for bankruptcy

해석 남: 당신은 돈을 벌기 위해 열심히 일하고 있습니다. 그런데 당신의 돈은 왜 당신을 위해 열심히 일하지 않죠? Greenburg Investments에서 저희들은 여러분의 자금으로 은퇴, 대학교 자금을 위한 저축, 그리고 5년 혹은 그 안에 돈을 2배로 키울 수 있는 주식 투자를 기획할 수 있도록 도와드립니다. 주식, 채권과 새로운 기술에 대한 자사의 투자 프로그램은 20년 이상의 경영기간 동안 성공적인 보장을 제공해 왔습니다. 오늘 555-1357로 전화 걸어 우리의 숙련된 투자 상담사와 약속을 정하세요.
문제: 광고문의 주된 목적은 무엇인가?
(a) 대학교 저축 계획을 광고하기 위해
(b) 사람들에게 돈을 투자하는 방법에 대해 말해주기 위해
(c) 재정적 투자 서비스를 홍보하기 위해
(d) 사람들에게 파산을 신고하는 방법에 대해 알려주기 위해

해설 주어진 광고는 'Greenburg Investments'에 대한 것이다. 광고문 후반에 'we can help you with planning~ investments that can double your money in five

---

years or less'라고 말함으로써 투자계획을 조언하는 사업임을 알 수 있다. 따라서 광고문의 목적은 '재정투자 서비스의 홍보'라는 (c)가 적절하다.

어휘 bond n. 채권, 담보 대출(금)
protection n. 보호, 보장, 보호제도
set an appointment 약속을 정하다
file for bankruptcy 파산을 신고하다

---

50. 주제 찾기 ★★☆ 정답 (a)

script W: Though not always thought of as dangerous, allergies to food can cause serious and sometimes fatal reactions in human beings. The most common food allergy in adults comes from two areas. Seafood such as shrimp, lobster, crab and shellfish are the most common. The second-most common comes from nuts grown on trees, such as walnuts. Fish, eggs and peanuts cause the most severe reactions, with as little as 1/44,000 of a peanut kernel able to bring on a reaction. The types of food that cause the most reactions in children are milk, eggs, peanuts and fruits, especially tomatoes and strawberries.

Q: What is the main point of the talk?
(a) Food types that cause allergies
(b) How to prevent food allergies
(c) How to treat food allergies
(d) What a food allergy looks like

해석 여: 음식 알레르기는 항상 위험하다고 여겨지는 않지만 때로는 인간에게 심각하고 치명적인 반응을 유발할 수 있습니다. 어른들에게 가장 일반적인 음식 알레르기는 두 가지 종류에서 유발됩니다. 새우, 랍스타, 게, 조개와 같은 해산물이 가장 일반적입니다. 두 번째로 보편적인 알레르기는 호두와 같이 나무에서 자라는 견과류로부터 유발됩니다. 땅콩 한 알갱이의 1/44,000 만큼이나 작은 양이라도 반응을 불러일으킬 수 있을 만큼 생선, 계란, 땅콩은 가장 심각한 반응을 유발시킵니다. 어린이에게 가장 많은 반응을 유발하는 음식의 종류는 우유, 계란, 땅콩과 과일 중에서도 특히 토마토와 딸기가 있습니다.
문제: 담화문의 주제는 무엇인가?
(a) 알레르기를 일으키는 음식의 종류
(b) 음식 알레르기를 방지하는 방법
(c) 음식 알레르기를 치료하는 방법
(d) 음식 알레르기가 어떻게 생겼는지

해설 담화의 주된 내용은 알레르기의 치명적 위험성에 대한 것이다. 'The most common food allergy in adults ~'를 시작으로 알레르기를 일으킬 수 있는 음식의 종류에

대해 어른과 아이의 경우를 나누어 설명하고 있으므로, 주제로 적절한 것은 '알레르기를 일으키는 음식의 종류'라는 (a)가 적절하다.

어휘　kernel n. 알맹이

51.　대의 파악 ★★☆　　　　정답 (c)

script　M: Horse lovers know how much humans owe to the species known as equus caballus, but the general public may not recognize how the four-legged animal contributed to civilization. In the Western Hemisphere, for example, the Incas, Mayans and Aztecs were the most developed societies among native populations. All were accomplished warriors, but they could not spread their knowledge very far because they did not have horses to carry them and their message to the rest of the Americas. The lack of horses was the primary reason they were easily defeated by the invading conquistadores. Similar examples can be found in the history of Eurasia, Australia and sub-Saharan Africa. Perhaps that is why one horse park in Kentucky has the inscription "History was written on the back of a horse."

Q: What is the main point of the talk?
(a) Public recognition of horses in America
(b) Incas, Mayans and Aztecs: The Warrior tribes
(c) The role of horses in developing civilization
(d) How the conquistadores conquered America

해석　남: 말을 사랑하는 사람은 인간들이 equus caballus라고 알려진 이 동물에게 얼마나 많은 것을 빚졌는지 알고 있습니다. 그렇지만 일반적인 대중은 이 네발 달린 짐승이 문명에 어떻게 공헌했는지를 알지 못할지도 모릅니다. 예를 들어 Western Hemisphere(서반구문제 연구소)에서는 원주민들 가운데서 잉카와 마야, 아즈텍 문명은 가장 발달된 사회였습니다. 모든 사람들이 기량이 뛰어난 전사들이었지만 그들은 자신들의 지식을 그만큼 펼치지 못했습니다. 그 이유는 아메리카의 다른 지역으로 그들을 태우고 메시지를 전달할 수 있는 말들을 없었기 때문입니다. 말수의 부족은 이들을 침입했던 정복자들에 의해 쉽게 패배를 당한 주된 이유가 되었습니다. 이와 유사한 예들은 유라시아, 호주, 아프리카의 사하라 사막의 역사 속에서 발견될 수 있습니다. 아마도 Kentucky의 한 말 공원에 "역사는 말의 등에서 쓰여졌다"라고 적혀있는 이유가 될 것입니다.

문제: 담화문의 주제는 무엇인가?

(a) 미국에서 말에 대한 대중적 인식
(b) 잉카, 마야, 아즈텍 족은 전사 부족이었다.
(c) 문명의 발달에 있어서의 말의 역할
(d) 정복자들이 미국을 정복한 방법

해설　담화는 'general public may not recognize how the four-legged animal contributed to civilization'를 시작으로, 잉카, 마야, 아즈텍 족의 예를 비롯하여 역사적 실례를 통해 말이라는 동물이 인간 문명에 얼마나 공헌을 했는지에 대한 이야기이다. 따라서 담화문의 주제는 '문명화 발달에 영향을 준 말의 역할'이라는 (c)가 적절하다.

어휘　equus caballus 말(horse)의 학명
Western Hemisphere 서반구 문제 연구소
accomplished a. 기량이 뛰어난
conquistador n. 정복자
inscription n. 적힌 글
defeat v. 패배시키다

52.　대의 파악 ★★☆　　　　정답 (a)

script　W: While heart attacks and cancer are perhaps the best known fatal human diseases, diabetes is a silent killer that is often overlooked. Though all forms of the disease have been treatable since insulin became available in 1921, the World Health Organization estimated in 2000 that at least 171 million people suffer from the disease, a number that is expected to double by 2030. The Centers for Disease Control in the United States calls diabetes an "epidemic," estimating 2.4 million people in the U.S. have diabetes and another 5.7 million are undiagnosed. Americans spend an estimated $132 billion every year on diabetes treatment.

Q: What is the main topic of this passage?
(a) The growing number of people with diabetes
(b) The growing health care costs of diabetes
(c) Medicines being used to treat diabetes
(d) Research on cancer and diabetes is underfunded

해석　여: 심장마비와 암은 치명적인 인간의 질병으로 가장 잘 알려져 있지만, 당뇨는 종종 간과되는 조용한 살인자입니다. 1921년 인슐린이 사용 가능하게 된 이후로 모든 형태의 질병이 치료될 수 있어 왔지만, 세계 보건 기구는 당뇨로 고생하고 있는 사람이 2000년에는 최소 1억7천1백만 명에 이르며, 2030년까지 그 두 배가 될 것으로 보고 있습니다. 미국 질병 대책 센터는 당뇨를 "전염병"으로 부르고 있으며 미국 내 240만 명이 당뇨

병을 앓고 있고, 또 다른 570만 명이 아직 진단 보류 상
태입니다. 미국인들은 매년 당뇨병 치료에 1억3천2백
만 달러를 소비하고 있는 것으로 추정되고 있습니다.

문제: 담화문의 주제는 무엇인가?

(a) 당뇨병을 앓는 사람들의 수 증가

(b) 증가하는 당뇨병에 대한 건강 보험료

(c) 당뇨병 치료에 사용되는 약품들

(d) 암과 당뇨병에 대한 연구가 자금부족을 겪고
있다.

해설 담화는 당뇨병에 관한 이야기이다. 담화 중간에 'a
number that is expected to double by 2030'라는 말
을 통해 점차 당뇨병 환자의 수가 늘어나고 있다고 우
려하고 있다. 따라서 담화문의 주제는 '증가하는 당뇨
병 환자 수'인 (a)가 적절하다.

어휘 diabetes n. 당뇨병   overlook v. 간과하다
epidemic n. 전염병   undiagnosed a. 진단 미정의
underfunded a. 자금 부족을 겪는

53. 대의 파악 ★★★　　　정답 (c)

script M: How do you improve the bicycle? According
to some university scientists, you take your
inspiration from current advancements in
automobiles. A team of scientists has designed
a bicycle that captures the kinetic energy that
is released when a bicycle rider brakes, storing
it for use later. Then, if the rider needs some
extra help to climb a particularly steep hill, the
bicycle can use this energy to provide a boost
to the wheels. This is the exact same idea that
drives modern hybrid vehicles.

Q: What is the main point of the talk?

(a) Hybrid cars and bicycles are built
similarly.

(b) Bicycles use kinetic energy to spin the
wheels.

**(c) A new invention took ideas from
another industry.**

(d) Bicycles should be improved to make
them safer.

해석 남: 자전거를 어떠한 방법으로 개선시키고 있나요? 일
부 대학교 과학자들에 따르면 자동차의 현재 진보된 모
습으로부터 영감을 얻는다고 합니다. 어느 과학자들 팀
은 자전거 타는 사람이 제동 시 발생하는 운동에너지
를 포착한 뒤 그 에너지를 나중에 사용할 수 있도록 하
는 자전거를 설계했습니다. 이후에 자전거 타는 사람이
특히 가파른 언덕을 오르기 위해 여분의 도움이 필요할
경우 자전거는 저장된 에너지를 활용하여 바퀴에 힘을
실어주게 됩니다. 이것이 바로 현대 하이브리드 자동차
들이 운전하는 바로 그 아이디어입니다.

문제: 담화문의 주제는 무엇인가?

(a) 하이브리드 자동차와 자전거는 비슷하게 만들
어진다.

(b) 자전거는 바퀴를 돌리기 위해 운동에너지를
사용한다.

**(c) 새로운 발명은 다른 산업에서 아이디어를 얻
었다.**

(d) 자전거는 더 안전하게 만들어지기 위해 개선
되어야 한다.

해설 담화는 자전거의 개선에 관한 이야기이다. 'you take
your inspiration from current advancements in
automobiles.'라는 말을 시작으로 자전거의 발전은 하
이브리드 자동차에게서 그 아이디어를 얻었다고 설명
하고 있으므로, 담화문의 주제는 '다른 산업에서 아이
디어를 얻는 새로운 발명'인 (c)가 적절하다.

어휘 capture v. 차지하다, 점유하다
kinetic energy 운동 에너지
provide a boost 힘을 실어주다

54. 내용 일치 ★★☆　　　정답 (c)

script M: A power outage caused chaos in the
southern part of town today. Police say a
driver hit a power pole along Broadway Road,
knocking out a transformer that serves a 25
- squard mile area. As a result, traffic signals
didn't work for several hours. Three schools
had to dismiss classes early since there
was no electricity in the buildings, and many
businesses in the area were forced to close for
safety reasons. Officials were able to restore
power after a three hour outage and everything
was back to normal by 3 p.m.

**Q: Which is correct according to the news
report?**

(a) Schools will be closed again tomorrow.

(b) Local businesses were unable to reopen.

(c) A traffic accident knocked out power.

(d) Roads were closed on the north end of
town.

해석 여: 정전은 오늘 도시의 남부 지역에 혼란을 일으켰습
니다. 경찰은 한 운전사가 Broadway Road에 세워진
전선을 들이박았으며, 평방 25 마일의 지역에 공급되
는 변압기를 끊었다고 말했습니다. 결과적으로 교통 신
호가 여러 시간 동안 작동되지 않았습니다. 3개의 학교
는 건물에 전기가 들어오지 않는다는 이유로 수업을 일
찍 끝내야 했으며, 이 지역의 많은 사업체들은 안전상
의 이유로 문을 닫아야 했습니다. 관계 당국자들은 3시
간의 정전 후 전력을 복구할 수 있었으며, 오후 3시경
에는 모든 것이 정상으로 회복되었습니다.

문제: 뉴스 보도의 내용과 일치하는 것은?
(a) 학교들은 내일 다시 문을 닫을 것이다.
(b) 현지 사업장들이 재 오픈을 하지 못했다.
(c) 교통 사고는 전력을 끊었다.
(d) 길은 도시의 북쪽 끝에서 차단되었다.

해설 뉴스보도는 도시 남부지역에 발생한 정전에 대한 이야기이다. 뉴스 처음에 정전의 원인에 대한 경찰서의 말을 인용하여 'a driver hit a power pole along Broadway Road, knocking out a transformer'라고 밝히고 있으므로, 뉴스 보도 내용과 일치하는 것은 '교통사고로 인해 전력이 끊겼다'이다.

어휘 power outage 정전
knock out (전력 등을) 끊다

55. 대의 파악 ★★☆　　　정답 (b)

script M: How your house looks from the outside often plays a key role in your ability to sell it. This so-called "curb appeal" is important because if you can't get a buyer out of their car you'll never get them to look inside. Tips to improve curb appeal include clearing the sidewalks, cutting the grass, painting exterior trim, and making sure visitors can read your house number. You never get a second chance to make a first impression, so use these tips to attract potential buyers to your home.

Q: What is the best title for the talk?
(a) Tips for Decorating Your House
(b) Improve Your Home's Curb Appeal
(c) Make Your Home's Interior Look Better
(d) Landscaping Vital to New Neighbors

해석 남: 당신의 집이 외부에서는 어떻게 보이는지가 집을 판매하기 위한 당신의 능력에 중요한 역할을 하게 됩니다. 이것은 소위 "커브 어필"이라고 부르는데, 만약 차 밖으로 구매고객을 이끌어낼 수 없다면 결코 그들에게 내부를 보여줄 수 없기 때문에 이 "커브 어필"이 중요합니다. 커브 어필을 상승시키기 위한 방법으로는 인도를 단장하거나, 잔디를 깎고, 외관 벽을 페인트칠하고, 방문객들이 집주소 번호를 읽을 수 있도록 하는 것을 포함합니다. 첫 인상을 주는 데는 2번의 기회가 결코 없기 때문에 자신의 집으로 가망 구매자에게 매력을 유지하기 위한 이런 조언을 이용해보도록 합니다.

문제: 담화문의 제목으로 적합한 것은?
(a) 자신의 집을 꾸미기 위한 조언들
(b) 집의 커브 어필을 향상시키기
(c) 집의 실내장식이 더 나아 보이도록 만들기
(d) 새로운 이웃들에게 매력이 넘치는 조경

해설 담화는 '커브 어필'에 대한 이야기이다. '커브 어필'이란 'a key role in your ability to sell it'라는 설명과 함께 외부에서 자신의 집을 사고 싶도록 매력적으로 보이게 만들기 위한 비법을 소개하고 있다. 따라서, 담화문의 제목으로 집의 판매를 위해 실외를 멋지게 만드는 '커브 어필 향상'인 (b)가 적절하다.

어휘 sidewalk n. 인도　　first impression 첫 인상
landscaping n. 조경

56. 내용 일치 ★★☆　　　정답 (d)

script W: Police are looking for two suspects in the robbery of a branch of Citizen's National Bank earlier today. According to two bank tellers, two men entered the Treeline Road branch about 1 p.m. carrying pistols and wearing masks. The bank is still trying to figure out exactly how much was taken, but bank officers believe it was more than $10,000. It is the fifth bank robbery in the city this month.

Q: Based on this news report, which of the following statements is true?
(a) Police have positive identification of the suspects.
(b) Citizen's National Bank has been robbed five times this month.
(c) The robbers got away with exactly $10,000.
(d) Witnesses say the robbers were carrying weapons.

해석 여: 경찰들은 오늘 이른 시간에 Citizen's National Bank의 한 지사의 강도 사건에 대한 2명의 용의자를 찾고 있습니다. 2명의 은행 직원에 따르면 두 명의 남자가 권총과 마스크를 쓴 채 오후 1시경에 Treeline Road 지점으로 들어왔다고 합니다. 은행은 정확히 얼마의 돈을 가져 갔는지 확인하기 위해 아직 애쓰고 있으나 은행 직원들은 만 달러 이상일거라고 생각하고 있습니다. 이 사건은 이번 달 이 도시에 발생한 5번째 강도사건입니다.

문제: 뉴스 보도의 내용과 일치하는 것은?
(a) 경찰은 용의자에 대한 확실한 신원확인 정보를 가지고 있다.
(b) Citizen's National Bank는 이번 달 5번째로 강도 당했다.
(c) 강도들은 정확히 만 달러를 가지고 도망쳤다.
(d) 목격자들은 강도들이 무기를 소지하고 있었다고 말한다.

해설 주어진 뉴스 보도는 은행 강도사건에 대해 보도하고 있다. 은행 직원의 목격담을 통해 'carrying pistols and wearing masks'라고 밝히고 있으므로, 뉴스 보도의

내용과 일치하는 것은 '강도들이 무기를 소지하고 있었다'는 목격자들의 증언 내용인 (d)가 적절하다.

어휘 suspect n. 용의자 robbery n. 강도 pistol n. 권총

---

57. 내용 일치 ★★★ 정답 (c)

script M: Hello, I am Mayor Neil Davies. I have been proud to serve as mayor of Circleville for the past eight years, and I would love to continue in the job. But the law says I can only serve two four-year terms, so I want to support the best person to continue my programs. Councilman Joe Makkula has worked hard to help me balance the budget without raising taxes, repair our residential streets and modernize our water system. So I urge you to vote for Joe Makkula for Mayor in the city election on November 7.

Q: Which is correct according to the advertisement?
(a) The candidate and the mayor worked together to raise taxes.
(b) The candidate was a strong opponent of the current mayor.
(c) The law prevents the mayor from seeking a third term.
(d) The current mayor is planning to run for governor.

해석 남: 안녕하세요, 저는 Neil Davies 시장입니다. 지난 8년 동안 Circleville의 시장으로서 봉사하는 것이 자랑스러웠으며, 이 직업을 계속해서 한다는 것이 너무나 좋습니다. 그러나 법은 저에게 오직 4년의 임기를 2번만 할 수 있도록 했고, 그래서 제 프로그램들을 계속할 수 있는 최고의 사람을 지지하고 싶습니다. 시의원 Joe Makkula은 세금의 상승 없이 수지 균형을 맞출 수 있도록, 그리고 우리 거주지역의 도로를 보수하고, 상수도 시스템을 근대화하는데 저를 열심히 도와준 사람입니다. 그래서 저는 여러분들께 Joe Makkula를 11월 7일 시 선거에서 시장으로 뽑아주실 것을 주장하는 바입니다.

문제: 광고의 내용과 일치하는 것은?
(a) 후보자와 시장은 세금 상승을 위해 함께 일했다.
(b) 후보자는 현재 시장의 강력한 경쟁자이다.
(c) 법은 시장이 3번째 임기를 할 수 없도록 막았다.
(d) 현 시장은 주지사 선거에 출마할 계획이다.

해설 광고는 Neil Davies 시장의 연설 내용이다. 시장은 연설의 마지막에 'I urge you to vote for Joe Makkula for Mayor in the city election on November 7'라고 이야기함으로써 연설의 주제를 밝히고 있다. 시장의 말을 통해 3번째 임기는 할 수 없다는 사실을 알 수 있

다. 따라서 내용과 일치하는 것은 '법으로 인해 3번째 임기가 불가능하다'는 (c)가 정답이다.

어휘 councilman n. 시의원
balance the budget 수지 균형을 맞추다
run for governor 주지사 선거에 출마하다

---

58. 내용 일치 ★★☆ 정답 (a)

script W: A group that opposes placing internet blocking software on library computers is planning a protest demonstration next week. "I believe in free speech," said Mary Berman, leader of the Coalition for Computer Access. "I can't believe we are wasting tax money on this when we could be spending it on buying more computers." Berman said she does not oppose blocking offensive content from younger children but that result can be programmed into individual log-on accounts rather than spending more than $20,000 on the software.

Q: Which of the following statements is true?
(a) The group opposes spending money on internet blocking software.
(b) The group believes everyone should have full access to the internet.
(c) The group is planning its protest demonstration at the main library.
(d) The group would support the software if it was purchased with private funds.

해석 여: 도서관 컴퓨터의 인터넷 방지 소프트웨어 설치를 반대하는 한 단체는 다음 주에 저항 시위를 계획하고 있습니다. 컴퓨터 접근을 위한 연합단체의 수장인 Mary Berman 씨는 "저는 자유 연설의 힘을 믿습니다."라며, "저는 우리가 더 많은 컴퓨터를 구입하는 데 사용할 수 있는 돈을 대신 이런 일에 세금 낭비하고 있다니 믿기지가 않습니다."라고 말했습니다. Berman씨는 어린 아이들로부터 불쾌한 콘텐트를 차단당하는 것에는 반대하지 않지만, 그 결과는 소프트웨어에 2만 달러 이상을 소비하는 것보다는 개별적인 로그온 이용 계정으로 프로그램을 설치할 수 있다고 말하고 있다.

문제: 보기의 내용 중 사실인 것은?
(a) 단체는 인터넷 차단 소프트웨어에 돈을 소비하는 데 반대한다.
(b) 단체는 모든 사람들이 인터넷에 완전한 접속을 할 수 있어야 한다고 믿고 있다.
(c) 단체는 주요 도서관에서 저항 시위를 계획하고 있다.
(d) 단체는 소프트웨어가 개인의 자금으로 구입된다면 이를 지지할 것이다.

해설 주어진 담화는 도서관 컴퓨터 인터넷 방지 소프트웨

어 설치 반대의 저항시위에 대한 이야기이다. 'I can't believe we are wasting tax money'라는 말을 시작으로 인터넷 접속 차단 프로그램에 돈을 쓰는 데 반대하고 있다. 따라서 담화의 내용과 일치하는 것은 (a)이다.

어휘 coalition n. 연립정부, 연합체
demonstration n. 시위
offensive a. 모욕적인, 불쾌한
content n. 내용물

---

59. 내용 일치 ★★☆　　　　정답 (d)

script M: Water desalination facilities are being constructed throughout the world to convert saltwater and other underground streams that contain minerals into fresh water suitable for human consumption or irrigation. Most of these processing plants are being built in places of large population growth where there is not enough fresh water to meet human demand. While about 75 percent of the current capacity is generated in Middle Eastern countries, two major plants are operational in the United States near Tampa, Florida, and El Paso, Texas. As of December 2007, the Tampa facility was producing 25 million gallons of fresh water every day.

Q: Which of the following statements is true?
(a) The only thing removed from underground streams is salt.
(b) Water desalination facilities inject salt into fresh water.
(c) The El Paso facility produces more than 25 million gallons every day.
(d) Most of the world's desalination facilities are in the Middle East.

해석 남: 상수도 시설들은 광물질을 포함하고 있는 바닷물과 여타의 지하수를 인간의 소비나 관개용수에 적합한 신선한 물로 전환하기 위해 세계적으로 설치되고 있는 중입니다. 이러한 처리 공장의 대부분은 대규모 인구 성장이 이루어지고 있어 그 수요를 채울 만큼 충분한 물이 존재하지 않는 지역에서 세워지고 있습니다. 현재 용적의 75%가 중동지역에서 만들어지고 있지만, 2개의 주요 공장은 Tampa, Florida와 El Paso, Texas 근처의 미국 내에서 가동 중입니다. 2007년 12월자로 Tampa 설비는 매일 2천5백만 갤런의 신선한 물을 생산하고 있습니다.
문제: 다음 보기 중 사실인 것은?
(a) 지하수로부터 제거된 유일한 것은 소금이다.
(b) 상수도 시설은 소금을 신선한 물에 주입한다.

(c) 티 Paso 시설은 매일 2천5백만 갤런 이상을 생산한다.
(d) 세계 상수도 시설의 대다수는 중동에 있다.

해설 주어진 담화를 통해 화자는 세계의 상수도 시설에 대해 이야기하고 있다. 담화의 내용에서 'about 75 percent of the current capacity is generated in Middle Eastern countries'라고 언급하였으므로, 담화문의 내용과 일치하는 것은 (d)이다.

어휘 water desalination facilities 상수도 시설
convert v. 전환하다, 개조하다　　inject into 주입하다
saltwater n. 바닷물, 소금물　　mineral n. 광물(질)
consumption n. 소비　　irrigation n. 관개
generate v. 발생시키다, 만들어 내다
operational a. 가동 중인

---

60. 추론 ★★★　　　　정답 (b)

script W: Once thought of as a solution to energy problem in the United States, ethanol has proven to be a failure. The government has spent millions on ethanol research and subsidies, but the country is still dependent on foreign oil. Methods to manufacture ethanol are still not cost effective because it costs more to make it than it does to purchase normal gas at the pump. Many auto manufacturers believe ethanol does long-term damage to engines in their vehicles. The only people who seem to benefit are those corn growers who sell their product to ethanol-producing factories.

Q: What is the best summary of the speaker's thoughts on ethanol?
(a) It is a viable form of alternative energy.
(b) It is a costly failure that has little benefit.
(c) It is good for farmers and the auto industry.
(d) It has reduced dependence on foreign oil.

해석 여: 한 때 미국에서의 에너지 문제를 해결하기 위한 해결책으로 여겨진 에탄올은 실패였습니다. 정부는 에탄올 연구와 보조금에 수백만 달러를 투자해왔으나 국가는 여전히 해외 원유에 의존하고 있습니다. 주유소에서 일반 가스를 구입하는 것보다 그것을 만들어 내는 데 더 비용이 들기 때문에 에탄올을 생산하는 방법들은 여전히 비용 효율이 높지 않습니다. 많은 자동차 제조사들은 에탄올이 자동차의 엔진에 장기적인 피해를 입힌다고 믿고 있습니다. 혜택을 입을 것으로 보이는 사람은 오직 에탄올 생산 공장으로 자신의 상품을 판매하는 옥수수 생산업자들 뿐입니다.

문제: 에탄올에 대한 화자의 생각은 무엇인가?
> (a) 에탄올은 대체 에너지의 실행 가능한 형태이다.
> **(b) 에탄올은 거의 이득이 없으면서 비용이 많이 드는 실패작이다.**
> (c) 에탄올은 농장 주인과 자동차 산업에만 좋은 일이다.
> (d) 에탄올은 해외 원유에 대한 의존을 줄여왔다.

해설 주어진 담화를 통해 추론할 수 있는 내용을 묻는 문제이다. 담화를 통해 화자는 에탄올 개발이 에너지 문제 해결의 해답이 아니라고 이야기하고 있다. 'it costs more to make it than it does to purchase normal gas at the pump'라는 말을 통해, 생산하는 것보다 사는 것이 더 싸다는 점을 설명하고 있으므로 에탄올에 대한 화자의 생각으로 옳은 것은 (b)이다.

어휘 subsidy n. 보조금(장려금)
be dependent on ~에 매달리다, ~에 달려 있다
cost effective a. 비용 효율(효과)이 높은
pump n. 주유소
viable a. 실행 가능한, 성공할 수 있는

- [ ] **give one's hand to** (여자가) ~와 약혼하다

- [ ] **A: Excuse me, but I can hardly hear you.**
  실례하지만 잘 안 들리는데요.
  B: Sorry. I'll repeat that.
  미안합니다. 다시 말할게요.

- [ ] **graduate from** + 학교명 ~을 졸업하다
  graduate in + 학과명 ~을 졸업하다

- [ ] **take person's word for it** ~의 말을 믿다

- [ ] **You bet!** 정말이야, 틀림없어

- [ ] **keep a person in ~ of** ~에 유의하다, 전념하다
  [=put a person in ~of, keep a person's ~
  off, keep(have) one's on]
  ex) I'll **keep** that in **mind**. 명심할게.

- [ ] **How could I forget a bright child like you?**
  내가 어떻게 자네 같은 영리한 아이를 잊을 수 있겠나?

- [ ] **make it** 제대로 수행하다, 성공하다
  ex) I'm sure you'll **make it**.
  넌 틀림없이 해낼 수 있을 거야.

- [ ] **musty** 곰팡내 나는, 케케묵은, 진부한
  ex) This room smells **musty**.
  이 방은 곰팡내가 난다.

- [ ] **aroma** 방향, 향기 (= fragrance)
  ex) The roses provided the nice **aroma**.
  장미는 좋은 향이 났다.

- [ ] **opening** 취직자리, 결원, 공석
  ex) Do you have any **opening**?
  공석이 있습니까?

- [ ] **I can't believe~** ~을 믿을 수 없다

- [ ] **bother** ~을 괴롭히다; 심히 걱정하다, 근심(고민)하다
  ex) Don't let the problem **bother** you.
  그 문제로 너무 걱정하지 말아라.

- [ ] **switch off** (전등 등을) 스위치로 끄다 (↔ switch on)

- [ ] **Take it easy.** 걱정하지 마, 서두르지 마

- [ ] **What's up?** 무슨 일이라도 있니? (= What happened?)

- [ ] **Are you pulling my leg?** 농담하는 거지? (= You're kidding. No kidding.)

- [ ] **How do you like ~** ~은 어떠니? ~은 마음에 드니?
  ex) **How do you like** your new house?
  새 집은 마음에 드니?
  Certainly, especially the garden.
  물론이야, 특히 정원이 마음에 들어.

- [ ] **Which cosmetics would you recommend?**
  어떤 화장품이 좋을까요?

- [ ] **between you and me** 우리끼리만의 이야기지만, 이건 비밀인데
  confidential 기밀의, 내밀한 (= secret)

- [ ] **put on weight** 체중을 늘리다
  ex) You need to **put on weight**.
  넌 체중을 늘릴 필요가 있어.

- [ ] **quarter** 25센트

- [ ] **incredible** 놀라운, 엄청난

- [ ] **A: What does your baby look like?**
  네 아기는 누굴 닮았니?
  **B: She has brown curly hair and blue
  eyes like me.** 그 애는 나처럼 갈색 곱슬머리와
  푸른 눈을 가졌어.

- [ ] **take off** 휴가를 내다
  ex) Could I possibly **take** a few days **off**?
  가능하다면 며칠 휴가를 낼 수 있을까요?

- [ ] **make an exception (of)** (~은) 예외로 하다, 특별 취급하다
  c.f.) make no **exception(s)**
  어떠한 특별 (예외) 취급도 하지 않다

- [ ] **You need to keep on trying.** 넌 계속해서 노력해야 해.

- [ ] **A: I'm supposed to fly to Paris. Would
  you direct me to my gate please?** 파

리행 비행기를 타려고 하는데요. 몇 번 출구에서 타야
되죠?
B: It' boarding at gate 34. 34번 출구에서 탑니다.

- [ ] **resemble** 닮다 (= look like),
  identical twins 일란성 쌍둥이
  ex) We are identical twins. So we
  resemble each other.

- [ ] **reasonable excuse** 이치에 닿는 변명
  ex) Do you think that's a **reasonable
  excuse**?

- [ ] **invoice** (화물발송의) 송장
  ex) We will then send you an **invoice** for
  the total course fees.

- [ ] **biodegradable** 무해한 물질로 분해할 수 있는

- [ ] **break down** 분해하다

- [ ] **All work and no play make Jack a dull
  boy.** 일만 하고 놀지 않는 것은 사람을 바보로 만든다.

- [ ] **vocational** 직업상의
  ex) vocational school 직업학교, vocational
  training 직업훈련, vocational disease
  직업병, vocational bureau 직업상담소,
  vocational test 직업적성검사

- [ ] **radioactive materials** 방사성 물질

- [ ] **step down** 은퇴하다, 사직하다
  ex) The Watergate Affair, the political
  scandal, in the early 1970s that forced
  the US President Richard Nixon to
  step down. 1970년대 초 정치 스캔들인 워터게이
  트 사건은 리처드 닉슨 미국 대통령을 사임하게 했다.

- [ ] **abolish tariff** 관세를 폐지하다

- [ ] **marketing strategy meeting** 판매 전략 회의

- [ ] **new comer** 새로 온 사람

- [ ] **tyrannize** 학정을 행하다, 압제하다, 학대하다

- [ ] **behemoth** 거인, 거물

- [ ] **commercialize** 상업(영리)화하다

- [ ] **overwhelming** 압도적인, 저항할 수 없는

- [ ] **stunning** 멋진, 매력적인, 훌륭한

- [ ] **enthusiastic** 열렬한, 열광적인

- [ ] **brawling** 시끄러운, 떠들썩한, 요란한

- [ ] **level** 쓰러뜨리다, 무너뜨리다

- [ ] **exemplify** ~의 좋은 예가 되다

- [ ] **municipal** 자치 도시의, 시의

- [ ] **phoenix** 모범

- [ ] **ash(pl)** 재, 폐허, 슬픔(회환, 굴욕)을 상징하는 것

- [ ] **underway** 여행(진행, 항해)중인

- [ ] **get into shape** 몸을(몸매를) 다듬다, 몸을 단련하다

- [ ] **keep one's chip in** 의연한 자세를 유지하다, 용기
  를 잃지 않다

- [ ] **up to one's eyeballs** ~에 허덕여, ~ 때문에 정신
  없는

- [ ] **at stake** 위태로운

- [ ] **at one's wit's end** 어찌할 바를 몰라

- [ ] **be in the mood for/to** ~하고 싶은 마음이 들다

- [ ] **rain cats and dogs** 비가 억수같이 쏟아지다

- [ ] **flare up at** ~에게 버럭 화를 내다

- [ ] **take something at face value** 액면 그대로 받
  아들이다

- [ ] **ace in the hole** 비장의 무기

- [ ] **be saved by the bell** 간신히 곤경을 면하다

- [ ] **bite the bullet** 고통을 참다, 싫은 일을 견디다

- [ ] **get an inkling of** ~을 어렴풋이 알다, 눈치채다

- [ ] **hit below the belt** 비겁한 행동을 하다

- [ ] **get down to business** 본론으로 들어가다

- [ ] **make something from scratch** 기초적인 재
  료에서 시작하여 ~을 만들다

- [ ] **what a rip-off!** 도둑질이나 마찬가지 군요!

- [ ] **go into labor** 진통을 일으키다

- [ ] **keep an eye on** ~에서 눈을 떼지 않다

- [ ] **over the counter** 처방전 없이

TEPS 고득점을 위한 확실한 길잡이!

듣기 · 문법 · 어휘 · 독해 4가지 영역을 한번에 끝낸다!

TEPS 고득점을 향한 다양한 TIP을 만나보세요!
http://club.cyworld.com/CalvinTEPS

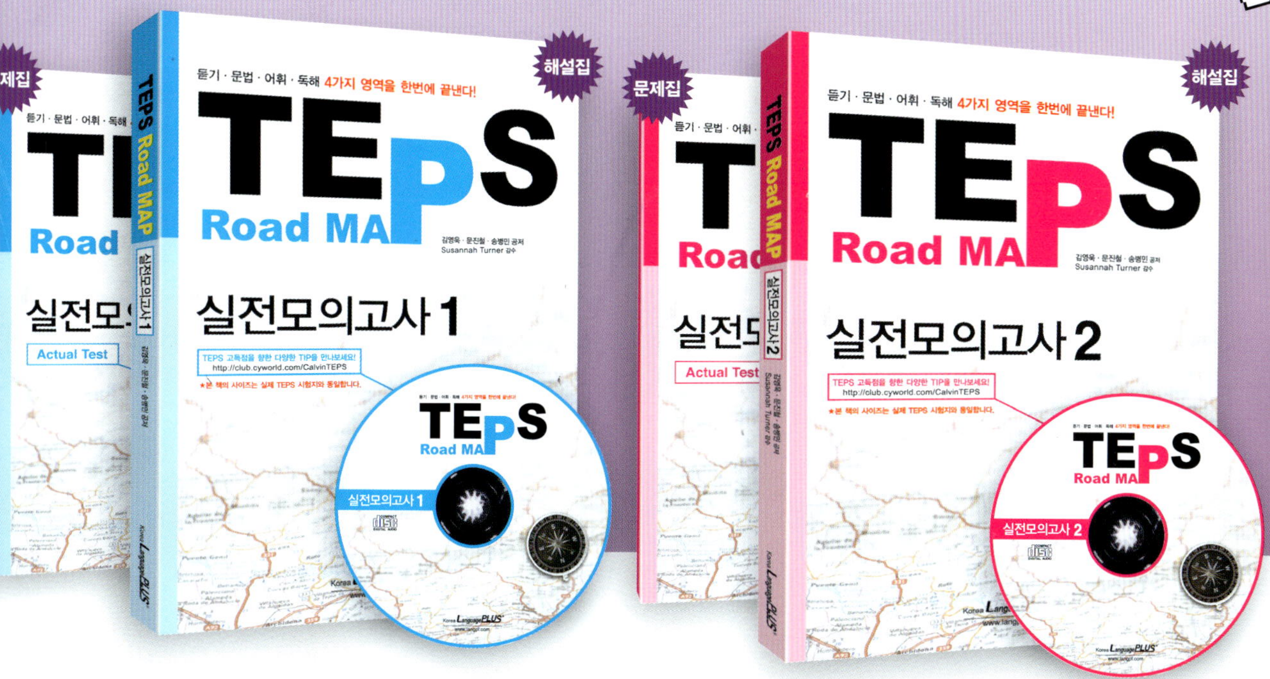

TEPS, 각 영역별 만점해설로 고득점에 도전하세요!

듣기 출제 원리와 정답의 근거 확실히 제공!
상황에 따른 빈출 표현 정리 수록!

어휘 어렵고 다양한 어휘들을 알기 쉽게 한 번에 정리한다!
Final Vocabulary Day 30 수록!

문법 시험 직전에 이것만 확인해라!
ESSENTIAL GRAMMAR TIP!

독해 더 이상 오답의 함정에 빠지지 마라!
정답으로 가는 오답피하기 수록!

김영욱 · 문진철 · 송병민 공저
1, 2권 – 각 11,000원 (문제집+해설집+CD 1장 포함)

for your dream

english LanguagePLUS®
www.langpl.com

TOEIC 입문자를 위한 완벽가이드!

TOEIC Road MAP RC

어형 · 어휘/문법/독해

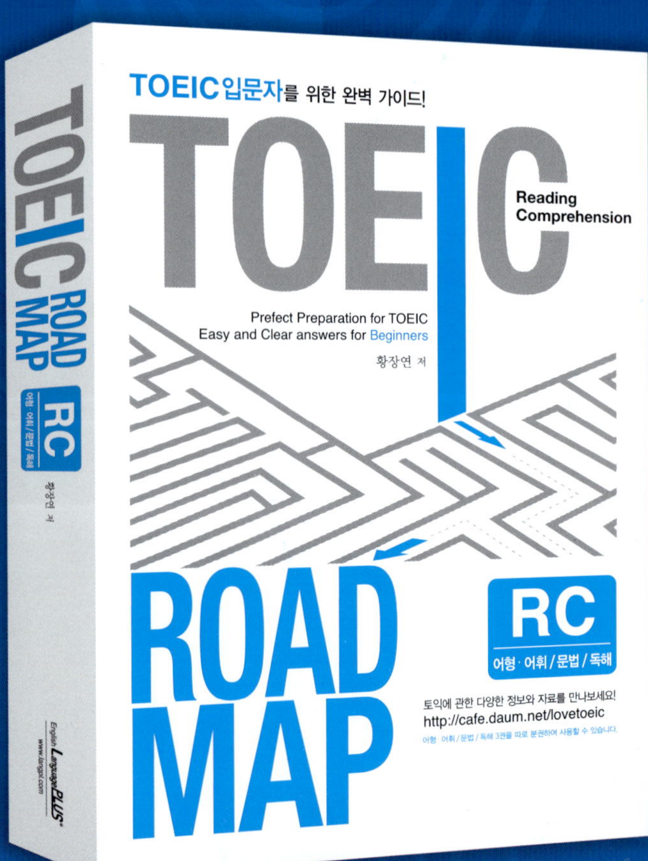

어형 토익 PART 5&6에서 비중이 큰 영역이므로 다른 교재와는 다르게 분리하여 다룬다.

어휘 기출 표현을 위주로 실전 20회 모의고사를 풀어보면서 빠르게 다량의 어휘를 정리한다.

문법 기출 유형의 문제를 위주로 자세한 문법 설명과 함께 실전문제를 접한다.

독해 자주 출제되는 질문의 종류와 어휘를 익혀서 고득점에 도전한다.

값 21,000원 | 황장연 저 | TOEIC Road Map LC 출시 예정

토익에 관한 다양한 정보와 자료를 만나보세요!
http://cafe.daum.net/lovetoeic

※ **어형 · 어휘/문법/독해 3권을 따로 분권**하여 사용할 수 있습니다.

By Joseph Kim

문제집

THE TOP in TEPS 950 청해 실전편

초판 발행 First Published	2010년 6월 10일
3쇄 발행 Third Published	2012년 2월 20일
지은이 Author	죠셉 킴
회장 President	엄호열
발행인 Publisher	엄태상
영어 편집장 Editor in Chief	이성
기획 및 진행 Project Manager	이정화
편집 및 교정 Editor	유미조
표지 디자인 Cover Design	신영미
본문 디자인 Text Design	이건화
표지 삽화 Cover Illustrate	이성헌
녹음 Voice Actors	Grace Johnson, Matt Smallwood
등록일자 Registration Day	2000년 8월 17일
등록번호 Registration Number	제 1-2718호
주소 Address	서울시 강남구 역삼동 826-28 범추빌딩 14층
TEL Call to Editorial Dept.	편집부 02-744-0509
Call to Marketing Dept.	도서주문 문의 02-3671-0582, FAX 02-3671-0500
E-mail	info@langpl.com
Homepage	www.langpl.com

ISBN 978-89-5518-888-2 18740
ISBN 978-89-5518-886-8 SET

THE
대한민국 TEPS 대표강사 Joseph Kim의
TOP in
TEPS
950
실전편
청 LISTENING 해

The TOP in TEPS

Listening Comprehension

Half TEST **01**

DIRECTIONS

1. In the Listening Comprehension section, all content will be presented orally rather than in written form.

2. This section contains 4 parts. In part I and II, each passage will be read only once. In part III and IV, each passage and its corresponding question will be read twice. But in all sections, the options will be read only once. After listening to the questions, listen to the options and choose the best answer.

3. More specific directions will be given at the beginning of each part of this section.

Part I   **Questions 1 ~ 7**

You will now hear seven conversation fragments, each made up of a single spoken statement followed by four spoken responses. Choose the most appropriate response to the statement.

Part II   **Questions 8 ~ 15**

You will now hear eight conversation fragments, each made up of three spoken statements followed by four spoken responses. Choose the most appropriate response to complete the conversation.

Part III Questions 16 ~ 22

You will now hear seven complete conversations. For each item, you will hear a conversation and its corresponding question, both of which will be read twice. Then you will hear four options which will be read only once. Choose the option that best answers the question.

Part IV Questions 23 ~ 30

You will now hear eight spoken monologues. For each item, you will hear a monologue and its corresponding question, both of which will be read twice. Then you will hear four options which will be read only once. Choose the option that best answers the question.

The TOP in TEPS

성 영문

명 서명

응시일자 : 20　년　월　일

<부정행위 및 규정위반 처리규정>

1. 모든 부정행위 및 규정위반 적발 및 이에 대한 조치는 TEPS관리위원회의 처리규정에 따라 이루어집니다.

2. 부정행위 및 규정위반 행위는 현장 적발 뿐만 아니라 사후에도 적발될 수 있으며 모두 동일한 조치가 취해집니다.

3. 부정행위 적발 시 당해 성적은 무효화되며 사안에 따라 최대 5년까지 TEPS관리위원회에서 주관하는 모든 시험의 응시자격이 제한됩니다.

4. 문제지 이외에 메모를 하는 행위와 시험 문제의 일부 또는 전부를 유출하거나 공개하는 경우 부정행위로 처리됩니다.

5. 각 파트별 시간을 준수하지 않거나, 시험 종료 후 답안 작성을 계속할 경우 규정위반으로 처리됩니다.

성　명 (성·이름순으로 기재)

EX HONG GIL DONG

| A | B | C | D | E | F | G | H | I | J | K | L | M | N | O | P | Q | R | S | T | U | V | W | X | Y | Z |

단체구분

학생	일반
◯	◯

질문란

1. 귀하의 TEPS 응시목적은?

(a) 입사지원　(b) 인사정책
(c) 개인실력측정　(d) 입시
(e) 국가고시 지원　(f) 기타

2. 귀하의 영어권 체류 경험은?

(a) 없다　(b) 6개월 미만
(c) 6개월 이상 1년 미만　(d) 1년 이상 3년 미만
(e) 3년 이상 5년 미만　(f) 5년 이상

3. 귀하께서 응시하고 계신 고사장에 대한 만족도는?

(a) 0점　(b) 1점
(c) 2점　(d) 3점
(e) 4점　(f) 5점

4. 최근 2년내 TEPS 응시횟수는?

(a) 없다　(b) 1회
(c) 2회　(d) 3회
(e) 4회　(f) 5회 이상

학력

초등학교 ◯
중학교 ◯
고등학교 ◯
전문대학 ◯
대학교 ◯
대학원 ◯

재학 ◯ 졸업 ◯

전공

인문학 ◯
사회과학·법학 ◯
경제학·경영학 ◯
자연과학 ◯
의학·약학·간호학 ◯
공학 ◯
교육학 ◯
음악·미술·체육 ◯
기타 ◯

직업

공무원 ◯
고시준비 ◯
교사 ◯
군인 ◯
의료인 ◯
자영업 ◯
학생 ◯
회사원 ◯
무직 ◯
기타 ◯

직종

고위임직원 ◯
전문직(과학.공학) ◯
전문직(교육) ◯
전문직(법률.회계.금융) ◯
기술직 ◯
영업 ◯
홍보 ◯
총무 ◯
인사 ◯
경리 ◯
기획 ◯
구매 ◯
무역 ◯
외환 ◯
자금 ◯
공무 ◯
업무 ◯
품질관리 ◯
전산 ◯
행정직 ◯
생산관리 ◯
서비스 ◯
기타 ◯

직책

임원 ◯
부장 ◯
차장 ◯
과장 ◯
대리 ◯
계장 ◯
사원 ◯
인턴 ◯
기타 ◯

The TOP in
TEPS

Listening Comprehension

Half TEST 02

Part I **Questions 1 ~ 8**

You will now hear eight conversation fragments, each made up of a single spoken statement followed by four spoken responses. Choose the most appropriate response to the statement.

Part II **Questions 9 ~ 15**

You will now hear seven conversation fragments, each made up of three spoken statements followed by four spoken responses. Choose the most appropriate response to complete the conversation.

Part III **Questions 16 ~ 23**

You will now hear eight complete conversations. For each item, you will hear a conversation and its corresponding question, both of which will be read twice. Then you will hear four options which will be read only once. Choose the option that best answers the question.

Part IV **Questions 24 ~ 30**

You will now hear seven spoken monologues. For each item, you will hear a monologue and its corresponding question, both of which will be read twice. Then you will hear four options which will be read only once. Choose the option that best answers the question.

The TOP in TEPS

성	영문	
명	서명	

응시일자 : 20   년   월   일

<부정행위 및 규정위반 처리규정>

1. 모든 부정행위 및 규정위반 적발 및 이에 대한 조치는 TEPS관리위원회의 처리규정에 따라 이루어집니다.

2. 부정행위 및 규정위반 행위는 현장 적발 뿐만 아니라 사후에도 적발될 수 있으며 모두 동일한 조치가 취해집니다.

3. 부정행위 적발 시 당해 성적은 무효화되며 사안에 따라 최대 5년까지 TEPS관리위원회에서 주관하는 모든 시험의 응시자격이 제한됩니다.

4. 문제지 이외에 메모를 하는 행위와 시험 문제의 일부 또는 전부를 유출하거나 공개하는 경우 부정행위로 처리됩니다.

5. 각 파트별 시간을 준수하지 않거나, 시험 종료 후 답안 작성을 계속할 경우 규정위반으로 처리됩니다.

성   명 (성·이름순으로 기재)

EX HONG GIL DONG

(답안 마킹란: A B C D E F G H I J K L M N O P Q R S T U V W X Y Z)

단 체 구 분

학생	일반
○	○

질 문 란

1. 귀하의 TEPS 응시목적은?
   - (a) 입사지원
   - (b) 인사정책
   - (c) 개인실력측정
   - (d) 입시
   - (e) 국가고시 지원
   - (f) 기타

2. 귀하의 영어권 체류 경험은?
   - (a) 없다
   - (b) 6개월 미만
   - (c) 6개월 이상 1년 미만
   - (d) 1년 이상 3년 미만
   - (e) 3년 이상 5년 미만
   - (f) 5년 이상

3. 귀하께서 응시하고 계신 고사장에 대한 만족도는?
   - (a) 0점
   - (b) 1점
   - (c) 2점
   - (d) 3점
   - (e) 4점
   - (f) 5점

4. 최근 2년내 TEPS 응시횟수는?
   - (a) 없다
   - (b) 1회
   - (c) 2회
   - (d) 3회
   - (e) 4회
   - (f) 5회 이상

학 력 / 전 공 / 직 업

학 력	재학	졸업	전 공		직 업	
초등학교		○	인 문 학	○	공 무 원	○
중 학 교		○	사회과학·법학	○	고시준비	○
고 등 학 교		○	경제학·경영학	○	교 사	○
전 문 대 학		○	자 연 과 학	○	군 인	○
대 학 교		○	의학·약학·간호학	○	의 료 인	○
대 학 원		○	공 학	○	자 영 업	○
			교 육 학	○	학 생	○
			음악·미술·체육	○	회 사 원	○
			기 타	○	무 직	○
					기 타	○

직 종 / 직 책

직 종				직 책	
고 위 임 직 원	○	무 역	○	임 원	○
전문직(과학공학)	○	외 환	○	부 장	○
전 문 직 (교육)	○	자 금	○	차 장	○
전문직(법률.회계.금융)	○	공 무	○	과 장	○
기 술 직	○	업 무	○	대 리	○
영 업	○	품 질 관 리	○	계 장	○
홍 보	○	전 산	○	사 원	○
총 무	○	행 정 직	○	인 턴	○
인 사	○	생 산 관 리	○	기 타	○
경 리	○	서 비 스	○		
기 획	○	기 타	○		
구 매	○				

앞면(Side1)

The TOP in TEPS

수험번호 Registration No.		문 제 지 번 호 Test Booklet No.	감독관확인란
성 명 Name	한글		
	한자		

| 청 해 Listening Comprehension | 문 법 Grammar | 어 휘 Vocabulary | 독 해 Reading Comprehension | 주 민 등 록 번 호 National ID No. | 고사실란 Room No. |

| 수 험 번 호 Registration No. | 비밀번호 Password | 좌석번호 Seat No. |

| 서 약 | 본인은 필기구 및 기재오류와 답안지 훼손으로 인한 책임을 지고, 부정행위 처리규정을 준수할 것을 서약합니다. |

답안작성시 유의사항

1. 답안 작성은 반드시 **컴퓨터용 싸인펜**을 사용해야 합니다.

2. 답안을 정정할 경우 수정테이프(수정액 불가)를 사용해야 합니다.

3. 본 답안지는 컴퓨터로 처리되므로 훼손해서는 안되며, 답안지 하단의 타이밍마크(▮▮▮)를 찢거나, 낙서 등으로 인한 훼손시 불이익이 발생할 수 있습니다.

4. 답안은 문항당 정답을 1개만 골라 ●와 같이 정확히 기재해야 하며, 필기구 오류나 본인의 부주의로 잘못 표기한 경우에는 당 관리위원회의 OMR판독기의 판독결과에 따르며, 그 결과는 본인이 책임집니다.

Good ● Bad ◖ ◦ ◗ ✕ ✓

5. 감독관의 확인이 없는 답안지는 무효처리됩니다.

The TOP in
TEPS

Listening Comprehension

Half TEST 03

DIRECTIONS

1. In the Listening Comprehension section, all content will be presented orally rather than in written form.

2. This section contains 4 parts. In part I and II, each passage will be read only once. In part III and IV, each passage and its corresponding question will be read twice. But in all sections, the options will be read only once. After listening to the questions, listen to the options and choose the best answer.

3. More specific directions will be given at the beginning of each part of this section.

Part I   Questions 1 ~ 8

You will now hear eight conversation fragments, each made up of a single spoken statement followed by four spoken responses. Choose the most appropriate response to the statement.

Part II   Questions 9 ~ 15

You will now hear seven conversation fragments, each made up of three spoken statements followed by four spoken responses. Choose the most appropriate response to complete the conversation.

Part III **Questions 16 ~ 23**

You will now hear eight complete conversations. For each item, you will hear a conversation and its corresponding question, both of which will be read twice. Then you will hear four options which will be read only once. Choose the option that best answers the question.

Part IV **Questions 24 ~ 30**

You will now hear seven spoken monologues. For each item, you will hear a monologue and its corresponding question, both of which will be read twice. Then you will hear four options which will be read only once. Choose the option that best answers the question.

The TOP in TEPS

성	영문	
명	서명	

응시일자 : 20   년   월   일

<부정행위 및 규정위반 처리규정>

1. 모든 부정행위 및 규정위반 적발 및 이에 대한 조치는 TEPS관리위원회의 처리규정에 따라 이루어집니다.

2. 부정행위 및 규정위반 행위는 현장 적발 뿐만 아니라 사후에도 적발될 수 있으며 모두 동일한 조치가 취해집니다.

3. 부정행위 적발 시 당해 성적은 무효화되며 사안에 따라 최대 5년까지 TEPS관리위원회에서 주관하는 모든 시험의 응시자격이 제한됩니다.

4. 문제지 이외에 메모를 하는 행위와 시험 문제의 일부 또는 전부를 유출하거나 공개하는 경우 부정행위로 처리됩니다.

5. 각 파트별 시간을 준수하지 않거나, 시험 종료 후 답안 작성을 계속할 경우 규정위반으로 처리됩니다.

성   명 (성·이름순으로 기재)

EX HONG GIL DONG

(마킹표: 행 라벨 A–Z, 각 칸에 해당 알파벳 버블)

단체구분

학생	일반
○	○

질문란

1. 귀하의 TEPS 응시목적은?

  (a) 입사지원   (b) 인사정책
  (c) 개인실력측정   (d) 입시
  (e) 국가고시 지원   (f) 기타

2. 귀하의 영어권 체류 경험은?

  (a) 없다   (b) 6개월 미만
  (c) 6개월 이상 1년 미만   (d) 1년 이상 3년 미만
  (e) 3년 이상 5년 미만   (f) 5년 이상

3. 귀하께서 응시하고 계신 고사장에 대한 만족도는?

  (a) 0점   (b) 1점
  (c) 2점   (d) 3점
  (e) 4점   (f) 5점

4. 최근 2년내 TEPS 응시횟수는?

  (a) 없다   (b) 1회
  (c) 2회   (d) 3회
  (e) 4회   (f) 5회 이상

학력 / 전공 / 직업

학력	재학	졸업	전공		직업	
초등학교	○	○	인 문 학	○	공 무 원	○
중 학 교	○	○	사회과학·법학	○	고시준비	○
고등학교	○	○	경제학·경영학	○	교 사	○
전문대학	○	○	자 연 과 학	○	군 인	○
대 학 교	○	○	의학·약학·간호학	○	의 료 인	○
대 학 원	○	○	공 학	○	자 영 업	○
			교 육 학	○	학 생	○
			음악·미술·체육	○	회 사 원	○
			기 타	○	무 직	○
					기 타	○

직종 / 직책

직종			직책	
고 위 임 직 원	○	무 역	임 원	○
전문직 (과학.공학)	○	외 환	부 장	○
전 문 직 (교육)	○	자 금	차 장	○
전문직(법률.회계.금융)	○	공 무	과 장	○
기 술 직	○	업 무	대 리	○
영 업	○	품 질 관 리	계 장	○
홍 보	○	전 산	사 원	○
총 무	○	행 정 직	인 턴	○
인 사	○	생 산 관 리	기 타	○
경 리	○	서 비 스		
기 획	○	기 타		
구 매	○			

The TOP in TEPS

수험번호 Registration No.

성명 Name 한글 한자

문제지번호 Test Booklet No.

감독관확인란

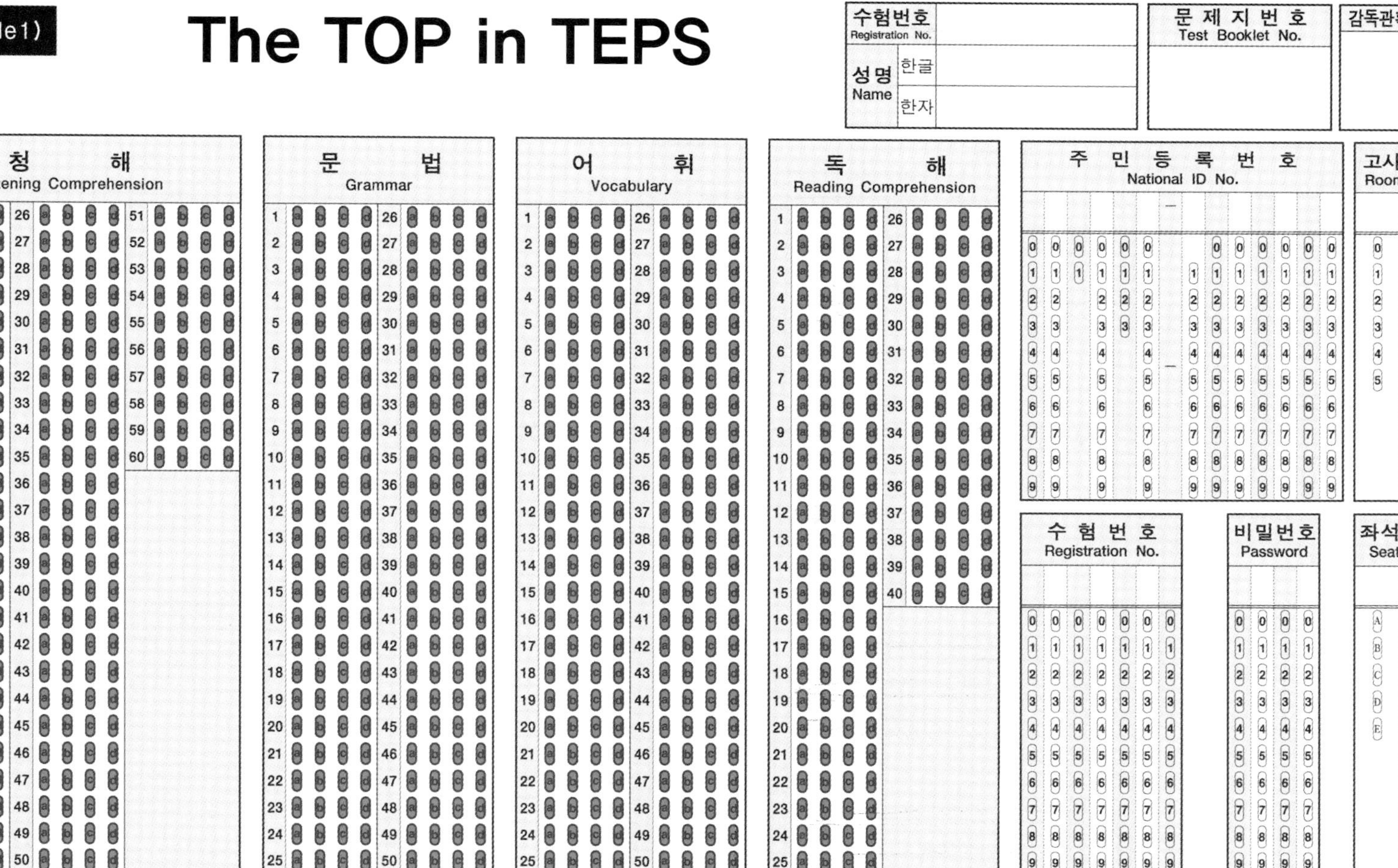

서 약   본인은 필기구 및 기재오류와 답안지 훼손으로 인한 책임을 지고, 부정행위 처리규정을 준수할 것을 서약합니다.

답안작성시 유의사항

1. 답안 작성은 반드시 **컴퓨터용 싸인펜**을 사용해야 합니다.

2. 답안을 정정할 경우 수정테이프(수정액 불가)를 사용해야 합니다.

3. 본 답안지는 컴퓨터로 처리되므로 훼손해서는 안되며, 답안지 하단의 타이밍마크(‖‖)를 찢거나, 낙서 등으로 인한 훼손시 불이익이 발생할 수 있습니다.

4. 답안은 문항당 정답을 1개만 골라 ● 와 같이 정확히 기재해야 하며, 필기구 오류나 본인의 부주의로 잘못 표기한 경우에는 당 관리위원회의 OMR판독기의 판독결과에 따르며, 그 결과는 본인이 책임집니다.

Good ●   Bad ◐ ○ ◑ ✗ ✓

5. 감독관의 확인이 없는 답안지는 무효처리됩니다.

The TOP in
TEPS

Listening Comprehension

Half TEST 04

DIRECTIONS

1. In the Listening Comprehension section, all content will be presented orally rather than in written form.

2. This section contains 4 parts. In part I and II, each passage will be read only once. In part III and IV, each passage and its corresponding question will be read twice. But in all sections, the options will be read only once. After listening to the questions, listen to the options and choose the best answer.

3. More specific directions will be given at the beginning of each part of this section.

Part I **Questions 1 ~ 7**

You will now hear seven conversation fragments, each made up of a single spoken statement followed by four spoken responses. Choose the most appropriate response to the statement.

Part II **Questions 8 ~ 15**

You will now hear eight conversation fragments, each made up of three spoken statements followed by four spoken responses. Choose the most appropriate response to complete the conversation.

Part III **Questions 16 ~ 22**

You will now hear seven complete conversations. For each item, you will hear a conversation and its corresponding question, both of which will be read twice. Then you will hear four options which will be read only once. Choose the option that best answers the question.

Part IV **Questions 23 ~ 30**

You will now hear eight spoken monologues. For each item, you will hear a monologue and its corresponding question, both of which will be read twice. Then you will hear four options which will be read only once. Choose the option that best answers the question.

The TOP in TEPS

성	영문	
명	서명	

응시일자 : 20   년   월   일

<부정행위 및 규정위반 처리규정>

1. 모든 부정행위 및 규정위반 적발 및 이에 대한 조치는 TEPS관리위원회의 처리규정에 따라 이루어집니다.

2. 부정행위 및 규정위반 행위는 현장 적발 뿐만 아니라 사후에도 적발될 수 있으며 모두 동일한 조치가 취해집니다.

3. 부정행위 적발 시 당해 성적은 무효화되며 사안에 따라 최대 5년까지 TEPS관리위원회에서 주관하는 모든 시험의 응시자격이 제한됩니다.

4. 문제지 이외에 메모를 하는 행위와 시험 문제의 일부 또는 전부를 유출하거나 공개하는 경우 부정행위로 처리됩니다.

5. 각 파트별 시간을 준수하지 않거나, 시험 종료 후 답안 작성을 계속할 경우 규정위반으로 처리됩니다.

성   명 (성·이름순으로 기재)

EX HONG GIL DONG

마킹표: A B C D E F G H I J K L M N O P Q R S T U V W X Y Z

단체구분

학생	일반
○	○

질문란

1. 귀하의 TEPS 응시목적은?
ⓐ 입사지원   ⓑ 인사정책
ⓒ 개인실력측정   ⓓ 입시
ⓔ 국가고시 지원   ⓕ 기타

2. 귀하의 영어권 체류 경험은?
ⓐ 없다   ⓑ 6개월 미만
ⓒ 6개월 이상 1년 미만   ⓓ 1년 이상 3년 미만
ⓔ 3년 이상 5년 미만   ⓕ 5년 이상

3. 귀하께서 응시하고 계신 고사장에 대한 만족도는?
ⓐ 0점   ⓑ 1점
ⓒ 2점   ⓓ 3점
ⓔ 4점   ⓕ 5점

4. 최근 2년내 TEPS 응시횟수는?
ⓐ 없다   ⓑ 1회
ⓒ 2회   ⓓ 3회
ⓔ 4회   ⓕ 5회 이상

학력

초등학교 ○
중 학 교 ○
고등학교 ○
전문대학 ○
대 학 교 ○
대 학 원 ○

(재학/졸업)

전공

인 문 학 ○
사회과학·법학 ○
경제학·경영학 ○
자 연 과 학 ○
의학·약학·간호학 ○
공 학 ○
교 육 학 ○
음악·미술·체육 ○
기 타 ○

직업

공 무 원 ○
고시준비 ○
교 사 ○
군 인 ○
의 료 인 ○
자 영 업 ○
학 생 ○
회 사 원 ○
무 직 ○
기 타 ○

직종

고 위 임 직 원 ○
전문직(과학.공학) ○
전 문 직(교육) ○
전문직(법률.회계.금융) ○
기 술 직 ○
영 업 ○
홍 보 ○
총 무 ○
인 사 ○
경 리 ○
기 획 ○
구 매 ○

무 역 ○
외 환 ○
자 금 ○
공 무 ○
업 무 ○
품 질 관 리 ○
전 산 ○
행 정 직 ○
생 산 관 리 ○
서 비 스 ○
기 타 ○

직책

임 원 ○
부 장 ○
차 장 ○
과 장 ○
대 리 ○
계 장 ○
사 원 ○
인 턴 ○
기 타 ○

The TOP in TEPS

수험번호
Registration No.

성명 한글
Name 한자

문제지번호
Test Booklet No.

감독관확인란

청 해
Listening Comprehension

문 법
Grammar

어 휘
Vocabulary

독 해
Reading Comprehension

주 민 등 록 번 호
National ID No.

고사실란
Room No.

수 험 번 호
Registration No.

비밀번호
Password

좌석번호
Seat No.

서 약

본인은 필기구 및 기재오류와 답안지 훼손으로 인한 책임을 지고, 부정행위 처리규정을 준수할 것을 서약합니다.

답안작성시
유 의 사 항

1. 답안 작성은 반드시 **컴퓨터용 싸인펜**을 사용해야 합니다.

2. 답안을 정정할 경우 수정테이프(수정액 불가)를 사용해야 합니다.

3. 본 답안지는 컴퓨터로 처리되므로 훼손해서는 안되며, 답안지 하단의
타이밍마크(Ⅲ)를 찢거나, 낙서 등으로 인한 훼손시 불이익이 발생할 수 있습니다.

4. 답안은 문항당 정답을 1개만 골라 와 같이 정확히 기재해야 하며, 필기구 오류나 본인의 부주의로
잘못 표기한 경우에는 당 관리위원회의 OMR판독기의 판독결과에 따르며, 그 결과는 본인이 책임집니다.

Good   Bad

5. 감독관의 확인이 없는 답안지는 무효처리됩니다.

The TOP in
TEPS

Listening Comprehension

Half TEST 05

Part I   **Questions 1 ~ 8**

You will now hear eight conversation fragments, each made up of a single spoken statement followed by four spoken responses. Choose the most appropriate response to the statement.

Part II   **Questions 9 ~ 15**

You will now hear seven conversation fragments, each made up of three spoken statements followed by four spoken responses. Choose the most appropriate response to complete the conversation.

 Questions 16 ~ 23

You will now hear eight complete conversations. For each item, you will hear a conversation and its corresponding question, both of which will be read twice. Then you will hear four options which will be read only once. Choose the option that best answers the question.

 Questions 24 ~ 30

You will now hear seven spoken monologues. For each item, you will hear a monologue and its corresponding question, both of which will be read twice. Then you will hear four options which will be read only once. Choose the option that best answers the question.

The TOP in TEPS

성 영문

명 서명

응시일자 : 20   년   월   일

<부정행위 및 규정위반 처리규정>

1. 모든 부정행위 및 규정위반 적발 및 이에 대한 조치는 TEPS관리위원회의 처리규정에 따라 이루어집니다.

2. 부정행위 및 규정위반 행위는 현장 적발 뿐만 아니라 사후에도 적발될 수 있으며 모두 동일한 조치가 취해집니다.

3. 부정행위 적발 시 당해 성적은 무효화되며 사안에 따라 최대 5년까지 TEPS관리위원회에서 주관하는 모든 시험의 응시자격이 제한됩니다.

4. 문제지 이외에 메모를 하는 행위와 시험 문제의 일부 또는 전부를 유출하거나 공개하는 경우 부정행위로 처리됩니다.

5. 각 파트별 시간을 준수하지 않거나, 시험 종료 후 답안 작성을 계속할 경우 규정위반으로 처리됩니다.

성   명 (성·이름순으로 기재)

EX HONG GIL DONG

A B C D E F G H I J K L M N O P Q R S T U V W X Y Z

단체구분

학생	일반
○	○

질문란

1. 귀하의 TEPS 응시목적은?

a 입사지원	b 인사정책
c 개인실력측정	d 입시
e 국가고시 지원	f 기타

2. 귀하의 영어권 체류 경험은?

a 없다	b 6개월 미만
c 6개월 이상 1년 미만	d 1년 이상 3년 미만
e 3년 이상 5년 미만	f 5년 이상

3. 귀하께서 응시하고 계신 고사장에 대한 만족도는?

a 0점	b 1점
c 2점	d 3점
e 4점	f 5점

4. 최근 2년내 TEPS 응시횟수는?

a 없다	b 1회
c 2회	d 3회
e 4회	f 5회 이상

학력 / 전공 / 직업

학력		전공	직업
	재학 / 졸업		
초등학교	○ ○	인 문 학 ○	공 무 원 ○
중 학 교	○ ○	사회과학·법학 ○	고시준비 ○
고 등 학 교	○ ○	경제학·경영학 ○	교 사 ○
전 문 대 학	○ ○	자 연 과 학 ○	군 인 ○
대 학 교	○ ○	의학·약학·간호학 ○	의 료 인 ○
대 학 원	○ ○	공 학 ○	자 영 업 ○
		교 육 학 ○	학 생 ○
		음악·미술·체육 ○	회 사 원 ○
		기 타 ○	무 직 ○
			기 타 ○

직종 / 직책

직 종		직 책	
고 위 임 직 원 ○	무 역 ○	임 원 ○	
전문직(과학.공학) ○	외 환 ○	부 장 ○	
전 문 직 (교육) ○	자 금 ○	차 장 ○	
전문직(법률·회계.금융) ○	공 무 ○	과 장 ○	
기 술 직 ○	업 무 ○	대 리 ○	
영 업 ○	품 질 관 리 ○	계 장 ○	
홍 보 ○	전 산 ○	사 원 ○	
총 무 ○	행 정 직 ○	인 턴 ○	
인 사 ○	생 산 관 리 ○	기 타 ○	
경 리 ○	서 비 스 ○		
기 획 ○	기 타 ○		
구 매 ○			

The TOP in TEPS

답안(Side1)

수험번호 / Registration No.
성명 / Name (한글 / 한자)
문제지번호 / Test Booklet No.
감독관확인란

청해 Listening Comprehension (1–60)
문법 Grammar (1–50)
어휘 Vocabulary (1–50)
독해 Reading Comprehension (1–40)

주민등록번호 / National ID No.
수험번호 / Registration No.
비밀번호 / Password
고사실란 Room No.
좌석번호 Seat No.

답안작성시 유의사항

1. 답안 작성은 반드시 컴퓨터용 싸인펜을 사용해야 합니다.
2. 답안을 정정할 경우 수정테이프(수정액 불가)를 사용해야 합니다.
3. 본 답안지는 컴퓨터로 처리되므로 인적란, 답안지 하단의 타이밍마크(Ⅲ)를 찢거나, 낙서 등으로 인한 훼손시 불이익을 받을 수 있습니다.
4. 답안은 문항당 정답을 1개만 골라 위 같이 정확히 기재해야 하며, 필기구 오류나 본인의 잘못 표기한 경우에는 답 관리위원회의 판독결과에 따르며, 그 결과는 본인이 책임집니다.
5. 감독관란의 확인이 없는 답안지는 무효처리됩니다.

서약: 본인은 필기구 및 기재 오류외 답안지 훼손으로 인한 책임을 지고, 부정행위 처리규정을 준수할 것을 서약합니다.

Good / Bad

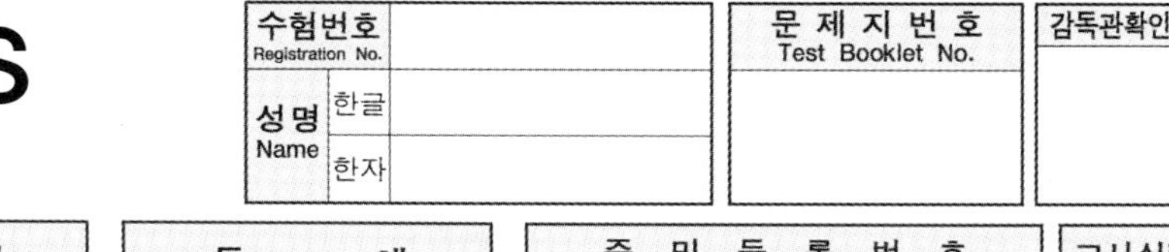

The TOP in
TEPS

Listening Comprehension

Half TEST 06

Part I   **Questions 1 ~ 7**

You will now hear seven conversation fragments, each made up of a single spoken statement followed by four spoken responses. Choose the most appropriate response to the statement.

Part II   **Questions 8 ~ 15**

You will now hear eight conversation fragments, each made up of three spoken statements followed by four spoken responses. Choose the most appropriate response to complete the conversation.

Part III **Questions 16 ~ 22**

You will now hear seven complete conversations. For each item, you will hear a conversation and its corresponding question, both of which will be read twice. Then you will hear four options which will be read only once. Choose the option that best answers the question.

Part IV **Questions 23 ~ 30**

You will now hear eight spoken monologues. For each item, you will hear a monologue and its corresponding question, both of which will be read twice. Then you will hear four options which will be read only once. Choose the option that best answers the question.

The TOP in TEPS

성	영문	
명	서명	

응시일자 : 20   년   월   일

<부정행위 및 규정위반 처리규정>

1. 모든 부정행위 및 규정위반 적발 및 이에 대한 조치는 TEPS관리위원회의 처리규정에 따라 이루어집니다.

2. 부정행위 및 규정위반 행위는 현장 적발 뿐만 아니라 사후에도 적발될 수 있으며 모두 동일한 조치가 취해집니다.

3. 부정행위 적발 시 당해 성적은 무효화되며 사안에 따라 최대 5년까지 TEPS관리위원회에서 주관하는 모든 시험의 응시자격이 제한됩니다.

4. 문제지 이외에 메모를 하는 행위와 시험 문제의 일부 또는 전부를 유출하거나 공개하는 경우 부정행위로 처리됩니다.

5. 각 파트별 시간을 준수하지 않거나, 시험 종료 후 답안 작성을 계속할 경우 규정위반으로 처리됩니다.

성   명 (성·이름순으로 기재)

EX HONG GIL DONG

(답안 마킹란: A B C D E F G H I J K L M N O P Q R S T U V W X Y Z)

단 체 구 분

학생	일반
○	○

질 문 란

1. 귀하의 TEPS 응시목적은?
   - ⓐ 입사지원
   - ⓑ 인사정책
   - ⓒ 개인실력측정
   - ⓓ 입시
   - ⓔ 국가고시 지원
   - ⓕ 기타

2. 귀하의 영어권 체류 경험은?
   - ⓐ 없다
   - ⓑ 6개월 미만
   - ⓒ 6개월 이상 1년 미만
   - ⓓ 1년 이상 3년 미만
   - ⓔ 3년 이상 5년 미만
   - ⓕ 5년 이상

3. 귀하께서 응시하고 계신 고사장에 대한 만족도는?
   - ⓐ 0점
   - ⓑ 1점
   - ⓒ 2점
   - ⓓ 3점
   - ⓔ 4점
   - ⓕ 5점

4. 최근 2년내 TEPS 응시횟수는?
   - ⓐ 없다
   - ⓑ 1회
   - ⓒ 2회
   - ⓓ 3회
   - ⓔ 4회
   - ⓕ 5회 이상

학 력

학력	재학	졸업
초등학교	○	○
중 학 교	○	○
고등학교	○	○
전 문 대 학	○	○
대 학 교	○	○
대 학 원	○	○

전 공

- 인 문 학 ○
- 사회과학 · 법학 ○
- 경제학 · 경영학 ○
- 자 연 과 학 ○
- 의학 · 약학 · 간호학 ○
- 공 학 ○
- 교 육 학 ○
- 음악 · 미술 · 체육 ○
- 기 타 ○

직 업

- 공 무 원 ○
- 고시준비 ○
- 교 사 ○
- 군 인 ○
- 의 료 인 ○
- 자 영 업 ○
- 학 생 ○
- 회 사 원 ○
- 무 직 ○
- 기 타 ○

직 종

- 고 위 임 직 원 ○
- 전문직(과학.공학) ○
- 전 문 직 (교 육) ○
- 전문직(법률.회계.금융) ○
- 기 술 직 ○
- 영 업 ○
- 홍 보 ○
- 총 무 ○
- 인 사 ○
- 경 리 ○
- 기 획 ○
- 구 매 ○

직 책

- 무 역 ○
- 외 환 ○
- 자 금 ○
- 공 무 ○
- 업 무 ○
- 품 질 관 리 ○
- 전 산 ○
- 행 정 직 ○
- 생 산 관 리 ○
- 서 비 스 ○
- 기 타 ○

(직책란) 임 원 / 부 장 / 차 장 / 과 장 / 대 리 / 계 장 / 사 원 / 인 턴 / 기 타 ○

The TOP in TEPS

수험번호
Registration No.

성명
Name
한글
한자

문제지번호
Test Booklet No.

감독관확인란

청 해
Listening Comprehension

문 법
Grammar

어 휘
Vocabulary

독 해
Reading Comprehension

주 민 등 록 번 호
National ID No.

고사실란
Room No.

수 험 번 호
Registration No.

비밀번호
Password

좌석번호
Seat No.

서 약 본인은 필기구 및 기재오류와 답안지 훼손으로 인한 책임을 지고, 부정행위 처리규정을 준수할 것을 서약합니다.

답안작성시
유의사항

1. 답안 작성은 반드시 **컴퓨터용 싸인펜**을 사용해야 합니다.

2. 답안을 정정할 경우 수정테이프(수정액 불가)를 사용해야 합니다.

3. 본 답안지는 컴퓨터로 처리되므로 훼손해서는 안되며, 답안지 하단의
   타이밍마크(|||)를 찢거나, 낙서 등으로 인한 훼손시 불이익이 발생할 수 있습니다.

4. 답안은 문항당 정답을 1개만 골라 ■와 같이 정확히 기재해야 하며, 필기구 오류나 본인의 부주의로
   잘못 표기한 경우에는 당 관리위원회의 OMR판독기의 판독결과에 따르며, 그 결과는 본인이 책임집니다.

   Good ■   Bad 〈보기〉

5. 감독관의 확인이 없는 답안지는 무효처리됩니다.

The TOP in
TEPS

Listening Comprehension

Half TEST 07

DIRECTIONS

1. In the Listening Comprehension section, all content will be presented orally rather than in written form.

2. This section contains 4 parts. In part I and II, each passage will be read only once. In part III and IV, each passage and its corresponding question will be read twice. But in all sections, the options will be read only once. After listening to the questions, listen to the options and choose the best answer.

3. More specific directions will be given at the beginning of each part of this section.

Part I   **Questions 1 ~ 8**

You will now hear eight conversation fragments, each made up of a single spoken statement followed by four spoken responses. Choose the most appropriate response to the statement.

Part II   **Questions 9 ~ 15**

You will now hear seven conversation fragments, each made up of three spoken statements followed by four spoken responses. Choose the most appropriate response to complete the conversation.

Part III Questions 16 ~ 23

You will now hear eight complete conversations. For each item, you will hear a conversation and its corresponding question, both of which will be read twice. Then you will hear four options which will be read only once. Choose the option that best answers the question.

Part IV Questions 24 ~ 30

You will now hear seven spoken monologues. For each item, you will hear a monologue and its corresponding question, both of which will be read twice. Then you will hear four options which will be read only once. Choose the option that best answers the question.

The TOP in TEPS

성	영문	
명	서명	

응시일자 : 20   년   월   일

〈부정행위 및 규정위반 처리규정〉

1. 모든 부정행위 및 규정위반 적발 및 이에 대한 조치는 TEPS관리위원회의 처리규정에 따라 이루어집니다.

2. 부정행위 및 규정위반 행위는 현장 적발 뿐만 아니라 사후에도 적발될 수 있으며 모두 동일한 조치가 취해집니다.

3. 부정행위 적발 시 당해 성적은 무효화되며 사안에 따라 최대 5년까지 TEPS관리위원회에서 주관하는 모든 시험의 응시자격이 제한됩니다.

4. 문제지 이외에 메모를 하는 행위와 시험 문제의 일부 또는 전부를 유출하거나 공개하는 경우 부정행위로 처리됩니다.

5. 각 파트별 시간을 준수하지 않거나, 시험 종료 후 답안 작성을 계속할 경우 규정위반으로 처리됩니다.

성   명 (성·이름순으로 기재)

EX HONG GIL DONG

행 레이블: A B C D E F G H I J K L M N O P Q R S T U V W X Y Z (각 열마다 A~Z 마킹란)

단 체 구 분

학생	일반
◯	◯

질 문 란

1. 귀하의 TEPS 응시목적은?
   - ⓐ 입사지원
   - ⓑ 인사정책
   - ⓒ 개인실력측정
   - ⓓ 입시
   - ⓔ 국가고시 지원
   - ⓕ 기타

2. 귀하의 영어권 체류 경험은?
   - ⓐ 없다
   - ⓑ 6개월 미만
   - ⓒ 6개월 이상 1년 미만
   - ⓓ 1년 이상 3년 미만
   - ⓔ 3년 이상 5년 미만
   - ⓕ 5년 이상

3. 귀하께서 응시하고 계신 고사장에 대한 만족도는?
   - ⓐ 0점
   - ⓑ 1점
   - ⓒ 2점
   - ⓓ 3점
   - ⓔ 4점
   - ⓕ 5점

4. 최근 2년내 TEPS 응시횟수는?
   - ⓐ 없다
   - ⓑ 1회
   - ⓒ 2회
   - ⓓ 3회
   - ⓔ 4회
   - ⓕ 5회 이상

학 력 / 전 공 / 직 업

학력	재학	졸업	전공	직업
초등학교	◯	◯	인 문 학	공 무 원
중 학 교	◯	◯	사회과학·법학	고시준비
고등학교	◯	◯	경제학·경영학	교 사
전문대학	◯	◯	자 연 과 학	군 인
대 학 교	◯	◯	의학·약학·간호학	의 료 인
대 학 원	◯	◯	공 학	자 영 업
			교 육 학	학 생
			음악·미술·체육	회 사 원
			기 타	무 직
				기 타

직 종 / 직 책

직종		직책
고 위 임 직 원	무 역	임 원
전문직(과학·공학)	외 환	부 장
전 문 직 (교 육)	자 금	차 장
전문직(법률·회계·금융)	공 무	과 장
기 술 직	업 무	대 리
영 업	품 질 관 리	계 장
홍 보	전 산	사 원
총 무	행 정 직	인 턴
인 사	생 산 관 리	기 타
경 리	서 비 스	
기 획	기 타	
구 매		

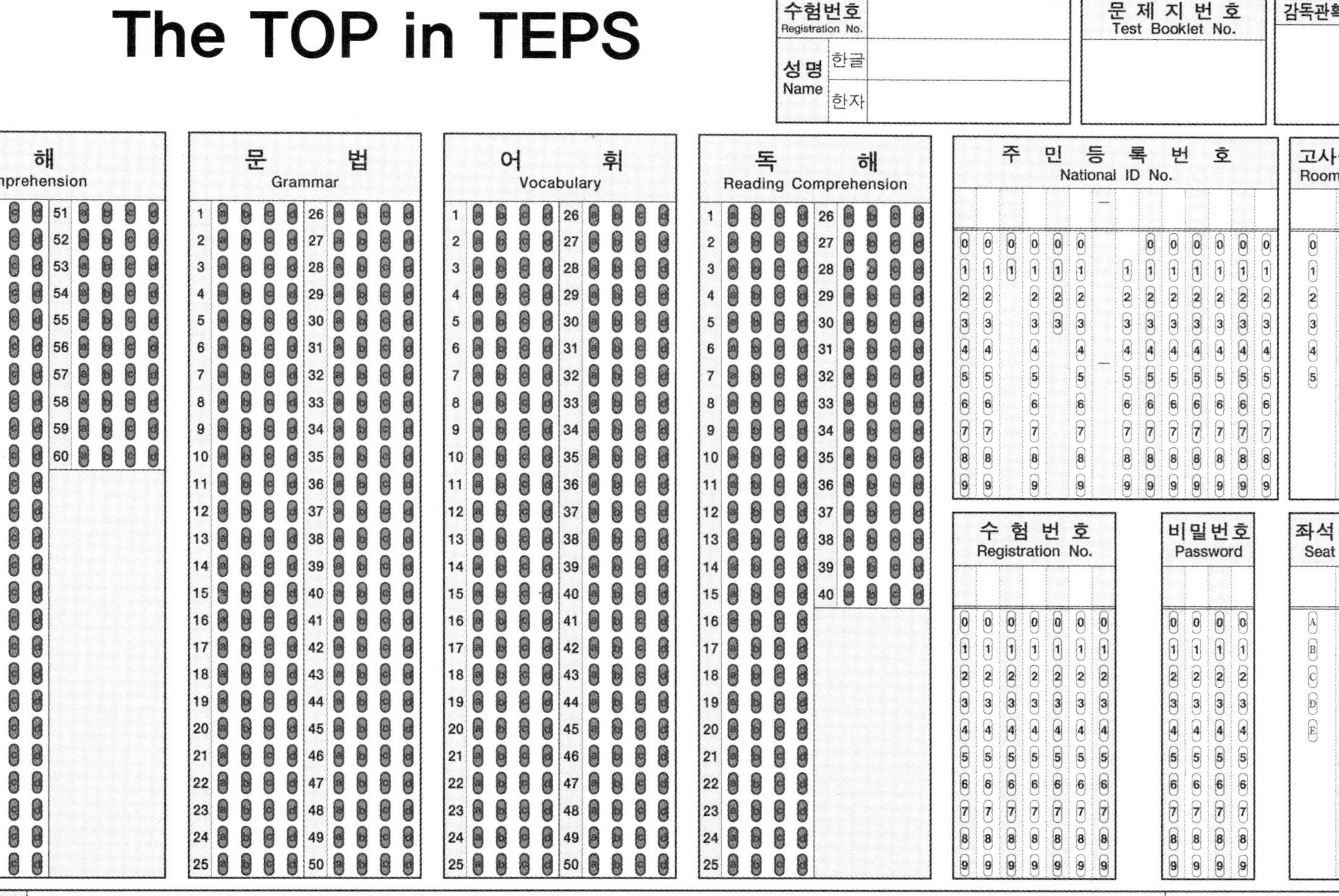

앞면(Side1)
The TOP in TEPS
수험번호 Registration No.
성명 Name 한글 한자
문제지번호 Test Booklet No.
감독관확인란
청해 Listening Comprehension
문법 Grammar
어휘 Vocabulary
독해 Reading Comprehension
주민등록번호 National ID No.
고사실란 Room No.
수험번호 Registration No.
비밀번호 Password
좌석번호 Seat No.
서약
본인은 필기구 및 기재오류와 답안지 훼손으로 인한 책임을 지고, 부정행위 처리규정을 준수할 것을 서약합니다.
답안작성시 유의사항
1. 답안 작성은 반드시 컴퓨터용 싸인펜을 사용해야 합니다.
2. 답안을 정정할 경우 수정테이프(수정액 불가)를 사용해야 합니다.
3. 본 답안지는 컴퓨터로 처리되므로 훼손해서는 안되며, 답안지 하단의 타이밍마크(|||)를 찢거나, 낙서 등으로 인한 훼손시 불이익이 발생할 수 있습니다.
4. 답안은 문항당 정답을 1개만 골라 ● 와 같이 정확히 기재해야 하며, 필기구 오류나 본인의 부주의로 잘못 표기한 경우에는 당 관리위원회의 OMR판독기의 판독결과에 따르며, 그 결과는 본인이 책임집니다.
Good ● Bad
5. 감독관의 확인이 없는 답안지는 무효처리됩니다.

The TOP in
TEPS

Listening Comprehension

Half TEST 08

Part I   **Questions 1 ~ 7**

You will now hear seven conversation fragments, each made up of a single spoken statement followed by four spoken responses. Choose the most appropriate response to the statement.

Part II   **Questions 8 ~ 15**

You will now hear eight conversation fragments, each made up of three spoken statements followed by four spoken responses. Choose the most appropriate response to complete the conversation.

 Questions 16 ~ 22

You will now hear seven complete conversations. For each item, you will hear a conversation and its corresponding question, both of which will be read twice. Then you will hear four options which will be read only once. Choose the option that best answers the question.

 Questions 23 ~ 30

You will now hear eight spoken monologues. For each item, you will hear a monologue and its corresponding question, both of which will be read twice. Then you will hear four options which will be read only once. Choose the option that best answers the question.

The TOP in TEPS

성	영문	
명	서명	

응시일자 : 20   년   월   일

〈부정행위 및 규정위반 처리규정〉

1. 모든 부정행위 및 규정위반 적발 및 이에 대한 조치는 TEPS관리위원회의 처리규정에 따라 이루어집니다.

2. 부정행위 및 규정위반 행위는 현장 적발 뿐만 아니라 사후에도 적발될 수 있으며 모두 동일한 조치가 취해집니다.

3. 부정행위 적발 시 당해 성적은 무효화되며 사안에 따라 최대 5년까지 TEPS관리위원회에서 주관하는 모든 시험의 응시자격이 제한됩니다.

4. 문제지 이외에 메모를 하는 행위와 시험 문제의 일부 또는 전부를 유출하거나 공개하는 경우 부정행위로 처리됩니다.

5. 각 파트별 시간을 준수하지 않거나, 시험 종료 후 답안 작성을 계속할 경우 규정위반으로 처리됩니다.

성   명 (성·이름순으로 기재)

EX HONG GIL DONG

A B C D E F G H I J K L M N O P Q R S T U V W X Y Z

단체구분

학생	일반
◯	◯

질문란

1. 귀하의 TEPS 응시목적은?

  ⓐ 입사지원   ⓑ 인사정책
  ⓒ 개인실력측정   ⓓ 입시
  ⓔ 국가고시 지원   ⓕ 기타

2. 귀하의 영어권 체류 경험은?

  ⓐ 없다   ⓑ 6개월 미만
  ⓒ 6개월 이상 1년 미만   ⓓ 1년 이상 3년 미만
  ⓔ 3년 이상 5년 미만   ⓕ 5년 이상

3. 귀하께서 응시하고 계신 고사장에 대한 만족도는?

  ⓐ 0점   ⓑ 1점
  ⓒ 2점   ⓓ 3점
  ⓔ 4점   ⓕ 5점

4. 최근 2년내 TEPS 응시횟수는?

  ⓐ 없다   ⓑ 1회
  ⓒ 2회   ⓓ 3회
  ⓔ 4회   ⓕ 5회 이상

학력 / 전공 / 직업

학력	재학	졸업	전공	직업
초등학교	◯	◯	인 문 학 ◯	공 무 원 ◯
중 학 교	◯	◯	사회과학·법학 ◯	고시준비 ◯
고 등 학 교	◯	◯	경제학·경영학 ◯	교 사 ◯
전 문 대 학	◯	◯	자 연 과 학 ◯	군 인 ◯
대 학 교	◯	◯	의학·약학·간호학 ◯	의 료 인 ◯
대 학 원	◯	◯	공 학 ◯	자 영 업 ◯
			교 육 학 ◯	학 생 ◯
			음악·미술·체육 ◯	회 사 원 ◯
			기 타 ◯	무 직 ◯
				기 타 ◯

직종 / 직책

직종		직책	
고 위 임 직 원 ◯	무 역 ◯	임 원 ◯	
전문직(과학·공학) ◯	외 환 ◯	부 장 ◯	
전 문 직 (교육) ◯	자 금 ◯	차 장 ◯	
전문직(법률·회계·금융) ◯	공 무 ◯	과 장 ◯	
기 술 직 ◯	업 무 ◯	대 리 ◯	
영 업 ◯	품 질 관 리 ◯	계 장 ◯	
홍 보 ◯	전 산 ◯	사 원 ◯	
총 무 ◯	행 정 직 ◯	인 턴 ◯	
인 사 ◯	생 산 관 리 ◯	기 타 ◯	
경 리 ◯	서 비 스 ◯		
기 획 ◯	기 타 ◯		
구 매 ◯			

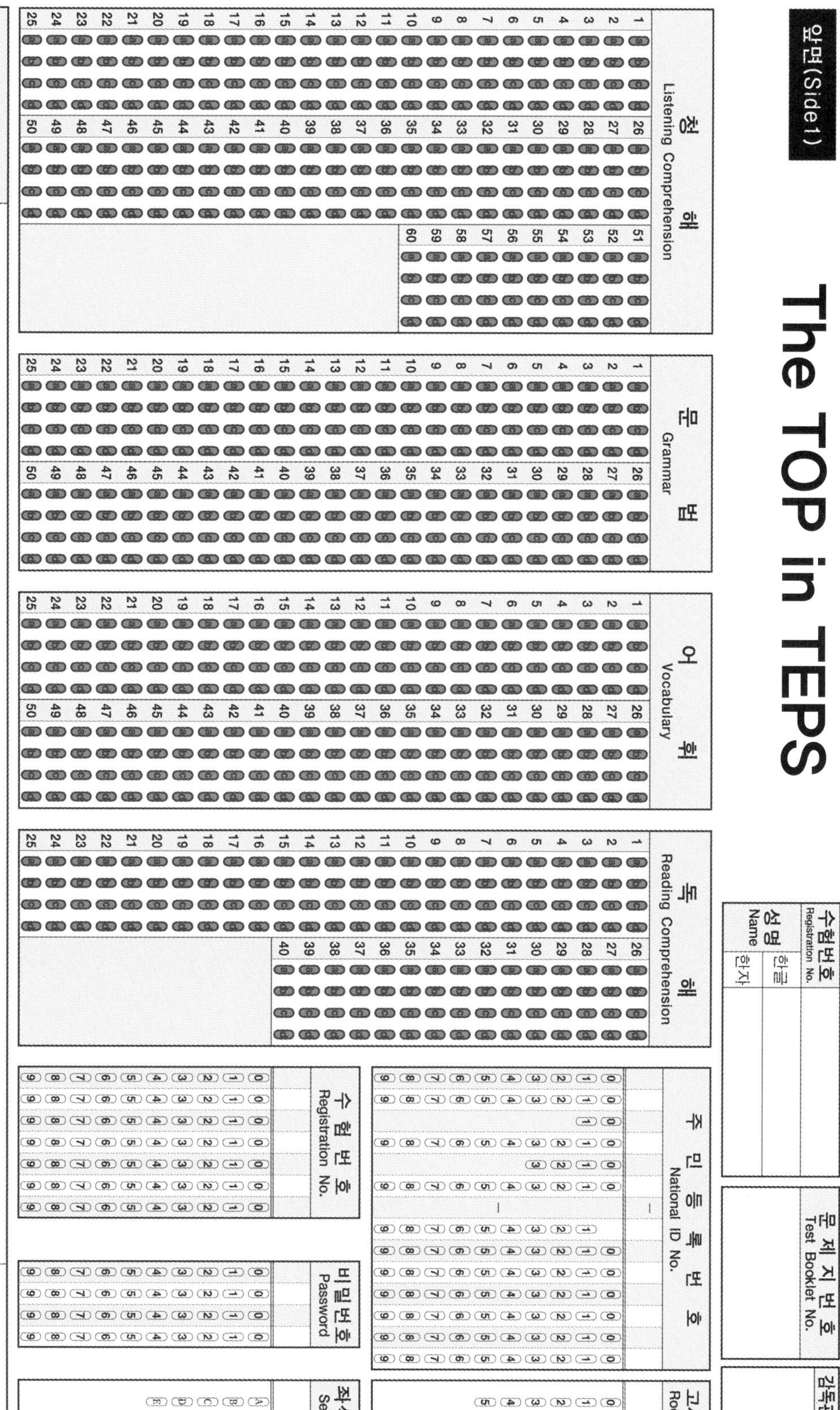

The TOP in TEPS

Listening Comprehension

Actual TEST 01

TEPS

Part I   **Questions 1 ~ 15**

You will now hear fifteen conversation fragments, each made up of a single spoken statement followed by four spoken responses. Choose the most appropriate response to the statement.

Part II   **Questions 16 ~ 30**

You will now hear fifteen conversation fragments, each made up of three spoken statements followed by four spoken responses. Choose the most appropriate response to complete the conversation.

Part III **Questions 31 ~ 45**

You will now hear fifteen complete conversations. For each item, you will hear a conversation and its corresponding question, both of which will be read twice. Then you will hear four options which will be read only once. Choose the option that best answers the question.

Part IV **Questions 46 ~ 60**

You will now hear fifteen spoken monologues. For each item, you will hear a monologue and its corresponding question, both of which will be read twice. Then you will hear four options which will be read only once. Choose the option that best answers the question.

The TOP in TEPS

성	영문	
명	서명	

응시일자 : 20   년   월   일

<부정행위 및 규정위반 처리규정>

1. 모든 부정행위 및 규정위반 적발 및 이에 대한 조치는 TEPS관리위원회의 처리규정에 따라 이루어집니다.

2. 부정행위 및 규정위반 행위는 현장 적발 뿐만 아니라 사후에도 적발될 수 있으며 모두 동일한 조치가 취해집니다.

3. 부정행위 적발 시 당해 성적은 무효화되며 사안에 따라 최대 5년까지 TEPS관리위원회에서 주관하는 모든 시험의 응시자격이 제한됩니다.

4. 문제지 이외에 메모를 하는 행위와 시험 문제의 일부 또는 전부를 유출하거나 공개하는 경우 부정행위로 처리됩니다.

5. 각 파트별 시간을 준수하지 않거나, 시험 종료 후 답안 작성을 계속할 경우 규정위반으로 처리됩니다.

성   명 (성 · 이름순으로 기재)

EX HONG GIL DONG

A B C D E F G H I J K L M N O P Q R S T U V W X Y Z

단체구분

학생	일반
○	○

질문란

1. 귀하의 TEPS 응시목적은?
   - (a) 입사지원
   - (b) 인사정책
   - (c) 개인실력측정
   - (d) 입시
   - (e) 국가고시 지원
   - (f) 기타

2. 귀하의 영어권 체류 경험은?
   - (a) 없다
   - (b) 6개월 미만
   - (c) 6개월 이상 1년 미만
   - (d) 1년 이상 3년 미만
   - (e) 3년 이상 5년 미만
   - (f) 5년 이상

3. 귀하께서 응시하고 계신 고사장에 대한 만족도는?
   - (a) 0점
   - (b) 1점
   - (c) 2점
   - (d) 3점
   - (e) 4점
   - (f) 5점

4. 최근 2년내 TEPS 응시횟수는?
   - (a) 없다
   - (b) 1회
   - (c) 2회
   - (d) 3회
   - (e) 4회
   - (f) 5회 이상

학력 / 전공 / 직업

학력	재학	졸업	전공		직업	
초등학교	○	○	인 문 학	○	공 무 원	○
중 학 교	○	○	사회과학·법학	○	고시준비	○
고 등 학 교	○	○	경제학·경영학	○	교 사	○
전 문 대 학	○	○	자 연 과 학	○	군 인	○
대 학 교	○	○	의학·약학·간호학	○	의 료 인	○
대 학 원	○	○	공 학	○	자 영 업	○
			교 육 학	○	학 생	○
			음악·미술·체육	○	회 사 원	○
			기 타	○	무 직	○
					기 타	○

직종 / 직책

직종				직책	
고 위 임 직 원	○	무 역	○	임 원	○
전문직(과학.공학)	○	외 환	○	부 장	○
전 문 직 (교육)	○	자 금	○	차 장	○
전문직(법률.회계.금융)	○	공 무	○	과 장	○
기 술 직	○	업 무	○	대 리	○
영 업	○	품 질 관 리	○	계 장	○
홍 보	○	전 산	○	사 원	○
총 무	○	행 정 직	○	인 턴	○
인 사	○	생 산 관 리	○	기 타	○
경 리	○	서 비 스	○		
기 획	○	기 타	○		
구 매	○				

The TOP in TEPS

수험번호 Registration No.	
성명 Name	한글
	한자

문제지번호 Test Booklet No.

감독관확인란

청 해 Listening Comprehension

문 법 Grammar

어 휘 Vocabulary

독 해 Reading Comprehension

주 민 등 록 번 호 National ID No.

고사실란 Room No.

수 험 번 호 Registration No.

비밀번호 Password

좌석번호 Seat No.

서 약	본인은 필기구 및 기재오류와 답안지 훼손으로 인한 책임을 지고, 부정행위 처리규정을 준수할 것을 서약합니다.

답안작성시 유의사항

1. 답안 작성은 반드시 **컴퓨터용 싸인펜**을 사용해야 합니다.
2. 답안을 정정할 경우 수정테이프(수정액 불가)를 사용해야 합니다.
3. 본 답안지는 컴퓨터로 처리되므로 훼손해서는 안되며, 답안지 하단의 타이밍마크(⫶⫶⫶)를 찢거나, 낙서 등으로 인한 훼손시 불이익이 발생할 수 있습니다.
4. 답안은 문항당 정답을 1개만 골라 ● 와 같이 정확히 기재해야 하며, 필기구 오류나 본인의 부주의로 잘못 표기한 경우에는 당 관리위원회의 OMR판독기의 판독결과에 따르며, 그 결과는 본인이 책임집니다. Good ● Bad ◑ ◐ ⊘ ✗ ⊗
5. 감독관의 확인이 없는 답안지는 무효처리됩니다.

The TOP in
TEPS

Listening Comprehension

Actual TEST 02

Part I   **Questions 1 ~ 15**

You will now hear fifteen conversation fragments, each made up of a single spoken statement followed by four spoken responses. Choose the most appropriate response to the statement.

Part II   **Questions 16 ~ 30**

You will now hear fifteen conversation fragments, each made up of three spoken statements followed by four spoken responses. Choose the most appropriate response to complete the conversation.

Part III **Questions 31 ~ 45**

You will now hear fifteen complete conversations. For each item, you will hear a conversation and its corresponding question, both of which will be read twice. Then you will hear four options which will be read only once. Choose the option that best answers the question.

Part IV **Questions 46 ~ 60**

You will now hear fifteen spoken monologues. For each item, you will hear a monologue and its corresponding question, both of which will be read twice. Then you will hear four options which will be read only once. Choose the option that best answers the question.

The TOP in TEPS

성	영문	
명	서명	

응시일자 : 20   년   월   일

<부정행위 및 규정위반 처리규정>

1. 모든 부정행위 및 규정위반 적발 및 이에 대한 조치는 TEPS관리위원회의 처리규정에 따라 이루어집니다.

2. 부정행위 및 규정위반 행위는 현장 적발 뿐만 아니라 사후에도 적발될 수 있으며 모두 동일한 조치가 취해집니다.

3. 부정행위 적발 시 당해 성적은 무효화되며 사안에 따라 최대 5년까지 TEPS관리위원회에서 주관하는 모든 시험의 응시자격이 제한됩니다.

4. 문제지 이외에 메모를 하는 행위와 시험 문제의 일부 또는 전부를 유출하거나 공개하는 경우 부정행위로 처리됩니다.

5. 각 파트별 시간을 준수하지 않거나, 시험 종료 후 답안 작성을 계속할 경우 규정위반으로 처리됩니다.

성 명 (성·이름순으로 기재)

EX HONG GIL DONG

A B C D E F G H I J K L M N O P Q R S T U V W X Y Z

단 체 구 분

학생	일반
○	○

질 문 란

1. 귀하의 TEPS 응시목적은?
   - ⓐ 입사지원　　ⓑ 인사정책
   - ⓒ 개인실력측정　　ⓓ 입시
   - ⓔ 국가고시 지원　　ⓕ 기타

2. 귀하의 영어권 체류 경험은?
   - ⓐ 없다　　ⓑ 6개월 미만
   - ⓒ 6개월 이상 1년 미만　　ⓓ 1년 이상 3년 미만
   - ⓔ 3년 이상 5년 미만　　ⓕ 5년 이상

3. 귀하께서 응시하고 계신 고사장에 대한 만족도는?
   - ⓐ 0점　　ⓑ 1점
   - ⓒ 2점　　ⓓ 3점
   - ⓔ 4점　　ⓕ 5점

4. 최근 2년내 TEPS 응시횟수는?
   - ⓐ 없다　　ⓑ 1회
   - ⓒ 2회　　ⓓ 3회
   - ⓔ 4회　　ⓕ 5회 이상

학 력

학력	재학	졸업
초등학교	○	○
중 학 교	○	○
고등학교	○	○
전문대학	○	○
대 학 교	○	○
대 학 원	○	○

전 공

전공	
인 문 학	○
사회과학·법학	○
경제학·경영학	○
자 연 과 학	○
의학·약학·간호학	○
공 학	○
교 육 학	○
음악·미술·체육	○
기 타	○

직 업

직업	
공 무 원	○
고시준비	○
교 사	○
군 인	○
의 료 인	○
자 영 업	○
학 생	○
회 사 원	○
무 직	○
기 타	○

직 종

직종		직종	
고 위 임 직 원	○	무 역	○
전문직(과학.공학)	○	외 환	○
전 문 직 (교 육)	○	자 금	○
전문직(법률.회계.금융)	○	공 무	○
기 술 직	○	업 무	○
영 업	○	품 질 관 리	○
홍 보	○	전 산	○
총 무	○	행 정 직	○
인 사	○	생 산 관 리	○
경 리	○	서 비 스	○
기 획	○	기 타	○
구 매	○		

직 책

직책	
임 원	○
부 장	○
차 장	○
과 장	○
대 리	○
사 원	○
인 턴	○
기 타	○

The TOP in TEPS

앞면(Side1)

수험번호 Registration No.

성명 Name 한글 한자

문제지번호 Test Booklet No.

감독관확인란

청 해 Listening Comprehension

문 법 Grammar

어 휘 Vocabulary

독 해 Reading Comprehension

주 민 등 록 번 호 National ID No.

고사실란 Room No.

수 험 번 호 Registration No.

비밀번호 Password

좌석번호 Seat No.

서 약

본인은 필기구 및 기재오류와 답안지 훼손으로 인한 책임을 지고, 부정행위 처리규정을 준수할 것을 서약합니다.

답안작성시 유의사항

1. 답안 작성은 반드시 **컴퓨터용 싸인펜**을 사용해야 합니다.

2. 답안을 정정할 경우 수정테이프(수정액 불가)를 사용해야 합니다.

3. 본 답안지는 컴퓨터로 처리되므로 훼손해서는 안되며, 답안지 하단의 타이밍마크(|||)를 찢거나, 낙서 등으로 인한 훼손시 불이익이 발생할 수 있습니다.

4. 답안은 문항당 정답을 1개만 골라 ● 와 같이 정확히 기재해야 하며, 필기구 오류나 본인의 부주의로 잘못 표기한 경우에는 당 관리위원회의 OMR판독기의 판독결과에 따르며, 그 결과는 본인이 책임집니다.

Good ● Bad ◖ · ◑ ✗ ✓

5. 감독관의 확인이 없는 답안지는 무효처리됩니다.

The TOP in TEPS

Listening Comprehension

Actual TEST 03

DIRECTIONS

1. In the Listening Comprehension section, all content will be presented orally rather than in written form.

2. This section contains 4 parts. In part I and II, each passage will be read only once. In part III and IV, each passage and its corresponding question will be read twice. But in all sections, the options will be read only once. After listening to the questions, listen to the options and choose the best answer.

3. More specific directions will be given at the beginning of each part of this section.

Part I **Questions 1 ~ 15**

You will now hear fifteen conversation fragments, each made up of a single spoken statement followed by four spoken responses. Choose the most appropriate response to the statement.

Part II **Questions 16 ~ 30**

You will now hear fifteen conversation fragments, each made up of three spoken statements followed by four spoken responses. Choose the most appropriate response to complete the conversation.

Part III **Questions 31 ~ 45**

You will now hear fifteen complete conversations. For each item, you will hear a conversation and its corresponding question, both of which will be read twice. Then you will hear four options which will be read only once. Choose the option that best answers the question.

Part IV **Questions 46 ~ 60**

You will now hear fifteen spoken monologues. For each item, you will hear a monologue and its corresponding question, both of which will be read twice. Then you will hear four options which will be read only once. Choose the option that best answers the question.

The TOP in TEPS

응시일자 : 20   년   월   일

성	영문	
명	서명	

〈부정행위 및 규정위반 처리규정〉

1. 모든 부정행위 및 규정위반 적발 및 이에 대한 조치는 TEPS관리위원회의 처리규정에 따라 이루어집니다.

2. 부정행위 및 규정위반 행위는 현장 적발 뿐만 아니라 사후에도 적발될 수 있으며 모두 동일한 조치가 취해집니다.

3. 부정행위 적발 시 당해 성적은 무효화되며 사안에 따라 최대 5년까지 TEPS관리위원회에서 주관하는 모든 시험의 응시자격이 제한됩니다.

4. 문제지 이외에 메모를 하는 행위와 시험 문제의 일부 또는 전부를 유출하거나 공개하는 경우 부정행위로 처리됩니다.

5. 각 파트별 시간을 준수하지 않거나, 시험 종료 후 답안 작성을 계속할 경우 규정위반으로 처리됩니다.

성   명 (성·이름순으로 기재)

EX HONG GIL DONG

A B C D E F G H I J K L M N O P Q R S T U V W X Y Z

단체구분

학생	일반
○	○

질문란

1. 귀하의 TEPS 응시목적은?
   - a 입사지원
   - b 인사정책
   - c 개인실력측정
   - d 입시
   - e 국가고시 지원
   - f 기타

2. 귀하의 영어권 체류 경험은?
   - a 없다
   - b 6개월 미만
   - c 6개월 이상 1년 미만
   - d 1년 이상 3년 미만
   - e 3년 이상 5년 미만
   - f 5년 이상

3. 귀하께서 응시하고 계신 고사장에 대한 만족도는?
   - a 0점
   - b 1점
   - c 2점
   - d 3점
   - e 4점
   - f 5점

4. 최근 2년내 TEPS 응시횟수는?
   - a 없다
   - b 1회
   - c 2회
   - d 3회
   - e 4회
   - f 5회 이상

학력 / 전공 / 직업

학력	재학	졸업	전공		직업	
초등학교	○	○	인 문 학	○	공 무 원	○
중 학 교	○	○	사회과학·법학	○	고시준비	○
고 등 학 교	○	○	경제학·경영학	○	교 사	○
전 문 대 학	○	○	자 연 과 학	○	군 인	○
대 학 교	○	○	의학·약학·간호학	○	의 료 인	○
대 학 원	○	○	공 학	○	자 영 업	○
			교 육 학	○	학 생	○
			음악·미술·체육	○	회 사 원	○
			기 타	○	무 직	○
					기 타	○

직종 / 직책

직종		직책	
고 위 임 직 원	○	임 원	○
전문직 (과학.공학)	○	부 장	○
전문직 (교육)	○	차 장	○
전문직(법률.회계.금융)	○	과 장	○
기 술 직	○	대 리	○
영 업	○	계 장	○
홍 보	○	사 원	○
총 무	○	인 턴	○
인 사	○	기 타	○
경 리	○		
기 획	○		
구 매	○		

직종 우측 칸: 무역, 외환, 자금, 공무, 업무, 품질관리, 전산, 행정직, 생산관리, 서비스, 가타

The TOP in TEPS

수험번호
Registration No.

성 명
Name
한글
한자

문 제 지 번 호
Test Booklet No.

감독관확인란

청 해
Listening Comprehension

문 법
Grammar

어 휘
Vocabulary

독 해
Reading Comprehension

주 민 등 록 번 호
National ID No.

고사실란
Room No.

수 험 번 호
Registration No.

비밀번호
Password

좌석번호
Seat No.

서 약　　본인은 필기구 및 기재오류와 답안지 훼손으로 인한 책임을 지고, 부정행위 처리규정을 준수할 것을 서약합니다.

답안작성시
유 의 사 항

1. 답안 작성은 반드시 **컴퓨터용 싸인펜**을 사용해야 합니다.
2. 답안을 정정할 경우 수정테이프(수정액 불가)를 사용해야 합니다.
3. 본 답안지는 컴퓨터로 처리되므로 훼손해서는 안되며, 답안지 하단의 타이밍마크(|||)를 찢거나, 낙서 등으로 인한 훼손시 불이익이 발생할 수 있습니다.

4. 답안은 문항당 정답을 1개만 골라 ▮와 같이 정확히 기재해야 하며, 필기구 오류나 본인의 부주의로 잘못 표기한 경우에는 당 관리위원회의 OMR판독기의 판독결과에 따르며, 그 결과는 본인이 책임집니다.

Good ▮　　Bad

5. 감독관의 확인이 없는 답안지는 무효처리됩니다.

The TOP in TEPS

Listening Comprehension

Actual TEST 04

Part I **Questions 1 ~ 15**

You will now hear fifteen conversation fragments, each made up of a single spoken statement followed by four spoken responses. Choose the most appropriate response to the statement.

Part II **Questions 16 ~ 30**

You will now hear fifteen conversation fragments, each made up of three spoken statements followed by four spoken responses. Choose the most appropriate response to complete the conversation.

Part III　**Questions 31 ~ 45**

You will now hear fifteen complete conversations. For each item, you will hear a conversation and its corresponding question, both of which will be read twice. Then you will hear four options which will be read only once. Choose the option that best answers the question.

Part IV　**Questions 46 ~ 60**

You will now hear fifteen spoken monologues. For each item, you will hear a monologue and its corresponding question, both of which will be read twice. Then you will hear four options which will be read only once. Choose the option that best answers the question.

The TOP in TEPS

성 영문
명 서명

응시일자 : 20   년   월   일

성   명 (성·이름순으로 기재)

EX HONG GIL DONG

단 체 구 분

학생	일반
○	○

질 문 란

1. 귀하의 TEPS 응시목적은?
   - (a) 입사지원
   - (b) 인사정책
   - (c) 개인실력측정
   - (d) 입시
   - (e) 국가고시 지원
   - (f) 기타

2. 귀하의 영어권 체류 경험은?
   - (a) 없다
   - (b) 6개월 미만
   - (c) 6개월 이상 1년 미만
   - (d) 1년 이상 3년 미만
   - (e) 3년 이상 5년 미만
   - (f) 5년 이상

3. 귀하께서 응시하고 계신 고사장에 대한 만족도는?
   - (a) 0점
   - (b) 1점
   - (c) 2점
   - (d) 3점
   - (e) 4점
   - (f) 5점

4. 최근 2년내 TEPS 응시횟수는?
   - (a) 없다
   - (b) 1회
   - (c) 2회
   - (d) 3회
   - (e) 4회
   - (f) 5회 이상

학 력

학 력	재학	졸업
초 등 학 교	○	○
중 학 교	○	○
고 등 학 교	○	○
전 문 대 학	○	○
대 학 교	○	○
대 학 원	○	○

전 공

전 공	
인 문 학	○
사 회 과 학 · 법 학	○
경 제 학 · 경 영 학	○
자 연 과 학	○
의학 · 약학 · 간호학	○
공 학	○
교 육 학	○
음악 · 미술 · 체육	○
기 타	○

직 업

직 업	
공 무 원	○
고 시 준 비	○
교 사	○
군 인	○
의 료 인	○
자 영 업	○
학 생	○
회 사 원	○
무 직	○
기 타	○

직 종

직 종		직 종	
고 위 임 직 원	○	무 역	○
전문직 (과학 공학)	○	외 환	○
전 문 직 (교육)	○	자 금	○
전문직(법률.회계.금융)	○	공 무	○
기 술 직	○	업 무	○
영 업	○	품 질 관 리	○
홍 보	○	전 산	○
총 무	○	행 정 직	○
안 사	○	생 산 관 리	○
경 리	○	서 비 스	○
기 획	○	기 타	○
구 매	○		

직 책

직 책	
임 원	○
부 장	○
차 장	○
과 장	○
대 리	○
계 장	○
사 원	○
인 턴	○
기 타	○

<부정행위 및 규정위반 처리규정>

1. 모든 부정행위 및 규정위반 적발 및 이에 대한 조치는 TEPS관리위원회의 처리규정에 따라 이루어집니다.

2. 부정행위 및 규정위반 행위는 현장 적발 뿐만 아니라 사후에도 적발될 수 있으며 모두 동일한 조치가 취해집니다.

3. 부정행위 적발 시 당해 성적은 무효화되며 사안에 따라 최대 5년까지 TEPS관리위원회에서 주관하는 모든 시험의 응시자격이 제한됩니다.

4. 문제지 이외에 메모를 하는 행위와 시험 문제의 일부 또는 전부를 유출하거나 공개하는 경우 부정행위로 처리됩니다.

5. 각 파트별 시간을 준수하지 않거나, 시험 종료 후 답안 작성을 계속할 경우 규정위반으로 처리됩니다.

The TOP in TEPS

앞면(Side1)

수험번호 Registration No.

성명 Name 한글 / 한자

문제지번호 Test Booklet No.

감독관확인란

청 해 — Listening Comprehension

문 법 — Grammar

어 휘 — Vocabulary

독 해 — Reading Comprehension

주 민 등 록 번 호 National ID No.

고사실란 Room No.

수 험 번 호 Registration No.

비밀번호 Password

좌석번호 Seat No.

서 약 본인은 필기구 및 기재오류와 답안지 훼손으로 인한 책임을 지고, 부정행위 처리규정을 준수할 것을 서약합니다.

답안작성시 유의사항

1. 답안 작성은 반드시 **컴퓨터용 싸인펜**을 사용해야 합니다.
2. 답안을 정정할 경우 수정테이프(수정액 불가)를 사용해야 합니다.
3. 본 답안지는 컴퓨터로 처리되므로 훼손해서는 안되며, 답안지 하단의 타이밍마크(Ⅲ)를 찢거나, 낙서 등으로 인한 훼손시 불이익이 발생할 수 있습니다.
4. 답안은 문항당 정답을 1개만 골라 ● 와 같이 정확히 기재해야 하며, 필기구 오류나 본인의 부주의로 잘못 표기한 경우에는 당 관리위원회의 OMR판독기의 판독결과에 따르며, 그 결과는 본인의 책임집니다.
   Good ● Bad (여러 잘못된 표기 예시)
5. 감독관의 확인이 없는 답안지는 무효처리됩니다.

The TOP in TEPS

응시일자 : 20   년   월   일

<부정행위 및 규정위반 처리규정>

1. 모든 부정행위 및 규정위반 적발 및 이에 대한 조치는 TEPS관리위원회의 처리규정에 따라 이루어집니다.

2. 부정행위 및 규정위반 행위는 현장 적발 뿐만 아니라 사후에도 적발될 수 있으며 모두 동일한 조치가 취해집니다.

3. 부정행위 적발 시 당해 성적은 무효화되며 사안에 따라 최대 5년까지 TEPS관리위원회에서 주관하는 모든 시험의 응시자격이 제한됩니다.

4. 문제지 이외에 메모를 하는 행위와 시험 문제의 일부 또는 전부를 유출하거나 공개하는 경우 부정행위로 처리됩니다.

5. 각 파트별 시간을 준수하지 않거나, 시험 종료 후 답안 작성을 계속할 경우 규정위반으로 처리됩니다.

성   명 (성 · 이름순으로 기재)

EX HONG GIL DONG

(A B C D E F G H I J K L M N O P Q R S T U V W X Y Z 마킹란)

단체구분

학생	일반
◯	◯

질문란

1. 귀하의 TEPS 응시목적은?
   - ⓐ 입사지원   ⓑ 인사정책
   - ⓒ 개인실력측정   ⓓ 입시
   - ⓔ 국가고시 지원   ⓕ 기타

2. 귀하의 영어권 체류 경험은?
   - ⓐ 없다   ⓑ 6개월 미만
   - ⓒ 6개월 이상 1년 미만   ⓓ 1년 이상 3년 미만
   - ⓔ 3년 이상 5년 미만   ⓕ 5년 이상

3. 귀하께서 응시하고 계신 고사장에 대한 만족도는?
   - ⓐ 0점   ⓑ 1점
   - ⓒ 2점   ⓓ 3점
   - ⓔ 4점   ⓕ 5점

4. 최근 2년내 TEPS 응시횟수는?
   - ⓐ 없다   ⓑ 1회
   - ⓒ 2회   ⓓ 3회
   - ⓔ 4회   ⓕ 5회 이상

학   력 / 전   공 / 직   업

학력	재학	졸업	전공	직업
초등학교	◯	◯	인 문 학 ◯	공 무 원 ◯
중 학 교	◯	◯	사회과학 · 법학 ◯	고시준비 ◯
고 등 학 교	◯	◯	경제학 · 경영학 ◯	교 사 ◯
전 문 대 학	◯	◯	자 연 과 학 ◯	군 인 ◯
대 학 교	◯	◯	의학 · 약학 · 간호학 ◯	의 료 인 ◯
대 학 원	◯	◯	공 학 ◯	자 영 업 ◯
			교 육 학 ◯	학 생 ◯
			음악 · 미술 · 체육 ◯	회 사 원 ◯
			기 타 ◯	무 직 ◯
				기 타 ◯

직   종 / 직   책

직종		직책	
고 위 임 직 원 ◯	무 역 ◯	임 원 ◯	
전문직 (과학.공학) ◯	외 환 ◯	부 장 ◯	
전 문 직 (교육) ◯	자 금 ◯	차 장 ◯	
전문직(법률.회계.금융) ◯	공 무 ◯	과 장 ◯	
기 술 직 ◯	업 무 ◯	대 리 ◯	
영 업 ◯	품 질 관 리 ◯	계 장 ◯	
홍 보 ◯	전 산 ◯	사 원 ◯	
총 무 ◯	행 정 직 ◯	인 턴 ◯	
인 사 ◯	생 산 관 리 ◯	기 타 ◯	
경 리 ◯	서 비 스 ◯		
기 획 ◯	기 타 ◯		
구 매 ◯			

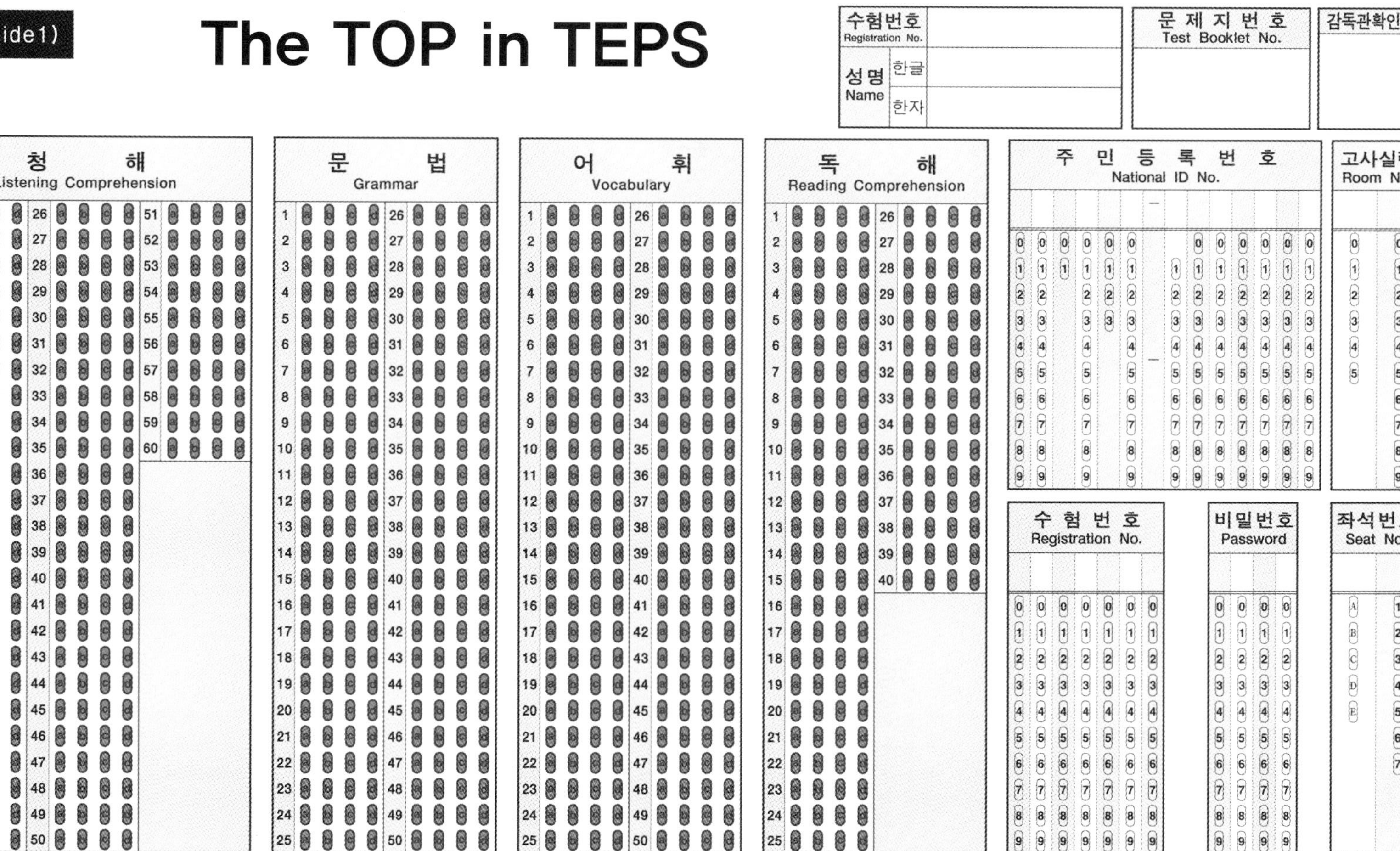

앞면(Side1)
The TOP in TEPS
수험번호 Registration No.
성명 Name 한글 한자
문제지번호 Test Booklet No.
감독관확인란
청 해 Listening Comprehension
문 법 Grammar
어 휘 Vocabulary
독 해 Reading Comprehension
주 민 등 록 번 호 National ID No.
고사실란 Room No.
수 험 번 호 Registration No.
비밀번호 Password
좌석번호 Seat No.
서 약
본인은 필기구 및 기재오류와 답안지 훼손으로 인한 책임을 지고, 부정행위 처리규정을 준수할 것을 서약합니다.
답안작성시 유의사항
1. 답안 작성은 반드시 컴퓨터용 싸인펜을 사용해야 합니다.
2. 답안을 정정할 경우 수정테이프(수정액 불가)를 사용해야 합니다.
3. 본 답안지는 컴퓨터로 처리되므로 훼손해서는 안되며, 답안지 하단의 타이밍마크(|||)를 찢거나, 낙서 등으로 인한 훼손시 불이익이 발생할 수 있습니다.
4. 답안은 문항당 정답을 1개만 골라 ● 와 같이 정확히 기재해야 하며, 필기구 오류나 본인의 부주의로 잘못 표기한 경우에는 당 관리위원회의 OMR판독기의 판독결과에 따르며, 그 결과는 본인이 책임집니다.
Good Bad
5. 감독관의 확인이 없는 답안지는 무효처리됩니다.

The TOP in TEPS

성	영문	
명	서명	

응시일자 : 20   년   월   일

<부정행위 및 규정위반 처리규정>

1. 모든 부정행위 및 규정위반 적발 및 이에 대한 조치는 TEPS관리위원회의 처리규정에 따라 이루어집니다.

2. 부정행위 및 규정위반 행위는 현장 적발 뿐만 아니라 사후에도 적발될 수 있으며 모두 동일한 조치가 취해집니다.

3. 부정행위 적발 시 당해 성적은 무효화되며 사안에 따라 최대 5년까지 TEPS관리위원회에서 주관하는 모든 시험의 응시자격이 제한됩니다.

4. 문제지 이외에 메모를 하는 행위와 시험 문제의 일부 또는 전부를 유출하거나 공개하는 경우 부정행위로 처리됩니다.

5. 각 파트별 시간을 준수하지 않거나, 시험 종료 후 답안 작성을 계속할 경우 규정위반으로 처리됩니다.

성   명 (성·이름순으로 기재)

EX HONG GIL DONG

A B C D E F G H I J K L M N O P Q R S T U V W X Y Z

단 체 구 분

학생	일반
◯	◯

질 문 란

1. 귀하의 TEPS 응시목적은?
- ⓐ 입사지원
- ⓑ 인사정책
- ⓒ 개인실력측정
- ⓓ 입시
- ⓔ 국가고시 지원
- ⓕ 기타

2. 귀하의 영어권 체류 경험은?
- ⓐ 없다
- ⓑ 6개월 미만
- ⓒ 6개월 이상 1년 미만
- ⓓ 1년 이상 3년 미만
- ⓔ 3년 이상 5년 미만
- ⓕ 5년 이상

3. 귀하께서 응시하고 계신 고사장에 대한 만족도는?
- ⓐ 0점
- ⓑ 1점
- ⓒ 2점
- ⓓ 3점
- ⓔ 4점
- ⓕ 5점

4. 최근 2년내 TEPS 응시횟수는?
- ⓐ 없다
- ⓑ 1회
- ⓒ 2회
- ⓓ 3회
- ⓔ 4회
- ⓕ 5회 이상

학 력		전 공	직 업
	재학 / 졸업		
초등학교 ◯		인 문 학 ◯	공 무 원 ◯
중 학 교 ◯		사회과학·법학 ◯	고시준비 ◯
고등학교 ◯		경제학·경영학 ◯	교 사 ◯
전문대학 ◯		자 연 과 학 ◯	군 인 ◯
대 학 교 ◯		의학·약학·간호학 ◯	의 료 인 ◯
대 학 원 ◯		공 학 ◯	자 영 업 ◯
		교 육 학 ◯	학 생 ◯
		음악·미술·체육 ◯	회 사 원 ◯
		기 타 ◯	무 직 ◯
			기 타 ◯

직 종		직 책
고위임직원 ◯	무 역 ◯	임 원 ◯
전문직(과학.공학) ◯	외 환 ◯	부 장 ◯
전 문 직 (교육) ◯	자 금 ◯	차 장 ◯
전문직(법률.회계.금융) ◯	공 무 ◯	과 장 ◯
기 술 직 ◯	업 무 ◯	대 리 ◯
영 업 ◯	품 질 관 리 ◯	계 장 ◯
홍 보 ◯	전 산 ◯	사 원 ◯
총 무 ◯	행 정 직 ◯	인 턴 ◯
인 사 ◯	생 산 관 리 ◯	기 타 ◯
경 리 ◯	서 비 스 ◯	
기 획 ◯	기 타 ◯	
구 매 ◯		

앞면(Side1)

The TOP in TEPS

수험번호
Registration No.

성명
Name 한글 한자

문제지번호
Test Booklet No.

감독관확인란

청 해
Listening Comprehension

문 법
Grammar

어 휘
Vocabulary

독 해
Reading Comprehension

주 민 등 록 번 호
National ID No.

고사실란
Room No.

수 험 번 호
Registration No.

비밀번호
Password

좌석번호
Seat No.

서 약   본인은 필기구 및 기재오류와 답안지 훼손으로 인한 책임을 지고, 부정행위 처리규정을 준수할 것을 서약합니다.

답안작성시
유의사항

1. 답안 작성은 반드시 **컴퓨터용 싸인펜**을 사용해야 합니다.

2. 답안을 정정할 경우 수정테이프(수정액 불가)를 사용해야 합니다.

3. 본 답안지는 컴퓨터로 처리되므로 훼손해서는 안되며, 답안지 하단의
   타이밍마크(|||)를 찢거나, 낙서 등으로 인한 훼손시 불이익이 발생할 수 있습니다.

4. 답안은 문항당 정답을 1개만 골라 ●와 같이 정확히 기재해야 하며, 필기구 오류나 본인의 부주의로
   잘못 표기한 경우에는 당 관리위원회의 OMR판독기의 판독결과에 따르며, 그 결과는 본인이 책임집니다.

   Good ●   Bad ◖ ◌ ◗ ✗ ✓

5. 감독관의 확인이 없는 답안지는 무효처리됩니다.